Walter Laqueur
Geboren in Deutschland

Walter Laqueur

Geboren in Deutschland

Der Exodus der jüdischen Jugend nach 1933

PROPYLÄEN

Titel der englischen Originalausgabe:
Portrait of a Generation
Published by University Press of New England 2000

© 2000 by Walter Laqueur
Aus dem Englischen von Hans-Ulrich Seebohm
Deutsche Ausgabe © 2000 by Econ Ullstein List Verlag GmbH & Co. KG,
Berlin · München
Propyläen Verlag
Alle Rechte vorbehalten
Satz: Utesch GmbH, Hamburg
Lithographie: City repro, Berlin
Druck und Verarbeitung: Clausen & Bosse, Leck
ISBN 3 549 07122 1
Printed in Germany 2000

Inhalt

Vorwort 7

Eine Jugend zwischen Weimar und Hitler 14

Flucht 54

Widerstand 102

Amerika – Goldenes Land hinter Papierwänden 144

Israel – Achtung: Jeckes im Anzug 187

Die Weltrevolution – der gescheiterte Traum 234

England – oder auf ewig Flüchtlinge? 271

Die große Verstreuung –
Hotel Schanghai oder Hotel Bolivia 306

Fünfzig Jahre danach –
zwischen Deutschland und Zion 342

Schlußbetrachtung – Porträt einer Generation 379

Bibliographischer Essay 431

Danksagung und Quellen 458

Personenregister 462

Vorwort

Dies ist ein erster Versuch, das Porträt einer Generation zu zeichnen: das der jungen deutschen und österreichischen Juden, die nach der »Machtergreifung« der Nationalsozialisten emigrierten. Ich beziehe mich hier auf die – grob gerechnet – zwischen 1914 und 1928 Geborenen, nicht die Generation Einsteins, sondern die der Kinder und Jugendlichen von damals: die noch zur Schule gingen, die Universität besuchten oder sich in der Berufsausbildung befanden, die ihre Lehrjahre also noch nicht abgeschlossen hatten und somit nicht zum erwerbstätigen Teil der Bevölkerung gehörten, um es in der Sprache der Statistiker auszudrücken. Die noch Jüngeren will ich hier nicht einbeziehen, weil ihre Erinnerungen naturgemäß schwach und ihre Wurzeln nicht tief genug waren. Zu dieser Altersgruppe gehörten etwa achtzigtausend Menschen; drei Viertel von ihnen konnten rechtzeitig flüchten.

Es war in vielerlei Hinsicht eine bemerkenswerte Generation: Das Schicksal verstreute sie in der ganzen Welt, aber viele von ihnen machten sich einen Namen, vielleicht gerade deshalb, weil sie entwurzelt worden waren. Sie mußten sich anstrengen, denn für viele gab es in der Fremde kein Sicherheitsnetz wie in dem Land, in dem sie aufgewachsen waren. Einige Angehörige dieser Generation haben sich von ihrer Herkunft distanziert; sie wollten sich so schnell und so vollständig wie möglich in das neue Land und die neue Gesellschaft integrieren und meinten, dies dadurch beschleunigen zu können, daß sie über ihre Herkunft einen

Schleier legten. Doch die meisten verhielten sich anders, wie sich an der großen Zahl veröffentlichter wie unveröffentlichter Memoiren erkennen läßt, die von Angehörigen dieser Generation geschrieben wurden. Noch auffälliger zeigt sich dies an der großen Zahl von Klassentreffen, Abiturientagen und ähnlichen Zusammenkünften, die in den letzten Jahren in vielen Teilen der Welt stattfanden.

Es ist schon schwierig genug, eine Einzelbiographie zu verfassen; unendlich schwieriger ist es, eine Sammelbiographie zustande zu bringen. Ich habe versucht, einen Mittelweg zwischen zwei Extremen zu finden. Ich hätte zehn oder zwanzig Angehörige dieser Generation auswählen und ihre Schicksale mehr oder weniger ausführlich beschreiben können. Doch daraus wäre nicht das Porträt einer Generation geworden, und über die Bekanntesten unter ihnen liegen bereits Biographien oder Autobiographien vor.

Einen idealen Ausweg aus dieser Zwickmühle gibt es nicht. Die Geschichte dieser Generation weist viele dramatische Elemente auf: Hoffnung, Spannung, Unglück. Aber sie ist weder ein Drama noch ein Thriller, sondern vielmehr ein Mosaik aus vielen, oft nicht zueinander passenden Stücken. Notgedrungen können zahlreiche Personen und Orte nur kurz Erwähnung finden. Und doch ist die vorliegende Studie meines Wissens die erste dieser Art; vielleicht werden andere nach mir sich eingehender mit einem bestimmten Land oder Zeitabschnitt befassen und dadurch in der Lage sein, wenigstens einen Teil des allgemeinen Bildes in größeren Einzelheiten darzustellen. Voltaire schrieb einst, daß jene, die Geschichte schreiben, dazu verurteilt sind, sowohl für das, was sie gesagt haben, als auch für das, was sie nicht gesagt haben, kritisiert zu werden, und dieses Buch wird hiervon keine Ausnahme bilden. Er hätte hinzufügen können, daß der Historiker zwangsläufig verschiedenen Leuten auf die Zehen treten muß. Manche nehmen vielleicht Anstoß daran, daß sie nicht erwähnt worden sind, andere, daß sie zwar erwähnt wurden, aber nicht so, wie sie sich selbst sehen.

Man sollte sich stets vergegenwärtigen, daß die jungen Männer und Frauen der dreißiger Jahre keineswegs eine homogene Gruppe bildeten; manche setzten sich frühzeitig ab, andere kamen buchstäblich mit dem letzten Zug oder Schiff heraus, und ein paar tausend entkamen erst, als der Krieg bereits begonnen hatte, oder sie überlebten im Untergrund des von den Nazis besetzten Europa. Einige gingen allein ins Ausland, andere mit ihrer Familie. Sie flohen in aller Herren Länder, selbst die entlegensten. Einige gingen nach Osten (und wurden Kommunisten), die meisten jedoch nach Süden oder Westen. Niemals zuvor hat es in der Geschichte des jüdischen Volkes – oder eines anderen Volkes – eine derartige Verstreuung gegeben. Manche wanderten erst in ein Land aus und später von dort aus weiter, denn bestimmte Orte – Schanghai mag als typisches Beispiel dienen – konnten nur zeitweilig Schutz bieten. Einige wenige kehrten nach dem Krieg nach Deutschland zurück, teils aus ideologischen Gründen nach Ostdeutschland, teils nach Westdeutschland, weil sie entweder glaubten, dort bessere Berufsaussichten zu haben, oder weil sie in dem Land ihrer Zuflucht keine Wurzeln schlagen konnten. Einige konnten sich in der neuen Heimat leicht integrieren, andere nur unter großen Schwierigkeiten.

Abgesehen von der geographischen Verteilung gab es auch beträchtliche soziale und kulturelle Unterschiede zwischen diesen jungen Flüchtlingen der Vorkriegsjahre. Einige kamen aus wohlhabenden Familien, die seit vielen Generationen in Deutschland oder Österreich gelebt hatten, andere waren arm. Die Mehrheit war nicht besonders religiös, aber eine nicht unbedeutende Minderheit praktizierte ihren Glauben. Es gab Zionisten unter ihnen, für die es kein Trauma war, Deutschland zu verlassen, sondern im Gegenteil eine Erlösung, die Verwirklichung eines alten Traumes: der Rückkehr in die jüdische Heimat und des Aufbaus einer neuen und besseren Gesellschaft. Aber viele kamen auch aus weitgehend assimilierten Familien, und manche waren Juden nur noch per Definition der Nürnberger Rassengesetze, das heißt

Kinder aus »Mischehen« oder von konvertierten Juden. Manche waren tief verwurzelt in der deutschen Sprache und Kultur, sie sprachen und schrieben weiterhin deutsch, einige wurden sogar erst im Exil zu deutschsprachigen Schriftstellern, Dichtern oder Bühnenautoren. Viele andere distanzierten sich jedoch aus Überzeugung oder umständehalber von ihrem deutschen Erbe, und manche verleugneten ihre jüdische Herkunft ganz und gar, weil sie sich ihrer entweder schämten oder weil sie sie als belanglos erachteten.

Ihre nachfolgenden Lebenswege waren ebenso vielfältig wie ihre Herkunft. Viele dienten im Zweiten Weltkrieg in den alliierten Armeen oder in den jüdischen Militärorganisationen in Palästina, die später in die israelische Armee übergingen. Einige hundert kämpften im Spanischen Bürgerkrieg und etwa ebenso viele in der französischen Fremdenlegion. Manche brachten es zum General oder Chef einer Spionageorganisation. Hunderte, vielleicht mehrere tausend, hatten auf ihrer Flucht aus Deutschland mitten im Krieg oder als »U-Boot« in Deutschland, zuweilen in Naziuniform, haarsträubende Situationen zu bestehen. An einem Tag, in einer Stunde erlebten sie so viele Abenteuer wie normale Menschen während einer ganzen Lebensspanne.

Für andere ging die Übergangszeit relativ glatt vonstatten, sei es, daß sie mit ihrer Familie auswanderten oder den Krieg überstanden, ohne einer wirklichen Gefahr ausgesetzt zu sein. Sie ergriffen jeden denkbaren Beruf bis hin zum Benediktinerabt, hinduistischen Guru und westafrikanischen Stammeshäuptling. Im großen und ganzen waren sie dabei erfolgreich, vielleicht weil sie bei Null anfangen mußten, weil ihnen niemand half, weil es kein Geld, keine Beziehungen, keine reichen Onkel gab. Sie mußten entweder schwimmen oder untergehen. Für manche Angehörige dieser Generation läßt sich zweifellos sagen, daß sie es ohne Hitler und die Nazis im Leben nie so weit gebracht hätten. Manche verbrachten ihre späteren Lebensjahre im Rampenlicht der Öffentlichkeit, andere blieben im Schatten. Und natürlich war da stets die Erinnerung an die vielen Tausende – Verwandte, enge Freunde, Bekannte, und Klassenkameraden –, die nicht überlebt hatten.

Ich gehöre zu dieser Generation, und manchmal, während ich dieses Buch schrieb, hatte ich den Eindruck, als würde ich jeden einzelnen dieser Menschen kennen. Das war natürlich eine Täuschung. Da ich jedoch in mehreren Ländern gelebt habe, bin ich bei der einen oder anderen Gelegenheit auch vielen, über deren Schicksale ich hier berichte, begegnet, und andere waren Freunde von meinen Freunden oder Bekannte von meinen Bekannten. Über die Jahre habe ich zahlreiche von Angehörigen dieser Generation verfaßte Memoiren gelesen, sowohl veröffentlichte wie auch unveröffentlichte. Mir ist keine andere Generation bekannt, die so viele Autobiographien hervorgebracht hätte, und es sind verschiedene Erklärungen denkbar, warum dem so ist. Darüber hinaus habe ich über lange Zeit hinweg Freunde und Zufallsbekanntschaften mehr oder weniger systematisch über ihr Schicksal in Krieg und Frieden befragt. Ich fand alle ihre Berichte interessant, manchmal erschienen mir die weniger künstlerischen authentischer als die anspruchsvoller aufgemachten. Das Problem, mit dem ich zu kämpfen hatte, war eher die Überfülle als der Mangel an Material. Man möge mir vergeben, wenn nicht jede einzelne Geschichte erwähnt oder zitiert wird. Bei der Abfassung dieses Berichtes mußte ich eine Auswahl treffen. Es gibt einfach zu viele Geschichten: auf jede der hier wiedergegebenen kommen vielleicht fünf oder zehn weitere.

Die Jungen und Mädchen der dreißiger Jahre, die diese schweren Zeiten überlebt haben, sind heute zwischen fünfundsiebzig und fünfundachtzig Jahren alt, und ihre Zahl schmilzt rasch zusammen. Wo immer sie auch sind, feiern sie den jeweiligen Jahrestag ihrer Rettung. Eine Generation geht dahin, eine neue kommt, und die Welt besteht fürs erste weiter. Hat diese Generation der Nachwelt ein Vermächtnis zu hinterlassen? Ist sie überhaupt auf einen gemeinsamen Nenner zu bringen, oder gab es wenigstens gemeinsame Züge? Es ist vielleicht noch zu früh, diese

Frage auch nur versuchsweise beantworten zu wollen, und ich werde mich damit nur vorsichtig und beiläufig befassen. Aber die Geschichte erscheint mir doch so interessant, daß ich meine, sie sollte selbst dann erzählt werden, wenn sich irgendwann herausstellt, daß diese Generation keine bleibenden Spuren hinterlassen hat, und ich hoffe, daß dieses Buch ein Schritt in dieser Richtung ist.

Mein Interesse am Schicksal dieser Generation geht, da ich ihr selbst angehöre, über ein rein akademisches Interesse hinaus. Ich weiß nur zu gut, welch entscheidende Rolle der Zufall für das Schicksal des einzelnen spielte. Zahlreich sind unter den Angehörigen dieser Generation die Geschichten des Überlebens in schier ausweglosen Situationen und großer Taten, aber ebenso zahlreich auch die unendlich traurigen, tragischen Geschichten. Diejenigen, die überlebt haben, wissen, daß sie Glück hatten und daß sie nur knapp davongekommen sind.

An einem Augustabend vor einigen Jahren wurde ich ins Hadassa-Hospital in Jerusalem eingeliefert. Das Hospital war voll belegt, und ich hatte Glück, noch ein Bett in einer dunklen Ecke zu bekommen, in einem Zimmer, das ich mit fünf weiteren Patienten teilte. Keiner von ihnen war schwer krank oder besonders schläfrig, und zu später Stunde, nachdem die Krankenschwestern zum letzten Mal das Fieber, den Blutdruck und den Blutzucker gemessen hatten, begannen sie, aus ihrem Leben zu erzählen. Einer hatte die vierziger Jahre im Irak im Untergrund gelebt, ein anderer kam aus der Gegend von Lublin in Polen; er war zur Zeit der deutschen Invasion noch ein Kind gewesen und hatte die nächsten fünf Jahre in einem sogenannten Familienlager tief im Innern der Sowjetunion verbracht. Einer von unbestimmter französischer Herkunft hatte die Kriegsjahre in der Fremdenlegion zugebracht, aber das war keineswegs so aufregend gewesen, wie in den Hollywood-Filmen jener Zeit dargestellt. Auch ich leistete meinen Beitrag, und die Stunden verrannen sehr schnell mit diesen modernen Tausendundeinenacht-Geschichten. Da war auch ein jüngerer israelischer Araber, vielleicht ein Schullehrer, mit ausgezeichneten Manieren, immer bereit, seinen Nachbarn behilflich zu sein, der am Ende mit einem gewissen Neid bemerkte: »Was für ein interessantes Leben Sie alle geführt haben …« Wir versuchten ihm zu erklären, offenbar mit wenig Erfolg, daß er vielleicht doch nicht allzuviel verpaßt habe und daß ein derart ereignisreiches Leben auch seinen Preis verlange. In jener Nacht war ich mehr mit meinen gesundheitlichen Problemen befaßt, doch einige Wochen später kam mir der Gedanke, daß die Zeit gekommen sei, zu versuchen, die Geschichte meiner Generation aufzuschreiben.

Washington, im Mai 2000

Eine Jugend zwischen Weimar und Hitler

Als Hitler 1933 an die Macht kam, lebten etwa eine halbe Million Juden in Deutschland. Ihre Zahl war rückläufig, zum Teil aufgrund abnehmender Geburtenraten, aber auch infolge eines Rückzugs aus der Gemeinschaft durch Übertritt zum Christentum, Verlassen der jüdischen Religionsgemeinschaft aus anderen Gründen oder schlichtweg wegen nachlassender Bindungen und religiöser Gleichgültigkeit. Seit mehr als einem Jahrhundert waren deutsche Juden aus Dörfern und Kleinstädten in die Großstädte abgewandert. Über ein Drittel der deutschen Juden lebte in der Hauptstadt, Berlin. Demographen – Amateure wie Profis – sagten bereits den Verfall und letztlich das Verschwinden der deutschen Juden in nicht allzu ferner Zukunft voraus.

Von dieser halben Million gehörte weniger als ein Fünftel der Generation an, um die es in unserer Geschichte geht: diejenigen nämlich, die Hitlers »Machtergreifung« als Kinder oder Jugendliche, zum Teil auch schon als junge Erwachsene erlebten. Verallgemeinerungen hinsichtlich solcher Altersgruppen sind naturgemäß ungenau, und dies trifft auch auf unsere Gruppe zu. Einige kamen aus reichen, andere aus armen Familien; manche hatten einen stark religiös oder gar zionistisch geprägten Hintergrund, während für andere der Umstand, daß sie als Juden geboren waren, nicht von großer Bedeutung, geschweige denn von übergeordnetem Interesse war. Die Familien einiger hatten seit Generationen in Deutschland gelebt, während andere aus Osteuropa stammten und ihre Eltern, manchmal auch sie selbst, erst in den letzten zehn, zwanzig Jahren nach Deutschland gekommen waren.

Es ließen sich noch weitere trennende Faktoren anführen, aber wir wollen uns zunächst den Gemeinsamkeiten zuwenden. Was die Sozialstruktur betrifft, so gehörten die deutschen Juden vorwiegend der Mittelklasse an. Es gab unter ihnen eine ganze Reihe Handwerker, aber nicht viele Arbeiter und praktisch keine Bauern. Doch die deutsche Mittelklasse hatte ebenso wie die übrige Bevölkerung unter der Inflation von 1922/23 und der Weltwirtschaftskrise nach 1929 gelitten. Der Lebensstandard vieler Familien war gesunken, die jüdischen Sozialdienste mußten sich einer wachsenden Zahl Bedürftiger annehmen. Die politischen Spannungen der späten zwanziger und frühen dreißiger Jahre wirkten sich auf junge Juden zumindest ebenso aus wie auf andere Bevölkerungskreise, sie hatten ein politisches Interesse und Engagement bei der Jugend ausgelöst, die sich zu anderen Zeiten sicher mit anderen Dingen beschäftigt hätte. Dies zeigte sich in manchen Fällen in einem jüdischen Wiedererwachen, einem Interesse an allem Jüdischen, das vorher nicht im gleichen Ausmaß existiert hatte. Früher hatte der Zionismus keine große Anhängerschaft gehabt, doch nach 1933 erhielt er viele neue Fürsprecher, und zwar eher unter der jüngeren als unter der älteren Generation.

Hauptfaktoren bei der Entwicklung der Jugend waren Familie, Schule und Jugendbewegungen. Die Familie spielte traditionell eine zentrale Rolle im jüdischen Leben, und wenn sich die Familienbande während des 19. und besonders des 20. Jahrhunderts gelockert hatten, wenn es eine Generationsrevolte gegeben hatte, waren familiäre Bindungen doch noch von erheblicher Bedeutung. Die Jugend tendierte zu mehr Radikalismus als die Älteren, in welche Richtung dieser Radikalismus auch zielen mochte; in Krisenzeiten spielten Familienbeziehungen jedoch immer noch eine wichtige Rolle. Ob eine Familie nach 1933 emigrieren konnte, hing oftmals davon ab, ob sich nahe oder auch entfernte Verwandte bereits in anderen Ländern niedergelassen hatten und bereit waren, den Zurückgebliebenen beizustehen. Wann immer möglich, wanderten Familien gemeinsam aus.

Schule und Universität

Die meisten jüdischen Kinder im schulpflichtigen Alter besuchten deutsche Schulen. Die Zahl jüdischer Grundschulen war seit dem Ende des 19. Jahrhunderts ständig gesunken, bis 1932 auf nur noch wenig mehr als ein Drittel ihrer einstmaligen Verbreitung. Dies war (wie Michael Brenner gezeigt hat) eine Folge der Urbanisierung des deutschen Judentums einerseits, da sich die kleineren Gemeinden eine eigene Schule schlichtweg nicht mehr leisten konnten, und andererseits der wachsenden Überzeugung der liberalen Juden, daß die Abschaffung eigener Schulen der weiteren Integration der Juden in die deutsche Gesellschaft dienen würde. Hier sollte erwähnt werden, daß jüdische Kinder in deutschen Schulen, wenn ihre Zahl dies rechtfertigte, jüdischen Religionsunterricht erhielten, gewöhnlich von einem örtlichen Rabbiner. Die Qualität dieses Unterrichts war meiner Erfahrung nach recht hoch, doch das Interesse der Schüler war nicht besonders groß, es sei denn, die Lehrer hatten Charisma. Von Stadt zu Stadt und Gegend zu Gegend gab es erhebliche Unterschiede.

In manchen Städten, wie Frankfurt, Hamburg und Köln, besuchte jedes zweite jüdische Kind eine jüdische Schule, während dies in Berlin, der weitaus größten Gemeinde, nur jedes fünfte Kind tat. Diese Zahlen beschreiben die Lage jedoch nur unvollständig und sind in gewissem Maße sogar irreführend. Denn die meisten jüdischen Schulen, die in den Jahrzehnten vor 1933 geschlossen wurden, waren sehr klein gewesen oder privat geführt, während die nach dem Ersten Weltkrieg eröffneten neuen Schulen gediegener waren. Andererseits, was bedeutete es überhaupt, auf eine jüdische Schule zu gehen? Wie jüdisch waren diese Schulen ihrem Wesen nach? Wohl weniger, als man meinen möchte, denn spezifisch jüdische Fächer wie Hebräisch nahmen nur einen kleinen Teil des Lehrplans ein, zum Teil zweifellos deshalb, weil alle diese Schulen auf die Anerkennung durch die staatlichen Behörden angewiesen waren, damit ihre Abschlußzeugnisse von den weiterführenden Schulen anerkannt wurden. Gewiß hatte der Besuch einer jüdischen Schule Auswirkungen auf das gesellschaftliche Leben der Schüler, deren Freunde meistens ebenfalls Juden waren, aber das ihnen übermittelte Wissen unterschied sich nicht wesentlich von dem, was in deutschen Schulen unterrichtet wurde.

Wie erging es jüdischen Kindern in nichtjüdischen Schulen? Wiederum war dies von Ort zu Ort verschieden. Es gab zwar Fälle von sozialem Antisemitismus, aber wahrscheinlich auch nicht mehr als in England oder Frankreich und bestimmt wesentlich weniger als in den staatlichen Schulen Osteuropas. Die meisten jüdischen Kinder, die in Deutschland aufwuchsen, vielleicht ausgenommen solche aus streng orthodoxen Familien, hatten nichtjüdische Freunde, teilten deren Interessen und Erfahrungen, traten im sportlichen Wettkampf gegeneinander an. Fälle von offenkundiger Diskriminierung und Verfolgung waren selten. Zwar sympathisierte ein Großteil der deutschen Lehrer mit den nationalistischen Parteien der Rechten, doch waren vor 1933 nicht viele von ihnen Nazis, und auf jeden Fall war es ihnen als Beamten gar nicht erlaubt, sich offen an politischen Aktivitäten zu beteiligen. Natürlich gab es an jeder Schule, vielleicht sogar in jeder Klasse, ein paar fanatische Antisemiten, doch für die große Mehrheit der Schüler war die Anwesenheit jüdischer Mitschüler kein weltbewegendes Problem.

All dies begann sich – zuweilen recht unmittelbar und drastisch – 1933 zu ändern, und gerade weil zuvor oft ein harmonisches oder zumindest normales Verhältnis geherrscht hatte, waren jüdische Schulkinder von plötzlicher Diskriminierung, zerbrochenen Freundschaften und allmählicher einsetzender Isolierung stark betroffen. Im Kleinstadtmilieu war es wahrscheinlich schlimmer als in Großstädten. Als Zvi Aharoni, 1921 als Hermann Aronsheim in Frankfurt/Oder geboren, viele Jahre später als Gast zur Dreihundertjahrfeier der Schule eingeladen wurde, die er in seiner Kindheit besucht hatte, antwortete er, daß sich damit zu viele schlimme Erinnerungen verbänden und er lieber nicht kommen wolle. (Aharoni trat zunächst in einen Kibbuz ein, wurde Offizier in der israelischen Armee und stieg schließlich zu einem der führenden Köpfe im Mossad auf; er war es, der Adolf Eichmann in Argentinien identifizierte.) Georg Iggers in Hamburg dagegen erhielt von wohlmeinenden Klassenkameraden den Rat, in die Hitlerjugend einzutreten; warum sollte er die Tatsache erwähnen, daß er Jude war? Peter Nathan Levinson, der eine berühmte Schule in Berlin, das Graue Kloster, besuchte, als Hitler an die Macht kam, berichtet, daß er gut behandelt wurde. Noch 1940/41 studierte er in Berlin Judaistik unter Leo Baeck und kam nach dem Krieg als Rabbiner nach Deutschland zurück.

Marcel Reich-Ranicki, Deutschlands führender Literaturkritiker, nahm 1963 an einem Treffen seiner ehemaligen Klasse zum 25. Jahrestag des Abiturs teil. »Warum«, fragte er, »habt ihr eure jüdischen Mitschüler entsprechend der Nazi-Propaganda nicht viel schlimmer behandelt?« Sie entgegneten, sie hätten der Propaganda hinsichtlich jüdischer Minderwertigkeit einfach keinen Glauben schenken können, wenn der beste Kenner der deutschen Literatur, zugleich der beste Kurzstreckenläufer der Klasse, ein Jude war. Reich-Ranicki war jedoch nicht ganz zufrieden mit dieser Antwort. Was, wenn ein Jude sich nicht als Sportler oder Literaturkenner hervorgetan hätte? Die richtige Antwort hätte seiner Ansicht nach lauten müssen, daß seine Mitschüler sich deshalb so verhielten, weil die Lehrer, von denen eine Anzahl auch Nazis waren, die Juden relativ anständig behandelten und weil in dem Umfeld, dem die nichtjüdischen Schüler entstammten, der gebildeten oberen Mittelschicht, die krasseren Formen antisemitischer Hetze verpönt waren. Er stellte jedoch auch fest, daß die Deutschen dem Schicksal der Juden im allgemeinen gleichgültig gegenüberstanden. Sie hatten sich damals nicht für ihr Schicksal interessiert, und fünfundzwanzig Jahre später taten sie es ebensowenig.

Nach 1933 kam es zu einem Exodus jüdischer Schulkinder und Studenten von deutschen Schulen und Universitäten. In Berlin, Breslau und anderswo wurden neue jüdische Schulen eröffnet, doch wurden die Gesetze, die auf die Aussperrung jüdischer Schüler von staatlichen Schulen abzielten, keineswegs konsequent angewandt. Kinder ehemaliger jüdischer Kriegsteilnehmer, solche nichtdeutscher Nationalität sowie einige andere durften bleiben. Erst 1938 sollten die letzten jüdischen Gymnasiasten ihr Abitur ablegen; der Autor war einer von ihnen. An den Universitäten wurde der Ausschluß rigider gehandhabt, mit nur sehr wenigen Ausnahmen, hauptsächlich zugunsten ausländischer Studenten; die meisten wurden noch im Jahr von Hitlers Machtantritt hinausgeworfen.

Der Nationalsozialismus war an den Universitäten überdurchschnittlich stark vertreten; schon vor 1933 hatte es gewalttätige Demonstrationen gegen Juden und linksgerichtete Professoren gegeben. Da es nur wenige Universitäten gab und die Gesamtzahl der Studenten relativ klein war, war es vom administrativen Standpunkt aus leichter, erst einmal dort die Juden zu vertreiben. Aber selbst an den Universitäten wurden diese Maßnahmen nicht ganz konsequent durchgeführt; zwar durften die meisten Juden keine Examina mehr ablegen, doch durften einige bis 1938 an den Vorlesungen teilnehmen. »Anomalien« gab es auch hier, so daß zum Beispiel Heinz Kellermann, der bei den Nürnberger Prozessen Staatsanwalt und später US-Diplomat wurde, noch 1937 an der Juristischen Fakultät der Humboldt-Universität in Berlin das Staatsexamen ablegen konnte.

Jugendbewegung

Alle jüdischen Jungen und Mädchen gingen zur Schule, aber nicht alle gehörten einem Jugendbund an. Dennoch hatten diese landesweiten Organisationen einen beträchtlichen erzieherischen Einfluß auf zwei Generationen junger Juden in Deutschland. Die Jugendbewegung war ein spezifisch europäisches, genauer gesagt mitteleuropäisches Phänomen; sie ähnelte in gewisser Weise der Pfadfinderbewegung, unterschied sich aber in manchen Aspekten ganz erheblich von ihr, weil sie als Protestbewegung gegen gesellschaftliche Konventionen entstanden und in ihren Zielsetzungen viel ehrgeiziger war und zudem nicht von Erwachsenen, sondern von jungen Menschen angeführt wurde. Die deutsche Jugendbewegung, der »Wandervogel«, war kurz vor der Jahrhundertwende entstanden; junge Juden, die ihm beitreten wollten, wurden aber oft zurückgewiesen und gründeten daher ihre eigenen Organisationen.

1933 gehörte nur eine kleine Minderheit der jüdischen Jugend den deutschen Jugendbünden an, die Mehrheit war in jüdischen Gruppen organisiert, von denen es sehr viele gab, die sich durch ihre ideologische Orientierung, ihren Namen und ihre soziale Zusammensetzung unterschieden. Die Zionisten hatten ihre eigene Organisation, die sich ursprünglich »Blau-Weiß« nannte und ihre Mitglieder auf ein Leben in Palästina hin orientierte, mit Betonung auf der Arbeit im Kibbuz. Sie lehrte Hebräisch, jüdische Geschichte und Traditionen, aber gleichzeitig war sie tief von der deutschen Kultur durchdrungen. Es gab wöchentliche Treffen, Wanderausflüge am Wochenende und Ferienlager. Nachdem »Blau-Weiß« Anfang der dreißiger Jahre aufgehört hatte zu existieren, entstanden verschiedene Nachfolgegruppen, die sich »Kadima«, »Makkabi Hazair« und »Habonim« nannten, sowie auch parteipolitische Jugendorganisationen der Linken (»Haschomer Hazair«) und der Rechten, der »revisionistische« »Betar«.

Die einflußreichste nichtzionistische Gruppe war »Kameraden«, die sich jedoch nach zehn Jahren in drei Gruppen aufsplitterte: die »Werkleute« (ein Name, der unter Einfluß von Buber und Rilke gewählt wurde), die in ihren Anschauungen jüdischer und letztlich stark zionistisch wurden. Dann gab es den assimilationistischen Trend, der zwar das jüdische Erbe nicht leugnete, aber mehr Betonung auf das Deutschtum legte, sowohl politisch als auch kulturell. Die kleinste Gruppe schließlich entschied sich für die extreme Linke, sei es die Kommunistische Partei selbst oder eine der vielen kommunistischen Oppositionsgruppen, die damals existierten.

Darüber hinaus hatten die gläubigen Juden ihre eigenen Jugendgruppen, und es gab aktive Sportvereinigungen, die sich wiederum ideologisch voneinander unterschieden. Die zionistischen Gruppen nannten sich »Bar Kochba« oder »Makkabi« nach den Nationalhelden der jüdischen Frühgeschichte, die mehr deutsch orientierten Jugendlichen gehörten den Sportvereinen an, die vom Reichsbund Jüdischer Frontsoldaten (RJF) gefördert wurden. Der sportliche Wettkampf und überhaupt das Interesse am Sport spielten eine bedeutende Rolle im Leben der jüdischen Jugend in Deutschland und vielleicht noch mehr in Österreich, wo die Schwimmer und Wasserpolospieler von »Hakoah Wien« viele nationale Meisterschaften gewannen, ganz zu schweigen von ihrer Rolle im Fußball und anderen Sportarten.

Eine so kurze Zusammenfassung kann natürlich keinen Eindruck davon vermitteln, was es bedeutete, einer solchen Jugendorganisation anzugehören. Auf jeden Fall bedeutete es mehr, als Mitglied eines Vereins junger Philatelisten oder eines Synagogenchors zu sein, die Bünde wollten den ganzen Menschen, ein weitreichendes Engagement. Sie propagierten Ideen und Ideale, ihre Mitglieder sollten keine Lippenbekenntnisse ablegen und sich ansonsten amüsieren, sondern ihr späteres Leben an ihnen ausrichten, nach ihren Regeln leben; »verwirklichen« war ein Schlüsselwort jener Zeit. Es bedeutete, um ein augenfälliges Beispiel zu geben, auf die Ausbildung in einem der traditionellen jüdischen – gewerblichen oder akademischen – Berufe zu verzichten und statt dessen Bauer zu werden und in einen Kibbuz in Palästina einzutreten. Mit anderen Worten, einige der Bünde wollten ihren Mitgliedern nicht einen bloßen Zeitvertreib bieten und ihnen das Vergnügen der Gesellschaft gleichgesinnter Zeitgenossen ermöglichen, sondern sie erwarteten von ihnen eine Verpflichtung für das ganze Leben.

Nicht alle Bünde stellten solche weitreichenden Anforderungen, und wie bereits erwähnt, war nicht jeder Mitglied eines Bundes; in den Kleinstadtgemeinden gab es sie kaum. Dennoch spielten sie in den für Eindrücke empfänglichen Entwicklungsjahren eine wichtige Rolle. Es war leichter, die Spannungen der Zeit als Mitglied einer Gruppe zu bewältigen, sie gaben Anleitung in einer Ära großer Verwirrung, sie vermittelten Zusammenhalt und Kameradschaft in Situationen, in denen es einem einzelnen jungen Menschen extrem schwer fiel, angesichts wachsenden Drucks von allen Seiten den rechten Weg zu finden. Dabei sollte man das ideologische Element nicht überbewerten; daß man sich einem bestimmten Bund anschloß, geschah eher zufällig, vielleicht weil ein Freund oder Verwandter dazugehörte und man neugierig war, was eigentlich dahintersteckte. Man wechselte auch von einer Gruppe zu einer anderen, von einer linken zu einer rechten und umgekehrt. Bei einem Treffen in Israel fünfzig Jahre danach stellte ein amerikanischer Professor fest, wenn er im Alter von zwölf Jahren nicht von einem Freund »gekeilt« worden wäre, einer nichtzionistischen Organisation beizutreten, wäre er wahrscheinlich Arbeiter in einem Kibbuz geworden, während umgekehrt einige seiner Altersgenossen in Israel in den Vereinigten Staaten Geschichte oder Soziologie lehren würden. Nicht nur die Persönlichkeit eines Gruppenführers, auch andere Umstände spielten eine Rolle. In manchen Gemeinden gab es nur ein oder zwei Bünde, die dann gewissermaßen ein Monopol auf die Jugend besaßen.

Trotz aller dieser Zufallsfaktoren spielten die Bünde eine sehr wichtige Rolle in der Erziehung. Und man sollte ebenfalls erwähnen, daß sie nach 1933 einen erheblich gesteigerten Zulauf erhielten. Wenn sich Mitglieder einer solchen Gruppe in späteren Jahren begegneten, stellte sich oft auf der Stelle ein Gefühl der Zusammengehörigkeit ein, das auf gemeinsamen Erlebnissen beruhte, auf gemeinsam gelesenen Büchern und gemeinsam gesungenen Liedern, auf Ferienlagern und Lagerfeuern und lang zurückliegenden Abenteuern, auf gemeinsamen Freunden und Bekannten, vergleichbar dem englischen »*old school tie*« oder der Mitgliedschaft in einer Freimaurerloge, nur dauerhafter und intensiver.

Unter dem Eindruck der politischen Ereignisse kam den deutschen Patrioten unter den jungen Juden die Begeisterung rasch abhanden. Während immer mehr Länder ihre Grenzen verschlossen, fanden einige junge Zionisten den Weg nach Amerika, wogegen nicht wenige ehedem deutsch-jüdische Patrioten nach Palästina gelangten und sich dort zu echten israelischen Patrioten wandelten. Mit der Radikalisierung der allgemeinen politischen Lage schlossen sich junge Zionisten den Kommunisten an und predigten, daß die jüdische Frage nur durch die Weltrevolution gelöst werden könne und in der Zwischenzeit die Unterstützung alles Sowjetischen das Gebot der Stunde sei. Aber auch diese Schwärmerei für den Kommunismus saß meistens nicht besonders tief. Die Lektüre der Werke von Marx, Engels, Lenin und Stalin in illegalen Studienzirkeln hinderte die Beteiligten nicht daran, in ihrem späteren Leben weit vom Dunstkreis kommunistischer Ideen abzurücken. Hätte die Sowjetunion Interesse gezeigt, diesen ihren jungen Anhängern Schutz zu gewähren, hätte alles anders verlaufen können, doch das »sozialistische Sechstel der Erde«, wie es damals genannt wurde, riegelte seine Grenzen ebenso ab wie die kapitalistische Welt.

Fußball und Hochkultur

Als sie heranwuchsen, merkten die meisten, daß es im Kampf zur Befreiung der deutschen Arbeiterklasse vom nationalsozialistischen Joch keinen Platz für junge deutsche Juden gab. Berufsrevolutionär zu werden war kein praktikables Vorhaben; in jenen Jahren hingen die Berufswahl und die Wahl des Auswanderungsziels nur selten von den Wünschen des einzelnen ab. In den meisten Fällen war es eine Sache von Glück oder Zufall; günstige Gelegenheiten waren rar, und sie wurden immer weniger.

Wie erinnerte sich die Generation von 1933 in späteren Jahren ihrer Jugend in Deutschland? Dies hing in beträchtlichem Maße vom jeweiligen Alter und Hintergrund ab. Manche waren zur Zeit der nationalsozialistischen Machtergreifung noch in der Grundschule, andere in der Oberschule, und wieder andere waren bereits an der Universität oder machten die eine oder andere Berufsausbildung. Die Älteren mochten sich an die reiche Kultur der späten Weimarer Republik erinnern, zumal wenn sie in Berlin oder einer anderen Großstadt lebten. Es war eine Zeit nie dagewesener Blüte des deutschen Theaters, der Musik und bildenden Kunst, praktisch jeden Tag (wenn man es sich leisten konnte) gab es eine Vorstellung, Kunstausstellung oder ein Konzert, dessen Besuch sich lohnte. Mit Ausnahme der bildenden Kunst, deren Mekka immer noch Paris war, bildete Deutschland den kulturellen Mittelpunkt der Welt, und für einen jungen Menschen war es ein großartiges Erlebnis, dabeizusein und daran teilzunehmen, selbst wenn er ein radikaler Gesellschaftskritiker oder Zionist war, der von einer neuen Heimat träumte, weit entfernt von Spree, Elbe oder Rhein.

Die kulturellen Interessen der Jüngeren hielten sich naturgemäß in Grenzen und entsprachen den üblichen Interessen der jeweiligen Altersgruppe. Für sie lauteten die magischen Namen nicht Max Reinhardt, Piscator und Furtwängler, sondern sie folgten mit angehaltenem Atem den sonntäglichen Fußballspielen zwischen Hertha BSC und Schalke 04, ihre Helden waren nicht Elisabeth Bergner und Emil Jannings oder Albert Bassermann, sondern Hans (Hanne) Sobeck und Richard Hofmann, die großen Fußballstars der damaligen Zeit. Gerade so wie die Älteren in späteren Jahren sentimental wurden, wenn sie sich an eine klassische Aufführung des »Jedermann« oder die Neuinszenierung eines klassischen Stückes erinnerten, konnten jüngere wie Henry Kissinger, Peter Gay oder Zvi Yavetz (ein berühmter Professor für klassische Philologie in Tel Aviv, New York und München) noch nach fünfzig Jahren die Aufstellung einer führenden deutschen oder österreichischen Fußballmannschaft im Spiel gegen England, Ungarn oder Italien aufsagen. Wie Marcel Reich-Ranicki in seiner Autobiographie berichtet, wurde er 1940 in den Straßen von Warschau verhaftet, um zur Zwangsarbeit verpflichtet zu werden. Das Verhalten des ihn eskortierenden deutschen Soldaten ihm gegenüber besserte sich beträchtlich, nachdem er ihn in ein Gespräch über die taktischen Feinheiten der Stürmerreihe von Hertha BSC verwickelt hatte. Alfred Grosser, der als Junge nach Frankreich kam, erzählt in seiner Autobiographie, daß er sich bis zum heutigen Tag an die Aufstellung des Racing Club Paris, damals französischer Meister, erinnern kann, und Abraham Ascher, der heute in New York russische Geschichte lehrt, verfügt über das gleiche Expertenwissen hinsichtlich der Ersten Division der britischen Fußball-Liga über mehrere Jahrzehnte hinweg. Es ist die Generation, die mit leidenschaftlichem Interesse die Fälle der Fechterin Helene Mayer, der Hochspringerin Gretl Bergmann und des Eishockeyspielers Rudi Ball, Sportler und Sportlerinnen jüdischer Abstammung (wenn auch nicht in jüdischen Angelegenheiten engagiert) verfolgten; es ging darum, ob ihnen gestattet sein würde, Deutschland bei den Olympischen Spielen von 1936 zu vertreten. Wie schlimm die politische Lage auch sein mochte, der Sport hatte seine Faszination nicht verloren.

Es waren aufregende Zeiten, und in dieser Beziehung war das Engagement der jungen Juden, zumindest als Zuschauer, umfassend. Ein derartiges Engagement, eine solche Identifikation seitens junger Juden mit dem kulturellen Geschehen ihres Landes, auf höherer wie auf niederer Ebene, gab es zu jener Zeit vielleicht in den Vereinigten Staaten, in Italien und den Niederlanden, aber nicht in Frankreich und Großbritannien (außer bei einer kleinen assimilierten Minderheit), und in Osteuropa gab es eine solche Identifikation nur selten, wenn überhaupt. Daran läßt sich ermessen, wie verwurzelt die meisten jungen deutschen Juden im Land ihrer Herkunft waren, auch wenn dies eine einseitige Liebesbeziehung war.

Das seelische Befinden, die Geisteshaltung der jungen Juden in Deutschland läßt sich nicht verstehen, wenn man sie lediglich als Reaktion auf den Nationalsozialismus betrachtet. Sie waren echte Kinder der Weimarer Republik, einer freiheitlichen Demokratie, sie waren Produkte des Bildungssystems und der spezifischen Kultur dieses Staates. Für sie bedeutete die Emigration ein armseligeres Leben nicht nur in materieller, sondern auch in kulturelles Hinsicht. Dies gilt zwar in erster Linie für die Generation ihrer Eltern, aber auch die Jüngeren waren in nicht unerheblichem Maße betroffen; es erklärt ihre Anpassungsschwierigkeiten, nachdem sie das Land, in dem sie geboren und aufgewachsen waren, verlassen hatten.

Eine glückliche Jugend?

Als die Kinder von 1933 in späteren Jahren Eltern und Großeltern geworden waren, entstanden zahlreiche Memoiren über ihre frühen Jahre in Deutschland und Österreich. Natürlich gibt es eine Tendenz, lang zurückliegende Ereignisse verschönt darzustellen, sie in rosigem Licht erscheinen zu lassen, und weniger angenehme Erlebnisse zu unterdrücken. Es gibt die Neigung, zu vergessen, daß der Wachstumsprozeß oft – selbst unter idealen Bedingungen – sehr schmerzhaft ist, erfüllt von Schwierigkeiten mit einem selbst und mit der Umwelt, von Fehlschlägen und Enttäuschungen. Dennoch ist es bemerkenswert, daß sich aus der großen Mehrheit der Erinnerungen an das Deutschland vor dem Nationalsozialismus ein Bild des Glücks und manchmal sogar der Idylle ergibt. Nicht jeder lebte in angenehmen Verhältnissen; Ignatz Bubis, in den neunziger Jahren Vorsitzender des Zentralrats der Juden in Deutschland, entstammte einer polnischen Einwandererfamilie. Er berichtete von einer harten Kindheit in einer Breslauer Vorstadt, von sechs oder sieben Personen, die in zwei Zimmern lebten, von Armut und Elend. (Die Familie kehrte Mitte der dreißiger Jahre nach Polen zurück, und Bubis war der einzige der großen Familie, der überlebte.) Doch solche unglücklichen Erinnerungen an Zeiten bitterer Armut hatten, wenn sie auch nicht gerade selten waren, mehr mit der wirtschaftlichen als der politischen Lage zu tun.

Das andere Extrem bildet die Geschichte von Angelika Schrobsdorff, deren ursprünglich jüdische Mutter in eine wohlhabende, fast aristokratische preußische Familie einheiratete. Einen Teil ihrer Kindheit verbrachte sie auf einem Landgut der Familie, sie hatte ihr eigenes Pony, es gab Wälder und Parks, und was immer an Spielzeug und Puppen sie und ihre Schwester sich wünschten, wurde ihnen von den in sie vernarrten Eltern und Großeltern geschenkt. Henry Wallich war der Sproß einer berühmten und sehr reichen Berliner Bankiersfamilie, sein Vater war nominell noch Jude, aber seine Mutter »Arierin«, der Chauffeur brachte ihn jeden Morgen in einem imposanten Wagen zur Schule. Da er wegen des Reichtums seiner Familie etwas befangen war, ließ sich der Junge in einer Nebenstraße absetzen und ging den Rest des Weges zu Fuß. 1932 wurde er für ein Jahr auf das Oriel College der Universität Oxford geschickt, um – mit den Worten seines Biographen – seinen Tennisschlag zu verbessern und sich mit dem Genuß von Sherry vertraut zu machen. (Henry Wallich wurde Professor an der Universität Yale und Mitglied des Federal Reserve Board, des amerikanischen Zentralbankrats.)

Angelika Schrobsdorff und Henry Wallich waren sogenannte Halbjuden, mit ein wenig Glück wären sie nicht nach Auschwitz geschickt worden. In ihren Familien wurde über die jüdische Herkunft nicht gesprochen, allerdings war sich natürlich jeder der Tatsache bewußt. Henrys Vater beging Selbstmord; er sprang nach der »Kristallnacht« in den Rhein. Angelika hatte nicht die geringste Ahnung, daß sie jüdischer Abstammung war und was dies nach 1933 bedeutete. Als alle anderen die rote Hakenkreuzfahne aufzogen, war sie sehr traurig, daß ihre Eltern ihr einen Wunsch zum ersten Mal nicht sofort erfüllten, nämlich ihre eigene Hakenkreuzfahne aus dem Fenster hängen zu dürfen. Erst sehr viel später, als sie und ihre Mutter sich in Bulgarien versteckten, erfuhr sie die Wahrheit und daß sie Deutschland aus gutem Grund verlassen hatten.

George Mosse (später ein namhafter Geschichtsprofessor an der University of Wisconsin und der Hebräischen Universität in Jerusalem) kam aus einer noch reicheren Familie. Das Vermögen seines Großvaters Rudolf Mosse, der ein Presseimperium in Berlin aufgebaut hatte, wurde von den Finanzbehörden im wilhelminischen Deutschland auf fünfzig Millionen Goldmark geschätzt. George erinnerte sich an den Palast mit der Kunstgalerie, den der Großvater am Leipziger Platz erbaut hatte, aber am meisten war ihm das Schloß in Schenkendorf, südlich der Hauptstadt, ans Herz gewachsen, mit ihren Medici-Tapeten und Empire-Stühlen, mit acht Gästezimmern und Wintergarten und weiträumigen Terrassen. Der junge George hatte einen Schloßturm für sich allein, es gab zahlreiche Bedienstete, und für die Kinder war immer eine Gouvernante, gewöhnlich aus England oder Frankreich, da. An seinem Geburtstag spielte am Fuß der Terrasse die Dorfkapelle für ihn auf.

Eine solche Lebensart war für die meisten deutschen Juden nicht typisch, aber auch nicht einzigartig. Selbst wer nicht in einem Schloß aufwuchs, wer keine Gouvernante hatte und nicht in die Schule chauffiert wurde, konnte auf eine sorglose und mehr oder weniger bequeme Kindheit zurückblicken, oft in einer Villa oder einer geräumigen Wohnung in einer der exklusiveren Gartenvorstädte. Es gab Erinnerungen an – manchmal langweilige, manchmal unterhaltsame – Familientreffen, Ausflüge mit der Familie oder mit Freunden auf dem Rhein, im Schwarzwald oder zu den Seen und Wäldern in der Umgebung von Berlin. Die wohlhabenderen Familien fuhren im Sommer oder Winter – oder auch in Sommer *und* Winter – nach St. Moritz oder Pontresina oder an die Dalmatinische Küste, die Übergewichtigen versuchten in Südtirol ein paar Pfunde loszuwerden. Zwar gab es Ferienorte an Nord- und Ostsee, die bekanntgaben, daß dort jüdische Feriengäste nicht erwünscht seien, aber darum sorgte man sich nicht; es gab genügend schöne Orte im In- und Ausland, wo deutsche Juden willkommen waren. Die weniger Begüterten nahmen sich ein Zimmer in einem billigen Hotel im Taunus oder im Riesengebirge im Sudetenland an der tschechischen Grenze.

Die Kinder nahmen an kleinen Expeditionen teil, man unternahm Bergtouren, ging in nahe gelegenen Seen schwimmen, sammelte Pilze und Beeren in den Wäldern. Für diejenigen, die in einer Jugendbewegung organisiert waren, war der Sommer die Zeit der Ferienlager und Auslandsfahrten. Dabei führten sie zwar eher ein kärgliches Leben, das Essen war oft kaum genießbar, aber sie kehrten glücklich und sonnengebräunt zurück und freuten sich schon auf das nächste Lager oder die nächste Reise. Sie lernten, die Natur zu lieben und wieder ein engeres Verhältnis zu ihr zu finden, ein Verhältnis, das einst bestanden hatte, aber verlorengegangen war, nachdem die meisten Juden in die Großstädte gezogen waren. Sie besuchten Museen und andere Touristenattraktionen, so daß sie nach ihrer Rückkehr viel zu berichten hatten.

Der aus Wien stammende George Arthur Weidenfeld, später Lord Weidenfeld of Chelsea, der bekannte Verleger, schrieb in seinen Memoiren, er habe eine sonnige Kindheit gehabt, und ich glaube, daß dieses Gefühl von den meisten seiner Zeitgenossen geteilt wird. Jedenfalls erschien es den meisten so, wenn sie in späteren Jahren ihre Erinnerungen mündlich oder schriftlich wiedergaben. Es erklärt wenigstens zum Teil, warum vielen der Abschied von ihrer Heimat trotz Verfolgung und drohender Gefahren so schwerfiel. Es war nicht die Trennung von dem Land als solchem und bestimmt auch nicht vom deutschen Volk, sondern von der *Heimat*, den vertrauten Stätten, mit denen sich die Freuden und Träume der Jugend verbanden, die Freundschaften und manchmal auch die erste Liebe.

Der Traum ist aus

Natürlich war nicht alles rosig, die Auswirkungen der Weltwirtschaftskrise hatten auf Deutschland besonders stark durchgeschlagen, aber diese Probleme teilten die Juden mit ihren deutschen Nachbarn. Fühlten sie sich unsicher, gab es in den Jahren und Monaten vor 1933 stark ausgeprägte Zukunftsängste? Niemand dachte an Emigration, sehr wenige auch nur daran, wenigstens einen Teil ihres Geldes ins Ausland zu überweisen. Es gab bedrohlich wirkende Straßenaufzüge, und die antijüdische Nazipropaganda war nicht zu übersehen. Die Regierungen waren schwach und wechselten häufig, viele Leute machten sich Sorgen, aber kaum jemand sah voraus, daß Hitler eines Tages an die Macht kommen würde. Und selbst wenn dies geschehen sollte, gab es irgendeinen guten Grund, zu glauben, daß es ihm und seinen Handlangern besser ergehen würde als all den vorangegangenen Regierungen? Es gab keine massiven physischen Angriffe auf Juden, zwar wurden einige Friedhöfe geschändet und ein paar jüdische Studenten zusammengeschlagen, aber so etwas geschah auch in anderen Ländern.

Die Lage war alles andere als idyllisch, und kein tiefgehendes politisches Wissen und Verständnis war vonnöten, um zu bemerken, daß Deutschland einer gefährlichen Krise entgegensteuerte. Aber es hatte Krisenlagen gegeben, solange die meisten Menschen zurückdenken konnten, und seit dem Ausbruch des Ersten Weltkriegs fast pausenlos. Daß irgendeiner der jungen Juden wegen irgendeiner dieser gegenwärtigen oder zukünftigen Gefahren schlaflose Nächte verbracht hätte, ist nicht überliefert.

Und dann kam der Januar 1933, die Fackelparaden und der Boykott der jüdischen Geschäfte, als der Antisemitismus zur offiziellen Regierungspolitik wurde. Dies war gewiß ein großer Schock für jung und alt. Der Exodus aus den deutschen Schulen begann, und jene, die das Glück hatten, nicht der Schule verwiesen zu werden, mußten dafür Erniedrigungen aller Art in Kauf nehmen. Ihre Klassenkameraden kamen in HJ-Uniform zur Schule, die Lehrer eröffneten den Unterricht mit dem Hitlergruß, es gab das neue Fach Rassenkunde, und in anderen Fächern wie Deutsch und Geschichte wehte ein neuer (Un-)Geist.

Vor allem gingen Freundschaften zwischen Juden und Nichtjuden abrupt zu Bruch. Juden durften nicht mehr an Klassenfahrten teilnehmen und natürlich auch nicht mehr an Versammlungen, die mehr und mehr einen politischen Charakter annahmen. Viele Lehrer verhielten sich korrekt, das heißt, daß sie im Unterricht von Beleidigungen absahen, aber es wurde schwierig für jüdische Schüler, in Klassenarbeiten gute Noten zu erzielen. Dies war für diejenigen leichter zu ertragen, die nur noch ein oder zwei Jahre bis zum Abschluß hatten, aber für die Jüngeren wurde es immer schwieriger, sich mit ihrer neuen Rolle als Parias abzufinden.

Wie kamen die Kinder und Jugendlichen von 1933 mit ihrer Lage zurecht? Einige wurden persönlich davon kaum berührt. Jehuda Amichai, 1925 als Ludwig Pfeiffer in Würzburg geboren, sollte in seinem späteren Leben einer der bedeutendsten Dichter Israels werden; mehr als einmal wurde er als Kandidat für den Nobelpreis benannt. Er erinnert sich, daß er in einer gänzlich jüdischen Umgebung aufwuchs und eine jüdische Schule besuchte, wo er von Anfang an Hebräisch lernte. Sein Vater unterhielt Geschäftsbeziehungen zu Nichtjuden, die ihm rieten, in Deutschland zu bleiben, weil Hitler es mit seinen Proklamationen nicht wirklich ernst meine und er sich sowieso nicht lange an der Macht halten werde. Doch die Eltern hörten nicht darauf, und die gesamte Familie – Großeltern, Eltern, Kinder, Onkel und Tanten und deren Kinder – wanderte 1935 nach Palästina aus. »Ich hatte eine sehr schöne Kindheit«, erklärte er viele Jahre später in einem Interview. Für ihn war der Abschied von Würzburg alles andere als ein Trauma.

In gewissem Maß galt dies auch für jene, die bereits vor 1933 eine jüdische Schule besucht hatten, für diejenigen mit religiösem Hintergrund und auch für einige der Ostjuden, die in der deutschen Gesellschaft noch nicht Fuß gefaßt hatten. Pnina Naveh, geborene Fass, kam nach Berlin und wanderte mit ihrer Familie 1935 nach Palästina aus. Später gab sie die Schriften von Martin Buber heraus und war Mitherausgeberin der Encyclopedia Judaica. Sie wuchs in einer zionistischen Familie auf, über dem Schreibtisch in ihrem Kinderzimmer hing eine Karte von Palästina. Sie besuchte zunächst eine deutsche Schule, trat aber mit zwölf Jahren in eine jüdische Schule über. Auch sie erinnerte sich viele Jahre später, daß sie das Verlassen Deutschlands nie als Emigration, sondern als Alija (wörtlich: »Aufstieg«), das heißt als Heimkehr betrachtete, die ihr ein besseres Leben ermöglichte.

Andere fühlten sich damals nicht so unbeschwert. Hilde Hoffmann, 1922 im Frankfurter Westend geboren, mußte ihre deutsche Schule verlassen und hatte danach einen langen Weg mit dem Fahrrad zur jüdischen Schule zurückzulegen. Mehr als einmal wurde sie auf dem Schulweg angepöbelt, und ihr Bruder, der ein »jüdischeres« Aussehen hatte, wurde wiederholt mißhandelt. Barbara Koch (Naomi Laqueur) besuchte die Schiller-Schule in Frankfurt; sie mußte 1933 nicht abgehen und berichtet in ihren Memoiren, daß sie zwar keine körperlichen Blessuren, aber psychische Demütigungen auszustehen hatte: »Nichtsdestoweniger war ich zutiefst verletzt, weil ich nicht mehr als eine so gute Deutsche wie meine Klassenkameradinnen angesehen wurde. Wahrscheinlich die erste Beleidigung, die ich bewußt erlitt, bestand darin, daß unser geliebter Schuldirektor, Dr. Bojunga, der mir bisher mit ausgesuchter Freundlichkeit begegnet war, sich benahm, als ob ich für ihn Luft sei. Im Verhältnis zu meinen Klassenkameradinnen veränderte sich nichts.«

Eva Herrmann, 1923 in Berlin geboren, berichtet, daß sie von einem Lehrer aufgefordert wurde, sich vor der Klasse aufzustellen, um an ihr die spezifischen Merkmale der semitischen Rasse zu demonstrieren. Physisch wurde sie niemals belästigt; einmal sagte jemand »Arschloch« zu ihr, aber »ich wurde niemals geschlagen, und es gab keine panische Angst, sondern eher eine Art allgemeiner Bedrückung«. Marianne Frey (Steinbock), ebenfalls in Berlin geboren, ging nach Palästina und wurde Bäuerin. Sie erinnert sich, daß sie auch noch nach 1933 viele Freundinnen an ihrer Schule in Karlshorst hatte, und »wir taten alles gemeinsam«. Doch dann kamen sie nach und nach alle zu ihr und sagten, sie seien dem BDM beigetreten und könnten sich nicht mehr mit ihr sehen lassen. Von da an war sie sehr oft allein.

Erwin Leiser, 1923 in Berlin geboren, Sohn eines Anwalts, wurde später ein bedeutender europäischer Filmproduzent. Er behauptet, daß er und seine jüdischen Freunde, nachdem sie in der Schule und auf der Straße immer wieder verprügelt worden waren, schon im Alter von zehn Jahren erkannten, daß es für sie in Deutschland keine Zukunft gab. Dies stand im völligen Gegensatz zur Meinung der Generation seiner Eltern und deren Freunde, die sich nicht vorstellen konnten, daß Hitlers Drohungen ernst gemeint waren.

Was nun?

Die meisten Universitätsstudenten mußten von einem Tag auf den anderen gehen. Selbst jene, die ihr Studium praktisch schon abgeschlossen hatten und nur noch ihre Doktorarbeit einreichen oder sich mündlich prüfen lassen mußten, konnten ihr Examen nicht beenden, es sei denn, ein wohlmeinender Professor war bereit, das »Gesetz gegen die Überfüllung deutscher Schulen und Hochschulen«, das den Anteil »nichtarischer« Studenten auf 1,5 Prozent festlegte, zu ignorieren. Einer dieser Glücklichen war Abraham Ben Menachem (Gutsmuth), der bei einem sympathischen Professor an der Universität Gießen zum Doktor der Rechtswissenschaften promovierte. Ben Menachem mag sich in späteren Jahren, als er in einem Kibbuz arbeitete, gefragt haben, ob sich der Aufwand gelohnt hatte. Aber die Wege der Vorsehung sind unergründlich. Fünfundzwanzig Jahre später wurde Ben Menachem Bürgermeister von Netania, nördlich von Tel Aviv; er hatte niemals deutsches Recht praktiziert, aber er war damals wahrscheinlich der einzige Bürgermeister Israels mit einem solchen Doktorgrad.

Die Unterbrechung des Studiums war eine Katastrophe für jemanden, der eine akademische Karriere anstrebte. Heinz Bauer aus Wien hatte ein Medizinstudium aufgenommen, konnte es aber nicht weiterführen, und er verbrachte Jahre als Anstreicher, Bauer und Wurstfabrikant in Kenia, bevor er seinen ursprünglichen Berufswunsch verwirklichen konnte und schließlich Professor für Pathologie an einer amerikanischen Universität wurde. Es gab andere Fälle, in denen rückblickend der Abbruch des Studiums keine Rolle spielte. Gideon Rafael (Ruffer) hatte in Berlin zu studieren begonnen, konnte aber wie so viele andere nicht weitermachen. Statt dessen gehörte er zu den Gründern eines Kibbuz, wurde dessen Sekretär und beendete seine Karriere als Generaldirektor im israelischen Außenministerium – auch ohne akademische Würden. George Weidenfeld, Jahrgang 1919, konnte in Wien sein Studium nicht fortsetzen, erwarb sich aber ein fundiertes Wissen. Später revolutionierte er das britische Verlagswesen und wurde Mitglied des Oberhauses.

Wohin konnte sich ein jüdischer Student wenden, um sein Studium abzuschließen? Studierte er Jura, so konnte er ebensogut daran denken, auf Tischler oder Schmied umzusatteln, denn eine Nachfrage nach Leuten mit einer Ausbildung in deutschem Recht gab es außerhalb Deutschlands praktisch nicht. Wenn er ein anderes Fach studierte und seine Eltern über die nötigen Mittel verfügten, konnte er sich um einen Studienplatz an einer deutschen Universität im Ausland bewerben, etwa in Österreich, der Schweiz oder an der deutschen Universität in Prag. Aber nur einzelne machten davon Gebrauch, denn es gab nur wenige Studienplätze und Geldüberweisungen wurden selten erlaubt. Schließlich konnte er sein Studium in einem englisch- oder französischsprachigen Land fortsetzen, aber da war, abgesehen von allen anderen Schwierigkeiten, die Sprachbarriere. Es gab einige, wenn auch sehr wenige Stipendien für Auslandsstudenten. Der Schriftsteller Stefan Heym, der sich später in Ostdeutschland niederließ, hatte das Glück, eine solche Gelegenheit in Chicago zu bekommen, ebenso Reinhard Bendix, der Soziologe, und George Mosse entdeckte in Harvard ein Stipendium, das zur Bedingung hatte, daß der Bewerber aus dem Berliner Bezirk Charlottenburg stammte; kaum jemand in Harvard kam dafür in Betracht.

Eine recht ansehnliche Zahl von Studenten, etwa zweihundert, wechselte an italienische Universitäten. Der Hauptgrund war zweifellos, daß es leichter war, Geld nach Italien zu überweisen, als in irgendein anderes Land. Dieses Arrangement fand 1938 ein Ende, als Mussolini seine antijüdischen Gesetze verkündete. Schließlich gab es noch die Hebräische Universität in Jerusalem, aber diese war damals ein kleines Institut mit kaum fünfhundert Studenten, sie hatte weder eine medizinische noch eine juristische Fakultät, und viele wissenschaftliche Fächer wurden noch gar nicht gelehrt. Dennoch absolvierten sie im Laufe der Jahre einige hundert jüdische Studenten aus Deutschland und Österreich, die meisten hatten vorher noch nicht studiert und wählten Fächer wie Geschichte, Philosophie und jüdische Theologie.

Der Weg bis zum Professor verlief auch in Jerusalem selten schnurgerade. Uriel Heyd, ein Turkologe, kam durch die Arabische Abteilung der Jewish Agency (der obersten jüdischen Behörde im damaligen Palästina) zu einer akademischen Laufbahn. Gabriel Baer, in späteren Jahren ein Experte für ägyptische Wirtschaft, hatte Kinder in einem Internat in Arabisch unterrichtet. Joshua Arieli, ein Jerusalemer Historiker, war in die britische Armee eingetreten, 1940 in Griechenland gefangengenommen worden und hatte die folgenden fünf Jahre in einem Kriegsgefangenenlager verbracht, bevor er auf den Mount-Scopus-Campus der Hebräischen Universität zurückkehrte.

Umschichtung für Jugendliche

Es wurden Versuche unternommen, außerhalb Deutschlands Schulen für jüdische Kinder einzurichten. Das berühmte Internat in Herrlingen bei Ulm wurde fast vollständig nach Bunce Court in England verlegt. In Moskau nahm die Karl-Liebknecht-Schule (über die später noch mehr zu sagen sein wird) die Kinder kommunistischer Emigranten auf, darunter auch einige, die in späteren Jahren zu Ruhm kommen sollten (der nachmalige DDR-Meisterspion Markus Wolf war einer von ihnen). In Italien wurden mehrere Internate gegründet, darunter eines bei Florenz und ein anderes unweit der Mittelmeerküste. Dr. Peiser, der Schulleiter, hatte gute Beziehungen zu Giovanni Gentile, dem Philosophen und faschistischen Erziehungsminister. Doch der deutsche Konsul tat alles, was in seiner Macht stand, um die Schule zu schließen. Wann immer Hitler oder ein anderer hoher Vertreter des Naziregimes Italien besuchte, wurden einige der Lehrer von der örtlichen Polizei in Schutzhaft genommen. Ein weiterer Schuldirektor war Robert Kempner, vor 1933 Regierungsrat im preußischen Staatsdienst, der nach dem Krieg eine maßgebliche Rolle in den Nürnberger Kriegsverbrecherprozessen spielte. Die meisten dieser Schulen wurden geschlossen, bevor in Italien 1938 der Vorhang herunterging.

Derlei Institutionen konnten nur einen sehr kleinen Teil der jungen Menschen aufnehmen, die aus den deutschen Schulen geworfen worden waren. Noch kleiner war die Zahl der Eltern, die es sich leisten konnten, ihre Kinder auf englische oder französische Schulen zu schicken. Doch abgesehen von den finanziellen Schwierigkeiten und dem Mangel an Gelegenheiten gab es eine fundamentalere Frage: Die Schule, so heißt es gewöhnlich, soll die Kinder auf das Leben vorbereiten, aber wie sollte dieses Leben aussehen? Die traditionellen Berufe, die deutsche Juden früherer Generationen ergriffen hatten, waren im Ausland nicht gefragt, und so wurde »Umschichtung« eines der großen Schlagworte der damaligen Zeit. Umschichtung, von der nicht nur die Jungen, sondern auch die Menschen mittleren Alters betroffen waren, bedeutete, daß die Betroffenen Facharbeiter und Landwirte werden sollten, und zu diesem Zweck wurden Ausbildungszentren geschaffen.

Es war ein lobenswertes, aber nicht immer gut durchdachtes Unterfangen. Zwar gab es im Ausland keinen Bedarf an deutschen Ärzten und Anwälten oder an Geschäftsleuten mit ihrer besonderen Deutschland-Erfahrung. Aber nach der Weltwirtschaftskrise herrschte in den meisten Industrieländern unter den Arbeitern eine noch höhere Arbeitslosigkeit als unter den Akademikern, und die Landwirtschaft sah sich einer weltweiten Krise gegenüber. Dagegen hätte sich anführen lassen, daß in Palästina ein größerer Bedarf an Industrie- und Landarbeitern bestand als an Anwälten für deutsches Recht, aber eine signifikante palästinensische Industrie gab es damals noch nicht, man konnte damals nicht wissen, daß es noch zu Lebzeiten derer, die in den landwirtschaftlichen Berufen ausgebildet werden sollten, zu einer umfassenden wissenschaftlichen und technologischen Revolution der Landwirtschaft kommen würde und damit zu einer bedeutenden Reduzierung von Arbeitskräften auf diesem Gebiet.

Man glaubte lediglich, daß etwas getan werden müsse, um die Jugend auf das Leben im Ausland vorzubereiten. Bis 1936 entstanden rund fünfzig Zentren, in denen jungen Menschen eine landwirtschaftliche Ausbildung vermittelt wurde. Eines der bekanntesten war Winkel, ein weiteres Schniebinchen, ein drittes Neuendorf im Sande, alle innerhalb einer Fahrstunde von Berlin, aber es gab noch viele andere, ganz zu schweigen von denen außerhalb Deutschlands (in den Niederlanden, in Dänemark, sogar in Polen und Italien), und es gab auch städtische Kommunen (Bate Chaluz) in größeren deutschen Städten, deren Mitglieder Kurse für Metallverarbeitung, Zimmerei, Elektro- und Wasserinstallation und andere Handwerksberufe besuchten, die für ihr zukünftiges Leben als nützlich erachtet wurden. Die meisten dieser Zentren zielten darauf ab, junge Menschen auf das Leben in Palästina vorzubereiten, aber es gab andere wie Groß Breesen in Schlesien, das unter der Leitung von Curt Bondy, einem ehemaligen Pädagogikprofessor, auf die Emigration in andere Länder abstellte.

Tausende besuchten diese Zentren für die Dauer von ein oder zwei Jahren, manchmal auch länger. Es gibt zahlreiche Berichte über die harte Arbeit und das schwere Leben dort. Man stand um vier Uhr auf, um die Kühe zu melken und sich in der Küche zu schaffen zu machen; junge Leute, von denen die meisten an ein eigenes Zimmer gewohnt waren, mußten nun zu sechst oder mehr in einem Raum schlafen. Von einer Privatsphäre blieb in der neuen Umgebung kaum etwas übrig, in der die Betonung auf der Gruppe und der Gemeinschaft lag. Es gab erhebliche Schwierigkeiten, unter diesen Bedingungen Reinlichkeit zu bewahren, und der Widerwille dieser Großstadtkinder gegen manuelle Arbeit legte sich nicht von einem Tag auf den anderen. Die Fachlehrer gerieten oft an den Rand der Verzweiflung, wenn ihre Schutzbefohlenen lieber redeten, als fest zuzupacken, und manchmal durch drastische Maßnahmen angetrieben werden mußten. Für den Abend waren Sprachkurse sowie Unterweisung in allgemeinen, darunter auch jüdischen Themen vorgesehen. Aber die Lehrlinge waren dafür viel zu müde und schliefen im Unterricht ein.

Es dauerte mindestens ein Jahr, bis richtige Arbeiter aus ihnen wurden, und einige hielten nicht bis zum Ende durch.

Manche dieser Zentren waren attraktiver als andere, zum Beispiel solche, die die Bewerber auf ein Leben auf See vorbereiteten, sei es als Seeleute oder Hochseefischer. Aber auch hier wurden die Neulinge darauf hingewiesen, daß das Leben auf dem Schiff hart und gefährlich und nicht nur romantisch sei und daß nicht jeder, der den Abschluß schaffte, Offizier oder Kapitän werden würde. Das Ausbildungszentrum wurde schließlich auf die dänische Ostseeinsel Bornholm verlegt, eine Entscheidung, die den Lehrlingen das Leben rettete, weil sie die Flucht nach Schweden ermöglichte (dazu später mehr). Diejenigen in den landwirtschaftlichen Ausbildungszentren, denen bis 1940 die Emigration nicht gelang, hatten weniger Glück. Winkel wurde 1941 von der Gestapo liquidiert, Neuendorf im April 1943. Einige wenige konnten flüchten und untertauchen, doch die meisten kamen in Auschwitz um.

Der Wert dieser Institutionen lag nicht in allen Fällen klar auf der Hand; eine Kuh blieb immer eine Kuh, und es konnte niemals schaden, eine Kuh melken, einen Traktor lenken oder einen Mähdrescher bedienen zu können. Aber es gab große Unterschiede zwischen der Landwirtschaft im moderaten europäischen Klima und dem in Palästina. Es gab jedoch noch einen anderen Grund, diese Zentren einzurichten und beizubehalten: Nach 1936 wurde die Einwanderung nach Palästina beschränkt, nur eine begrenzte Zahl von Einwanderungszertifikaten wurde für Arbeiter ausgestellt, und es gab eine immer länger werdende Warteliste. Man mußte Jahre warten, bis man an die Reihe kam, und obwohl Versuche unternommen wurden, das Verfahren abzukürzen, etwa durch illegale Einwanderung oder durch eine Scheinehe (in solchen Fällen zählte ein Ehepaar so viel wie eine Einzelperson), verkürzte dies die Warteliste nicht wesentlich.

Einige junge Leute fanden Gelegenheitsjobs oder sogar Ausbildungsstellen in jüdischen Unternehmen in Deutschland, aber derlei Gelegenheiten gab es immer weniger, da immer mehr jüdische Firmen »arisiert« wurden. In denen, die bis 1938 noch in jüdischer Hand waren, hatte die nationalsozialistische Einheitsgewerkschaft, die Deutsche Arbeitsfront, das Sagen, und junge Juden wurden über kurz oder lang hinausgeworfen, selbst wenn sie nur als Praktikanten ohne Bezahlung arbeiteten.

Gettoisierung und Emigration

Die »Machtergreifung« der Nationalsozialisten war ein Trauma gewesen. Wie hat die jüngere Generation die Jahre nach 1933 erlebt? Es kam zu einer langsamen, aber unaufhaltsamen Gettoisierung des deutschen Judentums, aber die Signale waren manchmal widersprüchlich. 1935 war das Jahr der Nürnberger Rassegesetze, ein Meilenstein auf dem Weg zur Ausrottung des Judentums in Deutschland. Im darauffolgenden Jahr jedoch fanden in Berlin die Olympischen Spiele statt, die Nazis wollten einen globalen Propagandasieg erringen und legten ihr bestes Benehmen an den Tag. Nachdem die Sportler und Sportlerinnen sowie die Journalisten abgereist waren, wurden die antijüdischen Maßnahmen intensiviert und erreichten mit der »Kristallnacht« im November 1938 einen Höhepunkt. Dennoch wäre es ein Fehler, zu glauben, daß die jüngere Generation vor 1938 in tiefstem Unglück, panischer Angst oder in dem Gefühl gelebt hätte, am Rand eines Vulkans zu tanzen (falls sie überhaupt tanzte), der jederzeit ausbrechen konnte. Es gab weiterhin Sportveranstaltungen, jede Menge kulturelle Ereignisse, und wenn sich die wirtschaftliche Lage auch verschlimmerte, so mußte doch kaum jemand hungrig zu Bett gehen. Junge Menschen reagieren elastisch in Zeiten der Not, und sie besitzen auch die Fähigkeit, immer auf das Beste zu hoffen und kommenden Gefahren unbekümmert entgegenzusehen. Sie wurden auch durch das Zaudern der älteren Generation vor der Emigration zurückgehalten. In der Elterngeneration glaubten viele, daß die Verfolgung nicht viel weiter gehen würde; und was sollten sie im Ausland überhaupt anfangen, welches Land würde sie zunächst einmal aufnehmen? Fairerweise sollte man vielleicht sagen, daß die überwältigende Mehrheit junger deutscher Juden schon lange vor dem Pogrom von 1938 rational oder instinktiv zu dem Schluß gekommen war, daß es für sie in Deutschland keine Zukunft mehr gab. Aber die meisten von ihnen, darunter auch ihre Anführer, glaubten, sie hätten mehr Zeit, sich auf das Leben im Ausland vorzubereiten, als dann tatsächlich der Fall war. Ein Gefühl der Dringlichkeit fehlte oft. Die jüdischen Schulen, die Jugendgruppen, die landwirtschaftlichen und nautischen Ausbildungszentren waren Inseln relativen Friedens, und auch sie schufen eine Illusion von Sicherheit und Geborgenheit.

Ein Blick in die deutschen Auswanderungsstatistiken ergibt ein deutliches Bild: 1933 verließen unter dem unmittelbaren Eindruck des Naziterrors etwa 37 000 Menschen das Land, aber viele von ihnen waren eher Flüchtlinge aus politischen denn aus »rassischen« Gründen, und mehrere tausend kehrten später nach Deutschland zurück. Natürlich gab es auch Emigranten, die weder militante Antinazis noch glühende Zionisten waren und dennoch die Zeichen der Zeit erkannten. Einer von ihnen war Dr. Max Marcuse, ein Berliner Arzt und Mitbegründer der deutschen Schule der Sexualwissenschaften. Seine Werke fielen der berühmten Bücherverbrennung vom 10. Mai 1933 zum Opfer, worauf er mit seiner Familie nach Palästina auswanderte. Dr. Marcuse sprach kein Wort Hebräisch, und sein Berufsleben in Palästina war, um es milde auszudrücken, ein ständiger Kampf. Sein Sohn Hans, später Yohanan Meroz, war damals zwölf Jahre alt. Rund fünfundvierzig Jahre später sollte er als israelischer Botschafter nach Deutschland zurückkehren.

Alfred Grosser war zehn Jahre alt, als seine Eltern ihn aus seiner Geburtsstadt Frankfurt am Main nach Paris mitnahmen. Sein Vater, Professor für Pädiatrie, hatte wie alle jüdischen Professoren seinen Lehrstuhl verloren. Innerhalb kurzer Zeit sprach und schrieb Alfred besser Französisch als Deutsch, und nach dem

Krieg wurde er zu einem der führenden Politikwissenschaftler und Germanisten seines Gastlandes. Esther Herlitz war ein wenig älter, als sie 1933 von Berlin nach Jerusalem ging. Ihr Vater war Direktor der zionistischen Archive gewesen, und der Umzug war für die Familie weder eine Überraschung noch ein Trauma. An der Grenze mußten sich Esther und ihre Mutter vor den Zollbeamten, die nach geschmuggeltem Gold und Devisen suchten, nackt ausziehen. Dieses erniedrigende Erlebnis erleichterte ihnen den Abschied von Deutschland.

Unter den frühen Emigranten befand sich auch eine Gruppe zionistischer Pioniere um die Zwanzig, die sich aufmachte, einen neuen Kibbuz in Palästina zu gründen. Einige aus der Gruppe beschlossen, die Orte in Italien zu besuchen, die einst zu der großen Rundreise gehörten, die früher jeder gebildete junge Mensch zu absolvieren pflegte, wenn er es sich leisten konnte. Sie gingen von der richtigen Annahme aus, daß dies wohl für lange Zeit, vielleicht auch für immer, die letzte Gelegenheit sein würde. Ihr Wissen und ihre Erfahrung in landwirtschaftlichen Dingen waren minimal, und ihnen standen schwerere Jahre bevor, als sie sich jemals vorgestellt hatten. Aber schließlich überwogen ihr Idealismus und ihre Begeisterung, und der Ort, den sie begründeten, Hasorea, südöstlich von Haifa mit etwa tausend Einwohnern, ist heute eine der größten und erfolgreichsten Ansiedlungen dieser Art.

Doch diese frühen Emigranten waren die Ausnahme. Die Zahl der Auswanderer sank 1934 auf 23 000 und im Jahr danach auf 21 000. In den beiden Folgejahren blieben die Zahlen mehr oder weniger konstant (1936: 23 000, 1937: 25 000). Infolge der verstärkten antijüdischen Maßnahmen stieg die Zahl der Emigranten 1938 auf 40 000 und 1939 auf rund 80 000, wobei zu berücksichtigen ist, daß es nach Ausbruch des Krieges im September 1939 äußerst schwierig wurde, das Land zu verlassen. Doch selbst unter diesen schier unmöglichen Umständen gelang 15 000 Juden die Flucht aus Großdeutschland (wozu inzwischen auch Österreich und die Tschechoslowakei gehörten), und zwar entweder per Bahn durch die Sowjetunion nach Schanghai oder über Italien, das erst im Juni 1940 in den Krieg eintrat.

Sogar im Jahr 1941 verließen noch Tausende Juden das Land, bis Himmler im Oktober die Emigration völlig verbieten ließ. Aber selbst dieses Verbot scheint gelegentlich ignoriert worden zu sein. In den Statistiken erscheinen noch einige tausend Juden, die zwischen Oktober 1941 und dem Ende des Krieges auf legalem oder illegalem Wege ins Ausland gingen. Insgesamt setzten sich 250000 bis 280000 Juden aus Deutschland ab, also die Hälfte oder etwas mehr. Das soll nicht heißen, daß sie alle den Gaskammern entkamen, denn viele hatten Zuflucht in Nachbarländern wie Holland, Belgien und Frankreich gesucht, die in der Frühphase des Krieges von deutschen Truppen besetzt wurden, und vielen dieser Flüchtlinge gelang die Flucht nicht ein zweites Mal.

Wir haben uns bisher nur mit den Juden beschäftigt, die Deutschland den Rücken kehrten, wo sich der Prozeß der Gettoisierung über fünf Jahre erstreckte. In Österreich und der Tschechoslowakei lief dieser Prozeß in fünf Tagen bis fünf Wochen ab. Im Mai 1939 hingen 75 Prozent der Wiener Juden am Tropf der Gemeinde. Der Schock war viel unmittelbarer, und folglich auch der Drang, das Land auf dem schnellsten Wege zu verlassen, zumal Adolf Eichmann damit beauftragt war, die Emigration der Juden zu organisieren. So verließen 128000 österreichische Juden das Land, solange sie konnten, prozentual ein höherer Anteil als in Deutschland. Desgleichen gelang 26000 oder einem Drittel der im »Protektorat Böhmen und Mähren« ansässigen Juden die Ausreise. Alle diese Flüchtlinge aus Großdeutschland verteilten sich auf 89 Länder, was beträchtlich mehr war, als es damals unabhängige Staaten gab, und offenbar auch Kolonien und andere abhängige Territorien mit einschloß.

Einwanderer unerwünscht

Wer waren diese Emigranten, und welches waren ihre Zielländer? Es gibt keine verläßlichen Angaben hinsichtlich der Altersgruppen, aber aus Gründen, auf die wohl nicht näher eingegangen werden muß, kann man wohl davon ausgehen, daß weit mehr junge als ältere Menschen Deutschland verließen. Mehr läßt sich über die Zielländer aussagen, aber auch hier könnten die Zahlen, wie so oft, irreführend sein. Frankreich nahm in den ersten Jahren der Naziherrschaft mehr als jedes andere Land außer Palästina auf, aber für mehr als achtzig Prozent war Frankreich nur ein Durchgangsland. Zwar war es anfangs recht leicht, nach Frankreich zu gelangen – dies sollte sich später ändern –, doch war es praktisch unmöglich, eine Arbeitserlaubnis zu erhalten. Fast alle Flüchtlinge waren mittellos, und da die von der jüdischen Gemeinde in Frankreich geleistete Hilfe mehr als bescheiden war (die französischen Juden fürchteten sich vor einem Anwachsen des Antisemitismus) und große Teile der Bevölkerung starke Ressentiments gegenüber den Deutschen und gegenüber Juden hegten, standen die Emigranten unter überwältigendem Druck, sich anderswo weiter nach Asyl umzusehen.

Viele Jahre später verlieh eine jüngere Generation von Autoren ihrer Verwunderung darüber Ausdruck, warum nicht viel mehr Juden Deutschland viel früher verlassen hatten. Derartige Fragen basieren auf Unkenntnis und hinterlassen einen bitteren Beigeschmack. Die traditionell Schutz und Zuflucht gewährenden Länder waren die Schweiz, Großbritannien und die Vereinigten Staaten. Doch abgesehen von politischen Erwägungen (der Beschwichtigungspolitik gegenüber Deutschland) war Großbritannien lediglich bereit, Menschen im Transit aufzunehmen, und auch nur solche Personen, die nachweisen konnten, daß sie über genügend eigene Mittel verfügten. Für Juden war das unmöglich, da die deutschen Devisengesetze es verboten, auch nur zehn Mark auszuführen.

Während die französische Einwanderungspolitik nach 1933 immer restriktiver wurde, zeigten sich die Briten ab 1938 etwas liberaler, indem sie Hauspersonal und Landarbeiter einließen, wenn sich in Großbritannien jemand für sie einsetzte, und in den letzten Monaten vor Ausbruch des Krieges wurden zehntausend Kinder aufgenommen. Die Schweiz war und ist ein kleines Land, man hatte Angst davor, einerseits die Deutschen zu provozieren und andererseits Antisemitismus in der Bevölkerung zu wecken. »Rassische Verfolgung« war kein Grund, in der Schweiz oder auch in Skandinavien als Flüchtling aufgenommen zu werden, außer wenn das jeweilige Land nur als Transitstation dienen sollte. Bis 1938 war die Zahl jüdischer Flüchtlinge, die in der Schweiz lebten, niemals höher als fünftausend, und eine Arbeitserlaubnis wurde ihnen praktisch nie erteilt.

Aber was war mit den Vereinigten Staaten, dem traditionellen Einwanderungsland? Die traurige Geschichte ist vielmals erzählt worden, und es brauchen hier nur die wesentlichen Fakten in Erinnerung gerufen zu werden. Dem National Origins Law von 1924 zufolge sollten jährlich theoretisch rund 160 000 Einwanderer aufgenommen werden, davon 26 000 aus Deutschland. Doch politischer Widerstand und bürokratische Sabotage machten es unmöglich, diese Quote auch nur annähernd zu erfüllen – im Zeitraum 1933 bis 1945 wurden nur 36 Prozent der Quote tatsächlich in Anspruch genommen. Amerikanische Konsulate berichteten nach Washington, die Judenverfolgungen durch die Nazis seien grob übertrieben worden; Martin Dies, Vorsitzender des Ausschusses für unamerikanische Umtriebe im Repräsentantenhaus, erklärte: »Wir müssen die Tränen der schluchzenden Sentimentalisten ignorieren ... und die Tore unseres Landes gegen neue Einwanderungswellen zuwerfen, abschließen und verriegeln und die Schlüssel wegwerfen.«

Breckinridge Long, der Leiter der Abteilung für besondere Kriegsprobleme im Außenministerium wurde und als solcher auch für die Visaerteilung zuständig war, mochte Ausländer und

Juden nicht und gab Anweisung, die Ausstellung von Visa nach Möglichkeit zu verhindern.

Es gab einzelne Konsuln, die zu helfen versuchten, wie etwa Victor Foley, der britische Paßkontrolloffizier in Berlin (und ein Vertreter des britischen Geheimdienstes), aber sie bildeten die große Ausnahme. Selbst wenn ein angehender Emigrant alle notwendigen Papiere beibrachte, darunter auch das berühmte »Affidavit of support«, die Bürgschaftserklärung eines amerikanischen Staatsbürgers, wurde er routinemäßig aufgefordert, in drei oder vier Jahren wiederzukommen. Folglich gelangte bis 1938 nur ein geringer Teil derjenigen, die verzweifelt aus Deutschland herauszukommen versuchten, tatsächlich in die USA. Als Senator Robert Wagner 1939 eine Gesetzesvorlage einbrachte, der zufolge 20000 jüdischen Kindern aus Deutschland die Aufnahme in den Vereinigten Staaten ermöglicht werden sollte, wurde diese Initiative von einer Koalition antijüdischer Kräfte – darunter der katholische Wohlfahrtsverband und konservative Frauenorganisationen, die argumentierten, daß kein besonderer Notfall vorliege, um diese Maßnahme zu rechtfertigen – mit Leichtigkeit abgeschmettert.

Es gab eine jüdische Gemeinschaft, nämlich die von Palästina, die nicht nur willens, sondern geradezu darauf erpicht war, Juden aus Deutschland und Mitteleuropa aufzunehmen. Doch Palästina stand unter britischem Mandat, und während zwischen 1933 und 1935 die Einwanderung mehr oder weniger freizügig gehandhabt wurde, vorausgesetzt, die angehenden Emigranten konnten die Reisekosten aufbringen (was nicht bei allen der Fall war), traten 1936 neue Regelungen in Kraft – teilweise aufgrund des Aufruhrs in der arabischen Bevölkerung und einer Änderung der britischen Politik –, die die jüdische Einwanderung auf ein Rinnsal reduzierten, und das Weißbuch von 1939 sah eine völlige Einstellung der Immigration vor.

Jahrzehnte später wurde von manchen Autoren behauptet, daß nicht mehr Juden Deutschland verlassen hätten, weil diese so tief in Deutschland verwurzelt waren, daß sich viele psychisch nicht auf eine Auswanderung einstellen konnten. Andere wiederum führten an, daß die Deutschen schon immer durch und durch antisemitisch eingestellt waren und daß sie auf die physische Eliminierung der Juden abzielten. Hätte dies gestimmt, so wären gewiß mehr Juden in den ersten Jahren der Naziherrschaft geflohen, als dies noch leichter zu bewerkstelligen war. Und die These über die spirituelle Verwurzelung der deutschen Juden traf nur auf einige von ihnen und bestimmt weniger auf die jüngere Generation zu, die nicht im Ersten Weltkrieg für das Vaterland gekämpft hatte und die politisch weniger patriotisch, weniger loyal und gehorsam als die ältere Generation war.

Es stimmt jedoch, daß die führenden Organisationen deutscher Juden in den letzten zwei Jahren vor und in den zwei Jahren nach Kriegsausbruch etwas mehr zur Förderung der jüdischen Emigration hätten tun können. Und es stimmt gleichermaßen, daß nicht nur die Verantwortlichen so handelten, sondern in geringerem Maße auch die jüngere Generation. Ihre Gründe waren keineswegs unehrenhaft: Sie fühlten sich verantwortlich für das, was von der Gemeinde übriggeblieben war, und wollten sie nicht durch illegale Handlungen schädigen, indem sie etwa Schiffe für den illegalen Transport nach Palästina oder illegale Visa für die Emigration nach Lateinamerika kauften oder indem sie sich weigerten, mit den für die jüdische Emigration zuständigen nationalsozialistischen Behörden zusammenzuarbeiten.

Schließlich waren sie als Deutsche auch zu guten Staatsbürgern erzogen worden. Ihnen fehlte das instinktive Mißtrauen, das zum Beispiel die osteuropäischen Juden aus gutem Grund den Behörden entgegenbrachten. Diese Arglosigkeit, die Abneigung, den schlimmsten Fall anzunehmen, war ein schweres, manchmal tödliches Handikap gegenüber den Nazis. Sie hätten die Beine in die Hand nehmen sollen, sowohl vor wie auch nach Kriegsausbruch, selbst wenn die Chancen einer Rettung nicht günstig standen. Statt dessen herrschte nur allzuoft, trotz aller Warnungen aus dem Ausland, selbst unter der jüngeren Generation die Haltung vor: »Was immer das Schicksal für uns in petto hat, laßt es uns gemeinsam tragen.« Es war ein nobler Ausdruck der Solidarität, nur leider zur falschen Zeit am falschen Ort.

Auf Schleichwegen ans Ende der Welt

Inzwischen wuchs am Vorabend des Krieges der Druck, Deutschland zu verlassen, stetig. Die Verarmung der Minderheit deutscher Juden ging einher mit der plötzlichen Erkenntnis (nach dem Pogrom vom November 1938), daß die Zeit für sie ablief. Die jungen Leute, die in den Schulen und Jugendgruppen zurückblieben, sahen ihre besten Freunde einen nach dem anderen davonziehen, und dabei spielte es kaum eine Rolle, daß sie zu Orten aufbrachen, von denen noch nie jemand gehört hatte – Ekuador, Bolivien, Schanghai, Dominikanische Republik. Da waren die endlosen Schlangen vor den ausländischen Botschaften und Konsulaten in Berlin. John F. Baer, ein zwanzigjähriger Student aus Breslau, hat beschrieben, was damals durchaus an der Tagesordnung war: »Ich fuhr nach Berlin und suchte eine ganze Reihe von Botschaften auf wie die der Vereinigten Staaten und der südamerikanischen Länder. Dies erwies sich als ein vergebliches Unterfangen, da fast jedes Land seine Grenzen für jüdische Flüchtlinge geschlossen hatte. Durch ein Reisebüro in Berlin erfuhr ich, daß es möglich sei, auf Umwegen ein Touristenvisum für Peru zu erlangen. Während der peruanische Konsul in Berlin sich weigerte, irgendwelche Visa auszustellen, täte dies der peruanische Konsul in Paris gegen eine kleine Vergütung.«

John Baer, heute Anwalt in Kalifornien, war besser als andere auf einen solchen Handel vorbereitet, denn er verfügte über ausreichende englische, französische und spanische Sprachkenntnisse. Aber mit den Sprachen allein konnte er das Problem nicht lösen, er brauchte 280 Dollar für den peruanischen Konsul, und es war in Deutschland per Gesetz streng verboten, ausländische Devisen zu besitzen, geschweige denn, sie außer Landes zu bringen. So schrieb er an jeden Baer, den er in amerikanischen Telefonbüchern finden konnte, mit der Bitte, ihm das Geld auszulegen. Am Ende fand er einen in Gastonia, North Carolina, dessen Mutter in Breslau lebte. Man einigte sich, daß Baer den Gegenwert in Mark der Mutter übergeben würde, und der Mann aus Gastonia würde den Dollarbetrag an den Konsul nach Paris überweisen.

Aber auch hier war die Geschichte noch nicht zu Ende, denn in Antwerpen kam ein Mann mit Melone an Bord des Schiffes nach Südamerika und verkündete, er sei der neue peruanische Konsul in Paris und alle von seinem Vorgänger ausgestellten Visa seien ungültig. Entweder war er ein sehr ehrlicher Mann, oder, was wahrscheinlicher war, er wollte selbst seinen Anteil am Kuchen. Aber auch diese Hürde wurde überwunden, und schließlich erreichte das Schiff Mollendo, damals ein kleiner Hafen im Süden Perus, wo die lokalen Beamten der Echtheit der Einwanderervisa vielleicht nicht so viel Aufmerksamkeit schenkten wie in Callao, dem Haupthafen bei Lima.

Baer war einer von denen, die davonkamen, ebenso wie die beiden Glückskinder, die einen Platz auf einem der Schiffe ergatterten, die von der Alija B gekauft oder gechartert wurden, der Organisation, die illegal Einwanderer nach Palästina brachte. Es gab nicht nur eine dieser Organisationen, sondern gleich mehrere neben der offiziellen zionistischen, die zuerst in Berlin, später auch in Wien und Prag vertreten war. Auch die rechten Revisionisten waren an diesen Rettungsversuchen beteiligt, und schließlich gab es einige Privatunternehmer (hauptsächlich in Wien), die sich gleichermaßen an diesem Geschäft beteiligten. 1939 waren Emissäre aus Palästina eingetroffen, darunter Pino Ginsburg und Max Zimmels, die sich für einen Massenexodus junger Menschen in möglichst kurzer Zeit einsetzten. Es gab Verhandlungen mit der HAPAG, der größten deutschen Schiffahrtsgesellschaft, über den Charter eines Schiffes, das 3800 Chaluzim (Pioniere) nach Palästina bringen sollte. Aber es war zu spät, das Geld stand nicht zur

Verfügung oder wurde nicht gezahlt, die Verhandlungen zogen sich den ganzen Juli und August hin, und am 1. September erfolgte der Überfall auf Polen. Am Tag danach, wenige Stunden bevor England und Frankreich den Krieg erklärten, überquerten Ginsburg und Zimmels die deutsch-holländische Grenze.

Zwar wurde die illegale Auswanderung auch nach diesem Datum fortgesetzt, und einige tausend wurden evakuiert, obwohl die illegale Einwanderung ein riskantes Unternehmen war. Manche dieser Illegalen waren vier Jahre oder mehr unterwegs, nachdem sie auf dem Balkan hängengeblieben oder von den Briten auf die Insel Mauritius deportiert worden waren. Schiffe wurden versenkt, wie die »Struma«, die im Schwarzen Meer von den Sowjets torpediert wurde, oder die »Patria«, die nach einem Versuch der Hagana, das Schiff manövrierunfähig zu machen, im Hafen von Haifa unterging. Mehrere hundert illegale Auswanderer, die in Kladovo an der Donau, südlich von Belgrad, gestrandet waren, wurden von deutschen Truppen entdeckt und ermordet.

In den letzten Monaten vor dem Ausbruch des Krieges wurden verzweifelte Versuche in andere Richtungen unternommen – Kinder wurden Hals über Kopf nach Großbritannien geschickt, einige zionistische Pioniere wurden auf Bauernhöfen in Dänemark und Schweden untergebracht, die Emigration nach Palästina über Italien ging bis Juni 1940 weiter, die nach Schanghai mit der Transsibirischen Eisenbahn auch noch danach. Einige wenige Schiffe fuhren bis 1941 nach Nord- und Südamerika, aber im großen und ganzen war die Falle zugeschnappt.

Die Statistiken verzeichnen Emigrationen auch noch nach dem Herbst 1941, aber diese Zahlen beziehen sich hauptsächlich auf Fluchtbewegungen aus anderen Ländern als Deutschland und Österreich, zum Beispiel von Holland, Belgien und Frankreich nach Spanien und Portugal. Einigen wenigen gelang zwar mitten im Krieg auch noch die Flucht über die Schweizer Grenze, und sie hatten Glück, von den Schweizern nicht zurückgeschoben zu werden, die im Juli 1942 beschlossen hatten, keine Flüchtlinge mehr aufzunehmen, weil »das Boot voll« sei. (Dieses Dekret blieb etwa ein Jahr lang in Kraft. Keine Anwendung fand es zum Beispiel auf die Mitglieder der Familie Mussolinis, die nach seinem Sturz im Juli 1943 in der Schweiz Zuflucht suchten.)

... den schickt er in die weite Welt

Manche schafften es, sich nach Schweden, in die Türkei oder nach Nordafrika durchzuschlagen. Auf einige ihrer unglaublichen Abenteuer werde ich noch zu sprechen kommen, auch wenn es sich nur um Einzelfälle handelte. Schließlich gab es noch jene, die verzweifelt oder mutig genug waren, sich in Deutschland oder Österreich selbst zu verstecken oder eine falsche Identität anzunehmen. Dies war besonders schwierig für junge Männer, denn jeder Angehörige dieser Altersgruppe, der nicht in Uniform steckte, machte sich sofort verdächtig. Einige wurden entdeckt, aber allein in Berlin hatten rund 1500 damit Erfolg. Hitlerjunge Salomon war nicht allein.

Einer dieser jungen Männer überlebte dank seiner Verbindungen zu homosexuellen Kreisen in der Reichshauptstadt, ein anderer leitete eine Tanzkapelle, die die Soldaten an der Ostfront unterhielt. Eine jüdische Dame aus Österreich heiratete einen deutschen Beamten, der in sie verliebt war und den es nicht einmal besonders erschütterte, als sie ihm eines Tages die Wahrheit sagte. Einige dieser Geschichten sind bereits bekannt, andere sind bis heute nicht veröffentlicht worden. Doch alles in allem betrug die Zahl derer, die im deutschen Untergrund oder in den von Deutschland besetzten Ländern überlebten, nicht mehr als einige tausend, sieht man einmal von den Kindern aus »Mischehen« ab, die insofern einen privilegierten Status genossen, als sie nicht in die Todeslager deportiert wurden.

Wer hatte das Pech, zurückbleiben zu müssen? Bis zu einem gewissen Grad war es eine Sache von Geld und von Beziehungen, sich ins Ausland absetzen zu können. Aber Unternehmungsgeist und Zufall spielten auch eine entscheidende Rolle. Wer einer Organisation wie zum Beispiel einer Jugendgruppe angehörte, befand sich in einer besseren Position als ein Einzelgänger. Nicht wenige blieben zurück, weil sie ihre Berufsausbildung abschließen oder ihre Familie nicht im Stich lassen wollten.

Manche Eltern verweigerten ihren Kindern die Emigration, weil sie glaubten, sie seien zu jung, um allein auf Reisen zu gehen, selbst wenn sich eine Gelegenheit für sie bot; umgekehrt fühlten sich manche junge Männer und Frauen verpflichtet, für ihre betagten oder kranken Eltern zu sorgen. Es gab viele solcher tragischen Fälle, und die Abneigung, sich auf eine Trennung einzulassen, kostete am Ende manchen das Leben, der sonst hätte gerettet werden können. Aber auch die, die zunächst einmal das Glück hatten, dem Naziterror zu entkommen, wurden bisweilen getrennt. Dem bereits erwähnten John Baer gelang es, seine Verlobte Ursula nachkommen zu lassen. Dies jedoch nicht ohne Schwierigkeiten, denn das bolivianische Gesetz verbot die Einwanderung unverheirateter Frauen. Da das bolivianische Gesetz andererseits jedoch die Ferntrauung gestattete, wurde das Problem auf diese Weise gelöst, und Ursula, die sich zu der Zeit in London befand, konnte ihrem geliebten John nachfolgen. Wolfgang Neisser, der nach Peru emigrierte, hatte weniger Glück; bei ihm dauerte es sieben Jahre, bis er seine Verlobte im Bundesstaat New York wiedersah. Jeder der hier namentlich Genannten steht für Hunderte anderer, denen es ähnlich erging.

Es gab kaum ein Land auf der Welt, in dem nicht wenigstens ein paar der Flüchtlinge aus Deutschland und Österreich schließlich landeten. Angehörige meiner eigenen Familie wurden auf ein Dutzend europäischer Länder verstreut, das Schicksal verschlug sie in die Türkei und den Iran, nach Palästina und Schanghai, Kanada, Australien und in die Vereinigten Staaten, nach Argentinien, Brasilien und Chile sowie nach Peru und Bolivien.

Über tausend deutsche und österreichische Juden gingen nach Indien, darunter ein Mädchen aus Köln namens Ruth Prawer, die in ihrem späteren Leben Bücher über Indien sowie Drehbücher zu einigen der bekanntesten indischen Filme schrieb. Ein anderes Mädchen, ebenfalls mit dem Namen Ruth, jedoch aus Frankfurt, wurde Amerikas größte Sexualwissenschaftlerin. Einige verschlug es nach Japan oder in verschiedene exotische Länder Afrikas, sogar auf die eine oder andere Südseeinsel. Ein junger Bursche aus Fürth wurde US-Außenminister, einer aus Chemnitz (Isi Foighel) Minister für Steuern in Dänemark, und ein dritter aus Köln wurde Südafrikas Botschafter in Washington. Wieder ein anderer wurde Herausgeber der *New York Times*. Paulus (Günther) Gordan verbrachte seinen Lebensabend im Kloster Beuron, nachdem er als Abtprimas des Benediktinerordens, als Herausgeber der führenden Ordenszeitschrift und als dessen Vertreter im Vatikan gedient hatte.

Eine Frau aus Breslau, etwas älter schon, erreichte einen noch höheren Status, nämlich den einer Märtyrerin der Kirche; sie wurde später selig- und heiliggesprochen: Edith Stein. Aber es gab noch exotischere Fälle. Ein junger Jude, der nach Nigeria ging, wurde einer der wichtigsten Experten und Förderer auf dem Gebiet der Yoruba-Kunst und schließlich auch noch zum Stammeshäuptling ehrenhalber erhoben. Ein weiterer begründete die offizielle Enciclopedia Boliviana; eine Briefmarke erinnert an die Leistungen von Señor Werner Guttentag Tichauer zugunsten der bolivianischen Kultur. Wieder ein anderer wurde Mönch in Sri Lanka, und ein Mann mit ähnlichem Hintergrund ließ sich nach einem abenteuerlichen Leben, das den Dienst in der israelischen Armee sowie Reisen durch den Amazonas-Dschungel und die Wüste Gobi einschloß, in Nepal als Leiter eines kleinen, der Meditation geweihten buddhistischen Tempels nieder.

Diese Liste könnte noch lange fortgesetzt werden, aber wir werden im folgenden nur beiläufig auf die oft seltsamen und eindrucksvollen Leistungen und exotischen Lebenswege einzelner zurückkommen. Statt dessen werden wir angesichts der Tatsache, daß letztlich jeder seine eigene Geschichte zu erzählen hat, nach bestimmten gemeinsamen Mustern suchen.

Flucht

Während der letzten Friedensmonate wurde die Lage der Juden immer verzweifelter, und mehr denn je kehrten Mitteleuropa den Rücken. Doch mit Kriegsausbruch wurde die Emigration aus dem Reich noch schwieriger. Allerdings kam die legale Emigration nach Palästina erst mit dem Kriegseintritt Italiens im Juni 1940 zum Stillstand, und die organisierte illegale Emigration per Schiff über die Donau zum Schwarzen Meer hielt noch länger an. Von Rotterdam aus stach auch immer mal wieder ein Schiff mit Kurs auf die Vereinigten Staaten (bis zum Herbst 1941) und Südamerika in See, aber immer weniger Schiffe, die unter neutraler Flagge fuhren, wagten sich in die Kriegsgebiete. Bis zum Überfall auf die Sowjetunion im Juni 1941 benutzten Flüchtlinge auch weiterhin die Transsibirische Eisenbahn, um nach Schanghai zu gelangen. Ein damals Zehnjähriger erlebte die Flucht aus Deutschland so: Den Juden blieb nur eine legale Möglichkeit, das Land zu verlassen – über einen entlegenen Grenzübergang nach Holland zwischen Oldenburg und Groningen. Der Zollabfertigung folgte eine letzte deutsche Paßkontrolle durch zwei »Schwarzhemden«: »Wirst du dort mehr Apfelsinen zu essen bekommen? Weißt du, daß der Ozean voll von unseren Seeminen ist? Kannst du schwimmen?« Max Frankel, der zukünftige Herausgeber der *New York Times*, konnte Deutschland in der Anfangszeit des Krieges dank seiner Mutter verlassen, einer bemerkenswerten Frau von einzigartiger Entschlußkraft und

Beharrlichkeit, der es unter größten Schwierigkeiten gelungen war, alle erforderlichen Genehmigungen, Stempel und Visa zu bekommen. Nur ihren Mann hatte sie nicht mitnehmen können. Er war nach Ostpolen gefahren, um sich von seinen Eltern zu verabschieden, und kam nicht rechtzeitig zu seiner Frau zurück. Erst sechs Jahre später, nach langen Umwegen durch das sowjetische Gulag-System, konnte er am Columbustag 1946 in New York das Wiedersehen mit seiner Familie feiern.

Wolfgang Hadda, in Breslau geboren, war zwanzig, als er mit seiner Familie im Mai 1941 als einer der letzten legal das Land verließ. Ein Onkel, der im Ersten Weltkrieg im Fliegerkorps gedient hatte, erzählte, daß Schanghai kein zivilisierter Ort sei; der Abschied von seiner Freundin, die er nie wiedersehen sollte, war sehr traurig. Verwandte kamen, um ihnen Glück zu wünschen, manche beneideten, andere bemitleideten ihn. Sie mußten ein paar Tage in Berlin bleiben, alliierte Bomber attackierten die Stadt, und eine Bombe explodierte in der Nähe ihres Hotels. Als ihr Zug soeben die Grenze passiert hatte, kam die Nachricht, daß Rudolf Heß, Hitlers Stellvertreter, mit dem Fallschirm über Schottland abgesprungen sei, um den Briten ein Friedensangebot zu unterbreiten. Vielleicht war es ja doch ein Fehler gewesen, die Flucht anzutreten, vielleicht war der Krieg bald vorüber? Doch der Krieg war nicht bald vorüber, zwei Wochen später fielen die deutschen Armeen in der Sowjetunion ein, und auch diese Fluchtroute war blockiert.

Insgesamt zwanzig- bis fünfundzwanzigtausend Juden verließen Deutschland nach dem Ausbruch des Krieges, bis Himmler als »Reichsführer SS und Chef der Deutschen Polizei« am 23. Oktober 1941 den Juden die Ausreise endgültig verbot. Inzwischen war der Beschluß gefaßt worden, das europäische Judentum zu vernichten, was auch durch die »Einsatzgruppen« teilweise bereits geschehen war, die in der Sowjetunion Hunderttausende von Juden umbrachten. Doch die Nazis wollten den Massenmord geheimhalten, jedenfalls vorläufig, und dies war einer der Hauptgründe für die totale Unterbindung der Emigration. Dennoch gelang einigen tausend deutschen und österreichischen Juden auch noch nach Himmlers Dekret die Flucht. Die genaue Zahl läßt sich nicht mehr feststellen, sie könnte zwischen fünf- und zehntausend betragen haben. Dazu schafften es Tausende, im von den Nazis besetzten Europa zu überleben, indem sie sich versteckt hielten oder eine neue, nichtjüdische Identität annahmen.

Fluchtwege

Auf welche Weise entkamen sie? Sie organisierten eine »Untergrundbahn« von Holland und Belgien über Frankreich nach Spanien und Portugal, sie segelten von der dänischen Insel Bornholm nach Schweden, und von Rumänien und Bulgarien in die Türkei und von dort nach Palästina. Sie überschritten bei Nacht die deutsch-schweizerische Grenze oder kletterten von Frankreich aus über die Berge in die Schweiz. Sie retteten sich durch die Slowakei nach Ungarn und weiter nach Süden, und das waren nicht einmal die exotischsten Fluchtwege. Manche versteckten sich in Kisten und Containern, die von Deutschland in neutrale Länder verschifft wurden; dies war eines der riskantesten Unternehmen, und nur wenige, die es versuchten, erreichten ihr Ziel. Derartige Fluchtpläne erforderten Wagemut und körperliche Fitneß, und daher waren jene, denen die Flucht auf diese Weise gelang, fast ausnahmslos junge Leute.

Organisierte Gruppen hatten im großen und ganzen eine bessere Chance, weil für eine Flucht alle möglichen logistischen Vorbereitungen erforderlich waren: Landkarten, Eisenbahnfahrscheine, Geld, manchmal Uniformen, gefälschte Papiere, Adressen von ortskundigen Führern oder sichere Unterkünfte nahe der Grenze. Doch je gründlicher die Vorbereitungen, desto mehr war man auch auf Außenstehende angewiesen, über die man keine Kontrolle hatte, und desto größer war somit die Gefahr der Entdeckung durch die Gestapo und andere Sicherheitskräfte. Aber auch hier läßt sich nur schwer verallgemeinern, denn es kam auch vor, daß einzelnen oder sehr kleinen Gruppen mit einem Minimum an Hilfe die Flucht gelang.

Es gab nur zwei Gruppen, die über organisatorische Netzwerke verfügten, das waren die Kommunisten und die Zionisten. Die Kommunisten oder wenigstens ein Teil von ihnen hatten bereits vor dem Krieg im Untergrund konspirative Erfahrungen sammeln können. Doch die kommunistischen Zellen in Deutschland und Österreich waren erfolgreich zerstört worden, und alles, was sie tun konnten oder wollten, war, daß sie einigen ihrer jüdischen oder »halbjüdischen« Genossen halfen, in den Großstädten Unterschlupf zu finden. In den Genuß dieser Unterstützung kamen nur sehr wenige; bei der Rettung ihrer Genossen in den Konzentrationslagern waren die Kommunisten erfolgreicher.

Jedenfalls haben sie Männern wie Hermann Axen und Kurt Bachmann, Kurt Goldstein und Emil Carlebach das Leben gerettet. Axen wurde nach dem Krieg Mitglied des Politbüros der SED, eine wichtige Figur hinter den Kulissen der ostdeutschen Außenpolitik. Bachmann war von 1968 bis 1973 Vorsitzender der DKP im Westen, und Carlebach war 1945 Mitbegründer und bis 1947 Mitherausgeber der *Frankfurter Rundschau*, ein glühender Stalinist selbst noch zu Gorbatschows Zeiten. Kommunisten hatten in den Konzentrationslagern oft Schlüsselstellungen als Kapos und Sekretäre in der Lagerverwaltung inne. Oft hatten kommunistische Lagerinsassen eine echte Chance zu überleben, während die Aussichten der Juden ungleich schlechter waren.

Die kommunistischen Kalfakter konnten keine Massenfluchten organisieren, aber je größer die Lager waren, desto mehr war die SS auf sie angewiesen. Sie konnten ihren Genossen Warnungen zuspielen, sie (offiziell) sterben und mit neuer Identität im Lager wiederauferstehen lassen. Mehrere kommunistische Juden wurden auf diese Weise vor dem sicheren Tod gerettet. So berichtet Thomas Sandberg, 1952 in Ostberlin geboren, daß sein Vater, ein junger jüdischer Kommunist, der insgesamt elf Jahre in Nazigefängnissen und KZs verbrachte, mit Sicherheit nur deshalb überlebte, weil die Genossen in der Verwaltung von Buchenwald ihn von der Arbeit in einem Steinbruch befreiten, die kaum jemand mehr als ein paar Monate überlebte.

Außerhalb Deutschlands, in Ländern wie Frankreich oder Belgien, gab es einen kommunistischen Untergrund, der vertrauenswürdigen deutschen Parteigenossen vorübergehend Unterschlupf gewähren und falsche Reisedokumente besorgen konnte.

Die Rettung von Juden, die nicht der Partei angehörten, war für die Kommunisten jedoch kein primäres Anliegen, es sei denn, es wurden spezifische Anweisungen dazu von der Parteiführung gegeben, was aber, soweit sich das feststellen läßt, fast nie, wenn überhaupt, der Fall war. Im Krieg, bei der Knappheit der Ressourcen, war jede Gruppe in erster Linie daran interessiert, sich um ihre eigenen Leute zu kümmern, seien es die orthodoxen Juden, die Zionisten oder die Sozialdemokraten, und selbst Varian Fry, der amerikanische Schutzengel in Marseilles, hatte Anweisung, vor allem bekannte Schriftsteller, Künstler und Personen des öffentlichen Lebens zu retten. Die Kommunisten waren – und das überrascht wohl kaum – ein Extremfall, was die Begrenzung der Hilfe auf getreue Parteimitglieder betrifft. Man sollte jedoch gerechterweise hinzufügen, daß es auch hier Ausnahmen gab.

Franz Leitner, ein österreichischer Kommunist, wurde Kapo von Block 8 in Buchenwald, wo jüdische Kinder und Jugendliche aus Rußland, der Ukraine und Ungarn untergebracht waren. Er tat alles, was in seiner Macht stand, um sie am Leben zu erhalten, indem er ihnen größere Essensrationen zuschanzte, sie vor Schwerarbeit, die sie umgebracht hätte, bewahrte sowie vor der Verschickung nach Auschwitz. Er bestach sogar den SS-Blockführer, um die Kinder zu retten. Sein Nachfolger als Kapo, Wilhelm Hamann, tat es ihm nach. Eines der auf diese Weise geretteten Kinder war Israel Lau, der fast fünfzig Jahre später Oberrabbiner von Israel wurde. 1999 wurde Leitner von Jad Vaschem und der israelischen Regierung der Ehrentitel eines »Gerechten der Völker« verliehen.

Die Zionisten, genauer gesagt zionistische Jugendorganisationen wie Hechaluz (»Pionier«), hatten wenig konspirative Erfahrung, sie hatten nie genug Geld, und so konnten sie nur auf die Begeisterung und den Erfindungsreichtum der eigenen Mitglieder sowie auf die Gutherzigkeit und den Mut einiger Nichtjuden zurückgreifen, die bereit waren, ihr Leben aufs Spiel zu setzen, um sie bei ihren Rettungsversuchen zu unterstützen. Den zionistischen Jugendgruppen war es in den Monaten vor Kriegsausbruch gelungen, Hunderte ihrer Mitglieder in Drittländer zu schaffen, da die Einwanderung nach Palästina von den Briten praktisch unterbunden worden war. So wurden außer den 10 000 Kindern, die im Rahmen des »Kindertransports« nach England gelangten, Hunderte Jugendliche zur Arbeit auf Bauernhöfen in England verschickt, andere nach Holland. Etwa 650 kamen nach Dänemark (darunter 256, die der Jugend-Alija angehörten), mehrere hundert in die Schweiz und etwa 300 nach Schweden. Doch Hunderte befanden sich weiterhin in Deutschland, die auf illegalem Wege herausgebracht werden mußten. Über derartige Versuche will ich jetzt berichten.

Wer die Gestade Großbritanniens erreicht hatte, war in Sicherheit, wer auf dem europäischen Festland zurückblieb, war es nicht. Dank des Einsatzes von Emil Glück, einem jüdischen Arzt aus Schweden, der zugleich Offizier in der schwedischen Armee war, hatten sich Arbeitsplätze auf schwedischen Bauernhöfen gefunden. Die Pioniere waren hauptsächlich im Süden des Landes, zwischen Helsingborg und Malmö, konzentriert. Sie hatten sogar ihren eigenen Kibbuz namens Svartingstorp, waren aber strengen Einschränkungen unterworfen, so durften sie sich nicht in der Nähe großer Städte wie Stockholm oder Göteborg ansiedeln. Erst nach dem Umschwung des Krieges 1942/43 wurden die Restriktionen gelockert, einige der Jugendlichen aus Deutschland durften sich nun an den Universitäten einschreiben. Doch als die deutschen Truppen 1940 Dänemark und Norwegen besetzten, gab es Anlaß zu der Befürchtung, daß Schweden als nächstes an die Reihe käme, und die Pioniere überlegten schon, was im Ernstfall zu tun wäre. Sie kamen zu dem Schluß, daß sie keine große Wahl hatten, außer ihre Fahrräder bereitzuhalten und sich auf schnellstem Wege in den Norden des Landes zu begeben. Dabei hätten sie eine Strecke von etwa 1500 Kilometern zurücklegen müssen, und es hätte nur Sinn gemacht, wenn gleichzeitig die Alliierten dort gelandet wären, um gegen die Invasion vorzugehen.

Dänemark

Die jungen Leute in Dänemark waren der Gefahr unmittelbarer ausgesetzt, auch wenn sich nach der Besetzung im April 1940 für sie nicht viel änderte. Es gab verworrene Pläne für einen Massenexodus und für Waffenkäufe, aber das waren Phantasien, die nicht zum Tragen kamen. Hechaluz hatte das Glück, sich der Hilfe eines bemerkenswerten Dänen namens Biels Siggaard versichern zu können, der als Koordinator diente. Sein offizieller Titel lautete »Leiter des landwirtschaftlichen Reisebüros«. Er war in den Fünfzigern und zuvor als Lehrer sowie in der dänischen Agricultural Society tätig gewesen. Er erhielt Unterstützung durch eine Reihe engagierter dänischer Juden wie Abraham Margolinski und Melanie Oppenhejm, denen es mitten im Krieg gelang, eine Gruppe von 47 jungen Alija auf Umwegen (über Schweden, Finnland, die Sowjetunion und die Türkei) legal nach Palästina zu schicken. Im März 1941 das Einverständnis auch nur eines Landes für eine derartige Operation zu erlangen war schon schwer genug; die Zusammenarbeit von vier Ländern zu erreichen muß ein schier aussichtsloses Unterfangen gewesen sein.

Aber was geschah mit den 547, die zurückbleiben mußten? Es lag Ärger in der Luft. Am Anfang war alles idyllisch gewesen.

Doch aus den Kindern, die vor drei Jahren angekommen waren, waren Jugendliche geworden, und sie waren rebellisch. Einige der Bauern, die als Pflegeeltern fungierten, beschwerten sich über ihr schamloses Benehmen: statt zu arbeiten, liefen sie weg, um sich mit ihren Kameraden zu treffen.

Die aufmüpfigen Jungen beklagten sich ebenfalls. Sie waren aus ihren Kleidern herausgewachsen, und ihre Schuhe und Stiefel waren abgetragen. Sie hatten weder Regenmäntel noch Fahrräder. Dies waren zwar keine ungerechtfertigten Beschwerden, aber sie waren zu jung und unreif, um zu begreifen, daß ihnen niemand etwas schuldig war. Sie mochten zwar körperlich gewachsen sein, aber ihr geistiger Horizont war noch der von Kindern. Sie waren nicht in der Lage, die Gefahr richtig einzuschätzen, in der sie sich befanden, und die schlichte Wahrheit zu erkennen, daß ihr Überleben einzig und allein von der Gutwilligkeit der Menschen abhing, die ihnen Unterkunft gaben und gegen die sie sich nun auflehnten.

Ein gestrenges Wort von der Alija-Führung in Kopenhagen war hier am Platze. Die Jugendlichen wurden ermahnt, nicht wegzugehen, keine Hauptstraßen zu benutzen, nicht in Gruppen aufzutreten und damit Aufmerksamkeit auf sich zu lenken, nicht das Telefon zu benutzen. Viele der jungen Leute erkannten wahrscheinlich nicht die Notwendigkeit für solch strikte Disziplin, aber sie half, ihnen das Leben zu retten. Es herrschte Ruhe in Dänemark; mit der Besetzung durch die Nazis hatte sich die Lage kaum geändert, doch diese Ruhe war trügerisch. Ende 1942 hatte die Älteren vom Schicksal der Juden in Holland und Norwegen gehört, und der erzwungene Regierungswechsel in Kopenhagen, durch den eine Regierung an die Macht kam, die mit den Nazis kollaborierte, war ein weiteres Warnzeichen.

Eine Gruppe von fünfzig Aktivisten unter den Chaluzim entwickelte ein Programm mit dem Namen »Der dritte Weg«, das darauf abzielte, die Flucht nach Palästina zu ermöglichen. Fünf von ihnen versuchten sich auf Züge oder Lastwagen zu schmuggeln, die ins Ausland fuhren, in einem Fall in die Schweiz, in einem anderen in die Türkei. Aber sie wurden gefaßt, und nur einer von ihnen überlebte – in Auschwitz. Einige traten dem dänischen Widerstand bei, aber diese Lösung kam nur für einige wenige in Frage. Schließlich wurde mit Hilfe von drei Jugendlichen namens Marx, Julius und Bamberger, die auf Bornholm zu Fischern ausgebildet worden waren, eine waghalsige Flucht über See nach Schweden unternommen. Sie stahlen am 31. März 1943 einen Fischkutter und stachen zusammen mit sechs anderen in einer dunklen Nacht bei starkem Wind in See, als die Gefahr der Entdeckung gering war. Sie erreichten sicher einen schwedischen Hafen. Der Bootsdiebstahl war eine Farce gewesen, denn der Eigentümer hatte unter der Bedingung seine Erlaubnis gegeben, daß er für den Verdienstausfall entschädigt würde.

Einer der Teilnehmer, Heinz Mosse, schickte einen detaillierten Bericht an das Hechaluz-Büro in London, der vom britischen Geheimdienst mit Interesse zur Kenntnis genommen wurde. Die Flucht der neun blieb jedoch nicht unbemerkt, und die Hechaluz-Führung in Dänemark erhielt von den Behörden die Warnung, daß derartige Fluchtunternehmen schwerwiegende Folgen nicht nur für die zurückgebliebenen Jugendlichen, sondern für die dänischen Juden allgemein nach sich ziehen konnten. So gab es also keine Fluchtversuche in kleinen Gruppen mehr, aber die Flucht von Bornholm hatte dennoch einen positiven Effekt, denn der schwedische Hechaluz kaufte mit Geld, das er aus London erhielt, einen Kutter namens »Julius«, um ihre Kameraden, falls es notwendig werden sollte, aus Dänemark zu evakuieren. Als die dänischen Juden dann im November 1943 tatsächlich flüchten mußten, nachdem sie vor der drohenden Deportation gewarnt worden waren, rettete dieses Boot auf mehreren Fahrten fast 400 Menschen.

Die Geschichte der Massenflucht dänischer Juden ist oft erzählt worden und braucht daher nicht noch einmal in allen Einzelheiten wiederholt zu werden. Es war schwierig, die bei Bauern im ganzen Land verstreut lebenden Jugendlichen zu benachrichtigen, aber mit Hilfe von Boten, Telefonanrufen, Briefträgern und sogar Polizisten wurde diese Aufgabe mehr oder weniger gelöst. Nur 28 Chaluzim und 38 junge Alija wurden von den Deutschen gefaßt und nach Theresienstadt deportiert. Entweder hatten sie sich von der Organisation getrennt, hatten nicht rechtzeitig benachrichtigt werden können oder waren den Deutschen in die Hände gefallen, weil sie einfach Pech hatten. Aber auch sie sollten letztlich überleben, weil die Dänen keine Ruhe ließen und immer wieder bei den Deutschen nachfragten. Lediglich eine junge Frau aus der Gruppe, Ruth Nebel, erlag in Theresienstadt einer Krankheit. Der Rest wurde im Gegensatz zu den meisten anderen Insassen nicht nach Auschwitz abtransportiert, sondern aufgrund der Intervention von Graf Bernadotte, der als Vermittler zwischen Himmler und den Alliierten fungierte, wenige Tage vor Kriegsende freigelassen.

Die meisten jungen Männer und Frauen, die die Kriegsjahre in Dänemark verbracht hatten, gingen nach Kriegsende nach Palästina, traten in Kibbuzim wie Neot Mordechai ein oder stießen andernorts wieder zu ihren Familien. Fast alle blieben in Kontakt mit ihren dänischen Gastfamilien und besuchten sie auch. Von denen, die während des Krieges in Schweden gelebt hatten, blieb ein großer Teil nach dem Krieg dort, selbst wenn die schwedische Regierung und Gesellschaft ihrer Integration nicht gerade positiv gegenüberstanden. Einige hatten schwedische Mädchen geheiratet, andere hatten ein Studium an einer schwedischen Universität aufgenommen, so daß der eine oder andere der ursprünglichen Landwirtschaftslehrlinge seine Karriere als Universitätsprofessor beendete.

Von Holland nach Spanien

Während die Evakuierung der Chaluzim aus Dänemark ein uneingeschränkter Erfolg war und sogar die Deportierten am Ende überlebten, war den tausend Pionieren, die in Holland lebten und arbeiteten, weniger Glück beschieden; fast die Hälfte von ihnen kam ums Leben. Die große Mehrheit waren deutsche Juden, die meisten arbeiteten in der Landwirtschaft, einige ließen sich in anderen Berufen ausbilden. Die meisten gehörten säkularen Jugendbewegungen an, andere waren Mitglieder religiöser zionistischer Gruppen. Manche waren in größeren Einheiten organisiert wie dem »Werkdorp« in Nordholland, andere arbeiteten auf einzelnen holländischen Bauernhöfen. Obwohl in der Mehrheit Zionisten, wollten manche nach Abschluß ihrer Ausbildung auch in andere Länder als Palästina auswandern. Im Gegensatz zu Dänemark begannen die Verfolgungen in den Niederlanden bereits vor der Aufnahme der Massendeportationen. 1941 wurden rund neunhundert junge Juden verhaftet und nach Mauthausen abtransportiert, wo sie binnen Wochen getötet wurden. Die Nachricht von Mauthausen gelangte schnell nach Holland, und zwar mit Absicht, um die Juden zu demoralisieren und zu zeigen, daß jeder Widerstand zwecklos sei, und in gewissem Maße hatten diese Drohungen Erfolg. Der Jüdische Rat, speziell in Amsterdam, sprach sich gegen jegliche Art illegaler Aktivitäten aus, auch gegen die illegale Emigration, und selbst unter den Chaluzim herrschte tiefe Niedergeschlagenheit.

Als im Juli 1942 die systematischen Deportationen begannen, befanden sich noch über siebenhundert Pioniere in der landwirtschaftlichen Ausbildung. Etwas mehr als die Hälfte (387) entschlossen sich, in den Untergrund zu gehen, und achtzig Prozent von ihnen überlebten. Von denen, die den Anordnungen der deutschen Behörden Folge leisteten und sich der Deportation stellten, überlebte nur ein Viertel. Selbst dies war mehr als üblich und läßt sich vermutlich dadurch erklären, daß die Deportationen relativ spät im Krieg erfolgten; darüber hinaus wurden manche in Arbeitslager sowie nach Bergen-Belsen verbracht, wo zwar viele an Hunger und Krankheiten starben, bei dem es sich aber nicht um ein Vernichtungslager im eigentlichen Sinne handelte.

Die Entscheidung, in den Untergrund zu gehen, fiel keineswegs einmütig. Die jüdische Führung in Holland war dagegen, und auch viele Chaluzim waren demoralisiert, denn von außerhalb schien keine Hilfe zu kommen. Wo sollten sie sich verstecken? Wie sollten sie überleben? Der Entschluß, dem Deportationsbefehl nicht Folge zu leisten, wurde nicht im »Werkdorp« gefaßt, wo die meisten Pioniere zusammengefaßt waren, sondern an kleineren Orten wie Loosdrecht und Gouda. Die geistigen Anführer waren Joachim Simon (»Schuschu«), Kurt Hanemann und Menachem Pinkhof; es gelang ihnen, Kontakt zu Joop Westerweel herzustellen, einem »christlichen Anarchisten«, dem es gemeinsam mit einigen Freunden gelang, vorläufigen Unterschlupf für die Illegalen zu finden. Unter diesen befand sich eine Anzahl von Mitgliedern der Jugend-Alija, die fünfzehn bis siebzehn Jahre alt waren.

Schuschu begab sich auf Erkundungsreise nach Südfrankreich, um Kontakt zur jüdischen Résistance in Toulouse und Lyon herzustellen und Mittel und Wege zur Flucht zu finden. Aber der Widerstand war damals noch nicht gut organisiert, und Schuschu glaubte fälschlicherweise, daß die Schweiz das einzig mögliche Fluchtland sei, ein Entkommen nach Spanien hingegen praktisch unmöglich sei. In Wirklichkeit hatte die Schweiz ihre Grenzen bereits geschlossen, Spanien hingegen noch nicht. Zu einer realistischeren Einschätzung kam er erst Anfang 1943, als einer Handvoll Chaluzim (darunter Schuschus Frau Adina) die Flucht in die Schweiz und einer weiteren kleinen Gruppe die Wanderung nach Spanien gelungen war.

Von März/April 1943 an gelangten die Illegalen nach Frankreich, indem sie sich mit falschen Papieren an die Organisation Todt verdingten, deren Baukolonnen in Frankreich mit der Errichtung des Antlantikwalls beschäftigt waren. Zum Jahresende waren die Vorbereitungen zum Schmuggel kleiner Gruppen deutsch-jüdischer Pioniere von Holland über Pau in die Gegend von Pamplona oder über Andorra und das Maladetta-Massiv nach Spanien weitgehend abgeschlossen, und Anfang 1944 war die Operation in vollem Gange. Der Preis, der den Schmugglern, die als Führer über die Berge fungierten, gezahlt werden mußte, war nicht gering, aber inzwischen hatten jüdische Organisationen wie der Joint (American Joint Distribution Committee), der World Jewish Congress und das Rettungskomitee der Jewish Agency Geldmittel zur Verfügung gestellt.

Währenddessen hatten Emissäre der Jewish Agency ein Schiff namens »Nyassa« gechartert, das rund 750 junge Flüchtlinge nach Palästina transportierte. In dieser Zahl waren jedoch vorwiegend Flüchtlinge aus Holland, Belgien und Frankreich enthalten, die die Iberische Halbinsel einzeln oder in Gruppen erreicht hatten; nur achtzig Mitglieder des deutsch-jüdischen Untergrunds aus Holland befanden sich unter ihnen. Den anderen, die überlebten, gelang dies mit falschen Papieren in Holland und Frankreich.

Leider wurde der Entschluß, in den Untergrund zu gehen und die Flucht aus Holland zu versuchen, erst in allerletzter Minute gefaßt und kam so für einige zu spät. Wir wissen heute, daß man damals leichter nach Spanien gelangen konnte, als allgemein angenommen wurde. Bereits im Februar 1943 war eine Vierergruppe, die sich von den landwirtschaftlichen Ausbildungszentren in Holland abgesetzt und auf den Weg nach Süden gemacht hatte, mehr oder weniger zufällig von Frankreich aus auf spanisches Territorium gelangt, und dies nicht weit von einem deutschen Außenposten, ohne die Hilfe von Schmugglern und Bergführern. Auch war Spanien nicht der einzige Hort der Sicherheit. Drei Gruppen fanden zeitweilig Schutz, wo es am unwahrscheinlichsten war: in Deutschland selbst. Nach der Bombardierung des Ruhrgebiets schlossen sie sich dem Heer von ausländischen Arbeitern an, die von den Deutschen in Dienst gestellt wurden, um die Schäden in den betroffenen Städten zu beseitigen.

Von den Anführern und Helden der Rettungsaktionen wurde Joop Westerweel im März 1944 verhaftet, als er zwei junge Mädchen nach Belgien zu schmuggeln versuchte, und im August hingerichtet. Schuschu war bereits vorher, im Januar 1943, in Südholland verhaftet worden. Er nahm sich im Gefängnis das Leben, weil er befürchtete, unter der Folter Geheimnisse zu verraten und so seine Kameraden in Gefahr zu bringen. Nach seinem Tod übernahm Kurt Reilinger, ein »Halbjude« aus Stuttgart, eine führende Rolle bei der Organisation der Rettungsoperationen, aber er und andere seiner Gruppe wurden im April 1944 in einem Hotel in Paris verhaftet. In Anbetracht ihrer mangelnden Erfahrung hatten sie Erstaunliches geleistet und es sogar fertiggebracht, einen der Ihren in die Bauabteilung der örtlichen Gestapo einzuschleusen. Die meisten der in Paris Verhafteten wurden nach Buchenwald deportiert, überlebten aber. Kurt Reilinger kam tragischerweise kurz nach Kriegsende in Holland bei einem Verkehrsunfall ums Leben.

Hilfe aus der Schweiz

Wie wurden die Kontakte zwischen den Hechaluz-Mitgliedern im besetzten Europa und dem Zentrum in Ausland aufrechterhalten? Die jungen Zionisten auf den Bauernhöfen in Dänemark brauchten bis zu ihrer Evakuierung im Oktober 1943 kaum materielle Hilfe. In Holland, Deutschland und den übrigen besetzten Ländern sah es da schon anders aus, nachdem die Deportationen erst einmal in Gang gekommen waren. Verbindung wurde durch das Hechaluz-Büro in London gehalten, aber dessen Leiter, Perez Leschem (Fritz Lichtenstein), konnte jeweils nur kurze Abstecher auf den Kontinent – nach Portugal und Spanien – unternehmen und spielte somit eine Nebenrolle, was die Rettungsaktionen betraf. Diese liefen in der Hand von Nathan Szwalb (später Dror) zusammen, einem Mann in den Dreißigern, geboren in Polen, Mitglied eines Kibbuz, der kurz vor Ausbruch des Krieges seinen Posten in der Schweiz eingenommen hatte. Szwalb unterhielt Kontakte zu Einzelpersonen und Gruppen in vielen Ländern. Er verfügte bloß über ein winziges Budget, versandte aber fast täglich per Kurier Briefe und Pakete, die unter anderem südamerikanische Pässe, Geld und Medikamente enthielten.

Er half sowohl die legale als auch die illegale Emigration zu organisieren. Da die Schweiz nach der Besetzung Vichy-Frankreichs völlig von den Achsenmächten eingekreist war, war Szwalb anderthalb Jahre lang praktisch von jeglichen Kontakten nach Washington und Jerusalem abgeschnitten. Erst nachdem Roosevelt Anfang 1944 das War Refugee Board (Amt für Kriegsflüchtlinge) ins Leben gerufen hatte und das Verbot von Geldüberweisungen nach Europa aufgehoben worden war, konnte Szwalb in den dringendsten Fällen Geld zur Verfügung stellen, und selbst dann flossen die Mittel nur spärlich. Szwalb und einige Kollegen vor Ort stellten Listen von noch lebenden Mitgliedern der Jugendorganisationen zusammen und versuchten sie frühzeitig in nur leicht kodierten Mitteilungen unter Benutzung von hebräischen Wendungen zu überzeugen, daß nur Onkel Jezia (Exodus) oder Tante Brecha (Flucht) sie retten könnten.

Doch einige seiner Schutzbefohlenen in Deutschland und Holland wollten den Ernst ihrer Lage einfach nicht begreifen, geschweige denn seinen Rat annehmen. Sie konnten keine Schweizer Zeitungen lesen; ihnen standen nur Informationen aus deutscher Hand zur Verfügung. Die mit einer Flucht verbundenen Schwierigkeiten waren enorm, und so galt in Deutschland und in den besetzten Ländern die stillschweigende (und manchmal auch ausdrückliche) Übereinkunft, sich nicht auf individuelle Fluchtversuche einzulassen, sondern nur im Kollektiv zu handeln. Der Gedankengang hinter dieser Solidaritätsbekundung war der, daß die jungen Juden vielleicht ihrem bitteren Schicksal entrinnen konnten, wenn sie sich still verhielten und weiterhin unauffällig ihrer Tätigkeit nachgingen, die schließlich von einiger Bedeutung für die deutschen Kriegsanstrengungen war.

Es gab einen weiteren Grund, speziell für die jungen Juden in Deutschland. Die Führung der »Reichsvereinigung«, der Dachorganisation dessen, was vom deutschen Judentum übriggeblieben war, glaubte – wie Paul Eppstein, der später in Theresienstadt umgebracht wurde –, daß die Emigration der Juden aus Deutschland mit Adolf Eichmann koordiniert werden müsse, der als Leiter des Judenreferats im Reichssicherheitshauptamt bis 1941 für die Emigration der Juden zuständig gewesen war und der, wie man meinte, immer noch ein Interesse daran haben mußte, diese zu fördern. Eppstein und seine Kollegen glaubten, daß Fluchtunternehmungen, über die Eichmann nicht informiert war, zu Strafmaßnahmen gegen die Zurückgebliebenen führen und so bestenfalls einige wenige retten, dafür aber die große Mehrheit in Gefahr bringen würden. Eppstein scheint nicht gewußt zu haben, daß Eichmanns Organisation seit dem Sommer 1941 an Emigration gar kein Interesse mehr hatte, sondern zu einem Koordinierungsapparat zur Ermordung der Juden mutiert war.

Untergetaucht in Deutschland

Als der Krieg ausbrach, waren Hunderte von jungen Pionieren noch auf ein Dutzend oder mehr Bauernhöfe oder Aufforstungsstationen in ganz Deutschland verteilt. Andere lebten in Berlin und wurden bald nach Beginn des Krieges zur Arbeit in kriegswichtigen Industriebetrieben verpflichtet. Bis zur Einführung des gelben Judensterns im September 1941, der deutlich sichtbar auf der linken Brustseite getragen werden mußte, konnten sie sich noch relativ frei bewegen, und es war nicht schwierig, Verbindung untereinander zu halten. Danach wurde es fast unmöglich. Als 1942 die Deportationen im großen Stil begannen, waren die jüngeren Juden, die in Landwirtschaft und Industrie arbeiteten, zunächst oftmals noch ausgenommen, doch bereits in der ersten Jahreshälfte 1943 waren auch sie betroffen.

Am Anfang herrschte noch die Devise vor: »Was immer uns erwartet, es wird leichter sein, wenn wir es gemeinsam ertragen.« Diese Haltung teilte auch Alfred Seliger, der damals die übriggebliebenen Jugendgruppen leitete. Es war eine tragische Fehleinschätzung, doch darf man dabei nicht vergessen, daß es zwar Gerüchte darüber gab, was die in den Osten Deportierten erwartete, aber keine absolute Sicherheit darüber, daß Deportation den Tod bedeutete. Es dauerte mehrere Monate, bis Nachrichten über den Verbleib der Verschwundenen nach Berlin durchsickerten. Ende Juli 1943 traf ein Brief aus Auschwitz in Berlin ein. Er stammte von Karla Wagenbach, die sich geweigert hatte, in den Untergrund zu gehen, und nun in der Küche des Vernichtungslagers arbeitete und auch im berühmten Auschwitz-Orchester mitwirkte. Sie schrieb darin, die meisten ihrer Kameraden seien »schon bei Alfred« (Seliger, dessen Tod in Auschwitz bereits früher bekannt geworden war); Hunderte würden täglich vergast und in dem Ofen neben der Küche verbrannt. Ein weiterer Brief kam von Josef Rotenberg, in dem er berichtete, er sei »jetzt allein«. Da Rotenberg die Reise als Mitglied einer Gruppe angetreten hatte, war die Bedeutung dieser Aussage klar.

Die Zurückgebliebenen entschlossen sich daraufhin, unterzutauchen und den Davidsstern nicht mehr zu tragen. Dies geschah unter der Führung von Joachim (Jizchak) Schwersenz, Jahrgang 1915, der in Berlin zur Schule gegangen war und später als Lehrer und Jugendleiter arbeitete. Er und seine Kameradin Eva Wolff (»Ewo«) standen in engem Kontakt mit Szwalb in der Schweiz, und sie begründeten in Berlin den »Chug Chaluzi« (Pionierkreis), der im Kern aus nicht mehr als zwanzig bis dreißig Mitgliedern bestand, im weiteren Umfeld jedoch rund hundert Pioniere betreute. Sie hielten auch Kontakt zu jüdischen Freunden außerhalb der Reichshauptstadt. Schwersenz selbst hatte anfangs gezögert, in den Untergrund zu gehen, und sich erst auf das beharrliche Drängen von Ewo zu diesem Schritt entschlossen. Ihre Geschichte ist von überlebenden Mitgliedern der Gruppe überliefert worden: wie die Fünfzehn-, Sechzehn- und Siebzehnjährigen mitten im Krieg die jüdischen Festtage begingen, wie sie Ausflüge in die Umgebung Berlins unternahmen, ihre alten Lieder sangen, über ihre Zukunft in Palästina sprachen, sogar gemeinsam die Oper und Konzerte besuchten.

Zwar stammte ein erheblicher Teil der Jugendlichen aus »Mischehen« und genoß deshalb einen besonderen Status, wenn auch niemand wissen konnte, wie lange das noch so bleiben würde. Die Behörden betrachteten sie jedenfalls als »Geltungsjuden«, die jüdisch erzogen worden waren. Oft wurde die Frage gestellt, wie sie unter den gegebenen Bedingungen überhaupt überleben konnten, und die Antwort darauf lautet schlicht, daß die Gestapo eine relativ kleine Organisation war, keineswegs so allgegenwärtig, wie man häufig dachte. Nachdem 1943 die alliierten Bombardements in großem Stil in Gang gekommen waren, dabei Hunderttausende Deutsche ihre Wohnung verloren und neue Papiere brauchten, während Millionen ausländische Zwangsarbeiter in Deutschland beschäftigt wurden, verlor die Gestapo die Übersicht. Häufig wurden die Verdächtigen nicht von der Straße weg oder zu Hause verhaftet, sondern erhielten per Einschreiben die Aufforderung, am nächsten Tag bei der Gestapo vorzusprechen. Das Leben im Untergrund war immer noch sehr gefährlich und erforderte großen Mut und Einfallsreichtum. Wie alle untergetauchten Juden, hatten die jungen Pioniere am meisten Grund, sich vor Denunziation durch boshafte Nachbarn oder die Handvoll jüdischer Gestapo-Agenten zu fürchten, wie Stella Kübler, Ruth Danziger, Rolf Isaakson und Siegfried Goldstein, die in der Hoffnung, die eigene Haut zu retten, ihre Seele dem Teufel verschrieben hatten.

Ein Überleben ohne die Hilfe von Nichtjuden war praktisch unmöglich, in Deutschland ebenso wie in anderen Ländern Europas. Doch solche Helfer gab es, von tiefreligiösen Menschen bis hin zu Prostituierten und einfachen, unpolitischen, aber hochanständigen Männern und Frauen, die bereit waren, ihr eigenes Leben einzusetzen, um andere zu retten. Sie versteckten Juden und stellten nützliche Kontakte her, die zum Überleben oder zur Flucht erforderlich waren. Doch manchmal war Hilfe nur gegen

Geld zu bekommen, zum Beispiel beim Erwerb gefälschter Dokumente und Lebensmittelkarten. Ein amtliches Dokument, das den Halter dazu berechtigte, Grenzgebiete zu betreten (um von dort zum Beispiel in die Schweiz zu fliehen), kostete zwischen 4000 und 6000 Mark, und das war damals ein Vermögen. Deutsche Bauern mit Höfen in Grenznähe mußten als Führer angeheuert werden. Ab 1944 machten sich Geldkuriere aus der Schweiz auf den Weg nach Berlin. Beim ersten Mal überreichte ein Kurier Gad Beck, der an Schwersenz' Stelle als Leiter und Koordinator getreten war, 100 000 Reichsmark – viel mehr, als er je im Leben gesehen hatte.

Flucht im Krieg

Die meisten Mitglieder des Chug Chaluzi überlebten, obwohl die Gestapo Schwersenz bei seiner Flucht dicht auf den Fersen war. (Seine Kameradin Ewo war bereits vorher verhaftet worden, überlebte jedoch im Gefängnis, da sie nur »Halbjüdin« war.) Die Umstände seiner Flucht beschrieb er viele Jahre später sowohl in Buchform als auch im Fernsehen. Er hatte von einem Unteroffizier der Wehrmacht, der in der Nähe von Berlin stationiert war, echte Dokumente erhalten, laut denen er ein Ingenieur im Dienst der Luftwaffe war, und er reiste in Uniform, mit einer Nazizeitung, die ihm deutlich sichtbar aus der Manteltasche ragte.

Auf dem Weg zum Bodensee gab es die üblichen kriegsbedingten Verzögerungen und Polizeikontrollen, die letzte in der Grenzstadt, als es mitten in der Nacht an der Tür klopfte: »Gestapo, machen Sie auf!« Schwersenz kompensierte sein »nichtarisches« Aussehen durch ein schneidiges »Heil Hitler!« und erklärte, er sei auf der Suche nach einer vorübergehenden Unterkunft für seine Familie, die ausgebombt worden sei. Diese nächtlichen Kontrollen waren reine Routine, und die Erklärung stellte den Gestapomann zufrieden.

Am nächsten Tag fuhr Schwersenz mit einer Lokalbahn zu dem Dorf, wo er sich mit den beiden Bauern traf, die ihm und seiner Begleiterin, einer jüdischen Dame mittleren Alters, die erforderlichen Anweisungen gaben. Des weiteren erhielten sie zwei große weiße Leinentücher, um sich damit im Schnee tarnen zu können. Schwersenz übergab ihnen ihre (gefälschten) Papiere, so daß sie nach ihm von anderen Flüchtlingen nochmals benutzt werden konnten.

Auf dem letzten und schwierigsten Stück waren Schwersenz und seine Begleiterin sich selbst überlassen. Sie sahen eine deutsche Grenzpatrouille und stiegen dann weiter bergauf, der Schweizer Grenze entgegen. (Während des Krieges herrschte in Deutschland ein totales Verdunkelungsgebot, aber nicht in der Schweiz, wo jedoch, um Strom zu sparen, um 22 Uhr die Straßenbeleuchtung ausgeschaltet wurde.) Schwersenz' Begleiterin war weder jung noch sportlich, so daß er sie halb tragen mußte, aber nach einer Weile ging es bergab, und sie gelangten in ein Dorf. Sie wußten jedoch nicht, ob sie bereits in der Schweiz waren. Sie hatten keinerlei Grenzsperren oder Stacheldrahtverhaue passiert, nichts, was ihnen das Vorhandensein einer Staatsgrenze angezeigt hätte. Dann war die Freude groß, als Schwersenz an einer Hauswand ein Plakat des Sportvereins Helvetia entdeckte. Sie befanden sich in Thayngen in der Schweiz. Sie warfen die Leinentücher weg, umarmten und küßten sich und weinten im Gedanken an die Zurückgebliebenen. Schwersenz sprach das Dankgebet für die Rettung aus Lebensgefahr.

Wettlauf gegen die Zeit

Doch die Gefahr war noch nicht ganz gebannt – dachten sie jedenfalls. Sie waren gewarnt worden, daß, wenn sie von der Schweizer Polizei in Grenznähe aufgegriffen würden, ihnen möglicherweise, sogar wahrscheinlich, die sofortige Rückschiebung nach Deutschland drohte. Waren sie aber einmal im Landesinneren und in einer der größeren Städte, war die Gefahr viel geringer. Die Warnung stimmte zwar, war aber im Februar 1944 bereits überholt. Ab August 1942 schickten die Schweizer etwa ein Jahr lang alle Juden zurück, denen es gelungen war, ins Land zu kommen. Im Sommer 1943 wurde diese Praxis aufgrund zahlreicher Proteste von seiten der Bürger (und auch als Folge der veränderten Kriegssituation) wieder aufgegeben. Schwersenz und seine Begleiterin wurden in Schaffhausen festgenommen, am nächsten Tag jedoch von Bürgermeister Walther Bringolf höchstpersönlich zum Essen eingeladen, der sich im Namen des Schweizer Volkes für die Festnahme entschuldigte und angab, daß man trotz der Nähe zu Deutschland lange Zeit nicht in der Lage gewesen sei, das volle Ausmaß der Katastrophe zu begreifen. Schwersenz verbrachte mehrere Monate in einem Arbeitslager, wo Szwalb und die anderen ihn besuchen kamen, und betätigte sich danach bis zum Ende des Krieges als Lehrer für jüdische Kinder, die aus verschiedenen europäischen Ländern in die Schweiz geflüchtet waren.

Inzwischen wurden Versuche unternommen, angesichts der relativen Leichtigkeit, mit der Schwersenz die Grenze überwunden hatte, weitere Mitglieder des Chug Chaluzi zur Flucht zu bewegen. Doch aufgrund unvorhergesehener Schwierigkeiten folgten ihm nur wenige. Der deutsche Soldat, der die gefälschten Dokumente besorgt hatte, war verhaftet worden, ein Treffen bei Konstanz, wo Becks Schwester südamerikanische Pässe in Empfang nehmen sollte, platzte wegen eines Mißverständnisses über den genauen Treffpunkt.

Nachdem die Alliierten in Frankreich und Italien gelandet waren, schien das Ende des Krieges nur noch wenige Monate entfernt. Einige Mitglieder des Chug fanden einen Ort auf dem Land, wo sie unterschlüpfen konnten; nach den massiven Bombardements in den Städten erregte das plötzliche Erscheinen von Fremden kaum noch Überraschung und Argwohn. Gad Beck hielt die

Gruppe weiter zusammen. Mit unerschöpflicher Energie suchte er die verschiedenen Verstecke auf und versorgte sie mit Geld, Lebensmitteln, Medikamenten und vor allem ermutigenden Worten in dieser kritischen Zeit. Er half, die Flucht von drei Kameraden zu organisieren, dreier Brüder namens Wallach, die bereits zur Vorbereitung der Deportation interniert worden waren.

Als Sohn eines jüdischen Vaters aus Wien und einer protestantischen preußischen Mutter hatte Beck einerseits Verbindung zu homosexuellen Kreisen in Berlin und andererseits zu »Ariern« und konnte sich somit auf die Hilfe von Leuten stützen, zu denen junge Juden normalerweise keinen Zugang hatten. Als Szwalb ihm in einem Brief aus der Schweiz indirekt vorwarf, nicht genug zu tun, antwortete er in einem Brief, der per Kurier überbracht wurde: »Wir sind keine Feiglinge. Wenn man ständig gejagt und verfolgt wird, wenn jedes Klopfen an der Tür das Ende bedeuten könnte und man dennoch weitermacht und einige Kameraden vor der Verhaftung durch die Polizei rettet, dann sollte das als Beweis für unsere Tapferkeit genügen.«

Ende Februar 1945 wurde Beck zusammen mit einem Kameraden namens Zvi Abrahamson festgenommen und von dem allseits gefürchteten Polizeibeamten Dobberke verhört. Beide glaubten, jetzt sei das Ende gekommen, entschieden sich aber in ihrer Verzweiflung für die richtige Taktik, nämlich das Verhör in die Länge zu ziehen. Sie deuteten an, über Wissen zu verfügen, das für Dobberke von Interesse sein könnte, sie brauchten jedoch Zeit, um sich an alles erinnern und es zu Papier bringen zu können. Ein Bombentreffer auf die Haftanstalt, in der Beck untergebracht war, sorgte für weitere Verzögerung, da er verschüttet wurde und einige Zeit auf der Krankenstation verbringen mußte. Mitte März waren die Alliierten an allen Fronten durchgebrochen, und es schien nur noch eine Sache von Tagen zu sein, bis sie auch Berlin einnahmen.

Unter diesen Umständen ignorierte Dobberke den Befehl von oben, alle überlebenden Juden in Berlin (rund 800) zu erschießen, und so kamen Beck und Abrahamson sogar noch vor Kriegsende frei. Die meisten Mitglieder des Chug gingen nach Israel (das damals noch Palästina hieß), fünf in die USA und fünf kehrten nach längerem Auslandsaufenthalt nach Berlin zurück.

Auf einigen Fotos der Mitglieder des Chug Chaluzi ist eine auffallend hübsche Frau zu sehen, etwas älter als die anderen, die stets eine Halsmanschette trägt (sie litt an einem unheilbaren tuberkulösen Infekt). Ihr Name war Sonja Okun, und sie betätigte sich als Schutzengel des Chug, solange sie dazu imstande war. In vielen Erinnerungen der überlebenden Berliner Juden spielt sie eine Rolle, jedermann liebte und bewunderte sie, sogar Eichmann erkundigte sich nach ihr, als er nach Theresienstadt kam. Nur wenige kannten ihre Geschichte. Als Kind russischer Eltern in Hamburg geboren, verkehrte sie in Künstlerkreisen und begegnete dort Erich Engel, einem der großen Theater- und Filmregisseure jener Zeit, und sie wurden ein Liebespaar. Engel war ein Mann der Linken, er hatte 1928 die Uraufführung von Brechts *Dreigroschenoper* inszeniert und war ein Meister der Komödie und des leichten Genres. Unter den Nazis fuhr er fort, völlig unpolitische Filme zu drehen, und auch nach 1945 war ihm eine erfolgreiche Karriere beschieden.

Die beiden haben nie geheiratet, denn Engel hatte eine Frau, von der er sich nicht scheiden lassen wollte. Er hätte mehr unternehmen können, um Sonja Okun zu retten, doch offenbar wollte sie ihre jungen Freunde nicht im Stich lassen. Ihre gesamte Familie war in Amerika und drängte sie nachzukommen, doch sie blieb, zuerst in Berlin im Büro des Zentralverbands der deutschen Juden und später in Theresienstadt. Sie hätte wahrscheinlich überleben können, denn sie stand nicht auf der Liste der nach Auschwitz zu Deportierenden, doch sie wollte ihre Freunde auf ihrer letzten Reise begleiten. Es war einer der wenigen Fälle, wo jemand die Wahl hatte, und Sonja Okun entschied sich für den Tod.

»U-Boote«

Dies waren die Schicksale einiger Mitglieder einer organisierten Gruppe junger Juden, die in Deutschland während des Krieges existierte. Aber viele gehörten keiner Organisation an, und nicht wenige versuchten dem Schicksal zu entgehen, das die Nazis ihnen zugedacht hatten. Zwangsarbeit und Verfolgung hätten sie ja noch hingenommen, aber ab 1941 bestand die akute Gefahr, ja sogar die Gewißheit der Deportation. Sie konnten entweder den Anordnungen der Behörden Folge leisten und zu dem vorgegebenen Termin an dem jeweiligen Sammelpunkt für die Deportation, der sich normalerweise in der Nähe eines Bahnhofs befand, erscheinen, oder sie konnten den Gestellungsbefehl ignorieren, in den Untergrund gehen und so zu »U-Booten« werden. Diesen Entschluß zu fassen war nicht leicht, denn Bedenken gab es nicht nur hinsichtlich der Ungewißheiten einer illegalen Existenz, der eigenen Unerfahrenheit und des Mangels an Hilfsmitteln, um mit den Gefahren fertig zu werden, sondern auch wegen des Gefühls, man könne seine Familie und Freunde nicht einfach im Stich lassen, wenn diese sie am meisten brauchten. Die Entscheidung, einen Transport mitzumachen oder nicht, war in jedem Fall mit Höllenqualen verbunden; unterzutauchen fiel dann am leichtesten, wenn man jung und ungebunden war oder wenn die ganze Familie diesen Schritt unternahm.

Diese Entscheidung kurzfristig zu treffen war fast unmöglich. Man brauchte neue Ausweispapiere, um bei den kriegsbedingten häufigen Razzien und Polizeikontrollen bestehen zu können, man brauchte Geld und vor allem Freunde, die Unterschlupf und andere Hilfeleistungen gewähren konnten. Wie sollte man sich ernähren, wenn fast alles rationiert war, wie im Ernstfall medizinische Hilfe bekommen? Konnte man unter diesen Bedingungen überhaupt in Deutschland bleiben, oder sollte man nicht lieber versuchen, ins neutrale Ausland zu gelangen? Die meisten waren schon älter und nicht darauf eingestellt, sich beruflich völlig neu zu orientieren. Man war dazu erzogen worden, die Obrigkeit zu respektieren und den Anordnungen der Behörden Folge zu leisten, denn schließlich war man in Deutschland und nicht irgendwo auf dem Balkan. Die meisten waren arm und verfügten nicht über die Mittel, um längere Zeit im Untergrund zu leben, viele hatten keine engen »arischen« Freunde, die bereit gewesen wären, ihnen zu helfen und dadurch sich selbst und ihre Familien in Gefahr zu bringen. Die Strafe für das Verstecken von Juden betrug drei bis sechs Jahre; mehr, wenn man half, sie ins Ausland zu schmuggeln.

Ohne die Hilfe nichtjüdischer Freunde oder Sympathisanten war es praktisch unmöglich, in den Untergrund abzutauchen. Ohne die Hilfe eines Nazi-Funktionärs hätte Edith Beer, geborene Hahn, aus Wien bestimmt nicht überlebt. Er gab ihr genaue Anweisungen, welche neuen Papiere sie brauchte und wie ein nichtjüdischer Freund ihr dazu verhelfen konnte. Er riet ihr auch, sich als freiwillige Helferin beim Roten Kreuz in einer anderen Stadt zu bewerben, weil diese Organisation von der Gestapo am wenigsten kontrolliert wurde. So ging Edith nach München, arbeitete in einem Krankenhaus, lernte einen jungen Deutschen kennen und heiratete ihn. Sie klärte ihn über ihre wahre Identität auf, doch das machte ihm überhaupt nichts aus. Das Kriegsende erlebte sie in Ostdeutschland. Nach ihrer Befreiung wurde sie Amtsrichterin, wanderte dann nach England aus und ließ sich dort nieder.

Zunächst einmal mußte entschieden werden, ob man der Anordnung der Behörden Folge leisten und die Deportation akzeptieren oder ob man statt dessen untertauchen sollte. Die Entscheidung wäre sicher leichter gefallen, wenn man Gewißheit darüber gehabt hätte, was einen bei der Deportation erwartete, denn in diesem Fall hätte man bei dem Versuch, seinem Schicksal zu entgehen, nichts zu verlieren gehabt. Doch wie gesagt, gab es im Sommer 1942 nur Gerüchte, die, wenn auch weit verbreitet, keine Gewißheit boten. Niemand war jemals aus dem Osten zurückgekehrt, um über den Verbleib und das Schicksal der Insassen vorangegangener Transportzüge zu berichten. Manche meinten, daß zwar viele umkommen, andere aber überleben mochten und daß sie selbst vielleicht zu den Glücklichen zählen würden. Eine Analyse der Berichte von Überlebenden des Holocaust ergibt, daß bis Ende 1942 fast alle von den Massenmorden gehört hatten.

Es gibt keine genauen Angaben über die Zahl derer, die diesem Schicksal zu entgehen versuchten. Man schätzt, daß insgesamt 12000 bis 15000 Juden in Deutschland untertauchten und vielleicht 25 bis 30 Prozent (3000 bis 5000) von ihnen überlebten. Dies ist kein hoher Prozentsatz, doch die Alternative bedeutete Auschwitz und damit den fast sicheren Tod. Die Abiturklasse der letzten jüdischen Oberschule in Berlin umfaßte 1940 vierzehn Schülerinnen und Schüler, und wir wissen, was aus jedem einzelnen von ihnen geworden ist. Peter Nathan Levinson befand sich unter den wenigen Glücklichen, denen 1941 die legale Auswanderung in die USA gelang. Fünf tauchten unter; sie überlebten alle, und zwar drei von ihnen durch Flucht in die Schweiz 1943, einer, indem er sich bis zum Kriegsende außerhalb Berlins versteckte, und nur einer wurde von der Gestapo festgenommen, überlebte jedoch in einem Lager. Von den übrigen acht kamen sieben um, und nur einer überlebte in einem Lager. Eine wurde als Mitglied der kommunistischen Gruppe Baum exekutiert, einer beging Selbstmord, einer wurde unter mysteriösen Umständen ermordet, wahrscheinlich von einer Gruppe krimineller Schwarzmarkthändler. Der letzte schließlich, der aus der Slowakei stammte, kehrte nach Hause zurück und kam anscheinend dort ums Leben. Von den vierzehn überlebten also sechs, und zwar fünf von ihnen, weil sie sich für das Leben im Untergrund entschieden hatten.

Manche versteckten sich in der Großstadt, andere auf dem Land. Eine dieser Illegalen schrieb später: »Indem wir uns den Davidstern abrissen, entschieden wir uns gegen die einzige Gewißheit, die uns geblieben war, die Deportation. 1943 gab es für einen Berliner Juden keine andere Wahl als die zwischen Ungewißheit und Tod« (Ilse Rehwald). Wir wissen aus einer stichprobenartigen Untersuchung, daß die Mehrheit jener, die sich versteckten, relativ jung und meistens unverheiratet war und ihren jeweiligen Unterschlupf mit Hilfe nichtjüdischer Freunde und Bekannter gefunden hatte. Manche trafen die Entscheidung, in den Untergrund zu gehen, sogar erst auf Anraten ihrer nichtjüdischen Freunde. Die Zahl der Überlebenden war vielleicht sogar noch größer, weil unsere Kenntnisse sich auf diejenigen beschränken, die über ihre Erlebnisse geschrieben oder sie mündlich zu Protokoll gegeben haben. Doch die meisten Überlebenden haben keine Bücher geschrieben; entweder fehlte ihnen die schriftstellerische Begabung oder der innere Drang dazu, oder sie wollten ihre Erlebnisse einfach verdrängen – sei es, daß sie die Erinnerung daran nicht ertragen konnten oder ganz und gar mit ihrer jüdischen Vergangenheit abschließen wollten.

Sich in Österreich oder, genauer gesagt, in Wien zu verstecken war noch schwieriger als in Deutschland. Die Zahl der »U-Boote« dort wird für das Jahr 1940 auf rund siebenhundert geschätzt, aber nur zweihundert von ihnen überlebten im Untergrund bis zum Ende des Krieges. Es ist jedoch wahrscheinlich, daß sich nach Ausbruch des Krieges viele hundert illegal über die Grenze davonmachten: nach Ungarn, Italien, Rumänien oder – bis Anfang 1941 – auch nach Jugoslawien. Viele setzten von dort aus die Reise in die Freiheit fort, andere wurden nach der Invasion dieser Länder durch die Deutschen gefaßt. Von den sechshundert Juden, die in Wien »legal« überlebten, arbeiteten einige in einem Industrieunternehmen (Wittke & Grimm), andere waren im Besitz von Pässen neutraler Staaten und wurden deshalb nicht deportiert oder saßen im Gefängnis.

Die Verstecke

Theoretisch gab es zahlreiche Möglichkeiten, sich zu verstecken, darunter Gartenlauben in Stadtrandbezirken, Klöster oder Hütten in abgelegenen Gegenden, ein Bootshaus, einen Dachboden oder Keller, einen Lagerraum, eine verborgene Kammer und so weiter. Doch ohne die Hilfe wenigstens eines Außenstehenden konnte sich niemand für längere Zeit verborgen halten. Man brauchte Lebensmittelmarken und Bargeld. Nur wenige blieben längerfristig an ein und demselben Ort, oft mußte man alle paar Monate seinen Unterschlupf wechseln. Es gab unzählige Möglichkeiten, dem Netz der Nazibehörden zu entschlüpfen, aber leider auch eine große Zahl von Fallen, in die man hineintappen konnte. Dennoch lassen sich einige verallgemeinernde Feststellungen zu den Chancen und Gefahren treffen. Natürlich war es in der Großstadt viel leichter, sich zu verstecken oder seine Identität zu wechseln, als in einer Kleinstadt oder einem Dorf, wo jeder jeden kannte. Dies begann sich jedoch Ende 1943 mit der Evakuierung großer Teile der Zivilbevölkerung zu ändern, als die Städte massiven Luftangriffen ausgesetzt wurden. Dabei konnten junge Frauen leichter durchschlüpfen als junge Männer im wehrpflichtigen Alter, bei denen sich sofort die Frage erhob: Warum ist er nicht an der Front und verteidigt das Vaterland? So mußten sich junge Männer also entweder jünger machen, als sie tatsächlich waren, indem sie sich zum Beispiel mit kurzen Hosen, HJ-Uniform oder Teilen davon ausstaffierten, oder sie mußten sich älter machen und als kriegsuntauglich erscheinen. Sie mußten entscheiden, ob sie irgendwo Unterschlupf suchen und nur in der Dunkelheit ihr Versteck verlassen sollten, oder ob sie versuchen sollten, eine Gelegenheitsarbeit zu finden, von denen es im Krieg mehr als genug gab: als Fensterputzer oder Glaser, Teppichreiniger, Tellerwäscher, Kohlenträger, Lebensmittelzusteller, Haushaltshilfe oder Gärtner. War es sicherer, seinen Wohnort öfters zu wechseln oder an einem Ort zu bleiben, so daß sich die Nachbarn an einen gewöhnten und aufhörten, Fragen zu stellen?

Ernest Fontheim bestand nach Ausbruch des Krieges das Abitur an einer jüdischen Schule in Berlin. Danach arbeitete er als Zwangsarbeiter bei Siemens und tauchte nach der Deportation seiner Eltern im Dezember 1942 unter. Mit Hilfe eines anderen

Illegalen, Walter Joelsohn, kam er in den Besitz falscher Ausweispapiere. Frieda Kunze, die viele Jahre lang Bürovorsteherin der Anwaltskanzlei seines Vaters gewesen war, vermietete ihm trotz des damit verbundenen großen Risikos eine Gartenlaube in einem Dorf südöstlich von Berlin, und er zog dort mit seiner zukünftigen Frau und deren Eltern ein.

Als verstärkt alliierte Bomben auf Berlin niedergingen, wurde es durchaus alltäglich, daß man, soweit vorhanden, Zuflucht in seinem Schrebergarten suchte. Zwar war dies strenggenommen illegal, wenn man seine Berliner Wohnung zuvor nicht den Behörden zur Verfügung gestellt hatte, doch waren die Kontrollen nicht allzu streng, und jeder kümmerte sich um seine eigenen Angelegenheiten. Doch Fontheim berichtet auch, daß es wegen der zahlreichen Polizeistreifen immer noch gefährlich war, in die Stadt zu fahren; erst wenige Monate vor Kriegsende sei das Kontrollsystem zusammengebrochen. Fontheim und Joelsohn wanderten nach dem Krieg beide in die Vereinigten Staaten aus: Fontheim wurde Physiker in einem Laboratorium der Raumfahrtgesellschaft NASA, und Joelsohn wurde Chefökonom bei General Electric.

Es gab gewisse goldene Regeln, nämlich nicht auf Mitgliederlisten jüdischer Organisationen zu erscheinen oder seinen Namen daraus zu entfernen, kein Aufsehen zu erregen, keinen verängstigten Eindruck zu machen oder verstohlene Blicke um sich zu werfen. Wer im Untergrund lebte, mußte, wenn er ausging, stets zielstrebig ausschreiten, durfte weder zu langsam gehen noch rennen. Manch einer mußte sein »arisches« Aussehen aufbessern, zum Beispiel durch Färben der Haare. Doch gerade dies mußte fachmännisch geschehen, denn nichts war verdächtiger als schlecht gefärbtes Haar. Da selbst die meisten Deutschen, angefangen bei Hitler und Goebbels, nicht besonders »arisch« aussahen, könnte man sagen, daß ein selbstsicheres Auftreten wichtiger war als das reine Äußere. Gerhard Badrian aus Beuthen in Oberschlesien war die Selbstsicherheit in Person, als er während des Krieges in Holland den Scharlachroten Pimpernel spielte: In SS-Uniform betrat er das Gestapo-Hauptquartier in Amsterdam und verlangte die Auslieferung von mehreren politischen Häftlingen; die gleiche Heldentat vollbrachte er danach noch einmal in einem Krankenhaus, aus dem er eine Jüdin entführte, die kurz vor der Deportation stand. So gelangte er zu legendärem Ruhm, doch er wurde verraten und im Juni 1944 in einen Hinterhalt gelockt und erschossen. Günther Gerson war im Besitz eines gefälschten Gestapo-Ausweises und einer SS-Uniform. Solchermaßen ausgerüstet, verlangte er von Passanten im verdunkelten Berlin die erforderlichen Papiere zu sehen, und wenn jemand sie nicht vorweisen konnte, beschlagnahmte er die Brieftasche des Betreffenden und beschaffte sich so Bargeld und Lebensmittelkarten, die zum Überleben notwendig waren. Gegen Ende des Krieges wurde er verhaftet, überlebte aber und konnte so seine Geschichte erzählen.

Der Möglichkeiten, sich zu verstecken oder seine Identität zu verschleiern, gab es unendlich viele. Ein häufig genutzter Trick war der rechtliche Ansatz, indem man argumentierte, der gesetzliche Vater sei nicht der leibliche Vater. Zu einer Zeit, da viele Meldebehörden in Schutt und Asche lagen, war es immer möglich, Dokumente und Bescheinigungen entfernter Verwandter in diesem Sinne vorzulegen, wodurch aus einem »Volljuden« ein »Halbjude« oder aus einem »Halbjuden« ein »richtiger« Deutscher wurde (dies insbesondere dann, wenn die Mutter »Arierin« war). Deutsche Gerichte entschieden in Zweifelsfällen überraschend liberal, und so konnten auf diese Weise zumindest einige wertvolle Monate gewonnen werden.

Einzelschicksale

Inge Deutschkron und ihre Mutter (umbenannt in Fräulein und Frau Richter) wurden in Berlin von Freunden der Familie gerettet; der Vater war ein aktiver Sozialdemokrat gewesen, und seine einstigen Genossen standen ihm und seiner Familie bei. Ähnlich erging es dem späteren Showmaster Hans Rosenthal. Als er im Alter von siebzehn Jahren untertauchte, versteckte er sich zeitweise außerhalb Berlins, und später, im März 1943, fand er Unterschlupf im 1,50 x 1,80 Meter großen Werkzeugschuppen eines kleinen Modegeschäfts, dessen Verkaufskonto er führte und dessen Besitzerin, Frau Jauch, ihn ihrerseits dazu anhielt, die Bibel zu lesen. Als Frau Jauch dann plötzlich starb, versorgten ihn freundliche Nachbarn weiterhin mit dem Notwendigsten an Nahrung und nahmen ihn sogar mit in den Luftschutzkeller. Vor den Nachbarn hatte er mehr Angst als vor den Bomben, doch obwohl die Hälfte von ihnen die Wahrheit kannte, redete niemand.

Schlomo (heute Sally) Perel, bekannt geworden als »Hitlerjunge Salomon«, entstammte einer Familie polnischer Juden, die im Oktober 1938, wie alle anderen polnischen Juden, aus Deutschland vertrieben wurde. Als der Krieg ausbrach, befand er sich im sowjetisch besetzten Teil Polens, doch nach dem Überfall auf Rußland fiel er den Deutschen in die Hände. Er schützte vor, ein Volksdeutscher zu sein, und ein deutscher Offizier, der Gefallen an ihm fand, nahm sich seiner an und schickte ihn auf ein Internat in Deutschland, wo er bis zum Ende erfolgreich die Rolle des Hitlerjungen spielte. Schlomo/Salomon war kein begnadeter Schauspieler, sondern ein einfacher Junge ohne große Lebenserfahrung, der instinktiv das Richtige tat, um in einer verzweifelten Lage zu überleben – ein schier hoffnungsloses Unterfangen, denn 1941 siegte Deutschland an allen Fronten, und ein Ende des Naziregimes war nirgends in Sicht. Warum machte man sich überhaupt die Mühe, unterzutauchen und seine Identität zu wechseln, wenn der Endsieg der Deutschen unabwendbar schien? Die Antwort lautet schlicht und einfach, daß man Zeit gewinnen wollte. Man war von dem ewigen jüdischen Optimismus beseelt, daß sich vielleicht doch noch eine Lösung finden würde.

Weder der Hitlerjunge Salomon noch Helga Frühauf gehörten einer Gruppe oder Organisation an. Sie war dreiundzwanzig, als sie mitten im Krieg Frankfurt verließ, um der Deportation zu entgehen. Ihr Ziel war Belgien, wo sie Freunde hatte und wo, wie sie glaubte, ihre Überlebenschancen mit Sicherheit besser waren. Aber wie sollte sie ohne Reisedokumente über die Grenze kommen? Sie hatte die Adresse eines Gasthauses in Grenznähe bekommen und begab sich dorthin. Als sie den Gasthof betrat, fand sie dort einige trinkende Soldaten vor und erzählte ihnen, daß ihr Verlobter, ein Soldat, schwer krank sei und sie unbedingt zu ihm müsse. Jede Stunde zähle, und in der Eile sei es ihr nicht möglich gewesen, alle notwendigen Stempel zu bekommen. Die Soldaten erklärten sich bereit, sie mit nach Belgien zu nehmen, indem sie sie als die Verlobte eines von ihnen ausgeben würden. Nachdem sie in Belgien angekommen waren, kauften sie ihr sogar eine Eisenbahnfahrkarte vierter Klasse nach Brüssel, wo sie am 10. Februar 1943 eintraf. Von ihren Freunden wurde sie von einem Versteck ins nächste geschmuggelt und konnte so die Befreiung Brüssels im September 1944 erleben.

Helga Frühauf war keineswegs die einzige, die mitten im Krieg aus Deutschland flüchtete, weil sie glaubte, im Ausland – selbst den besetzten Ländern – langfristig bessere Versteckmöglichkeiten zu haben. Hunderte, wenn nicht Tausende versuchten, die Schweiz und – allerdings seltener und auch nur vor der deutschen Besetzung – Ungarn zu erreichen, einige gingen wie Helga nach Belgien oder Frankreich. Einige wenige dachten auch an eine Flucht nach Schweden. Wir haben keine genauen Zahlen, was den Erfolg oder Mißerfolg dieser Fluchtversuche betrifft. Doch die folgenden Berichte zeigen, daß ein Gelingen zuweilen auch unter den schwierigsten Voraussetzungen möglich war.

Zu denjenigen, denen die Flucht gelang, zählten Herbert Strauss und Ernst Ludwig Ehrlich, damals Anfang Zwanzig, die Judaistik studierten und die letzten Seminare von Rabbi Leo Baeck besuchten, dem prominentesten deutschen Juden der damaligen Zeit. Als nach Beendigung der Seminare die Deportation unmittelbar bevorstand, ging Herbert Strauss mit seiner Freundin (und späteren Frau) Lotte im Oktober 1942 in den Untergrund. Dank Kontakten zu nichtjüdischen Nazigegnern bekamen sie Adressen und gefälschte Dokumente. Lotte fuhr mit dem Zug in einen kleinen Ort an der Schweizer Grenze, unternahm einen Spaziergang in einen nahen Wald – und schon war sie in der Schweiz. Es war fast unglaublich leicht. Die Flucht von Herbert Strauss und Lutz Ehrlich gestaltete sich um einiges schwieriger. Für die zahlreichen Kontrollen, denen sie voraussichtlich auf ihrem Weg begegnen würden, mußten sie sich echte Papiere vom Ministerium für Kriegsproduktion besorgen. Die Dokumente erfüllten ihren Dienst, sie gelangten sicher nach Singen, und ihr Führer, der in einiger Entfernung vor ihnen herging, wies ihnen die allgemeine Richtung zur Grenze. Sie warteten, bis es dunkel wurde, dann krochen sie über ein Feld auf eine Baumreihe zu, die Schweizer Territorium markierte. Es gibt keine genauen Zahlen darüber, wie viele die Grenze an diesem Punkt bei Gottmadingen überquerten, aber es scheinen mindestens vierzig bis fünfzig gewesen zu sein. Keiner von diesen Leuten hatte einschlägige Erfahrungen darin, wie man den Sicherheitsorganen ein Schnippchen schlagen konnte, aber – wie schon der englische Schriftsteller Samuel Johnson im 18. Jahrhundert bemerkte – nichts schärft die Sinne so sehr wie die Gewißheit, am nächsten Tag gehängt zu werden. Durch deutsche Kontakte erfuhren sie, wie und wo sie entkommen konnten.

Ein weiterer Fall eines Einzelunternehmens war der von Jürgen Hermann, einem sechzehnjährigen Jungen, Sohn deutsch-jüdischer Eltern, die sich in Amsterdam unter ähnlichen Bedingungen wie die Familie von Anne Frank versteckt halten mußten. Von Natur sehr aktiv und ungeduldig, konnte der Junge es nicht ertragen, in einer winzigen Kammer eingesperrt zu sein; die Eltern fürchteten um seinen Geisteszustand und ließen ihn schließlich gehen, als er immer mehr drängte. Er hatte ein wenig Geld bei sich, nahm ein paar holländische Dokumente mit, die außerhalb der Niederlande sowieso niemand verstehen konnte, und machte sich auf den Weg über Belgien nach Frankreich. Dort verrichtete er Gelegenheitsarbeiten für die Organisation Todt, die Ausländer zu Bauarbeiten heranzog – sie scheint damals auch Dutzende von Juden mit gefälschten Papieren angestellt zu haben. Später wurde er von einer deutschen Kavallerieeinheit als örtlicher Pferdepfleger beschäftigt. Einmal sagte ein Kollege zu ihm, er sehe wie ein Jude aus, worauf er natürlich mit tiefer Entrüstung reagieren und dem anderen sogar Schläge androhen mußte. Dann machte er sich auf den Weg nach Südfrankreich, überschritt die Grenze nach Spanien und später nach Portugal, und weniger als ein Jahr, nachdem er seine Familie verlassen hatte, erreichte er Palästina, wo er am Toten Meer Arbeit fand.

Harry Zucker (Zvi Yavetz) im rumänischen Czernowitz war zur Zeit des deutschen Überfalls auf Rußland im Juni 1941 ein Jahr älter als Jürgen Hermann. Czernowitz, Hauptstadt der Bukowina, hatte einst zu Österreich-Ungarn gehört und war nach dem Ersten Weltkrieg an Rumänien gefallen. Wie die meisten seiner Freunde gehörte Harry einer jüdischen Jugendbewegung an, die ihren Mitgliedern geraten hatte, sich nicht von den russischen Behörden deportieren zu lassen, die damals Tausende der jüdischen Einwohner der Stadt verhafteten und nach Sibirien verbannten. (Was die Geschichte von Czernowitz noch komplizierter macht, ist die Tatsache, daß der Norden der Bukowina, in dem die Stadt liegt, 1940 von sowjetischen Truppen besetzt worden war.)

Nachdem seine gesamte Familie deportiert worden war, hörte Harry, daß es eine Möglichkeit des Entkommens gab. Doch hierzu waren beträchtliche Geldmittel vonnöten, denn das Ziel war Palästina, ein Schiff mußte gekauft werden, und die rumänischen Behörden wollten auch ihren Anteil.

Harry erinnerte sich, gehört zu haben, daß seine Eltern am Tag seiner Geburt eine gewisse Geldsumme im Vorgarten vergraben hatten. Als er nachgrub, fand er amerikanische Dollar, englische Pfund und sogar Mariatheresientaler (in Österreich längst demonetisiert, aber im Orient und Ostafrika weiterhin ein beliebtes Zahlungsmittel). Es war nicht genug; zwei goldene Uhren und drei Pelzmäntel mußten noch draufgelegt werden. Zunächst mußte er die rumänischen Behörden bestechen, doch damals hatte sich das Kriegsglück bereits gegen die Deutschen gewendet, und Antonescu, der rumänische Diktator, war entgegenkommender geworden. Von einem volksdeutschen Nachbarn namens Nasta wurde eine Art alter Jacht gekauft, und am Ende gab es sechs Boote, die sich eins nach dem anderen auf den Weg machten, zunächst nach Sulina am Schwarzen Meer (der größere Hafen, Konstanza, wurde von den Deutschen als Marinebasis benutzt), dann die Schwarzmeerküste entlang in Richtung Türkei. Doch diese kleinen Boote waren nicht für die Hochseeschiffahrt geeignet, und alles, was die »Seeleute« aus Czernowitz an Orientierungshilfe besaßen, war eine Seite aus einem Schulatlas. Die Jacht, auf der Harry segelte, lief schließlich an einem kleinen, unbewohnten Felseneiland namens Karaburnu vor dem türkischen Festland auf Grund. Harry war der einzige, der nicht schwimmen konnte, wurde aber schließlich gerettet. Erst kam er in ein türkisches Gefängnis, wurde später in Syrien nochmals festgenommen und mußte am Ende viele Monate auf Zypern verbringen, weil eine legale Einreise nach Palästina nicht möglich war. Vor Kriegsende wurde er in britischer Uniform nach Palästina geschmuggelt.

Insgesamt wurden mit diesem Flottenunternehmen 350 Czernowitzer Juden gerettet, aber nicht alle blieben in Palästina. Und was war aus Harrys Schulfreunden und den Kameraden aus der Jugendbewegung geworden, die zurückgeblieben waren und von denen er glaubte, sie niemals wiederzusehen? Viele Jahre nach dem Krieg begegnete er seinem Jugendfreund Willy Trebitsch in Montreal wieder, einen anderen engen Freund, den er tot geglaubt hatte, traf er in Australien, und unter Gorbatschow, mit fünfzig Jahren Verspätung, kamen seine Vettern zusammen mit den überlebenden Teilnehmern des Bahntransports, den die Sowjets am 13. Juni 1941 von Czernowitz aus in Marsch gesetzt hatten, aus Sibirien zurück.

An dieser Stelle soll auch die erstaunliche Geschichte von Edith (Dita) Kurzweil und ihrem Bruder Hansl aus Wien in aller Kürze wiedergegeben werden. Zur Zeit des deutschen Einmarsches befanden sie sich in einem jüdischen Kinderheim in Belgien. Einige Wochen zuvor hatte ihr Vater von Frankreich aus die Reise nach Amerika angetreten. Die Kinder sollten ihm folgen, doch der Angriff der Deutschen im Mai 1940 warf alle Pläne über den Haufen. Dita war damals vierzehn, ihr Bruder zwei Jahre jünger. Der Heimleitung gelang es gerade noch rechtzeitig vor Ankunft der deutschen Panzer, einen Zug nach Süden ausfindig zu machen, und die Kinder gelangten nach Toulouse. Dita nahm Kontakt zu ihren Eltern auf und erhielt nach einigen Monaten US-Visa und sogar einige Dollars. Doch in dem ganzen Durcheinander Frankreich zu verlassen und spanische und portugiesische Transitvisa zu erhalten war selbst für ältere Leute eine beängstigende Aufgabe, und nicht wenige verzweifelten daran.

Dita war jedoch aus härterem Holz geschnitzt und um Einfälle nicht verlegen. Sie zog ein Kleid an, das sie möglichst erwachsen erscheinen ließ, ein leichtes, marineblaues mit riesigen weißen Blumen, und ging damit zur Präfektur, zum jüdischen Rettungskomitee, zu den Konsulaten, kurz, überall dahin, wo Hunderte aufgeregter Menschen Schlange standen. (Es ist allerdings zweifelhaft, ob es ihr wirklich half, sich so zurechtzumachen; das verlorene Kind zu spielen wäre gewiß weniger anstrengend und wahrscheinlich effektiver gewesen.) Jedenfalls nahmen sich am Ende gütige Menschen der hilflosen Kinder an und steuerten sie durch das Gewühl der Stadt, die damals und noch auf Jahre hinaus der Sammelpunkt der Flüchtlinge war, bis sie schließlich Fahrkarten nach Barcelona und Lissabon in der Hand hatten. Doch selbst die »legale« Reise nach Lissabon war zu Kriegszeiten kompliziert und gefährlich, die Kinder besaßen nur ein paar Dollar und wußten nicht, ob sie das nächste Schiff in Lissabon, das nach damaligem Kenntnisstand zugleich das letzte sein konnte, auch rechtzeitig erreichen würden. Nachdem sie die spanische Grenze passiert hatten, mußten sie die Nacht in einem Hotelzimmer mit einem Dutzend betrunkener Männer verbringen. Sie nährten sich von trockenem Brot und Bananen, achteten darauf, wie sich ihre Mitreisenden in kritischen Situationen verhielten, und folgten ihrem Beispiel. So schafften sie es bis Lissabon, zu dieser Zeit der einzige Hafen, von dem Schiffe nach Amerika ausliefen, und am 31. August 1940 verließen sie Europa an Bord der »SS Excalibur«, die den American Export Lines gehörte.

Während Dita Kurzweil mit ihrem Bruder durch Frankreich nach Toulouse reiste, versuchten viele andere Flüchtlinge, das gleiche zu tun, darunter die sechzehnjährige Marianne Loring (Stampfer), die ebenfalls nach Toulouse und von dort nach Spanien und Portugal unterwegs war. Doch für sie war es fast eine Luxusreise, denn sie reiste mit ihrer Familie, und ihr Vater Friedrich Stampfer war zur Zeit der Weimarer Republik ein bedeutender sozialdemokratischer Publizist und Politiker gewesen. Er war mit französischen Politikern bekannt, und dies öffnete ihm immer noch einige Türen, sogar zu Kriegszeiten und nicht nur in Paris. Doch trotz dieser guten Verbindungen mußten sie mit Überraschungen rechnen, und es gab keine Gewißheit, daß es ihnen gelingen würde, rechtzeitig aus Frankreich herauszukommen. Marianne jedenfalls erlebte in diesen Wochen mehr als genug, so daß sie in ihren Erinnerungen, die sie fünfzig Jahre später niederschrieb, mit Zufriedenheit feststellen konnte, daß sie die letzten vier Jahrzehnte in ein und demselben Haus in Kalifornien verbracht hatte.

»Wenn einer eine Reise tut, so kann er was erzählen«, heißt es frei nach Matthias Claudius. Aber auch wer nicht reiste, hatte manches zu berichten. So hatte jedes »U-Boot« in Deutschland seine eigene Geschichte. »David« (Joel König/Ezra Ben Gershom) war sowohl »U-Boot« als auch Flüchtling. 1922 als Sohn eines Rabbiners geboren, wuchs er in Oberschlesien auf und ging 1942 in Berlin in den Untergrund, nachdem er die vorangegangenen zwei Jahre in einem landwirtschaftlichen Ausbildungslager der Zionisten verbracht hatte. Irgendwie gelangte er in den Besitz einer Art HJ-Uniform, in der er nun tagein, tagaus einherging. Seinen Papieren zufolge war sein Name Herbert Schneider, und er machte sich jünger, als er tatsächlich war, um weniger Verdacht zu erwecken. Zusammen mit Leon, einem seiner Brüder, wohnte er in einem der ärmeren Stadtviertel bei einem alten Schuster. Doch dieser hätte gern auf seine Untermieter verzichtet und behielt sie nur wegen der Mietzahlungen und gelegentlichen Lebensmittelgaben.

Im April 1943, nachdem sie gemeinsam mit anderen, zumeist ebenfalls illegalen Juden das Pessachfest gefeiert hatten, fand er, daß die Zeit gekommen sei, Deutschland zu verlassen und auch für seine wenigen verbliebenen Freunde und Verwandten einen Weg in die Freiheit zu finden. Er hatte in Berlin als Bediener für einen ungarischen Juden namens Farkas gearbeitet, der ihm versichert hatte, daß er in Ungarn sicher sei. Doch David war sich darüber im klaren, daß er nicht einmal nach Wien, geschweige denn nach Budapest gelangen würde, wenn er nicht über Dokumente verfügte, aus denen hervorging, daß seine Reise mitten im Krieg offiziell genehmigt war. Er wandte sich an Dr. Krell, einen Elektroingenieur, bei dem er gearbeitet hatte. Dies war sehr riskant, und Freunde hatten ihn gewarnt, auf keinen Fall zu verraten, daß er Jude sei. Doch bald stellte sich heraus, daß Dr. Krell ein alter Sozialdemokrat war, der sich verpflichtet fühlte, einem Mitmenschen in Not zu helfen. Er lud David nicht nur nach Hause zum Essen ein und ließ ihn bei sich übernachten, er besorgte auch die notwendigen Dokumente und riet David, am Ostersonntag zu reisen, wenn die Züge wahrscheinlich überfüllt und die Kontrollen weniger streng waren. In Wien stellte David fest, »wie superb das unsichtbare Netzwerk der U-Boot-Helfer funktionierte. Selten riskierte ich es, mich zweimal von demselben Hausmeister sehen zu lassen, auch wenn ich zweimal unter demselben Dach schlief. Jeder Helfer erklärte mir, wo ich den nächsten fand, und sie alle empfingen herzlich den Flüchtling, der ihr eigenes Leben in Gefahr brachte.« Beim zweiten Versuch wechselte David mit Hilfe eines ungarischen Fluchthelfers namens Imre nach Ungarn hinüber, und später gelang es ihm mit Hilfe desselben Mannes und seines kleinen Netzwerks, seinen Bruder Leon und zwanzig andere aus Deutschland nachzuholen. Nach der Besetzung Ungarns durch die Nazis flüchtete David ins benachbarte Rumänien und erreichte nach einer weiteren Odyssee 1945 Palästina.

Der Fall Valentin Senger ist bemerkenswert, weil er und seine Familie nicht als deutsche, sondern als staatenlose Juden den Krieg unversehrt in ihrer eigenen Wohnung in Deutschland überlebten. Die Eltern waren aus Rußland gekommen und hatten sich bereits vor dem Ersten Weltkrieg eine »Legende« für die Behörden zurechtgelegt, um ungestört in Deutschland leben zu können. Diese Legende war jedoch insofern nicht perfekt, als aus der Eintragung der Sengers im Melderegister (der richtige Name war Rabisanowitsch) immer noch hervorging, daß sie jüdischen Glaubens waren. Ein weitsichtiger Polizeiwachtmeister strich 1933 das »mosaisch« aus und ersetzte es durch »Dissident«.

»Man könnte mit Recht fragen, was den Polizeimeister Kaspar veranlaßt hat, eine so riskante Korrektur an unserer Einwohnermeldekarte vorzunehmen. Ich weiß es, bei Gott, nicht. Er tat es einfach. Er hatte keine näheren oder gar freundschaftlichen Beziehungen zu uns, kannte unsere Familie nur durch seine dienstlichen Aufgaben und war außerhalb der Dienstzeit nie mit uns zusammengekommen. Möglicherweise war er über die politische Einstellung meiner Eltern informiert [Valentins Mutter war Kommunistin], aber kein einziges Mal hat er darüber ein Wort verloren, und es ist auch kaum anzunehmen, daß ihm die politischen Gruppierungen, für die sich Mama engagierte, besonders sympathisch waren.«

Der freundliche Wachtmeister merkte dann, daß eine von Hand korrigierte Karte doch etwas verdächtig war. Zwei Jahre später vernichtete er sie und ersetzte sie durch eine neue.

Aber dies allein hätte die Sengers nicht gerettet, denn in der kleinen Straße, in der sie wohnten, in der Kaiserhofstraße in der Altstadt von Frankfurt, wußte oder ahnte jeder Zweite, daß sie Juden waren. Es waren meistens Kleinbürger, die hier lebten, und unter ihnen sicher nicht wenige Nazis. Aber niemand redete. Und so verbrachten Valentin, Jahrgang 1918, sein Bruder Alex und seine Schwester hier ihre Kindheit und Jugend. Valentin arbeitete in einer Fabrik, ebenso wie sein Vater, der übrigens nie seinen starken jiddischen Akzent ablegte. Er hatte mehrere Liebesaffären, betätigte sich nebenbei in Widerstandskreisen, drückte sich um den Dienst in der Hitlerjugend, und ein halbes Dutzend Ärzte, die ihn im Laufe der Jahre untersuchten, sahen nicht – oder wollten nicht sehen –, daß Valentin beschnitten war.

Soviel Glück machte ihn unvorsichtig: Mitten im Krieg fuhr er mit seiner Freundin Mimi zu einem Kurzurlaub ins Grenzgebiet nahe der Schweiz. Nachts kam das berühmte Klopfen an der Tür – die Gestapo:

»Es langte mir wohl nicht, Jude, russischer Jude und Kommunist und staatenlos zu sein, einen falschen Namen und einen jiddelnden Papa mit einem falschen Paß zu haben, in einer illegalen politischen Gruppe zu arbeiten. Ich mußte auch noch, nur weil es mir Spaß machte, oder weil es Mimi Spaß machte, in das Grenzgebiet fahren, damit mich die Gestapo schnappen und in so gefährlicher Weise ausfragen konnte.«

Auch diese Prüfung ging vorbei, aber sechs Monate vor Kriegsende wurden Valentin und sein Bruder Alex zur Wehrmacht eingezogen. Valentin hatte Glück und kam nie an die Front, ein Arzt, dem er sympathisch war, schickte ihn zur Kur in ein Heilbad. Alex wurde in einer der letzten Schlachten des Krieges getötet. Am 8. Mai 1945, dem Tag nach der Unterzeichnung der Kapitulation, traf Valentin wieder in Frankfurt ein, und »mit einem nassen Jakkett und mit klopfendem Herzen« rannte er durch die Ruinenfelder und Schuttberge. Die Gaslaterne vor dem Haus Kaiserhofstraße 12 war noch da, ebenso das Haus selbst, und der Vater stand am Fenster: »Es war mir, als habe er so Wochen und Monate gestanden, Tag und Nacht, und habe auf mich und Alex gewartet.« Valentin Senger heiratete eine seiner Freundinnen aus Kriegszeiten und arbeitete nach dem Krieg als Reporter. Die kleine Straße, einst die Straße der kleinen Leute, erscheint heutzutage im eleganten Gewand und beherbergt Läden wie Yves St. Laurent, Vidal Sassoon, eine Diskothek und Frankfurts bestes Steakhaus, das »Buffalo«.

Valentin Senger überlebte, weil seine Familie zurückgezogen und unauffällig lebte. Von zwei anderen läßt sich dies nicht sagen: Konrad Latte und Larry (Lothar) Orbach waren ständig auf Trab – nicht weil sie es wollten, sondern weil es keine andere Möglichkeit für sie gab. 1922 geboren, war Latte auf dem besten Wege, ein vielversprechender Musiker zu werden, schon als Kind erhielt er Unterricht von ausgezeichneten Lehrern und freundete sich später mit führenden Komponisten und Dirigenten seiner Zeit an, darunter Gottfried von Einem. Er und seine Familie hatten sich zuerst in Schlesien und dann in Berlin versteckt, wo sie verhaftet wurden. Latte entkam im September 1943 aus dem Gefängnis in der Großen Hamburger Straße und wurde von der Tänzerin Tatjana Gsovsky und anderen versteckt. Schließlich wurde er Dirigent einer kleinen Tanzkapelle, die die Truppen an der Ostfront unterhielt, denn auf seinem Spezialgebiet, der Barockmusik, gab es kaum Bedarf. Doch es gab Gerüchte über seine wahre Identität; eines Tages rief er die Mitglieder der Kapelle zusammen, kündigte an, daß er sich bei der Gestapo beschweren werde, zog sich in einen angrenzenden Raum zurück und brach dort zusammen. Bis zum Ende des Kriegs wurde er von der Sängerin der Kapelle versteckt, die er später heiratete.

Die Geschichte von Lothar (Larry) Orbach bestand aus einer unendlichen Abfolge von Abenteuern und Krisen. Ebenfalls 1923 geboren, war er Mitglied einer (nichtzionistischen) Jugendgruppe gewesen; als der Krieg ausbrach, lebte die Familie im ärmlichen Osten von Berlin. Nachdem der Vater verhaftet und im KZ umgebracht worden war, gingen Lothar und seine Mutter getrennt in den Untergrund, wo er fortan Gerhard Peters hieß. Er und sein ausgebuffter Freund Tad verrichteten Gelegenheitsarbeiten, zogen von Unterschlupf zu Unterschlupf, betätigten sich aber hauptsächlich am Rand des kriminellen Milieus. In Dahlem hatte Lothar die Armbinde eines Luftschutzwarts gestohlen, und diese verlieh ihm etwas zusätzliche Sicherheit, wenn er die Straßen der Stadt durchstreifte.

Ihr Hauptquartier war ein Billardsaal, der von Kriminellen frequentiert wurde, deren ethische Grundsätze und Praktiken zwar zweifelhaft sein mochten, die aber jedenfalls keine Nazis waren, nur daß sich der eine oder andere gelegentlich als Informant betätigte. Viel Zeit verbrachte er in der unglaublich schmutzigen und heruntergekommenen Wohnung eines alten Mannes, »Opa« genannt, der den Dieben als Hehler diente. Wann immer mit einer Razzia gerechnet wurde, verzog er sich in das Bad (mit Toilette) eines nahe gelegenen Bordells. Das Ganze ist keine erbauliche Geschichte, und sie sollte nicht an den Maßstäben normaler Zeiten gemessen werden. Lothar und seine Freunde, ebenfalls Illegale, hatten kein Geld und brachen deshalb in Geschäfte ein, deren Registrierkassen sie plünderten, sie trösteten Frauen in den Dreißigern und Vierzigern, deren Männer an der Front oder gefallen waren und dringend männlicher Gesellschaft bedurften, besonders nachts. Sie gaben vor, der Berliner Sittenpolizei anzugehören, und raubten Homosexuelle aus.

Doch irgendwann verließ ihn das Glück. Jemand verriet ihn, er wurde verhaftet und von dem berüchtigten Polizeikommissar Dobberke verhört, der bereits im Zusammenhang mit Gad Beck erwähnt wurde. Doch Lothar hatte Glück, seine Verhaftung erfolgte im August 1944, und als er in Auschwitz eintraf, war es bereits Mitte September. Zu dieser Zeit waren die Russen nicht mehr weit, und die Tötungsmaschinerie lief nicht mehr auf Hochtouren. Lothar, der sich in guter körperlicher Verfassung befand, wurde mit einer Gruppe zur Arbeit in einem Flugzeugwerk geschickt und im April 1945 von den Amerikanern in Buchenwald befreit. Zu diesem Zeitpunkt wog er bei einer Körpergröße von gut 1,80 Meter nur noch vierzig Kilo. Er kehrte nach Berlin zurück, wo er seine Mutter sowie seine Brüder wiedersah, die vor dem Krieg nach Amerika ausgewandert waren und nun in amerikanischer Uniform für den Geheimdienst der US-Armee arbeiteten.

Der Fall von Ernest Fontheim, der sich in einem Schrebergarten am Stadtrand von Berlin versteckte, zeigt ebenfalls, wie entscheidend in kritischen Situationen die Hilfe durch deutsche Nachbarn war. Fontheim wurde einige Monate vor Kriegsende von einem fanatischen Nazi im Dorf denunziert. Doch er erfuhr von dem Verrat durch einen anderen Nachbarn, und zusammen mit der jüdischen Familie, die sein Versteck mit ihm teilte, wandte er sich mit der Bitte um Rat und Beistand in verzweifelter Lage an einen dritten Nachbarn. Diese guten Leute zögerten keinen Augenblick, gaben ihnen zu essen, vergruben belastende Dokumente, gestatteten ihnen die Benutzung ihrer Berliner Wohnung, und der Sohn der Familie, ein Wehrmachtsoffizier auf Genesungsurlaub, gab ihm einen Revolver zusammen mit dem Rat, falls die Gestapo auftauchen sollte, bevor sie am nächsten Morgen nach Berlin entkommen konnten, »die Schweine ohne zu zögern abzuknallen«. Die Geschichte des späteren Schauspielers Michael Degen, Jahrgang 1932, war der vorangegangenen recht ähnlich. Fünfzig Jahre verstrichen, bevor er sie erstmals erzählte. Auch seine Mutter versteckte sich mit ihm in verschiedenen Schrebergärten außerhalb von Berlin, was ohne die Hilfe nichtjüdischer Sympathisanten unmöglich gewesen wäre.

Die Überlebenden

Ich möchte noch kurz berichten, was später aus den erwähnten Flüchtlingen und »U-Booten« geworden ist. Herbert Strauss emigrierte nach New York, wurde Professor sowie Herausgeber eines

Standard-Nachschlagewerks über die deutsche Emigration. Lutz Ehrlich ließ sich in Basel nieder, wo er eine Organisation vertrat, die sich mit den christlich-jüdischen Beziehungen beschäftigte. Schwersenz und seine Frau wurden in Haifa ansässig, wo er als Lehrer arbeitete. Er stattete allerdings Deutschland längere Besuche ab, wobei er in Schulen und vor jungen Menschen Vorträge hielt. Edith Kurzweil beendete in Amerika die Schule und nahm nach einer Unterbrechung von fünfzehn Jahren ein Studium auf. Sie wurde eine herausragende Universitätsprofessorin und Herausgeberin des Literaturmagazins *Partisan Review*. Aus Harry Zucker wurde Zvi Yavetz, Professor für klassische Philologie. Er ist meines Wissens der einzige Mensch, der zwei Universitäten begründet hat, Tel Aviv und Addis Abeba, außerdem schrieb er zahlreiche gelehrte Abhandlungen und Bücher, war Professor am Queens College in New York sowie an den Universitäten von München, Florenz, Oxford und Paris, wo er Vorlesungen auf englisch, französisch, italienisch, hebräisch und notfalls auch lateinisch hielt. Über Valentin Sengers Tätigkeit als Journalist wurde bereits berichtet, Konrad Latte gründete in Berlin das »Collegium instrumentale«, aus dem später das Berliner Barock-Orchester wurde, dessen Leiter er 37 Jahre lang war, bis zu seinem 75. Geburtstag im Jahr 1997. Larry Orbach begann eine neue und erfolgreiche Laufbahn in der amerikanischen Schmuckindustrie; er lebt jetzt im Ruhestand in New Jersey. »David«, Joel König, studierte Chemie und wurde Chefchemiker eines Unternehmens in der Nähe von Tel Aviv. Sally Perel alias Hitlerjunge Salomon ließ sich ebenfalls in Israel nieder.

Von denen, die deportiert wurden, fand die große Mehrheit den Tod. Die ganz Jungen, die Alten und Schwachen wurden fast umgehend nach ihrer Ankunft vergast. Wer arbeiten konnte, lebte etwas länger, bis Hunger und Krankheit ihren Tribut forderten und auch sie getötet wurden. Sie arbeiteten in Fabriken in Auschwitz selbst und in dem gesamten Lagersystem drum herum. Dennoch überlebten einige die unmenschlichen Lebensbedingungen und die Todesmärsche nach der Evakuierung von Auschwitz, darunter Norbert Wollheim, der vor dem Krieg ein Führer in der jüdischen Jugendbewegung gewesen war; Heinz Galinski, der nach dem Krieg über vierzig Jahre Vorsitzender der Jüdischen Gemeinde in Berlin sowie zweimal, 1950 bis 1963 und 1988 bis zu seinem Tode 1992, Vorsitzender des Zentralrats der Juden in Deutschland war; und schließlich auch sein Nachfolger in diesem Amt, Ignatz Bubis, der bei Kriegsende erst siebzehn Jahre alt war.

Zwei weitere Auschwitz-Überlebende waren Renate und Anita Lasker. 1924 bzw. 1925 in Breslau geboren, hatten beide einer zionistischen Jugendbewegung angehört, doch im Gegensatz zu ihrer älteren Schwester verpaßten sie den letzten Zug nach England. Nach der Deportation ihrer Eltern wurden sie in ein Waisenhaus gesteckt, bereits zuvor hatten sie begonnen, in einer Fabrik zu arbeiten. In dieser Fabrik befand sich auch eine Gruppe französischer Kriegsgefangener, denen die beiden Schwestern bei den Vorbereitungen für ihre Flucht halfen. Irgendwann beschlossen auch sie, sich nach Paris abzusetzen, doch die Gestapo war ihnen bereits seit einiger Zeit auf den Fersen, und sie wurden am Bahnhof von Breslau verhaftet. In einem unbewachten Augenblick schluckten sie Zyanidkapseln, doch sie überlebten, weil der Freund, der ihnen die Kapseln besorgt hatte (niemand anders als Konrad Latte, der bereits erwähnte Musiker), das Gift durch Puderzucker ersetzt hatte. Es kam zum Prozeß, und die beiden Mädchen erhielten eine Gefängnisstrafe, die ihnen wahrscheinlich das Leben rettete, denn es bedeutete, daß sie erst im Dezember 1943 nach Auschwitz deportiert wurden. Dies war die perverse Logik der Bürokratie, dank deren wohl einige Dutzend politische Häftlinge jüdischen Glaubens den Naziterror überlebten.

Charlotte Paech, Mitglied der kommunistischen Gruppe Baum, über die noch zu berichten sein wird, war auch eine von ihnen. Sie war im Juni 1943 zum Tode verurteilt worden, doch da sie sich zu dieser Zeit im Gefängnis befand und mit Scharlach auf die Isolierstation verlegt worden war, gab es eine mehrwöchige Verzögerung. Dann wurde sie nach Berlin verbracht, aber auch dort kam sie zunächst wieder in Quarantäne; bei einem alliierten Luftangriff wurden ihre Akten vernichtet. Niemand wußte mehr, warum sie überhaupt verhaftet worden war, und sie arbeitete daraufhin sechs Monate lang als Krankenschwester im Gefängnis, bis ihr die Flucht gelang, und zwar in ein Lager französischer Zwangsarbeiter.

Renate und Anita Lasker trafen Ende 1943 in Auschwitz-Birkenau ein. Anita war eine vielversprechende Cellistin, es gibt ein Bild von ihr, auf dem sie im Alter von drei Jahren mit einem Besenstiel und einem Kamm so tat, als spielte sie Violincello. Sie war die einzige Cellistin im Lager und wurde daher für die berühmte Mädchen-Kapelle unter der Leitung von Alma Rosé verpflichtet, die einer bekannten Wiener Musikerfamilie entstammte. (Ihr Vater war Leiter der Wieder Philharmoniker gewesen, ihre Mutter eine Schwester von Gustav Mahler.) Dies bedeutete, daß Anita nicht zu arbeiten brauchte, mehr zu essen bekam und besser behandelt wurde. Was Renate betrifft, so schrieb Anita später:

»Sie wurde in kürzester Zeit zum kompletten Wrack. Es war zum Erbarmen. Ihr Zustand war so elend, daß es ihr nicht erlaubt wurde, auf unseren Block zu kommen. Da stand sie also draußen und wartete auf mich, bis ich ihr etwas Suppe oder ein Stück Brot brachte. Auf ihren Beinen bildeten sich große, eiternde Wunden, die einfach nicht heilten. ... Schließlich bekam sie auch noch Typhus, und alles schien verloren. Ich muß gestehen, daß ich oft insgeheim gewünscht habe, daß sie doch endlich sterben möge, um von ihrem Elend befreit zu werden.«

Aber Renate überlebte die Krankheit, und ihre Schwester half ihr, eine neue, weniger anstrengende Arbeit als »Läuferin«, eine Art Lagerbote, zu bekommen.

Wie andere überlebende Insassen wurden Renate und Anita von Auschwitz nach Bergen-Belsen in der Lüneburger Heide verlegt, als Ende Oktober 1944 die Russen anrückten. Jetzt hatte sich

Anita mit Typhus infiziert, aber sie war noch am Leben, als die Briten Anfang April 1945 das Lager betraten. Ein rollendes Aufnahmestudio der BBC machte die Runde im Lager, man suchte verzweifelt nach jemandem, den man interviewen konnte. Anita wurde ausgewählt, und ihre Worte gingen um die Welt; sie waren das erste Anzeichen, daß doch einige wenige den Massenmord überlebt hatten. Einige Wochen nach der Befreiung, Mitte Mai 1945, brannten die Briten Bergen-Belsen nieder. Die beiden Schwestern gingen nach England. Anita spielte weiter Cello und wurde ein Gründungsmitglied des Englischen Kammerorchesters; sie spielt auch heute noch. Renate wurde Schriftstellerin und pflegt heute ihren Garten in Südfrankreich.

Eine weitere junge Frau, die Auschwitz überlebte, war Karla Wagenbach, die den berühmten Brief aus dem Lager geschmuggelt hatte, mit dem ihre Kameraden in Berlin vor dem schlimmen Schicksal gewarnt wurden, das sie erwartete.

Es gibt Belege über ein paar andere junge deutsche Juden, nämlich Albrecht und Friedel Weinberg sowie Bernie Walheimer, die in Groß Breesen eine landwirtschaftliche Ausbildung machten und die letzte Gelegenheit zur Emigration verpaßten. Auch sie hatten das Glück, erst 1943 nach Auschwitz zu kommen, zudem nicht in das Hauptlager, sondern nach Buna Monowitz, das der IG Farben gehörte und wo die Überlebenschancen etwas besser standen. Aber all jene, die zu krank oder zu schwach wurden, um zu arbeiten, wurden ebenfalls in die Gaskammern geschickt, und Walheimer, der oft krank war, berichtete später, daß er sein Überleben allein der Solidarität seiner Mitgefangenen verdankte, die ihn selbst dann von seinem Lager aufscheuchten, wenn er sich sterbenskrank fühlte, damit er nicht arbeitsunfähig geschrieben und in die Gaskammer geschickt wurde.

Warum überlebten die beiden Schwestern, wie konnte überhaupt jemand überleben? Anita stellte sich diese Frage, und andere ebenso. Lag es an einer besonderen physischen und seelischen Stärke? Da war der Fall von H. H., der ebenfalls in Auschwitz viel durchgemacht hat und zu denen gehört, die anonym bleiben möchten. Er war klein von Statur und konnte bei einer »Selektion« leicht übersehen werden. Oder überlebte er vielleicht deshalb, weil er sich als Elektriker betätigte und die Lampen in den Wohnquartieren der SS-Wachen reparierte? (Nach dem Krieg wurde er Chef eines großen Luft- und Raumfahrtunternehmens in den USA und nach seiner Pensionierung ehrenamtlicher Berater der US-Regierung.) Anita Lasker zufolge lautet die kurze Antwort auf die Frage nach dem Überleben, daß die Chancen etwa eins zu hundert standen: »Wenn man ... überlebte und den Tag der Befreiung sah, hatte man ganz einfach Glück gehabt.« Mit anderen Worten, es gab eine ganze Reihe von Faktoren, die die Überlebenschancen vergrößern oder verringern konnten; da die Chancen jedoch so gering waren, spielte der Zufall eine entscheidende Rolle.

Wie viele Juden aus Deutschland und Österreich haben die Vernichtungslager überlebt? Wie bereits früher angedeutet, kann es nur grobe Schätzungen geben, sie zählen eher nach Hunderten als nach vielen Tausenden. Niemand kehrte aus Izbica zurück und nur eine Handvoll aus Riga, nur wenig mehr überlebten Auschwitz, die Todesmärsche und den Transport nach Bergen-Belsen. Die meisten der Überlebenden drehten Deutschland so schnell wie möglich den Rücken, einige setzten den Fuß nie wieder auf deutschen Boden.

WIDERSTAND

Die Juden in Deutschland bildeten eine kleine Minderheit, weniger als ein Prozent im Jahre 1933, weniger als ein halbes Prozent sechs Jahre später, als der Krieg ausbrach. Sie hatten allen Grund, sich der Verfolgung zu widersetzen, doch wie hätten sie das anstellen sollen? Die Jüngsten waren zu jung, um überhaupt zu verstehen, was vor sich ging. Sie merkten, daß ihre Familien und andere Juden schlecht behandelt wurden, aber sie verstanden nicht, warum. Wenn sie in der Schule oder auf der Straße verprügelt wurden, waren sie zahlenmäßig hoffnungslos unterlegen. Ein einzelner konnte sich gelegentlich erfolgreich zur Wehr setzen, aber als Kollektiv war ihnen das unmöglich.

Und was war mit den Heranwachsenden, den Achtzehn- bis Zwanzigjährigen, die schon über mehr politisches Verständnis verfügten? Ihre erste Reaktion mußte Verwirrung sein – warum sollte sich der Volkszorn ausgerechnet gegen sie richten? Waren sie nicht ebenso gute Deutsche wie alle anderen, wieso dann diese Behandlung? Dies galt jedenfalls im wesentlichen für die Abkömmlinge der assimilierten Familien, die im Jahre 1933 die Mehrheit bildeten. Es galt nicht für diejenigen, die aus orthodoxen Familien kamen oder einen zionistischen Hintergrund hatten und denen von klein auf eingetrichtert wurde, daß sie in der Tat etwas anderes waren und/oder anderswo hingehörten.

Junge Menschen sind von Natur unternehmungslustig, und während sie im nationalsozialistischen Deutschland aufwuchsen und nach Erklärungen suchten, kamen einige auf die Idee, nicht passiv zu leiden oder einfach das Land zu verlassen, sondern sich zusammenzutun und irgendwie gegen die Verfolger vorzugehen. Doch es gab unüberwindliche Schwierigkeiten. Eine davon war die schiere Macht der Nazidiktatur mit der Gestapo, den Konzentrationslagern und ihren Werkzeugen der Unterdrückung. Die Nazipropaganda erweckte den Eindruck, die »nationale Revolution« sei unbesiegbar, alles, was sich ihr widersetzte, sei bereits zerschlagen. Und es stimmte natürlich, daß alle legalen oppositionellen Organisationen innerhalb weniger Monate nach der Machtergreifung verschwunden waren. Ihre Führer waren ins Ausland geflohen oder saßen im Gefängnis. Ihre illegalen Zellen waren unterwandert und zerstört worden. Wie konnte eine Handvoll junger Leute ohne Erfahrung und ohne Hilfsmittel da Erfolg haben, wo die großen politischen Parteien mit Millionen Wählern gescheitert waren? Doch es gab ein weiteres, größeres Hindernis auf dem Weg zum aktiven Widerstand.

Die potentiellen aktiven Widerständler gegen den Nationalsozialismus sahen sich nicht nur einer diktatorischen Regierung, sondern einem Volk gegenüber, das ihnen unter dem Einfluß der Nazipropaganda feindselig oder bestenfalls gleichgültig gegenüberstand. Die jungen jüdischen Oppositionellen hatten es mit einer Diktatur neuen Typs zu tun, noch nicht ganz totalitär, aber auf dem besten Wege dorthin. Sie hatten nicht nur die Polizei, sondern auch ihre Nachbarn zu fürchten, und dies machte einen effektiven Widerstand so gut wie unmöglich. Zwar gab es auch gewisse Teile der Bevölkerung, die gegen den Nationalsozialismus waren und ihn sogar haßten. Dies waren die Männer und Frauen der Linken, die 1933 ihre Überzeugungen nicht abgestreift hatten, gläubige Christen und andere aufrechte Einzelpersonen. Doch nicht einmal diesen Kreisen waren die Juden als Verbündete willkommen; schon vom praktischen Standpunkt stellten sie eine politische Peinlichkeit und physische Bedrohung dar.

Wenn es 1933/34 unter Juden und Nichtjuden noch Illusionen

hinsichtlich der Tiefe der Verwurzelung des Naziregimes und dessen voraussichtlicher Dauer gab, war man 1935/36 bis auf ganz wenige Ausnahmen zu der Überzeugung gelangt, daß junge Juden keine bedeutende Rolle am aktiven Kampf gegen den Nazismus spielen konnten, wie abscheulich und gefährlich die Naziregierung auch sein mochte. Die Befreiung Deutschlands mußte den Deutschen selbst oder, wie es dann auch kam, ausländischer Militärmacht überlassen bleiben. Sie konnte nicht das Werk einer Gruppe von Menschen sein, die inzwischen zu Parias geworden waren. Zu diesem Schluß waren nicht nur einzelne Personen, sondern auch politische Parteien gekommen. Die KPD hatte ihren jüdischen Mitgliedern geraten, entweder Deutschland zu verlassen oder, wenn das nicht möglich war, außerhalb des kommunistischen Untergrunds ihre eigenen jüdischen Zellen zu bilden.

Die Politisierung der Jugend

Militante jüdische Nazigegner der älteren Generation hatten Deutschland verlassen oder saßen in Gefängnissen oder Konzentrationslagern. Doch es gab kleine Gruppen jüngerer Leute, die Mitglieder oder Sympathisanten des Kommunistischen Jugendverbands oder ähnlicher Organisationen gewesen waren. Die jüngeren Brüder oder Schwestern, Vettern oder Cousinen von denen, die hatten gehen müssen, stellten sich nun freiwillig für alle möglichen Aktivitäten zur Verfügung. Sie befanden sich einfach deshalb in einer besseren Ausgangsposition für den illegalen Kampf, weil sie vorher noch nicht aktenkundig geworden waren und weil sie aufgrund ihres jugendlichen Alters weniger Aufmerksamkeit auf sich zogen. Sie trafen sich in kleinen Studiengruppen und lasen das »Kommunistische Manifest« und sogar das »Kapital«, selbst wenn sie kein Wort davon verstanden. Sie lauschten den von Radio Moskau gesendeten hehren Worten über den großen Erfolg des Fünfjahresplans, und von Zeit zu Zeit kreuzte ein älterer Genosse auf und schilderte die Weltlage aus dem Blickwinkel eines revolutionären Marxisten. Dann gingen sie zu aktiveren Unternehmen über, betätigten sich zum Beispiel als Kuriere zu den Genossen im Ausland, in Paris, Prag und Brüssel. Dabei beförderten sie Korrespondenz, Instruktionen, Propagandamaterial und gelegentlich auch Geld. Sie malten Parolen an Hauswände, ließen die eine oder andere Broschüre im Bus liegen und versuchten vorsichtig neue Mitglieder zu gewinnen.

Die meisten dieser illegalen Gruppen wurden von der Gestapo ausgehoben und ihre Mitglieder verhaftet, aber nicht weil die Polizei allmächtig war, sondern aufgrund der bereits erwähnten objektiven Bedingungen. Manchmal gelang es der Gestapo, einen Maulwurf in die Führung einer illegalen Gruppe einzuschmuggeln; ein andermal kam sie den Illegalen durch reinen Zufall auf die Spur oder weil jemand, der zuvor verhaftet worden war, die Namen der anderen preisgegeben hatte. Die wenigen Zellen, die es Ende der dreißiger Jahre noch gab, blieben weitgehend inaktiv, weil sie sich isoliert fühlten, außerstande, durch ihre Aktivitäten irgend etwas zu bewirken.

Während der Weimarer Republik hatte es zahlreiche Gruppierungen der Linken gegeben, aber in nur zwei ihrer Jugendorganisationen waren junge Juden in signifikanter Zahl aktiv gewesen. Dies waren die KPD mit ihrem Jugendverband und die KPO (Kommunistische Partei – Opposition), eine kommunistische Splittergruppe, die sich gegen die selbstmörderische Linie der Kommunisten vor Hitlers Machtergreifung gewandt hatte, der zufolge die Sozialdemokraten und nicht die Nationalsozialisten der Hauptfeind waren. Es gab noch andere linke Gruppen mit ansehnlichen jüdischen Mitgliederzahlen: die Sozialistische Arbeiterpartei (SAP), eine Absplitterung der SPD, den Internationalen Sozialistischen Kampf-Bund (ISK) – nach seinem Begründer, dem Philosophen Leonard Nelson, auch Nelson-Bund genannt – und Neu Beginnen, die alle irgendwo zwischen den Sozialdemokraten und den Kommunisten angesiedelt waren, aber keine eigenen Jugendgruppen führten und deshalb in unserem Zusammenhang ohne Relevanz sind.

Viel junge Juden hatten früher einer der unpolitischen Jugendbewegungen angehört, aber im Gefolge der allgemeinen Politisierung und Radikalisierung in den frühen dreißiger Jahren waren einige von ihnen in den Dunstkreis der extremen Linken gerückt. Sie waren zu der Überzeugung gelangt, daß nur der Sieg der Weltrevolution die jüdische Frage lösen und den Antisemitismus ein für allemal ausrotten würde. Wer konnte, verließ Deutschland nach 1933, aber einige waren dazu aus dem einen oder anderen Grund nicht in der Lage.

1933/34 wurden rund 600 KPO-Mitglieder verhaftet. Sie hatten noch Glück, denn in jenen frühen Jahren kamen die meisten der jüngeren unter ihnen mit geringen Haftstrafen davon. Das Schicksal der Breslauer Ortsgruppe, einer der größten, ist nicht untypisch. So erhielt Marianne, eine junge, damals noch nicht achtzehnjährige Aktivistin, eine Gefängnisstrafe von weniger als zwei Jahren, und nicht lange nach ihrer Entlassung wanderte sie nach Palästina aus. Ernesto Kroch erhielt ebenfalls kein langjähriges Urteil, wurde aber nach Verbüßung seiner Strafe wiederum festgenommen und in ein Konzentrationslager deportiert. Schließlich erhielt er die Erlaubnis, nach Jugoslawien auszureisen, und fand in Uruguay eine Art neue Heimat. Heinz Putzrath wurde ebenfalls entlassen, nachdem er seine Strafe abgesessen hatte, ging nach England, trat dort der SPD bei und arbeitete nach dem Krieg viele Jahre in der Parteizentrale in Bonn. Zwei weitere Mitglieder entkamen nach Schweden.

Die Ortsgruppe wurde von drei Brüdern namens Blass geleitet. Einer flüchtete nach Brasilien, der zweite nach Palästina, der dritte wurde verhaftet und erhielt eine langjährige Freiheitsstrafe. Wunderbarerweise überlebte er Gefängnis und Konzentrationslager, doch seine Frau, die nach Großbritannien emigriert war, hielt ihn für tot und heiratete wieder. Nach dem Krieg absolvierte er eine bescheidene politische Karriere in Ostdeutschland. Zwei andere Aktivisten namens Walter Rosenthal und Ernst Fabisch gingen in die Sowjetunion, um dort als technische Fachleute zu arbeiten. Rosenthal hatte Glück und setzte sich rechtzeitig nach Lateinamerika ab, doch Fabisch geriet in den Strudel der Stalinschen Säuberungen, wurde nach Unterzeichnung des Nichtangriffspakts von 1939 an Deutschland ausgeliefert und getötet.

Heldentum – zum Scheitern verurteilt

Jenen, die weiterhin in der Illegalität aktiv blieben und 1938 verhaftet wurden, erging es schlimmer. Helga Beyer, achtzehn Jahre alt, die sich als Kurier betätigt hatte, erhielt dreieinhalb Jahre. Ihre Briefe an die Schwester in Schanghai sind erhalten geblieben. Am 4. Mai 1941, ihrem Geburtstag, schrieb sie, daß sie nun im Gefängnisgarten arbeite, daß ihr die Arbeit gefalle und sie von der Sonne gebräunt sei. Sie hatte Englisch studiert, ihr Auswanderungsantrag wurden von Dr. Spitz, einem Breslauer Anwalt, betrieben. Einen Monat später schrieb sie, dies sei nun ihr vorletzter Brief aus dem Gefängnis, und sie sei von der Aussicht auf eine baldige Wiedervereinigung mit ihre Schwester überwältigt. Doch Helga hatte nicht damit gerechnet, daß die Gestapo am Tag ihrer Entlassung am Gefängnistor auf sie warten würde, daß sie ins Konzentrationslager Ravensbrück gebracht werden und dort innerhalb eines Jahres einen schrecklichen Tod sterben würde. Ihre Schwester Ursel, nur marginal in die Aktivitäten der Gruppe verwickelt, war freigesprochen worden, hatte sich nach Schanghai gerettet und ließ sich schließlich in New York nieder.

Ein Dutzend Menschen, ein Dutzend unterschiedliche Schicksale.

Lohnte es sich, derartige Opfer zu bringen? Die Sinnlosigkeit politischen Widerstandes durch eine kleine Gruppe, die effektiv von der politischen Bühne Deutschlands entfernt worden war, läßt sich anhand der Aktivitäten der Baum-Gruppe in Berlin aufzeigen.

Herbert Baum war vor 1933 ein kommunistischer Jugendführer gewesen. Seine Frau und zwei weitere Parteigenossen standen ihm zur Seite. Sie waren Mitte Zwanzig, die meisten ihrer Anhänger waren sechs bis acht Jahre jünger. Sie alle hatten deutsch-jüdischen Jugendgruppen angehört, einige zionistisch, andere nichtzionistisch, wieder andere waren kommunistische Maulwürfe auf der Suche nach einer legalen Tarnorganisation, und schließlich gab es die Gutgläubigen, die Baum für die kommunistische Parteilinie gewonnen hatte. Als alle legalen jüdischen Jugendgruppen 1938 aufgelöst wurden, wurde die Baum-Gruppe zur Zuflucht für jene, die nicht emigriert waren. Insgesamt bestand die Gruppe aus dreißig bis vierzig Mitgliedern und Mitläufern, viele von ihnen waren von den Behörden zur Zwangsarbeit bei Siemens verpflichtet worden. Sie studierten die Klassiker des Marxismus-Leninismus, doch solange der Hitler-Stalin-Pakt in Kraft war, mußten sich ihre Antinaziaktivitäten im Einklang mit der damaligen kommunistischen Parteilinie auf Diskussionsabende beschränken.

Erst nach dem Überfall auf die Sowjetunion begann die Gruppe Pamphlete zu verteilen und Parolen auf Häuserwände zu malen. Da ihnen keine Vervielfältigungsmaschinen zur Verfügung standen, kamen nur wenige Kopien in Umlauf. Ihre größte Leistung war der Versuch, eine antikommunistische Ausstellung im Berliner Lustgarten unter dem Motto »Das Sowjetparadies«, in der die große Gefahr, die von der »jüdisch-bolschewistischen Weltrevolution« drohte, und deren tiefe Verruchtheit aufgezeigt wurden, in Brand zu setzen.

Dieser Sabotageversuch war ein völliger Mißerfolg, er fand in den lokalen Medien kaum Erwähnung und führte innerhalb von zehn Tagen zur Verhaftung der Gruppenmitglieder. Die Gestapo verkündete, sie habe eine illegale kommunistische Gruppe unterwandert, doch wahrscheinlicher ist, daß diese von jemandem verraten wurde, der bis heute nicht identifiziert worden ist. Joachim Franke, ein nichtjüdischer Kommunist, hatte der Gruppe technisches Material zur Verfügung gestellt und war ein paar Tage vor der Operation verhaftet worden, vielleicht hat er unter Folter geredet. Doch dies ist nur ein Verdacht, Beweise wurden nach dem Krieg nicht gefunden, und Franke wurde gleichzeitig mit den Mitgliedern der Gruppe Baum hingerichtet. Möglicherweise hat auch die Verletzung elementarer Regeln der Konspiration zu der Katastrophe geführt. Weil sie Geld brauchten, hatten sie, als Gestapo-Agenten auftretend, andere Juden »enteignet«. Die Beraubten hatten dies zur Anzeige gebracht und dabei von der Polizei erfahren, daß die Gestapo in diesem Fall ausnahmsweise einmal unschuldig war.

Herbert Baum beging zwei Wochen nach seiner Verhaftung Selbstmord oder, was wahrscheinlicher ist, wurde dazu getrieben. Zweiundzwanzig Mitglieder der Gruppe und mehrere andere, die nur am Rande mit ihr zu tun hatten, wurden zum Tode verurteilt, hingerichtet oder zur »Sonderbehandlung« in ein Vernichtungslager geschickt. Vier überlebten, indem sie sich ins Ausland absetzten oder in Deutschland untertauchten. Zusätzlich verhaftete die Gestapo fünfhundert Juden, die mit diesen Aktivitäten überhaupt nichts zu tun hatten, die Hälfte von ihnen wurde sofort erschossen, die andere Hälfte wurde wenige Tage später im nahe gelegenen KZ Sachsenhausen getötet. Führende Köpfe der jüdischen Gemeinde in Berlin wurden als Zeugen zu den Hinrichtungen bestellt.

Nach dem Krieg wurde die Gruppe um Herbert Baum zum Symbol des jüdischen Widerstandes in Ostdeutschland, und eine Berliner Straße wurde nach ihrem Anführer benannt. Weitere Straßen in Ostberlin erhielten die Namen von Rudi Arndt und Hans Litten, kommunistischen Aktivisten, die der deutsch-jüdischen Jugendbewegung entstammten und in Konzentrationslagern umgebracht wurden. Keine Straße dagegen ist bisher, weder in Ost- noch in Westdeutschland, zu Ehren jener früheren Genossen benannt worden, die in die Sowjetunion emigriert waren und in Stalins Lagern umkamen oder ohne Prozeß in sowjetischen Gefängnissen erschossen wurden.

Die Geschichte der Gruppe Baum wird auch in einigen westdeutschen Publikationen rühmend hervorgehoben. Und ihre tapfere Haltung bei der Verhaftung – sie standen fest zu ihrer Überzeugung – läßt sich auch nicht abstreiten. Doch in ihrer Propaganda waren sie nie auf spezifisch jüdische Probleme eingegangen oder hatten die Judenverfolgungen angeprangert. Auch dies stand im Einklang mit der kommunistischen Parteilinie, die bis etwa 1936 besagte, daß sich die Verfolgungen der Nazis nur gegen die armen, nicht aber gegen die reichen Juden richteten. Die Partei hat diese Linie später verlassen, doch ihr war völlig klar, daß es sich hier um kein populäres Thema handelte; sie ist deshalb mit einer einzigen Ausnahme – nach den November-Pogromen von 1938 – auf die Deportation und Ermordung der Juden niemals eingegangen. In ihrer Propaganda beschäftigte sich die Gruppe Baum mit Themen wie dem Klassenkampf im allgemeinen und den Schwierigkeiten, die Berliner Hausfrauen unter Kriegsbedingungen bei der Beschaffung von genügend Nahrungsmitteln hatten.

Die Gruppe Baum akzeptierte die grundlegenden Dogmen der kommunistischen Doktrin: der Judaismus als Religion und die Juden als Volksgruppe werden verschwinden, und der Sieg des Kommunismus werde eine neue Weltordnung mit sich bringen, in der die Juden nicht mehr unter Verfolgung leiden, sondern Gleichberechtigung genießen würden. Man fühlt natürlich Sympathie für die Mitglieder einer kleinen, isolierten Gruppe mitten im Nazireich, die meinten, daß etwas getan werden müsse, um das Böse zu bekämpfen. Aber weder Baum noch seine Anhänger waren Studenten der politischen Philosophie oder auch nur einigermaßen über die Weltlage informiert. Sie lebten in einer Phantasiewelt, ihre Ideen waren bestenfalls unrealistisch und ihre Aktionen von Anfang an zum Scheitern verurteilt. Ihr Mut war groß, aber ebenso groß war ihre politische Blindheit. Unter den gegeben Umständen war einfach kein Platz für sie im antifaschistischen Kampf. Baum sagte einmal, daß sie auf jeden Fall zum Untergang verurteilt seien, aber er hatte jahrelang gepredigt, Aufgabe der jungen jüdischen Antifaschisten sei es, in Deutschland an der Seite der Kommunisten den Nationalsozialismus zu bekämpfen. Für einige Mitglieder der Gruppe gab es vielleicht kein Entkommen, andere jedoch hätten die Möglichkeit gehabt zu emigrieren, wurden aber von Baum nicht dazu ermutigt, und die wenigen, die es doch taten, wurden mehr oder weniger als Deserteure behandelt. Sie waren Opfer und machten andere zu Opfern eines Kampfes, der nicht ihr Kampf war.

Wirksamer, aber weniger bekannt waren die Aktivitäten einer kleinen Gruppe namens »Gesellschaft für Frieden und Wiederaufbau«, die in Berlin und Brandenburg aktiv war. Die geistigen Führer waren Hans Winkler, politisch ungebunden, der in untergeordneter Stellung an einem Amtsgericht arbeitete, und Werner Scharff, ein junger Jude, einer der wenigen, denen es gelungen war, aus Theresienstadt zu entkommen, und der nach Berlin zurückgekehrt war. Die Gruppe bestand vorwiegend aus kleinbürgerlichen Gegnern des Naziregimes; sie versteckte Dutzende von Juden, half ihnen zu überleben und verteilte Tausende von Antinazipamphleten. Gegen Ende 1944 wurden die meisten Mitglieder der Gruppe verhaftet, denn konspirative Erfahrungen waren bei ihnen praktisch nicht vorhanden, und sie hatten es versäumt, die primitivsten Vorsichtsmaßregeln zu beachten. Doch die meisten, darunter Winkler, überlebten, weil sich der Prozeß gegen sie in die Länge zog, und auch die meisten Juden, die sie beschützt hatten, wurden gerettet.

Helmuth Hirsch und Hilda Monte

Hunderte junger Juden wurden nach 1933 wegen aktiver Teilnahme am Kampf gegen die Nazis verhaftet, Dutzende bezahlten dafür mit dem Leben. Ihr Widerstand brachte nicht den geringsten Erfolg. Bedeutete dies, daß Widerstand insgesamt unmöglich war? War propagandistische Aktivität die einzige Möglichkeit, sich zu widersetzen? Weder Werner Scharff noch Helmuth Hirsch dachten so. Letzterer, ein 1916 in Stuttgart geborener Architekturstudent, hatte einer deutschen (nichtjüdischen) Elitegruppe angehört, der DJ 1.11. Er ging nach Prag, wo er sich mit Otto Strasser verbündete, der einst ein prominenter Hitleranhänger gewesen war, die NSDAP jedoch verlassen hatte, weil er für eine nationalrevolutionäre Orientierung eintrat, während Hitler in seinen Augen ein Reaktionär war. Strasser hatte sich inzwischen zu einem echten Gegner der Naziherrschaft entwickelt, doch unter seinen Mitarbeitern gab es Naziagenten, und Hirschs Plan, auf dem Nürnberger Reichsparteitagsgelände Bomben zu legen, um bei dieser Gelegenheit möglicherweise auch Hitler zu töten, kam der Gestapo fast unmittelbar zu Ohren. Von dem Augenblick an, da Hirsch wieder deutschen Boden betrat, wurde er unter Beobachtung gehalten und bald darauf verhaftet. Trotz diplomatischer Proteste der USA – Hirsch war amerikanischer Staatsbürger – wurde er im Juni 1937 hingerichtet.

Es gab noch andere Möglichkeiten, sich der Naziherrschaft zu widersetzen. Gegen Ende des Krieges, am 17. April 1945, verhaftete die deutsche Grenzpolizei eine Frau, die die schweizerisch-österreichische Grenze bei Feldkirch in Vorarlberg zu überschreiten versuchte. Als sie zu flüchten versuchte, wurde sie erschossen. Den bei ihr vorgefundenen Papieren zufolge handelte es sich um eine Sekretärin namens Schneider; ihre wahre Identität konnten die Behörden niemals feststellen. Heute wissen wir, daß ihr wirklicher Name Hilda Monte, geborene Meisel, war. Sie gehörte einer linken Gruppierung an, die sich von einer der unpolitischen deutsch-jüdischen Jugendgruppen abgespalten hatte, später trat sie dem neukantianistischen ISK bei. Nachdem sie mit ihren Eltern nach Großbritannien emigriert war, wurde sie zur militanten Aktivistin und veröffentlichte Bücher und Artikel über die Zukunft von Deutschland und Europa. Und sie betätigte sich als Kurier, betrat während des Krieges mehr als einmal deutschen

Boden und bediente dabei sowohl den britischen Geheimdienst (ohne dessen Hilfe diese Missionen nicht zustande gekommen wären) und die Überreste ihrer eigenen Gruppe, die sich gegen Ende des Krieges neu organisierte, um sich der politischen Arbeit in den kommenden Jahren zu widmen. Es ist unmöglich, die Bedeutung des Beitrags von Hilda Monte (und anderen wie ihr) zu den alliierten Kriegsanstrengungen, das nationalsozialistische Deutschland niederzuringen, richtig einzuschätzen. Doch sie leistete ihren Beitrag ebenso wie die alliierten Kommandotrupps, die hinter den deutschen Linien landeten.

Helmuth Hirsch war ein politisch naiver junger Mann, wahrscheinlich hat er nie etwas vom dialektischen Materialismus gehört. Junge Menschen wie er waren nicht auf terroristische Aktionen gedrillt, und es war auch nicht leicht, in den Besitz von geeigneten Waffen zu kommen. Die Chancen, einen Naziführer oder gar Hitler selbst zu töten, waren äußerst gering, aber es war auch nicht unmöglich, wie die Ermordung von Heydrich im Jahr 1942 zeigte. Es war in der Tat die einzige Gefahr, vor der sich Hitler wirklich fürchtete, wie er bei mehr als einer Gelegenheit sagte, denn er wußte, daß gegen einen wahrhaft entschlossenen Heckenschützen alle Vorsichtsmaßnahmen der Sicherheitskräfte vergeblich waren. Hätte Hirsch oder sonst jemand mit einem Attentat Erfolg gehabt, wäre die Geschichte vielleicht anders verlaufen.

Im Maquis

Die Fälle Hirsch und Hilda Monte erregten einiges Aufsehen, und sie erscheinen, wenn auch nur als Fußnote, in den Annalen des Widerstandes gegen den Nationalsozialismus. Aber es gab auch andere, noch Jüngere, die überlebten und deren Aktionen erst viele Jahre später weiteren Kreisen bekannt wurden. So zum Beispiel Herbert Herz, Jahrgang 1923, Leo Weil, 1921, und Lothar

Martin, 1924, um nur drei von vielleicht dreihundert zu nennen, die im französischen Untergrund kämpften. Die drei kamen aus der Gegend von Augsburg und setzten sich wie viele andere aus dem süddeutschen Raum nach Westeuropa ab. Herbert Herz ging mit Mutter und Bruder nach Frankreich; die Mutter überlebte, der Bruder versuchte in die Schweiz zu gelangen, wurde von der Schweizer Polizei zurückgeschickt und kam in Auschwitz um. Leo Weil ging 1936 nach Amsterdam, Lothar Martin passierte 1939 die französische Grenze bei Kehl unter einem Eisenbahnwagen. Weil lernte schnell Holländisch, und Herz schnappte in den Jahren seiner Ausbildung genügend Französisch auf, um als Einheimischer durchzugehen. Weil schloß sich einer kommunistischen Untergrundgruppe an, und nachdem er mehrmals knapp entkommen war – einmal aus dem Lager Westerbork, das zweite Mal aus einem Zug nach Deutschland –, ging er nach Frankreich, wo er den Forces Françaises d'Interieur (FFI) beitrat. Er war an Banküberfällen beteiligt, die der Geldbeschaffung für seinen Maquis dienten, ebenso an der Liquidation von Nazi-Informanten, wurde im Juli in Paris verhaftet und mit einem der letzten Transporte nach Buchenwald verbracht. Er überlebte das Lager und kehrte nach Paris zurück, wo er in die französische Armee eintrat, zum Leutnant befördert und mit dem Croix de guerre ausgezeichnet wurde.

Herbert Herz trat ebenfalls dem bewaffneten Untergrund bei (Carmagnole-Liberté), erhielt den Decknamen Raoul und war als Elektriker für die Waffen seiner Gruppe zuständig. Von September 1943 an nahm er an zahlreichen Angriffen teil, zuerst in der Gegend von Grenoble, später in Toulon. 1945 kehrte er nach Grenoble zurück und legte drei Jahre später das Elektroingenieursexamen ab.

Lothar Martin war relativ spät nach Frankreich gekommen, und seine mangelnde Kenntnis von Land und Leuten und vor allem der Sprache genügten nicht, um sich auf Dauer im Untergrund zu halten. Doch im Alter von sechzehn Jahren besaß er bereits genügend Erfahrung und Mut, um sich nach Südfrankreich durchzuschlagen und nahe Perpignan die Pyrenäen zu überqueren, und all dies, nachdem er sich bei der Flucht aus einem Lager den Arm gebrochen hatte. Im katalanischen Lérida (Lleida) schloß er sich einer Gruppe Franzosen an, die auf dem Weg nach Nordafrika war, wo er Soldat wurde und in der Folge zum Leutnant in der Zweiten Panzerdivision aufstieg, der besten französische Kampfeinheit zur damaligen Zeit. Er nahm an der Schlacht von Bir Hakim teil, später an der Landung in der Normandie, der Befreiung Frankreichs und der Ardennenschlacht. Zweimal wurde er verwundet, sein Name wird im Laufe unseres Berichts noch einmal erscheinen.

Was hat diese jungen Leute in den Kampf getrieben? Sie hätten unter falscher Identität still im Untergrund leben oder sich nach Spanien absetzen können. War es Abenteuerlust, der Wunsch, ermordete Familienangehörige zu rächen, ein vages Pflichtgefühl oder eine Mischung aus all dem mit anderen Motiven? Sowohl Weil als auch Herz gehörten dem kommunistischen Untergrund an, doch im Interview sagten sie viele Jahre später, daß es mehr oder weniger zufällig dazu gekommen sei. Weil berichtete, daß seine Freunde in Holland, die der Gruppe Huis Oostende angehörten, das »Kapital« studierten und darüber diskutierten, er selbst aber sei kein Parteimitglied gewesen, sondern habe sich die Zeit lieber mit Tischtennisspielen und Wandern vertrieben. Herz sagte ebenfalls Jahrzehnte später im Interview, er hätte genausogut in einer zionistischen Zelle kämpfen können, da er aber ein junger Arbeiter gewesen sei, habe er an seinem Arbeitsplatz Kontakt zu einer kommunistischen Gruppe aufgenommen. Erst als er bereits kämpfte, sei er politisiert worden und eine Zeitlang Kommunist gewesen, aber dies habe nicht seiner ursprünglichen Motivation entsprochen. Im Gegenteil, die Partei hätte ihm nicht einmal bei der Flucht aus dem Lager Westerbork geholfen, er sei dabei ganz allein auf sich gestellt gewesen.

Der Beitrag der jungen Flüchtlinge zu den Kriegsanstrengungen

Für die große Mehrheit der jungen Flüchtlinge, sie zählten nach Zehntausenden, war Widerstand gleichbedeutend mit Waffendienst im Krieg gegen das nationalsozialistische Deutschland in den Armeen Großbritanniens, der USA und natürlich Palästinas beziehungsweise Israels. Ihre Motivation, die Art und Weise, wie sie diesen Dienst leisteten und wie sie dabei behandelt wurden, unterschied sich stark von Land zu Land (und manchmal von Einheit zu Einheit), doch für alle waren die Jahre des Militärdienstes richtungweisend, was ihr späteres Leben betraf.

In Großbritannien hatten diejenigen, die sich freiwillig melden wollten, einen Hindernislauf zu bewältigen, die meisten wurden schäbig behandelt, wenn man einmal von den wenigen absieht, die bereits vor Kriegsausbruch eingebürgert worden waren. Einigen erging es auch besser, weil sie über besondere Talente oder Beziehungen verfügten – wie zum Beispiel Robert Kronfeld, der österreichische Segelflug-Rekordhalter, der sofort akzeptiert und als Major in der Royal Air Force (RAF) eingestellt wurde. Doch Kronfeld war die Ausnahme, ein Mann von internationalem Ruhm, der eine ganze Reihe von Weltrekorden aufgestellt hatte: Er war als erster vor dem Zweiten Weltkrieg hundert Kilometer weit geflogen, hatte als erster eine Höhe von 2500 Metern erreicht, hatte als erster die Alpen und den Ärmelkanal überquert.

In den Jahren 1939/40 wurden etwa sechs »ausländische« Pionierkompanien aufgestellt, sie erhielten keine Waffen, sondern sollten beim Bau von Straßen, Latrinen, Nissenhütten und so weiter eingesetzt werden. Diese Einheiten bestanden ansonsten aus zum Kriegsdienst Einberufenen fortgeschrittenen Alters oder solchen mit körperlichen Gebrechen, und ihr Motto »Labor omnia vincit« wurde öfter im Spaß als im Ernst zitiert. Die diesen Einheiten zugeordneten Offiziere waren in anderen Truppenteilen unerwünscht, die Lager waren miserabel. Schließlich fanden sich einige vor der Kapitulation von 1940 in Frankreich wieder. Eine weitere Ungerechtigkeit, unter der diese Freiwilligen zu leiden hatten, war die Tatsache, daß ihnen beim Eintritt in die Armee (oder wenigstens vor der Entsendung ins Ausland) nicht die britische Staatsbürgerschaft verliehen wurde, was zur Folge hatte, daß sie keinerlei völkerrechtlichen Schutz genossen, wenn sie gefangengenommen wurden, denn ein bloßer Namenswechsel entsprechend der üblichen Praxis konnte die Deutschen kaum täuschen. Als die Überreste der 74. Kompanie des Pionierkorps nach ihrer Evakuierung aus Dünkirchen völlig verdreckt in Southend on Sea eintrafen und von ihrem Kommandeur inspiziert wurden, einem Brigadegeneral, dem Marquis von Reading, der einer der führenden anglo-jüdischen Familien angehörte, brüllte er sie an, in seiner gesamten Militärlaufbahn habe er keinen dermaßen verdreckten Haufen gesehen, es sei eine absolute Schande! Der Marquis mag recht gehabt haben, aber mit den Worten Sergeant Fred Pelikans war es dennoch ein Fall monumentaler Unverschämtheit, er hätte etwas Takt, Verständnis und Mitleid angesichts der Männer zeigen können, die im Gegensatz zu ihm seit Tagen nichts zu essen und zu trinken bekommen, sich weder rasiert noch geschlafen hatten.

In einem Bericht an das Kriegsministerium, geschrieben nach Beendigung der Feindseligkeiten, beschwerte sich Lord Reading über die babylonische Sprachverwirrung, die in den Einheiten herrschte. Aber er gab auch zu, daß der Mangel an Schneidigkeit nicht allein der Fehler der Pioniere sei; seine Männer unterschieden sich körperlich vom Durchschnittsengländer, die Uniformen paßten nicht, und die Mützen waren zu klein. Kurz, das Klima in diesen Kompanien ließ zu wünschen übrig.

Nach dem Fall Frankreichs trat, was die Rekrutierungen betraf, eine lange Pause ein; die meisten, die sich freiwillig melden wollten, waren interniert oder nach Kanada und Australien eingeschifft worden. Als sich die britische Politik gegenüber den Internierten wieder lockerte, wurden sie vor die Wahl gestellt, sich entweder freiwillig zu den Pioniereinheiten zu melden oder auf unbestimmte Zeit in den Lagern zu bleiben. Dies war keine erheiternde Aussicht, und die Zahl der Freiwilligen stieg schon deshalb an, aber es gab auch andere Motive: ein Gefühl der Pflicht, etwas gegen den Nationalsozialismus unternehmen zu müssen, die Ruhelosigkeit und Abenteuerlust unter den sehr Jungen – wie einer von ihnen es ausdrückte: »Wir waren einfach zu jung, um herumzusitzen und nichts zu tun.«

Von 1941 an schlugen die Briten allmählich einen neuen Weg ein. Zuerst wurde entschieden, daß Ausländer im Pionierkorps auch zu Offizieren ernannt werden konnten, Ende 1941 wurden an die Pioniere schließlich auch Gewehre ausgegeben, und ab Anfang 1943 konnten ausländische Staatsangehörige auch in anderen Einheiten als dem Pionierkorps dienen – mit Ausnahme des Royal Signal Corps, der Fernmeldetruppe. Gleichzeitig konnten Frauen in den Auxiliary Territorial Service (ATS), die Women's Auxiliary Air Force (WAAF) sowie als Ärzte und Krankenschwestern in das Royal Army Medical Corps (RAMC) aufgenommen werden, wo sie sogar den Rang eines Offiziers bekleiden konnten. Die Frauen wurden meistens in Schreibstuben sowie als Fahrerinnen, Kellnerinnen, Funk- und Telefon-»Mariechen« eingesetzt, aber manche brachten es auch zur Radarbedienung, Bombenbeobachterin und Bordmechanikerin. Insgesamt dienten im Vereinigten Königreich rund dreitausend Frauen im ATS und in der WAAF und noch einmal so viele in Nahen Osten, die sich in Palästina als Freiwillige gemeldet hatten.

Kommandoeinheiten

Für manche war der Krieg reich an Erlebnissen, so zum Beispiel für Captain J. Kennedy, einen Österreicher, der als Mitglied der französischen Fremdenlegion von Dünkirchen aus nach England evakuiert worden war, dort der 87. Kompanie des Pionierkorps beitrat, sich für Sondereinsätze zur Verfügung stellte, eine führende Rolle bei einem Kommandounternehmen auf Tobruk einnahm und sich sowohl die MM (Military Medal, die höchste Auszeichnung für Unteroffiziere und Mannschaften) als auch das MC (Military Cross, eine der höchsten Auszeichnungen für Offiziere) verdiente. Man darf jedoch nicht vergessen, daß der Großteil des britischen Heeres – im Gegensatz zu Luftwaffe und Marine – vor der Landung in der Normandie im Juni 1944 nicht an Kämpfen beteiligt war, mit Ausnahme von Nordafrika und Indien. Die Versuchung ist groß, hier die Berichte derjenigen wiederzugeben, die spektakuläre Karrieren absolvierten oder besonders aufregende Situationen meisterten. Doch selbst jene, die in regulären oder Kommandoeinheiten unmittelbar an der Front kämpften, taten dies vorwiegend während der letzten zwölf Monate des Krieges. Die Geschichten, die sie über die vorhergehenden Monate und Jahre zu erzählen haben, betreffen zumeist die Ausbildung, die im Falle der Sondereinheiten zwar auch interessant und voller Tücken sein konnte, für die meisten jedoch eher langweilig und frustrierend war.

Typisch ist die Geschichte von Stephen Dale, 1917 in Berlin geboren, der ebenfalls aus der jüdischen Jugendbewegung hervorgegangen war. Er wurde 1940 interniert, nach Australien verfrachtet, kehrte nach England zurück und diente zunächst im Pionierkorps. Er beantragte eine Versetzung, wurde zu einem Bewerbungsgespräch ins Kriegsministerium zitiert, und nachdem er für den Sonderauftrag als geeignet befunden worden war – um was für einen Auftrag es sich handelte, erfuhren er und seine Mitbewerber viele Monate lang nicht –, wurde er in verschiedene Ausbildungslager in England und Schottland geschickt, wo er in Waffenkunde unterrichtet wurde und seine ersten Fallschirmabsprünge machte. Schließlich wurde ihm klargemacht, daß er und die anderen in Einheiten zu je vier Mann im Auftrag der SOE operieren würden. Die Special Operations Executive war 1940 eingerichtet worden, um auf dem Kontinent Subversion und Sabotage zu betreiben. Er wurde im Oktober 1944 auf eine Mission in Nordostitalien geschickt, hatte aber das Pech, sehr bald in die Hände des Feindes zu fallen.

Eine der interessanteren Einheiten war die von Lord Mountbatten, ab 1943 Oberbefehlshaber der alliierten Streitkräfte in Südostasien, aufgestellte »X-Truppe« (»3 troop 10«-Kommando). Rund dreihundert Flüchtlinge aus Deutschland und Österreich dienten in diesen Einheiten, deren bloße Existenz aus unbekannten Gründen bis lange nach dem Krieg geheimgehalten wurde, außer daß Mountbatten bei einer Gelegenheit enthüllte, daß dies sehr tapfere Leute gewesen seien und die Hälfte von ihnen im aktiven Dienst getötet worden war. Peter Masters, als Peter Aranyi in Wien geboren, beschreibt sein Einstellungsgespräch für diese Einheit im schäbigen Grand Central Hotel in der Marylebone High Street in London im April 1943. Seine Einheit wurde zum »3 troop 10«-Kommando, aus Carlebach wurde Andrew Carson, aus Nomburg Harry Drew, aus Geiser Henry Gordon, aus Manfred Gans Freddy Gray, Abramowitz wurde in Arlen umbenannt, Landau in Langley, Levy wurde zu Maurice Latimer, Weinberger zu Webster und Oskar Henschel zu Sergeant Major O'Neill. Jemand im Londoner Kriegsministerium muß gedacht haben, daß von nun an kaum noch Zweifel an dem wahrhaft britischen Charakter der Einheit aufkommen konnten, denn die britischen Behörden waren immer noch nicht bereit, diesen Männern die britische Staatsbürgerschaft zu verleihen.

Diese jungen Männer hatten hervorragende sportliche Leistungen gezeigt, und in verschiedenen Ausbildungslagern wurden sie weiter gestählt. Nach der Invasion des kontinentalen Europa wurden von 87 Mann in Masters' Einheit zwanzig getötet, achtzehn erhielten das Offizierspatent, vier davon wurden unmittelbar auf dem Schlachtfeld ernannt. Rückblickend schrieb Masters:

»Wären wir geborene Briten gewesen, hätten viele von uns ihre Militärlaufbahn in der Offiziersschule begonnen und Karriere gemacht. Nach unserem Handicap, nicht nur Ausländer, sondern feindliche Ausländer zu sein, wurde unser Aufstieg später durch die Tatsache behindert, daß wir zu einem Commando-Troop gehörten und diesen nicht verlassen wollten, als ein erster Einsatz bevorstand.«

Die Fallschirmjäger wurden später auf verschiedene Brigaden verteilt und in Nordafrika sowie in Sizilien und Italien eingesetzt. In den Operationen »Market Garden« (Arnheim) und »Dragoon« in Südfrankreich, nahe Toulon, erlitten sie schwere Verluste. Hier, aber auch auf anderen Kriegsschauplätzen wie zum Beispiel Griechenland, sprangen sie hinter den feindlichen Linien ab und betätigten sich als Pfadfinder für die alliierten Segelflugzeuge und andere reguläre Einheiten.

Einige wurden Offiziere aufgrund ihrer Führungsqualitäten, andere, weil sie die richtige Schule besucht hatten (wer von einer sogenannten Public School kam – also einer der elitären Internatsschulen –, galt als »Offiziersmaterial«, doch die wenigsten Flüchtlinge waren auf einer solchen Schule gewesen). In manchen Fällen zahlte sich Beharrlichkeit aus. Albert Lisbona gehörte einer alten sephardischen Familie an, war aber in Berlin geboren und aufgewachsen. Bei Kriegsausbruch lebte er in Kairo. Er wollte sich freiwillig zur britischen Armee melden, doch wurde ihm lediglich das Pionierkorps angeboten, wo er an Kampfhandlungen nicht teilnehmen würde. Nach mehreren vergeblichen Anläufen führte er schließlich ein Einstellungsgespräch mit einem mürrischen höheren RAF-Offizier. Die Tatsache, daß Lisbona die – inzwischen verfallene – deutsche Staatsbürgerschaft besaß, war nicht gerade hilfreich. Der Offizier fragte ihn schließlich, warum er so versessen darauf sei, am Kampfgeschehen teilzunehmen, worauf Lisbona entgegnete, daß er als Jude zumindest ebenso motiviert sei wie sein Gegenüber. Dieses Argument erwies sich als überzeugend, er wurde zur Ausbildung nach Rhodesien entsandt, wurde RAF-Pilot und schließlich Fluglehrer auf verschiedenen Kriegsschauplätzen. Als britischer Staatsbürger hätte er es zum

Fliegermajor gebracht, da er es nicht war, beendete er den Krieg als Warrant Officer (entspricht einem Stabsfeldwebel). Aber wenigstens durfte er fliegen.

In mancher Weise ähnelte das Leben in den Eliteeinheiten einem exklusiven Klub, es war schwer hineinzukommen, aber war man einmal aufgenommen, wurde man auch entsprechend behandelt, es gab einen Korpsgeist, der alle umfaßte. Ernest Goodman war neunzehn, als er zu den Coldstream Guards kam, einem britischen Eliteregiment, das insgesamt nur zwei Flüchtlinge aufnahm. (Die Guards hatten in Italien schwere Verluste erlitten und suchten Ersatz für die Ausfälle.) Er wurde im Kampf auf dem Kontinent schwer verletzt und nach England zurücktransportiert, wo er weiterhin in Lebensgefahr schwebte. Später war er voll des Lobes über die Art und Weise seiner Behandlung: Die Krankenschwestern sagten den zahlreichen regelmäßigen Besuchern aus den Hüttenwerken und Fabriken in und um Birmingham, die zu den kranken und verwundeten Soldaten kamen, daß ein sehr kranker und einsamer Soldat Gesellschaft brauche:

»Das Ergebnis war, daß die Leute etwas von ihren eigenen mageren Rationen für mich aufhoben, sie brachten Eier, und einige der jungen Mädchen aus der nahen Fabrik hielten sich Hühner speziell für mich. Ich habe nie erfahren, wie viele Menschen mich ›adoptiert‹ hatten, aber wenn diese wunderbaren Menschen am Sonntag nach umständlicher und kostspieliger Busfahrt zu mir kamen, überschütteten sie mich mit Lebensmitteln und anderen Geschenken. Die Mädchen backten Kuchen, einmal hatte ich zehn Kuchen mit innigen Genesungswünschen auf meinem Bett.«

Der Krieg schuf ein neues Klima, eine neue Kameradschaft nicht nur innerhalb der Kampfeinheiten, sondern auch zwischen den Flüchtlingen und der Bevölkerung. Und doch waren die Ausländer immer noch Ausländer, so daß Goodman und der früher erwähnte Masters ebenso wie viele nach dem Krieg nach Amerika gingen. Nach der Demobilisierung 1945/46 mußten die ausländischen Soldaten und Offiziere, die König und Vaterland treu gedient hatten, sich weiterhin bei der nächstgelegenen Polizeistation ihres Wohnortes melden und sich als Ausländer registrieren lassen.

Zum Ende des Krieges waren Flüchtlinge in praktisch allen Einheiten der britischen Armee vertreten, einschließlich solchen, die mit streng geheimen wissenschaftlichen Forschungen befaßt waren. Wie in der US-Armee waren auch hier während der letzten Kriegsmonate und danach deutschsprachige Mitarbeiter sehr gefragt, vor allem im Nachrichtendienst, bei der Suche nach Kriegsverbrechern, bei den Vorbereitungen für die Nürnberger Prozesse und in der Verwaltung der jeweiligen Besatzungszonen in Deutschland und Österreich. Den ganzen Krieg hindurch hatten gewisse österreichische Emigrantenkreise immer wieder versucht, zwischen deutschen und österreichischen Flüchtlingen zu differenzieren und sich auf die Einrichtung von speziellen österreichischen Einheiten versteift, weil in ihren Augen Österreich »Hitlers erstes Opfer« war und viele, wenn nicht die meisten Flüchtlinge nach dem Krieg in das Alpenland zurückkehren würden. In Palästina gab es sogar ein Komitee »Freies Österreich«, das die Repatriierung von Flüchtlingen verlangte. Als jedoch am Ende das ganze Ausmaß der Nazigreuel zutage kam, bei denen auch Österreicher eine nicht unbedeutende Rolle gespielt hatten, entschieden sich nur sehr wenige Österreicher für die Rückkehr.

Schon sehr viel früher hatten Flüchtlinge eine sehr aktive Rolle in der psychologischen Kriegführung gespielt, indem sie feindliche Radiosendungen abhörten, selbst Rundfunkprogramme gestalteten und Flugblätter zum Abwurf über Deutschland verfaßten. George Weidenfeld und Martin Esslin, der in späteren Jahren als Experte auf dem Gebiet des modernen Dramas zu Ruhm gelangte, begannen ihre Karriere beim Abhördienst der BBC. Neben der BBC gab es damals mehrere alliierte Rundfunkstationen, die von England, vom Mittelmeerraum und später von Italien (Bari) aus Sendungen nach Deutschland ausstrahlten. Bei diesen Sendern waren Hunderte deutscher Schreiber und Sprecher engagiert. An diesen Aktivitäten waren jedoch kaum Angehörige der jüngeren Generation beteiligt, weil hier denjenigen der Vorzug gegeben wurde, die bereits in Deutschland und Österreich journalistisch gearbeitet hatten.

Im besetzten Deutschland

Die Zahl der in Deutschland benötigten Dolmetscher und Verwaltungsangestellten war beträchtlich, so daß viele junge Leute aufgrund ihrer deutschen Sprachfertigkeit aus ihren Einheiten abgezogen wurden. Einige wurden im Verhör von politischen und militärischen Führern eingesetzt, andere bei der Suche nach Kriegsverbrechern. Fred Pelikan beschreibt, wie sich eine solche Suche auf einen bestimmten Vorfall beziehen konnte, wie zum Beispiel die Ermordung eines britischen Piloten, der im Dezember 1943 von einer lokalen Nazigröße in Neuss abgeschossen worden war. Der Schuldige hielt sich versteckt, doch nach ausgedehnter Ermittlungsarbeit konnte Pelikan ihn dingfest machen. In einem anderen Fall suchten Captain Freud und Pelikan nach einem prominenten Täter: Dr. Bruno Tesch, der das in Auschwitz verwendet Giftgas Zyklon B entwickelt hatte. Er wurde ebenfalls gefaßt und erhielt seine Strafe.

Viele Flüchtlingssoldaten, die in Deutschland stationiert waren, hofften verzweifelt, daß einige ihrer in Deutschland verbliebenen Familienangehörigen vielleicht doch überlebt hätten. Meistens war diese Hoffnung vergebens, aber es gab doch einige wenige Fälle, wo wenigstens ein oder zwei der Vermißten gefunden wurden. Sergeant Pelikan, aus Oberschlesien stammend, fand seine Mutter wieder, die Auschwitz überlebt hatte, und er beschreibt, wie sich seine Waffenkameraden und sogar die Offiziere mit ihm freuten und er mit Geschenken beladen nach Berlin reiste. Auch Frank Loeser hatte gehofft, seine Mutter wiederzufinden, die sich in Amsterdam versteckt hatte, und er schildert, wie er im Jeep zu der Adresse fuhr, die er besaß, Weteringschans 49. Er fand einen bleichen, ausgehungerten Mann im Pyjama, der sich in einem Loch unter dem Dach versteckt hatte, es war sein Bruder Peter. Seine Mutter war deportiert worden und sollte nicht mehr zurückkehren, ebenso wie der Rest der Familie. Master Sergeant Werner Angress von der US Army konnte seine Mutter ebenfalls in Amsterdam finden.

Lieutenant Freddy Gray (Manfred Gans), der einer britischen Kommandoeinheit angehörte, fuhr im Jeep durch die sowjetische Besatzungszone nach Theresienstadt, dem Vorzeigegetto, wo er auch seine Eltern fand.

»Freddy betrachtete seinen Vater. Obwohl er auf einen Schock vorbereitet gewesen war, mußte er die Zähne zusammenbeißen, um sich nichts anmerken zu lassen. Er kannte ihn kaum wieder; wäre ihm dieses ausgezehrte Wrack von einem Menschen, dem seine Kleidung um den hageren Leib schlotterte, auf der Straße begegnet, hätte er ihn nicht wiedererkannt.... [Die Eltern] konnten nicht zu weinen aufhören.«

Während jetzt viele ehemalige Pioniere Kriegsverbrecher jagten, leisteten andere ihren Anteil am Aufbau eines neuen Deutschland. Die Geschichte von Michael Thomas (Hollaender) ist hierfür nicht untypisch. Als sich die Tore des britischen Internierungslagers 1940 hinter ihm schlossen, waren die Aussichten auf eine soldatische Laufbahn nicht gerade rosig, selbst wenn Thomas sich schwor, er werde den Krieg im Rang eines Majors beenden. Seine Freunde lachten nicht einmal darüber. Thomas war »Halbjude«, sein Vater, Friedrich Hollaender, war ein bekannter Texter und Komponist für Musicals, Bühnenrevuen und Filme im Berlin der zwanziger Jahre gewesen. Michael hatte der Berliner Jeunesse dorée angehört und bei den namhaftesten Professoren studiert. Als er aus dem Internierungslager entlassen wurde, mußte er nicht zu den Pionieren, sondern wurde durch Beziehungen zu hohen Regierungsstellen zu einem Kampfregiment versetzt. Es bestand aus Männern aus North Lancashire, und obwohl Thomas gut Englisch sprach, brauchte er einen Dolmetscher, um zu verstehen, was die Soldaten zu ihm sagten. Er wurde Second Lieutenant und dann Ausbilder.

Zur Zeit der Landung in der Normandie wurde er Verbindungsoffizier zu einer polnischen Einheit und spielte nach der Kapitulation Deutschlands eine einflußreiche Rolle im Stab von General Templar in Bad Oeynhausen, wo sich damals die britische Kommandozentrale befand. Inzwischen war Thomas Major und verfügte über beträchtliche Vollmachten, so konnte er Lizenzen an deutsche Zeitungen und Zeitschriften vergeben, darunter auch *Der Spiegel* und *Die Zeit* in Hamburg, das zur britischen Besatzungszone gehörte. Thomas hatte Professor Carlo Schmid vor dem Krieg als Lehrer kennengelernt, und Schmid begann sich nun als führender Sozialdemokrat zu profilieren. Er lernte auch die meisten deutschen Politiker der ersten Stunde kennen, darunter Konrad Adenauer (den die Briten nicht mochten) und Ernst Reuter, den Oberbürgermeister von Berlin. Captain Marion Bieber, Thomas' Stellvertreterin und wie er ein zweisprachiger deutsch-jüdischer Flüchtling, hielt die Verbindung zur deutschen Linken und stellte ihn einem Mann vor, der, wie sie meinte, eines Tages eine bedeutende Rolle in der deutschen Politik spielen werde – Willy Brandt. Thomas hatte keine Entscheidungsgewalt, was die hohe Politik betraf, doch seine Berichte, mündlich wie schriftlich, hatten einen bedeutenden Einfluß auf die Vergabe von Verwaltungsstellen in der frühen Nachkriegszeit.

Die Geschichte von Major Lindford, einem jüdischen Flüchtling aus Österreich, der im Panzerkorps gedient hatte, verlief ähnlich. Als Oxford-Student, der er bei Kriegsausbruch war, brachte er es vom Pionier zum Nachrichtenoffizier einer Division und schließlich zum stellvertretenden Sekretär im Alliierten Kontrollrat für Österreich. Michael Thomas trat bald nach seiner Demobilisierung in ein deutsches Stahl-Import/Export-Unternehmen ein, auch andere im Dienst der Alliierten aus England oder Amerika zurückgekehrte Flüchtlinge nahmen ähnliche Laufbahnen in Deutschland auf. Einige leiteten vorübergehend britische oder amerikanische Rundfunksender wie RIAS Berlin, doch kaum jemand entschied sich dafür, die deutsche Staatsangehörigkeit zu erwerben, außer zweien, die Richter wurden, und einer Handvoll, die ihre akademische Laufbahn wiederaufnahmen und somit Beamte wurden.

Während mehrere tausend Flüchtlinge deutsch-jüdischer Herkunft bis 1947 in den alliierten Streitkräften dienten und einige sich nach ihrer Entlassung sogar als Berufssoldaten verpflichteten, begannen jene, die schon früher entlassen worden waren, diverse Veteranenverbände zu gründen, um einerseits in Kontakt miteinander zu bleiben und andererseits gemeinsame Interessen zu vertreten. Kompanietreffen fanden statt, und Bünde Alter Kameraden auf Regimentsebene wurden ins Leben gerufen. Über allem stand der Kampf um die britische Staatsbürgerschaft, der zwei Jahre andauerte. Sämtliche anderen ausländischen Soldaten, die in der britischen Armee gekämpft hatten, wurden nach dem Krieg eingebürgert, nur die deutschen Juden wurden immer noch als feindliche Ausländer betrachtet, die zahlreichen Beschränkungen unterworfen waren, besonders was die Arbeitsaufnahme betraf. Theoretisch gab es für sie sogar eine Ausgangssperre, das heißt, sie mußten bei Einbruch der Dunkelheit zu Hause sein. Kriegsversehrte erhielten zwar eine Rente, doch die anderen kamen nicht automatisch in den Genuß der verschiedenen Regierungshilfen für entlassene Soldaten, so bescheiden diese auch sein mochten, und mußten dafür kämpfen.

Die Jüngeren unter den Veteranen hatten selten die Zeit und Energie, sich mit so etwas zu beschäftigen. Ihr normales Leben war für sechs oder mehr Jahre unterbrochen worden, sie wollten so schnell wie möglich wieder daran anknüpfen. Die Arbeitsmöglichkeiten im Nachkriegsengland waren beschränkt. Wer eine Nische für sich fand, der blieb, die anderen emigrierten nach Amerika oder in andere Teile der Welt.

In der amerikanischen Armee

Es ist relativ leicht, dem Schicksal der jungen Flüchtlinge nachzugehen, die der britischen Armee beigetreten waren. Im großen und ganzen wurden sie zusammengehalten, zuerst in den Internierungslagern und dann im Pionierkorps. Erst während der letzten beiden Kriegsjahre begannen sich ihre Wege zu verzweigen. In den Vereinigten Staaten hingegen verlief dieser Prozeß völlig anders; man meldete sich nicht freiwillig zur Armee, sondern diejenigen, die als wehrtauglich befunden worden waren, erhielten zu gegebener Zeit ihre Einberufung und wurden dann nach Fort Dix, Fort Smith, Fort Bragg, Fort Jackson oder in eines der anderen Hauptausbildungszentren in Marsch gesetzt. In den USA herrschte insofern die gleiche Anomalität wie in Großbritannien, als Ausländer aus Feindstaaten einberufen wurden und als solche, zumindest theoretisch, zahllosen Einschränkungen unterlagen, darunter dem Verbot, Waffen zu tragen. Doch wurde diese Anomalität üblicherweise binnen mehrerer Wochen oder Monate beseitigt, indem den Betroffenen im nächstgelegenen Gericht Einbürgerungsurkunden ausgestellt wurden. Nach der Grundausbildung wurden diejenigen, die hoffnungsvolle Anlagen zeigten und sich in die Armeeroutine gut einzufügen wußten, befördert, erhielten zwei, drei oder vier Streifen und wurden nach einer Weile nach England, Nordafrika, in den Fernen Osten oder auf eine der Pazifikinseln verschifft.

Die Geschichte dieser jungen Flüchtlingssoldaten – außerhalb des Sanitätskorps waren hier nur wenige junge Frauen vertreten – während der ersten Kriegsjahre aufzuzeichnen erübrigt sich, denn sie entspricht mehr oder weniger dem Schicksal aller jungen Rekruten: Sie erfuhren die gleiche Behandlung, erhielten die gleichen Rationen, machten dasselbe Übungsprogramm durch. Die meisten kamen zur Infanterie, nur relativ wenige schafften es zur Marine oder Luftwaffe (die im übrigen damals noch dem Heer unterstand). Viele wurden vor dem Einfall in der Normandie in

England stationiert oder kämpften in Italien unter General Clark. Erst als die US-Armee im September 1944 auf die Grenzen Deutschlands zumarschierte, machte sich die Armeeführung klar, daß sie für alle möglichen Zwecke, sei es für die Feindaufklärung, die Verwaltung des besetzten Deutschland oder das Verhör von Kriegsgefangenen, jede Menge deutschsprachige Soldaten benötigte, und zu diesem Zeitpunkt begann der militärische Nachrichtendienst dann auch, Flüchtlingssoldaten von ihren Stammeinheiten abzuziehen und dort einzusetzen, wo sie am meisten benötigt wurden.

Viele hundert versammelten sich in Camp Ritchie, dem Ausbildungslager des militärischen Nachrichtendienstes in den Blue Ridge Mountains unweit Washington. Nach einer Routineuntersuchung ihres Hintergrunds durch das FBI wurden ihnen grundlegende Techniken vermittelt, und nach Absolvierung ihrer Kurse wurden sie zu den nachrichtendienstlichen Einheiten S–2 und G–2 von Regiments- bis Armee-Ebene zurückgeschickt. Andere gingen zum CIC (Counter Intelligence Corps), der Spionageabwehr der US-Armee, die in Fort Holabird, Maryland, ihr eigenes Ausbildungszentrum besaß, aber auch die Einrichtungen von Camp Ritchie nutzte. Wieder andere gingen zum OSS (Office of Strategic Servives) oder zu einer der Einheiten für psychologische Kriegsführung. In späteren Jahren interessierten sich Historiker mehr für die Forschungsabteilung des OSS als für jede andere Branche, jedoch nicht so sehr wegen des Beitrags, den sie zu den Kriegsanstrengungen leistete und der im übrigen minimal war, sondern weil sie mit einer Gruppe von Akademikern besetzt war, die in den fünfziger und sechziger Jahren zu großer, teilweise trauriger Berühmtheit gelangte, darunter Herbert Marcuse, Franz Neumann, Stuart Hughes und Otto Kirchheimer. Später wurde ihnen vorgeworfen, Informationen über die Schoa bewußt unterdrückt zu haben. Doch zum einen war es nicht ihr Auftrag gewesen, derartige Informationen zu sammeln, zum anderen gehörten die Mitarbeiter der Forschungsabteilung des OSS, vielleicht mit Ausnahme der Allerjüngsten unter ihnen, einer anderen, älteren Generation an.

Die Jüngeren waren da zu finden, wo die eigentliche Aktion stattfand, nämlich auf dem Schlachtfeld. Später war ihr alltäglicher Dienst eher eintönig und bestand darin, deutsche Kriegsgefangene über die Stellung ihrer Einheiten und ähnliche Details auszufragen oder Schriftmaterial zu lesen und zu analysieren, das den vorrückenden amerikanischen Armeen in die Hände gefallen war. Doch gelegentlich machten diese jungen Geheimdienst-Leute durch Bluff und selbstbewußtes Auftreten ganze Einheiten deutscher Soldaten zu Gefangenen. Sergeant (später Captain) Walter Midener erhielt den Silver Star und eine Beförderung auf dem Feld, weil er in der Schlacht von Falaise-Arentan mehr oder weniger eigenhändig eine große Zahl – zugegebenermaßen demoralisierter – deutscher Soldaten gefangengenommen hatte. Sergeant Walter Eichelbaum erbrachte eine ähnliche Leistung in der Ardennenschlacht, als er eine deutsche Spezialeinheit in US-Uniformen entdeckte und sie mittels auf deutsch gebrüllter Befehle in amerikanische Gefangenschaft führte. Er wurde von General Patton ausgezeichnet. Lieutenant (später Captain) John Weitz sprang Berichten zufolge als aktiver Agent des OSS hinter den deutschen Linien ab. Midener wurde in seinem späteren Leben ein bekannter Bildhauer, während Weitz sich als Buchautor und mehr noch als Modeschöpfer einen Namen machte. Die spektakulärste Nachkriegskarriere war natürlich die von Henry Kissinger, damals Infanterist und Dolmetscher in der 84th Infantry Division, später Hauptberater der Stadtverwaltung von Krefeld und der Kreisverwaltung Bergstraße.

Während der letzten verzweifelten deutschen Gegenangriffe hatten einige der Flüchtlingssoldaten das Pech, den Deutschen in die Hände zu fallen. So etwa Sergeant Werner Angress in den Kämpfen um die Normandie und Sergeant Ernst Beyer bei Cherveaux während der Ardennenschlacht. (Ersterer wurde im späteren Leben Geschichtsprofessor, letzterer Professor der Psychologie.) Zusammen mit vielen anderen wurde Beyer ins Stalag 9B abtransportiert, ein Kriegsgefangenenlager, in dem die Gestapo eine »Selektion« durchzuführen versuchte: Jüdische Gefangene sollten ausgesondert und mit unbekanntem Ziel weitergeschickt werden. Der Sprecher der Kriegsgefangenen erklärte der Gestapo, daß dies nicht den amerikanischen Gepflogenheiten entspreche, woraufhin er ebenfalls unter die 450 angeblichen Juden eingereiht wurde, die zur Deportation vorgesehen waren. Tatsächlich aber waren viele der von den Gestapo-Experten Ausgesonderten gar keine Juden, und die meisten von ihnen überlebten. In einem anderen Lager jedoch wurden die jüdischen Kriegsgefangenen von ihren Wächtern ermordet.

Seltsam sind die Wege der Vorsehung: Zur gleichen Zeit, als Dr. Schatler, der Gestapo-Vertreter im Lager, Sergeant Beyer dadurch eine Falle stellen wollte, daß er ihn über den »Faust« ausfragte, um ihm nachzuweisen, daß er Jude sei und daher unter die »Selektion« falle, befand sich dessen Cousin Ulli Beyer, geboren in Berlin, Sohn eines jüdischen Arztes und einer Protestantin, in einem britischen Gefangenenlager in Palästina. Blond und blauäugig, wie er war, hielten ihn die Briten für einen deutschen Agenten. Während dieses langweiligen Lageraufenthalts absolvierte er einen Fernkurs in Phonetik und legte so die Grundlage für eine Karriere, die ihn nach Afrika führte. Er wurde ein weltberühmter Experte für Yoruba-Kunst und -Literatur und wurde von diesem nigerianischen Stamm zum Ehrenhäuptling ernannt, seine Frau wurde eine Stammesgöttin. Später spezialisierte er sich auf Eingeborenenkunst in Neuguinea und begründete das bedeutende Nationalmuseum in Port Moresby. Und er war nicht der einzige, der damals von der britischen Polizei in Palästina als verdächtiges Subjekt, möglicherweise Spion, verhaftet wurde. Als »David« (Joel König) 1944 in Haifa eintraf, nachdem er in Berlin im Untergrund gelebt und sich dann unter großen Schwierigkeiten über Ungarn und Rumänien nach Palästina durchgeschlagen hatte, glaubte man ihm die Geschichte zunächst nicht und verhaftete ihn.

Nach der Kapitulation

Nach der Kapitulation Deutschlands wurde der Bedarf an Soldaten mit deutschem und österreichischem Hintergrund noch größer, und zu dieser Zeit begegneten sich auch zum ersten Mal, seit sie Deutschland verlassen hatten, alte Freunde und Schulkameraden wieder. Die Ehemaligen der Landwirtschaftsschule in Groß Breesen waren buchstäblich über die ganze Welt verstreut worden. Viele waren in die US-Armee eingetreten, und ihre Postkarten und Briefe begannen nun im *Groß Breesen Rundbrief* zu erscheinen – wie der von Staff Sergeant Henry Kornes: »Es war die Überraschung meines Lebens, als ich in die Schreibstube trat und in ein Gesicht blickte, das mir ziemlich bekannt vorkam – es war Isi (First Lieutenant Isi Kirschrith), der den US-Streitkräften in Österreich zugeteilt worden war.« Kirschrith sollte noch die nächsten 32 Jahre bei den Streitkräften verbringen.

In den Archiven findet sich folgende Postkarte aus Bad Homburg: »Hiermit gebe ich das Treffen von uns dreien, Schorsch, Walter und Pimpf, bekannt. Ich bekam eine Unterkunft nahe der Kurpromenade zugewiesen, und zwei Tage später lief mir Schorsch über den Weg. Am Nachmittag des folgenden Tages gingen wir schwimmen und begegneten Pimpf, der bei der örtlichen Militärverwaltung arbeitet.« Die Freude war groß, hielt aber nicht lange an, denn ihre Wege trennten sich wieder. Nicht selten sah man sich nach einer solchen Begegnung nie wieder. Und wer nach Deutschland zurückkam, wurde unwillkürlich an die vielen ehemaligen Freunde und Kameraden erinnert, die ermordet worden waren. So schrieb Staff Sergeant Angress von irgendwo in Deutschland: »Wir dürfen nicht vergessen, daß es für die meisten von uns hier nur schlechte Nachrichten gibt.« Er gehörte zu den Glücklichen, denn er hatte wenigstens einige Angehörige lebend in Holland gefunden. Und ein anderer, ein First Lieutenant (Oberleutnant), schrieb: »Vergessen wir nicht, daß wir nicht mehr zu ihnen gehören.« Der Schreiber dieser Zeilen kehrte einige Jahre später nach Deutschland zurück, aber er war einer der wenigen, die sich zu diesem Schritt entschlossen. Schauspieler kamen zurück und einige Schriftsteller und etablierte Akademiker, aber kaum Angehörige der jungen Generation.

Noch lange nach der Kapitulation Deutschlands waren zweisprachige Mitarbeiter bei den Besatzungsmächten sehr gefragt. Es gab eine beträchtliche amerikanische Präsenz sowohl in Deutschland als auch in Österreich in Gestalt des OMGUS (Office of the Military Government of the United States), es wurden Leute für die Verwaltung zweier Länder gebraucht, die noch keine eigene Regierung hatten, für die Gründung und Leitung der Medien, für die Jagd auf Nazis und die Vorbereitung der Nürnberger und anderer Prozesse. Mehr Experten als zuvor wurden von den verschiedenen Nachrichtendiensten benötigt. Dolmetscher auf jeder Ebene waren gefragt, und immer neue Möglichkeiten eröffneten sich. Doch um es noch einmal zu sagen, die meisten, die sich für eine Nachkriegskarriere in Deutschland entschieden, gehörten einer älteren Generation an, nämlich jener, die bereits vor Hitlers Machtergreifung ihr Studium in Deutschland abgeschlossen oder bereits einen Beruf ausgeübt hatte.

Unter ihnen befanden sich ehemalige deutsche Regierungsbeamte wie Robert Kempner und John Herz, die eine Rolle bei der Vorbereitung der Nürnberger Prozesse spielten, oder Journalisten wie Hans Habe und Hans Wallenberg, die sich als Herausgeber neuer Zeitungen und Intendanten neuer Rundfunksender engagierten. Bewährte OSS-Mitarbeiter wie Peter Sichel gingen zur neu gegründeten CIA und erhielten Schlüsselstellungen im Nachkriegsdeutschland. Die meisten jüngeren Männer dagegen, die in Fort Ritchie ausgebildet worden und 1945/46 im militärischen Nachrichtendienst tätig gewesen waren, konnten sich für Deutschland nicht mehr erwärmen. Sie sammelten »Punkte«, um so schnell wie möglich nach Amerika zurückzukehren, sich demobilisieren zu lassen, ihre Familien wiederzusehen und ihre Ausbildung da wiederaufzunehmen, wo sie sie unterbrochen hatten. Die »G.I. Bill of Rights« von 1944 hatte ihnen Bildungsmöglichkeiten eröffnet, von denen sie vor dem Krieg nur hatten träumen können. Aber es gab auch noch andere Gründe: Die im Nachkriegsdeutschland gesammelten Eindrücke waren für sie faszinierend gewesen. Sie waren als Eroberer in ein Land zurückgekehrt, das sie einst vertrieben hatte, doch nach einer Weile merkten sie, daß dies nicht mehr ihr Land war. Jetzt endlich wurde ihnen klar, daß Amerika für sie kein Exil, sondern eine neue Heimat war.

Niemand brachte dies prägnanter zum Ausdruck als Henry (Heinz) Kellermann, der vor 1937 Leiter einer der deutsch-jüdischen Jugendgruppen gewesen, dabei ganz und gar nicht zionistisch, sondern assimilatorisch eingestellt war, tief verwurzelt in der deutschen Kultur und Tradition. Er hatte beim OSS gearbeitet, wurde jedoch später zur Vorbereitung der Nürnberger Prozesse abgestellt und trat danach in den diplomatischen Dienst der Vereinigten Staaten ein. Nach seinen Erfahrungen im Jahr 1947 befragt, schrieb er, er habe soeben zwei Tage mit Norbert Wollheim verbracht, der im Vorkriegsberlin ein enger Kollege gewesen sei und die Kriegsjahre in Auschwitz verbracht habe.

»Dabei wurde mir überdeutlich bewußt, warum wir, das heißt Angehörige unseres Kreises mit gesunden Reaktionen, nie mehr eine sogenannte normale Beziehung zu dem Land unserer Vergangenheit wiedergewinnen werden, warum dies in alle Ewigkeit ein fremdes Land für uns sein wird, warum es nie eine Übereinstimmung zwischen unseren Erinnerungen und der gegenwärtigen Realität geben kann.«

Des weiteren stellte er fest, daß das, was er in Deutschland gesehen habe, seine Ressentiments weder geschwächt noch verstärkt hätte, er habe in Nürnberg Gesindel wie Frick, Ley und so weiter ins Auge sehen und sie verhören können, ohne eine Spur von Haß zu empfinden. Und dies nicht nur deshalb, weil kraft seines Amtes Objektivität von ihm gefordert war, sondern weil er sich einfach nicht mit diesen schäbigen, jämmerlichen und alles andere als eindrucksvollen Gestalten, die für die gigantischsten Verbrechen der Menschheitsgeschichte verantwortlich waren, identifizieren konnte.

Es gibt zahlreiche Berichte von jungen Soldaten, die zu den Häusern ihrer Jugend zurückkehrten – falls diese Häuser noch standen, was oft nicht der Fall war – und dort auf Szenen trafen, die ihnen oberflächlich vertraut erschienen; manche stießen auf alte Nachbarn und entfernte Bekannte oder sogar Altersgenossen, die den Krieg überlebt hatten. Einige dieser Begegnungen waren bewegend, andere bedeuteten einen Schock, aber praktisch jeder fühlte, daß dies einer Vergangenheit angehörte, die für immer vorüber war. (»Man konnte nicht mehr nach Hause kommen, selbst wenn das Haus noch stand.«) Und das lag nicht nur daran, daß Deutschland in Schutt und Asche lag und einer düsteren Zukunft entgegenblickte. Für die große Mehrheit der Jüngeren war dies ein Kapitel ihres Lebens, das unwiderruflich abgeschlossen war.

Gunther Stent hatte sich niemals ganz von der Faszination lösen können, die das Berlin seiner Jugend auf ihn ausgeübt hatte, bevor er die Stadt im Alter von dreizehn Jahren verließ. Als sich acht Jahre nach seinem unfreiwilligen Abgang die Gelegenheit ergab, bewarb er sich als Mitglied einer wissenschaftlichen Geheimdienstmission. Er war damals ein vielversprechender Doktorand an der Universität von Illinois in Champaigne, und jetzt wurde er vorübergehend zum Mitarbeiter einer Gruppe der Technical Industrial Intelligence Branch (TIIB), die in Deutschland technisch-industrielles Schriftmaterial sichten sollte. Sein Wiedersehen mit Berlin fand im November 1946 statt, und es war ein bewegendes Erlebnis, denn einige der alten Filmtheater standen noch, es wurde wieder Theater gespielt, und es gab die Möglichkeit, zum Skilaufen ins Erzgebirge zu fahren. Dennoch verließ er Deutschland nach sieben Monaten und mehreren Liebesaffären mit deutschen Frauen ohne Bedauern, um sich einer Karriere zu widmen, die ihn zu einem führenden Wissenschaftler auf dem Gebiet der Molekularbiologie machte.

Palästina und die Jüdische Brigade

Von denen, die in den dreißiger Jahren nach Palästina gingen, leistete praktisch jeder, ob Mann oder Frau, der körperlich dazu in der Lage war, auf die eine oder andere Weise Militärdienst. Sie wurden mit Ausbruch der arabischen Unruhen im Jahr 1936 von der Hagana mobilisiert, der Militärorganisation der jüdischen Siedler im britischen Mandatsgebiet Palästina. Der Militärdienst wurde in den Siedlungen und Städten abgeleistet, er bestand hauptsächlich aus Wachdienst, besonders bei Nacht, mit Waffen, die manchmal legal, meistens aber illegal waren, wobei telefonischer, telegrafischer oder Funkkontakt zu den abgelegenen Siedlungen unterhalten wurde, sowie aus militärischen Übungen in kleinen Einheiten.

Mit Ausbruch des Zweiten Weltkrieges meldeten sich junge Männer und Frauen freiwillig zur britischen Armee. Die zionistischen Behörden befürworteten eine jüdische Armee im Rahmen der britischen Armee, doch das Kriegskabinett in London widersetzte sich dieser Idee, und so kam es erst 1943/44 in Ägypten zur Aufstellung einer Jüdischen Brigade. Vorher meldeten sich Freiwillige zu bereits existierenden britischen Einheiten wie dem Buffs-Regiment, einige gingen zu den Pionieren oder zur Infanterie, andere wurden zu speziellen Artillerielehrgängen geschickt, Ärzte wurden im Mittleren Osten und in Indien eingesetzt, und eine kleine Zahl von Piloten, die sich freiwillig zur Royal Air Force gemeldet hatten, wurden einer Spezialausbildung in Rhodesien unterzogen. Jüdische Freiwillige kämpften vor Dünkirchen in Frankreich, außerdem in Griechenland und auf Kreta und später in Nordafrika. Britische und jüdische Behörden arbeiteten bei der Aufstellung von Kommandoeinheiten zusammen, die hinter den deutschen Linien eingesetzt werden sollten, und ebenso bei der Ausbildung von Fallschirmjägern für den Einsatz in den von den Nazis besetzten Staaten Europas. Ein nicht geringer Anteil dieser Freiwilligen waren Juden deutscher (und österreichischer) Herkunft. Einige meldeten sich, weil die Behörden sie dazu aufriefen, andere, weil sie glaubten, eine besondere patriotische Pflicht zu haben, den Nationalsozialismus zu bekämpfen, nachdem sie seine Hauptopfer gewesen waren, wieder andere gingen zur Armee, um den Schwierigkeiten zu entkommen, die ihnen die Integration in Palästina bereitete. Es gibt keine genauen Zahlen, was den Anteil der deutsch-jüdischen Freiwilligen im Vergleich zu denen anderer ethnischer Gruppen betrifft, sicher ist nur, daß er hoch war.

Martin Hauser notierte in seinem Tagebuch, daß etwa die Hälfte der zweitausend Mann, die mit ihm im kritischen Sommer 1940 in Sarafend, dem größten Armeestützpunkt in Palästina, einrückten, deutsche und österreichische Juden gewesen seien. Die Entscheidung, in die Armee einzutreten, sei ihm ebenso wie vielen anderen nicht leichtgefallen, denn die Briten hatten die Einwanderung nach Palästina praktisch zum Erliegen gebracht, und erst zu diesem kritischen Zeitpunkt, nämlich nach dem Fall Frankreichs, sei ihm klargeworden, daß es seine Pflicht sei, sich dem Kampf anzuschließen.

Das Ritual war immer das gleiche – sie ließen sich in Sarafend anwerben, legten den Eid auf die Bibel ab, erhielten ihre Uniformen und Gewehre und absolvierten eine mindestens dreiwöchige, überaus langweilige Grundausbildung. Nach dieser Anfangszeit bestiegen sie den Zug nach Ägypten und schlossen sich dort den Einheiten an, denen sie zugeteilt worden waren. In Hausers Fall war dies das Hauptquartier Nahost der Royal Air Force. Zunächst wurde er als Schreiber in einer Transportabteilung verwendet, doch später, als man entdeckte, daß seine Muttersprache Deutsch war, wurde er zum Nachrichtendienst versetzt. Hauser war am 22. Juli 1940 vereidigt worden, seit der ersten Septemberwoche war er in Kairo stationiert, wo er fast vier Jahre blieb. Er berichtet, daß ihn die Haltung der in Kairo ansässigen (reichen) Juden vor den Kopf stieß, die anfangs keinerlei Interesse an den Palästinensern zeigten und nicht den Wunsch hatten, mit ihnen gesellschaftlich zu verkehren, doch später besserten sich die Beziehungen.

Bereits 1940 wurden jüdische Freiwillige aus Palästina, die Einheiten wie dem 51. Kommando angehörten, auf dem Kriegsschauplatz Nahost in Kämpfe verwickelt. Fritz Jordan und Fritz Hausmann erhielten Tapferkeitsorden, nachdem sie unter Lebensgefahr aus deutschen Kriegsgefangenenlagern geflüchtet waren. Mehrere Palästinenser deutsch-jüdischer Herkunft wurden wegen der Teilnahme an Kommandounternehmen in den Kriegsberichten erwähnt; der dienstälteste Sanitätsoffizier in diesen frühen Tagen des Krieges war Richard Harsher (Levi). Ein Heeresarzt, Captain Ferdinand Zangen, erhielt das Military Cross dafür, daß er besonderen Mut an den Tag gelegt hatte, als er unter schwerem Feindbeschuß am Brückenkopf von Anzio operierte.

Doch die in Ägypten stationierten palästinensischen Bataillone und Regimenter verrichteten jahrelang einen sehr eintönigen Dienst, vor allem Wacheschieben in Munitionslagern, auf Flugplätzen und in Gefangenenlagern, bis die britische Regierung im September 1944 endlich die Aufstellung der Jüdischen Brigade verkündete, die, wie Churchill erklärend hinzufügte, an der Front kämpfen und an der Besetzung feindlichen Territoriums teilnehmen werde. Die Jüdische Brigade wurde zunächst in Bourg el Arab in Ägypten und später in Fiuggi unweit Rom stationiert. Doch erst im März 1945 wurde sie, in den Wochen unmittelbar vor der Kapitulation, in Italien in der Gegend des Comacchio-Sees (Emilia-Romagna) im Kampf eingesetzt.

Martin Hauser, der einer taktischen Nachrichteneinheit der RAF in Oberitalien angehörte, besuchte seine Kameraden in der Brigade, nahm an den Sederfeiern am ersten Abend des Pessachfestes teil und sah wenige Tage vor Ende des Krieges die ersten überlebenden Juden aus den Todeslagern. Am 8. Mai war er in Triest, genau zwölf Jahre nachdem er sich dort nach Palästina eingeschifft hatte. In den Tagen danach marschierten er und die Männer von der Brigade nordwärts nach Österreich und stießen in der Gegend um Villach und Klagenfurt auf die ersten Displaced persons, die Überlebenden aus Osteuropa, die ihre Heimat verlassen hatten und verzweifelt nach Nahrung, Kleidung und einem Weg aus Europa suchten. Von da an widmeten sich die Jüdische Brigade und auch einzelne Angehörige anderer Truppenteile der Sozialarbeit, leisteten erste Hilfe und betätigten sich als Scharlachrote Pimpernels, indem sie den Exodus aus Osteuropa und die illegale Immigration nach Palästina organisierten. Eine kleine Gruppe palästinensischer Freiwilliger, »Hanokmim« (Die Rächer) genannt, führte eine private Entnazifizierungsaktion durch und brachte dabei lokale Gestapoleute und andere zur Strecke, die aktiv an der Ermordung von Juden beteiligt waren. Einige der überlebenden Partisanen aus Osteuropa, die inzwischen den Anschluß an die Brigade gefunden hatten, hegten noch weitergehende Rachepläne und wollten zum Beispiel das Trinkwasser vergiften, doch scheiterten diese Pläne, die unter den Umständen durchaus verständlich waren, am Einspruch der jüdischen Behörden.

Weit wichtiger waren die Rettungsaktivitäten. Captain Casper, Militärrabbiner der Brigade, schätzte, daß diese rund achttausend Flüchtlinge nach Italien schmuggeln half, um dort auf eine Transportmöglichkeit nach Palästina zu warten. Einzelne Soldaten nahmen Urlaub – mit oder auch ohne Erlaubnis –, um Überlebende ihrer Familien zu finden, in Deutschland und Österreich und sogar in Polen und Rumänien, manchmal waren sie wochen- oder monatelang unterwegs. Dies entging den höheren Militärbehörden nicht, und so verlegten sie die Jüdische Brigade schließlich nach Belgien, um deren außerdienstliche Aktivitäten auf ein Minimum zu beschränken.

Kampf um Israel

Während viele jüdische Soldaten aus Palästina außerhalb des Landes stationiert waren, wurden andere seit 1941/42 zur Verteidigung der Heimat mobilisiert, als eine deutsche Invasion aus Ägypten oder dem Norden (Syrien und der Libanon waren von

Vichy-Truppen besetzt worden) durchaus im Bereich des Möglichen lag. In dieser Zeit entstanden die militärischen Eliteeinheiten des Palmach, die eine so wichtige Rolle im Unabhängigkeitskrieg spielen sollten, aber auch die kämpfenden Einheiten der Miliz (Chish und Chim), womit die Grundlagen der späteren israelischen Armee geschaffen wurden.

Juden mitteleuropäischer Herkunft spielten eine führende Rolle bei der Aufstellung israelischer Verteidigungskräfte. Die überwältigende Mehrheit von ihnen gehörte der Hagana an, nur sehr wenige waren Mitglieder des Irgun oder seiner Abspaltung, der Stern-Bande. Jabotinsky war Prophet und Führer der rechtsgerichteten Nationalisten, der sogenannten Revisionisten, gewesen, aber seine Lehren waren in Deutschland nie besonders einflußreich gewesen, in Österreich nur unwesentlich mehr. Es war die revisionistische Jugendorganisation Betar, in der die rechtsgerichteten Terroristen in Palästina ihre Rekruten fanden. Eine seltene Ausnahme war ein junger Mann namens Meir Shamgar (Sternberg), in Danzig geboren, der dem Irgun beitrat, von den britischen Behörden verhaftet und in einem Lager in Eritrea interniert wurde, wo er als Planer von Fluchttunneln aktiv wurde. In seinem späteren Leben wurde er noch berühmter als Vorsitzender des Obersten Gerichtshofs von Israel und – in anderen Kreisen – als Ehrenpräsident der israelischen Freunde des Jazz.

Wahrscheinlich die größte Schwäche in diesen frühen Jahren bis 1948 war der allgemeine Mangel an Waffen und Munition und insbesondere derjenige an modernen Waffen – die Hagana besaß vor 1948 außer ein paar Mörsern keinerlei Artilleriegeschütze. Niemand war aktiver und erfolgreicher beim Kauf und Schmuggel solchen Kriegsgeräts als Ehud Ueberall (Avriel), in Wien geboren, ein wahres Energiebündel und eine Schlüsselfigur hinter den Kulissen bei derartigen Geschäften sowohl vor als auch nach der Staatsgründung. Juden aus Mitteleuropa spielten auch eine entscheidende Rolle beim Aufbau des israelischen militärischen Geheimdienstes oberhalb einer rein taktischen Ebene. In der Tat wurden auch die anderen Geheimdienste, wie etwa Mossad und der nur innerhalb Israels tätige Schin Bet, in der Frühzeit in beträchtlichem Ausmaß von Leuten mit mitteleuropäischem Hintergrund, darunter Josef Hermlin, Avraham Achitov, Avraham Shalom und vor der Staatsgründung David Shaltiel und Asher Ben Natan, geführt und personell ausgestattet. Shaltiel, in Hamburg geboren, hatte in der Fremdenlegion gedient und war während der Belagerung von 1948 Kommandant von Jerusalem, Ben Natan wurde Diplomat und beendete seine Karriere als erfolgreicher und beliebter Botschafter in der Bundesrepublik Deutschland.

Es stimmt auch – um das Bild abzurunden –, daß einige der bemerkenswertesten Spione, die während der frühen Jahre für und gegen Israel spionierten, mitteleuropäischer Herkunft waren. Dies trifft auf Israel Baer zu, einen Österreicher, dessen richtiger Name und wahre Identität bis heute unbekannt sind; er behauptete, sich im Spanischen Bürgerkrieg und anderswo fundiertes militärisches Wissen angeeignet und langjährige Erfahrungen gesammelt zu haben, und erhielt zwar nie ein aktives Kommando in Israel, verfügte aber dennoch über ausführliches Insider-Wissen, das für seine sowjetischen Auftraggeber von Interesse war. Ein weiterer wichtiger Maulwurf in den Anfangstagen des israelischen Staates war ein junger Mann namens Avni, der zwar aus Osteuropa stammte, aber in der Schweiz aufgewachsen war und sich dort auch als Agent des sowjetischen Militärgeheimdienstes GRU anwerben ließ. Er trat dem auswärtigen Dienst und dem Mossad bei, wurde aber relativ früh enttarnt. Im Verlauf seiner langjährigen Haft in einem israelischen Gefängnis erhielt er Gelegenheit, sich zum Psychologen umschulen zu lassen und ein zweites Mal Karriere zu machen. Der »dritte Mann«, der in den fünfziger Jahren führend an verheerenden israelischen Sabotageaktionen in Ägypten beteiligt war und sich dann als Feindagent herausstellte, war ebenfalls deutsch-jüdischer Abstammung; gleichfalls Wolfgang Ludz, der erfolgreiche israelische »Champagner-Spion« in Ägypten.

Es wäre ungerecht, im Kampf um die Unabhängigkeit einzelne hervorzuheben, denn hier waren alle Bürger Israels beteiligt, und es gab ebenso viele Opfer unter den Zivilisten wie unter den Soldaten, besonders in den landwirtschaftlichen Siedlungen, aber auch in Jerusalem. Das Heldentum der Jerusalemer Hausfrauen, die unter Artilleriebeschuß nach der täglichen Wasserration anstanden, war ebenso bemerkenswert wie der Mut der Palmach-Leute, die versuchten, die Versorgungsroute nach Jerusalem wieder zu öffnen. Hans Beyth, Hauptgeschäftsführer der Jugend-Alija, befand sich unter den zahlreichen Zivilisten, die im Kampf um Jerusalem getötet wurden. Der Unabhängigkeitskrieg war bei weitem der blutigste aller israelischen Kriege, und es ist der einzige, über den es Statistiken gibt. Von denen, die in diesem Krieg getötet wurden, war der Prozentsatz der in Deutschland und Österreich Geborenen überdurchschnittlich hoch. Unter den Opfern befanden sich nicht wenige, die sich, wie Fritz Jordan, in den Schlachten des Zweiten Weltkriegs ausgezeichnet hatten.

In der Roten Armee und der Fremdenlegion

Juden mitteleuropäischer Herkunft dienten während des Zweiten Weltkrieges in fast allen alliierten Armeen, darunter auch solchen, die in unserem Bericht bisher nicht erwähnt wurden. Der spätere Filmregisseur und Präsident der ostdeutschen Akademie der Künste, Konrad Wolf, Bruder des DDR-Chefspions Markus Wolf, und Moritz Mebel waren Offiziere der Roten Armee. Fritz Markuse aus Berlin war nach 1933 nach Riga geflüchtet und trat nach der Besetzung Lettlands in die Rote Armee ein. Er verlor einen Arm an der weißrussischen Front und erlebte das Kriegsende als Medizinstudent in Alma-Ata. Friedrich Koch, 1922 in Frankfurt geboren, diente in der Sowjetarmee; er war in den dreißiger Jahren mit seinem Vater, einem bekannten Medizinprofessor, in die Sowjetunion ausgewandert. Die Familie hatte die stalinistischen

Säuberungen weit weg von Moskau in einem kaukasischen Erholungsort überlebt.

Eine der höchsten Konzentrationen deutscher und österreichischer Juden gab es in der französischen Fremdenlegion. Sie waren ihr beigetreten, um ihren gefährdeten Status als Emigranten in Frankreich zu legalisieren, weil sie nach dem Ende des Spanischen Bürgerkrieges aus Spanien geflüchtet waren oder weil sie nach der Niederlage Frankreichs befürchteten, deportiert zu werden. Besonders während des Krieges übte die Fremdenlegion oftmals Druck aus, um junge Männer dazu zu bringen, ihre gelichteten Reihen aufzufüllen. Doch diejenigen, die sich anwerben ließen oder zum Dienst gepreßt wurden, wurden nicht als Soldaten eingesetzt, sondern mußten am Bau der Transsahara-Eisenbahn mitarbeiten, die die algerischen und tunesischen Häfen mit Dakar verband. Dabei waren sie in Lagern konzentriert, die zwar offiziell nicht Konzentrationslager hießen, sich aber kaum davon unterschieden. Abgesehen von einigen wenigen, die entkommen oder sich freikaufen konnten oder die nach dem Fall Frankreichs nach Großbritannien gebracht wurden und dort dem Pionierkorps beitraten, begann sich ihre Lage erst nach der Befreiung Nordafrikas durch die Alliierten Ende 1942 zu verbessern.

Von den rund 80 000 bis 90 000 Flüchtlingen aus Deutschland und Österreich im wehrpflichtigen Alter beteiligte sich mindestens die Hälfte aktiv am Krieg. Es gab eine enorme Vielfalt von Einzelschicksalen, für einige war es ein relativ kurzer Krieg, während andere fünf, sechs oder sieben Jahre dienten. Einige wurden im Kampf schwer verwundet oder gar getötet, andere stiegen vom einfachen Soldaten zum Oberst und, im Falle Israels, sogar zum General auf. Für manche bedeutete der Krieg eine schmerzliche Unterbrechung ihrer zivilen Laufbahn, für andere stellte er im Gegenteil eine große Chance dar, diente als Sprungbrett für eine Berufsausbildung und nachfolgende Karriere, die unter normalen Umständen unmöglich gewesen wären. Für die einen wie für die anderen war der Krieg der entscheidende Wendepunkt ihres Lebens.

Amerika – Goldenes Land hinter Papierwänden

Die meisten Deutschen hatten in den dreißiger Jahren eine Vorstellung davon, wie man in den benachbarten europäischen Staaten lebte, aber sehr wenig war über Amerika bekannt, sieht man einmal von den üblichen Klischees ab: Cowboys und Indianer und der Wilde Westen des 19. Jahrhunderts, wie er in den unerhört populären Büchern von Karl May beschrieben wurde, die Wolkenkratzer, Hollywood (einschließlich Jazzmusik und Gangsterfilme), Kaugummi, die großen Autos und billigen Produkte, die in gewissen Kaufhausketten angeboten wurden. Die Linken hatte Upton Sinclairs *Der Sumpf* gelesen und hatten daher eine Abneigung gegen Fleischkonserven. Kaum jemand war schon einmal in den Vereinigten Staaten gewesen, Amerika war weit und die Überfahrt teuer. Zwar hatte es im 19. Jahrhundert eine deutsch-jüdische Emigration nach Amerika gegeben, aber das war lange her, und in den meisten Fällen waren die Kontakte längst abgebrochen.

In den ersten Jahren nach dem Aufstieg der Nazis zur Macht genossen die USA als Auswanderungsland kein großes Ansehen: teils, weil die Flüchtlinge ein näher gelegenes, europäisches Land bevorzugten, das ihnen vertrauter war, hauptsächlich jedoch, weil die Tore des Landes praktisch verschlossen waren, obwohl sie eigentlich, in der Theorie zumindest, halb offenstehen sollten. Bis zum Sommer 1938 wurde die gesetzliche Einwanderungsquote für Einwanderer aus Deutschland und Österreich nicht einmal annähernd ausgeschöpft. Bis 1938 betrug die Zahl der Einwanderer lediglich 45 000, obwohl nach den bestehenden Vorschriften 150 000 hätten kommen können. Doch achtzig Prozent der amerikanischen Öffentlichkeit waren Umfragen zufolge gegen die Aufnahme von Flüchtlingen, die relevanten Ausschüsse im Kongreß wurden von Südstaatendemokraten geführt, die entschieden dagegen waren, und Roosevelt, der in der Sache etwas hilfreicher hätte sein können, wollte seine Wahlchancen nicht gefährden.

Die US-Konsulate in Europa (und Havanna) hatten strikte Anweisung, die Einreise in die Vereinigten Staaten so schwierig wie möglich zu gestalten, indem sie Dokumente verlangten, an die oftmals nicht zu kommen war, oder Bürgschaftserklärungen als ungenügend zurückwiesen, die von Verwandten oder Freunden der Antragsteller aufgesetzt worden waren. Die leidenschaftlichen Gegner der Immigration wie Martin Dies und Breckinridge Long wußten natürlich, daß die Juden verfolgt wurden, doch sie konnten nicht wissen, daß sie diejenigen, deren Anträge abgelehnt wurden, praktisch zum Tode verurteilten. Hätten sie wohl anders gehandelt, wenn sie es gewußt hätten?

In die Vereinigten Staaten gingen keine Kindertransporte wie nach Großbritannien und in andere europäische Länder, entsprechende Gesetzesvorlagen wurden abgewürgt, bevor sie überhaupt in die Plenarsitzung gelangten. Die Zahl unbegleiteter Kinder unter sechzehn, die in die USA gelangten, betrug 76 im Jahr 1936, im Jahr danach 92, 74 im Jahr 1938 und gerade noch 32 im Jahr 1939. Insgesamt kamen zwischen 1933 und 1941 etwa tausend Kinder ohne Begleitung in die Vereinigten Staaten, darunter einige hundert aus Frankreich, wo sie zuvor Zuflucht gefunden hatten. Es war eine Quäker-Organisation, die ihnen dabei half und sie bei ausschließlich jüdischen Pflegefamilien unterbrachten, denn ein Gesetz verlangte, daß Kinder nur bei Familien der gleichen Religionszugehörigkeit untergebracht werden durften.

Als es 1940 darum ging, britische Kinder zeitweise aufzunehmen, gab es zwar auch Widerstände, doch sie wurden innerhalb weniger Tage beiseite geräumt, und das Gesetz wurde durchgeboxt. Als in der Ausgabe der Zeitschrift *Pet* vom August/September 1940 das Bild eines Welpen mit der Unterschrift »Ich suche ein Heim« erschien, trafen innerhalb kürzester Zeit Tausende von Zuschriften ein, in denen den jungen Rassehunden aus England ein Heim geboten wurde. Die Zahl der Flüchtlinge in der etwas älteren Gruppe, zwischen sechzehn und Anfang Zwanzig, der GIs des Zweiten Weltkrieges, die allein kamen, war ebenfalls relativ klein. Die meisten kamen im Familienverband, und mit diesen werden wir uns hauptsächlich beschäftigen.

Ankunft in New York

Die Ankunft in Amerika – auch wenn zunächst nur auf Ellis Island, der obligatorischen Anlaufstation der Einwanderer in der Mündung des Hudson River – bedeutete Sicherheit und Freiheit für jene, die dem kriegsgeschüttelten Europa entkommen waren, aber aus verschiedenen Gründen war nicht jeder voll Freude über die wunderbare Rettung. Marianne Loring (Stampfer), die mit ihrer Familie aus dem besetzten Frankreich geflohen war, schrieb später: »Ich hatte Furcht vor dem unbekannten Amerika, das ich mir kalt und eisig vorstellte. Ich weiß nicht, ob ich nicht hätte zurückfahren wollen.« Sie fühlte, daß ein Teil von ihr, auch das Herz, in der alten Welt zurückgeblieben war. Diese Einstellung war nicht spezifisch antiamerikanisch, es war die allgemeine Angst vor dem Unbekannten, das Gefühl, der gewohnten Umgebung entrissen und ins Ungewisse versetzt zu sein, und diese Syndrome traten offenbar stärker hervor, wenn das Auswanderungsland in Übersee war. Vor dem Luftfahrtzeitalter bildete der Ozean nicht nur eine geographische, sondern auch eine psychische Barriere. Je älter die Flüchtlinge waren, desto größer die Ängste, die ideologischen oder ästhetischen Vorbehalte. Aber es gab auch den Fall der jungen deutsch-jüdischen Filmschauspielerin, die nach einer Woche in New York angewidert die Rückreise nach Holland buchte. Sie hatte dann in den folgenden Jahren Gelegenheit, die Weisheit ihrer Entscheidung im von den Nazis besetzten Europa hinter Stacheldraht zu überdenken.

Die persönlichen Einstellungen der Neuankömmlinge, die mit der »Rotterdam«, der »Volendam« und anderen zwischen Europa und Amerika verkehrenden Schiffen ankamen, waren ebenso unterschiedlich wie die Umstände, unter denen sie die Reise angetreten hatten. Einige hatten im voraus ein wenig Geld nach Amerika überwiesen, andere, wie Elsbeth Weichmann, kamen mit nur ein paar Dollar in der Tasche an. Manche wurden von Freunden und Verwandten abgeholt, andere von regelrechten Empfangskomitees, wieder andere waren völlig allein. Max Frankel, der nach Ausbruch des Krieges kam, wurde von einer beträchtlichen Zahl von Onkeln und Vettern, bekannten wie unbekannten, willkommen geheißen; Herbert Weichmann, 1965–71 Erster Bürgermeister von Hamburg, und seine Frau wurden von einem Vertreter der American Federation of Labor, des Dachverbandes der amerikanischen Gewerkschaften, durch das bürokratische Labyrinth gelotst und auf Ellis Island nicht einmal verhört.

Wer von den Frauen Glück hatte, wurde von einer Vertreterin der National League of Jewish Women in Empfang genommen, die sie in einem respektablen Hotel in der Nähe des Broadway unterbrachte. Für die meisten bedeutete dies ein Heim, das der jüdischen Wohlfahrtsorganisation HIAS gehörte, vier oder fünf Personen in einem nicht besonders großen Zimmer. Sie durften dort eine Woche bleiben, danach waren sie auf sich selbst gestellt. Die Bedingungen waren ganz und gar nicht so wie fünfzig Jahre später, als eine Überfülle nationaler, lokaler und privater Hilfsorganisationen jedem, der darum ersuchte, Hilfe, Unterkunft, Essen, Arbeit und allgemeine Ratschläge erteilte.

Den ersten Tag auf dem neuen Kontinent verlebte man oft wie im Traum oder als sei man auf einem fremden Planeten gelandet. Da ist es vielleicht kein Zufall, daß in den Romanen, in denen diese ersten Eindrücke geschildert werden, Träume eine herausragende Rolle spielen: das Gefühl von Freiheit und Sicherheit, nachdem man aus seiner Heimat vertrieben und oftmals durch ganz Europa gejagt worden war, die seltsamen Farben, Geräusche und sogar Gerüche, die Menschenmassen auf den Straßen, das pulsierende Leben einer Großstadt, die sogar Berlin und Paris in den Schatten stellte.

Es gab einen beträchtlichen Unterschied zwischen den relativ wenigen, die schon frühzeitig gekommen waren, und jenen anderen, die Deutschland erst im allerletzten Moment oder gar erst nach Kriegsausbruch verlassen hatten. Für einige der Spätankömmlinge war Amerika die zweite oder dritte Station der Emigration, und sie waren sich nicht einmal sicher, ob dies auch das Ende ihrer Reise sein würde. Herbert und Elsbeth Weichmann, junge sozialdemokratische Aktivisten, gehörten zu den Glücklichen, die viele Freunde, Bekannte und sogar Verwandte in den Vereinigten Staaten hatten; sie erhielten so viele Einladungen, daß sie begannen, sie ziemlich rüde abzulehnen. Einmal stellte Herbert fest, daß ihm sein Gastgeber teure Zigarren in die Manteltasche gesteckt hatte, und gab sie ihm Stück für Stück zurück, womit er zweifellos einen Mann vor den Kopf stieß, der es bestimmt nur gut gemeint hatte. Elsbeth berichtet, sie sei am U-Bahnhof Times Square Adrienne Thomas begegnet, einer seinerzeit in Deutschland populären Schriftstellerin *(Die Katrin wird Soldat)*. Adrienne habe ihr vorgeweint: »Bringen Sie mich weg aus diesem Babylon, von den riesigen Betonklötzen, den Menschenherden, denen es jeder Rücksicht ermangelt, den lauten Straßen, den idiotischen und schrillen Leuchtreklamen. Ich gehe hier zugrunde ...« Frau Thomas kehrte die sensible Künstlerseele hervor; es muß ihr schwergefallen sein, zu glauben, daß es auf Erden noch schlimmere Orte gab, wie zum Beispiel die Rampe auf dem Bahnhof von Auschwitz. Doch Elsbeth berichtet auch von ähnlichen Reaktionen eines Arbeiters, der sagte, daß die Dimensionen der Stadt einfach zu übermächtig und angsteinflößend seien, der

Kampf um einen Stehplatz in der U-Bahn zu nervenaufreibend. Die erste Begegnung mit New York war für viele ein Alptraum, was allerdings nur die wenigsten zu sagen wagten, um nicht undankbar zu erscheinen, denn schließlich war ihnen ja gerade das Leben gerettet worden. Daher wurde das Schockerlebnis New York in den Memoiren nur selten beschrieben, und sowieso neigten die Flüchtlinge dazu, diese ersten Eindrücke zu vergessen, wenn sie erst einmal damit beschäftigt waren, sich eine neue Existenz aufzubauen, und sich ihre materielle Lage zu bessern begann.

Die jüdischen Organisationen legten Wert darauf, daß die Flüchtlinge nicht in New York blieben, und viele gingen auch aus eigenem Antrieb. Henry Ries, ein Fotograf von 21 Jahren, zog nach Bridgeport in Connecticut weiter, aber nicht weil New York ihn erdrückte, sondern weil er es im Gegenteil provinziell fand, verglichen mit dem kosmopolitischen Berlin, was zum Beispiel den herrschenden Sittenkodex zwischen den Geschlechtern betraf: Es schien ihm unerhört, daß ein junger Mann nicht eine junge Frau ansprechen, geschweige denn sie zum Kaffee oder auf einen Drink einladen durfte. Aber er wollte auch aus dem Flüchtlingsmilieu heraus: »Ich wollte ein bißchen frische Luft atmen, ich wollte nicht deutsch sprechen oder mir die fortwährenden Klagen und Vorwürfe anhören. Ich wollte einfach nur leben ...« Er fand Menschen, die ihn akzeptierten, Juden wie Nichtjuden, er stieß auf eine Großzügigkeit, wie er sie zuvor nicht gekannt hatte. Seine Lebensumstände besserten sich, und er fühlte, wie er allmählich zum Amerikaner wurde.

Kurz nach dem Ende des Krieges in Europa wurde von einem überparteilichen Ausschuß eine umfangreiche Studie, gestützt auf zahlreiche Interviews, über die Immigration nach Amerika in den letzten Jahren veröffentlicht. Sie war eine Antwort auf die Fremdenhasser, die eine umfassende Einwanderung vor der Schoa verhindert hatten. Unter anderem mußte die Frage beantwortet werden, was die Flüchtlinge von Amerika hielten, und es stellte sich heraus, daß sich die meisten Flüchtlinge in der Tat überwältigt fühlten. Warum hatte ihnen in Europa niemand erzählt, daß New York die schönste Stadt der Welt war? »Warum haben wir geglaubt, amerikanische Produkte seien nur Plunder und Mumpitz?« Sie waren fasziniert von den Mengen und der Vielfalt an Lebensmitteln, aber auch schockiert über die Verschwendung. Dinge, die in Amerika alltäglich waren, galten in Europa als Luxus; so schrieb einer von ihnen: »Der Parkplatz einer Fabrik konnte es mit dem der Münchener Oper am Abend einer Galavorstellung aufnehmen.« Sie waren beeindruckt von dem Mangel an behördlicher Kontrolle, von der Freundlichkeit und Offenherzigkeit der Menschen und von der Tatsache, daß ein nächtliches Klopfen an der Tür nicht den Besuch der Gestapo bedeutete.

Welche Aspekte des Lebens in Amerika beurteilten sie am positivsten? 27 Prozent der Befragten gaben »Demokratie oder politische Gleichberechtigung« an, 26 Prozent antworteten mit »Freiheit«, der Unterschied zwischen diesen beiden Kategorien war wohl nicht absolut klar, außer vielleicht professionellen Politologen. Nur zwölf Prozent bezeichneten den hohen Lebensstandard als das attraktivste Merkmal, und acht Prozent entschieden sich für »Freundlichkeit«. Gewiß waren viele Flüchtlinge schockiert von dem Ausmaß der Rassenvorurteile, von dem übertriebenen Wert, der dem Geld als Maßeinheit für gesellschaftliches Prestige beigemessen wurde, von Sprache und Inhalt der amerikanischen Medien, von der Diskriminierung, der sie als Juden gelegentlich ausgesetzt waren. Doch auf die Frage, ob sie vorhätten, nach Deutschland zurückzukehren, mag die Antwort eines ehemaligen Geschäftsmannes als typisch gelten: »Das ist eine sehr dumme Frage. Was hätten wir denn davon?« Oder wie ein ehemaliger leitender Angestellter eines Sozialdienstes erklärte: »Wir haben jetzt über acht Jahre wie Amerikaner gelebt und gedacht und gefühlt, oder es wenigstens versucht. Unsere Kinder sind durch und durch Amerikaner ... Natürlich fühlen wir uns in diesem Land nicht so verwurzelt, wie wir es in Deutschland waren, aber wir haben von Anfang an versucht, unser früheres Leben zu vergessen, denn das erschien uns als die einzige Möglichkeit, hier heimisch und glücklich zu werden.«

Die Umfrage, die maßgeblichste der damaligen Zeit, die auch noch Jahre danach Gültigkeit haben sollte, zeichnet das Bild einer großen Erfolgsgeschichte, aber im Rückblick war sie auch ein wenig irreführend. Die Studie wurde Jahre nach der Ankunft der Flüchtlinge erstellt und gab nicht ihre ersten Erfahrungen wieder, sie erfolgte nach einem Krieg, der gegen die Barbarei der Nazis gewonnen worden war, sie wurde durchgeführt, nachdem sich die wirtschaftliche Lage stabilisiert hatte, in einer allgemeinen Atmosphäre des Optimismus, was die Zukunft betraf. Sie erschien, nachdem das ganze Ausmaß der Schrecken des Krieges bekannt geworden war, und es mag auch stimmen, daß die Befragten zeigen wollten, daß sie Patrioten waren und daß sie ihre Anfangsschwierigkeiten hinter sich gelassen hatten. Doch dies entsprach nicht der allgemeinen Stimmung von 1938/39 oder sogar 1940, als oftmals Verzweiflung und Hoffnungslosigkeit herrschten, als einige Flüchtlinge Selbstmord begingen, und zwar nicht nur sensible Schriftsteller wie Ernst Toller und Stefan Zweig, die den Lebenswillen und den Mut, einen Neuanfang zu machen, verloren hatten.

Manhattan Blues

Der Brennpunkt unserer Erzählung liegt auf der jüngeren Generation, deren Eindrücke und Erlebnisse nicht unbedingt denen ihrer Väter und Mütter entsprachen. Sie erlitten nicht die Enttäuschungen von Anwälten, deren Ausbildung und Berufserfahrung nun völlig nutzlos waren, von Ärzten, die trotz aller Erfahrung noch einmal studieren mußten, um ihre Zulassung zu bekommen, sie waren keine deutschen Schriftsteller oder Schauspieler, die sich nicht auf die englische Sprache umstellen konnten.

Aber auch sie standen unter dem Einfluß der Stimmung ihrer Eltern, die alle diese Schwierigkeiten durchmachten, der Armut und der Entbehrungen. Georg Stefan Troller berichtet, daß er nicht gerade vor Glück überströmte, gerettet und in den Vereinigten Staaten zu sein. Er spottete über den »Schnellamerikaner«, den »Alrightnik«, der »das Rockefeller Center als die ›erhabenste Kathedrale der Welt‹ und ›Grandma Moses‹ als das größte Maltalent seit Leonardo« pries; und darüber, daß laut Max Reinhardt in Kalifornien der »neue Mensch« entstand (auch wenn er selbst in Hollywood keine angemessene Beschäftigung fand). »Nach außen hin zelebrierte jeder von uns die ›neue Heimat‹ in höchsten Tönen. Und jeder empfand sich persönlich als Versager, als Außenseiter, ... als Pferd im Automobilzeitalter.« Nach dem Krieg ging Troller zurück nach Europa und arbeitete viele Jahre als deutscher Fernsehkorrespondent in Paris.

Es wäre jedoch weder fair noch zutreffend, für diese Empfindungen allein die Feindseligkeit anderer sowie die Vernachlässigung und die herablassende Haltung der jüdischen Hilfsorganisationen verantwortlich zu machen. Während einige der Neuankömmlinge eine bewundernswerte Bereitschaft zeigten, fast jede Arbeit anzunehmen, Initiative und Einfallsreichtum an den Tag zu legen, verbrachten andere die Zeit damit, über ihr Unglück zu lamentieren, zu beklagen, wie reich sie einst gewesen seien und wie wunderbar zu Hause alles gewesen war. So schrieb der *Aufbau*, das von allen gelesene deutschsprachige New Yorker Wochenblatt:

»Es ist ein offenes Geheimnis, daß viele Immigranten in New York enttäuscht und entmutigt sind, wenn einmal der graue Alltag beginnt, nachdem man alle die alten Freunde und Verwandten getroffen hat. Die meisten Flüchtlinge hatten gedacht, daß alles ganz anders sein würde.«

Während der vorangegangenen Jahre waren sie damit beschäftigt gewesen, ihre Bürgschaftserklärungen, Tickets und andere Dokumente zu beschaffen. Zeit, über die Zukunft nachzudenken, hatten sie nicht gehabt, solange sie sich noch in den jeweiligen Transitländern, wie Frankreich oder England, befanden. Doch nun, nachdem sie endlich ihr Ziel erreicht hatten, fanden sie nur schlecht bezahlte Jobs, und auch das nur unter großen Schwierigkeiten. Es war unerträglich heiß in New York, die Zimmer in der Pension konnten nicht gelüftet werden, über die 80. Straße im Norden und die 14. Straße im Süden waren sie nie hinausgekommen, und das war so ungefähr alles, was sie von Amerika kannten. Die Kinder waren in der neuen Heimat unartiger als je zuvor, das Essen in der Cafeteria sah viel besser aus, als es schmeckte. Sie hatten sich so angestrengt, sich in der alten Heimat ausreichende Englischkenntnisse anzueignen, und nun verstanden sie kein Wort, wenn man mit ihnen redete. War das Amerika, war dies das Land ihrer Zukunft?

Diese negative Haltung, der Mangel an Unternehmungsgeist, Anpassungsfähigkeit, Ausdauer, Mut, die Neigung, sich von den Schwierigkeiten unterkriegen zu lassen, ging den Amerikanern sehr gegen den Strich und brachte sie gegen die Gäste auf. Wie Miss S. Cohen aus New Jersey im August 1940 im *Aufbau* schrieb, »... machten sie uns erst in ihren Briefen panische Angst. Wir dachten, sie würden zu Tode gehetzt. Nach einem fürchterlich hektischen Jahr (in dem Bemühen, einer vierköpfigen Familie entfernter Verwandter zu helfen), in dem wir unsere eigenen Familien vernachlässigt haben, um ihnen zu helfen, wissen wir jetzt, daß wir sie in Europa hätten lassen sollen. Ich beginne zu glauben, daß dieser Zustrom völlig unnötig ist ... sie sollten dableiben und sich ein paar Jahre nicht vom Fleck rühren, und irgendwann werden sich die Dinge schon wieder einrenken. Es ist nur eine Masche, uns Geld abzuknöpfen. Sie sollen wissen, daß wir nicht alle im Geld schwimmen, und wenn es nicht gerade um Leben und Tod geht, sollten sie bleiben, wo sie sind. Wenn ich meine Verwandten so reden höre, haben die in Deutschland Zurückgebliebenen immer noch viele Chancen, untereinander glücklich zu sein, mehr als wir mittellosen Juden hier haben.«

Miss Cohen hätte sich nicht mehr irren können, es ging in der Tat um Leben und Tod, es gab in Deutschland und Österreich keine Chance, glücklich zu werden, sondern nur die Aussicht auf den sicheren Tod. Doch sie war offenbar durch die Dummheit und Taktlosigkeit ihrer Gäste, die es hätten besser wissen müssen, über jegliches Maß hinaus provoziert worden. Nicht alle Flüchtlinge waren Heilige und Genies. Zwar gab es unter den Neuankömmlingen so gut wie keine Kriminellen, aber sehr beschränkte Leute waren schon darunter, denen es an elementarer Einsicht fehlte.

Akkordarbeit und das stärkere Geschlecht

Es stimmt natürlich, daß die Flüchtlinge zu leiden hatten, daß einige der Älteren seelisch gebrochen waren und das Leben für die Jüngeren hart war, um es milde auszudrücken. Es gibt viele Berichte von Jungen und Mädchen, die für einen oder anderthalb Dollar oder weniger pro Tag in ausbeuterischen Betrieben arbeiteten, von langen Bus- und U-Bahn-Fahrten zur Arbeit, davon, wie sie abends erschöpft nach Hause kamen, zu müde, um noch ihre Englischkurse zu besuchen. Einer von ihnen schrieb viele Jahre später:

»Auf persönlicher Ebene war Amerika ohne Mitgefühl, es wollte uns nicht. Da kamen wir nun in großer Zahl zu einer Zeit, als Jobs knapp waren, es wurde uns vorgeworfen, daß wir den Amerikanern Arbeit wegnähmen, daß wir bereit seien, alles zu tun, auch solche Arbeiten, die von den Amerikanern abgelehnt wurden. Wir wurden oft daran erinnert, daß unsere Lage besser sei als die von früheren Einwanderern. Wir mußten nie auf Parkbänken schlafen, und unsere Bäuche waren niemals leer. Aber wir lernten schnell die Bedeutung von ›dog eats dog‹, jeder gegen jeden. Oft gab es Beschwerden über Ausfälle gegenüber Flüchtlingen am Arbeitsplatz von seiten jüdischer Kollegen aus Polen.«

Robert Goldmann berichtet von der Böswilligkeit gegenüber

den »Jecken«, die er als einziger deutscher Jude in einem großen Schneidereibetrieb erlebte. Seine Mitarbeiter behandelten ihn als Snob, weil sich die deutschen Juden in ihren Augen anders kleideten und anders benahmen, nämlich wie Nichtjuden. Sie vernachlässigten ihr Judentum oder schämten sich dessen sogar. Sie wohnten in der Westend Avenue anstatt in der Lower East Side.

Edith Liebenthal berichtet: »Das wahre Problem (bei der Arbeit) war eine Gruppe alter Männer, sie sprachen Jiddisch und haßten uns, weil wir nicht ihre Sprache beherrschten. Sie waren gemein und ärgerten uns, indem sie uns ›jiddische Schicksen‹ nannten.« Ähnliche Klagen kamen paradoxerweise von den polnischen Juden, die, im Oktober 1938 aus Deutschland vertrieben, nach Polen zurückgekehrt waren und von ihren jüdischen Landsleuten in Lodz und Radom als »Jeckes« behandelt wurden.

Lange Zeit wohnten neuangekommene Familien dicht gedrängt in einem Raum, nicht immer mit eigenem Bad oder Küche. Die Frauen und Mädchen fanden meistens als erste Arbeit, natürlich am untersten Ende der Skala. Eva Neisser beschrieb es so: »Die Mädchen gingen putzen, hüteten als Aupair für dreißig bis vierzig Dollar im Monat Kleinkinder, hefteten Knöpfe mit Draht auf Kartons, für vierzig Cent pro Stunde oder im Akkord. Wenn man nicht schnell genug arbeitete, saß man auf der Straße. In einer dieser Firmen in der East Bronx liefen 24 Maschinen 24 Stunden am Tag; meine Schwester und ich hatten die Schicht von vier Uhr morgens bis zwölf Uhr mittags, wir nahmen um drei Uhr morgens in der West Bronx den IRT zur 125. Straße in Harlem, dann den Pelham-Bay–East-Bronx-Zug wieder hinauf. In Heimarbeit fädelten wir Perlen auf, klebten Sohlen an Slipper, wobei drei Frauen für etwa acht Dollar pro Woche arbeiteten. Um einen anständigen Bürojob zu bekommen, mußte man jemand kennen ...«

Eine andere junge Frau, siebzehn Jahre alt, hatte die Überfahrt auf dem Unglücksschiff »St. Louis« gemacht, dem berühmten »Schiff der Verdammten«, das gezwungenermaßen nach Europa zurückkehren mußte, gehörte aber zu den wenigen, die eine zweite Chance bekamen und Amerika am Vorabend von Thanksgiving 1940 erreichten. Es war eine ereignisreiche Reise gewesen, die Passagiere wurden angewiesen, zu allen Zeiten Rettungswesten sowie Gummistiefel für eine eventuelle Evakuierung in die Rettungsboote zu tragen. Innerhalb einer Woche fanden sie und ihre Schwester Arbeit in einer kleinen Fabrik durch eine Anzeige im *Aufbau*, der eine so wichtige Rolle im Leben der Flüchtlinge spielte. In der Fabrik wurden Strickhandschuhe für das Heer und die Marine hergestellt:

»Wir hatten Bündel aus Wollhandschuhen im Schoß und Dampfpressen im Rücken, ziemlich heiß im Sommer ... Am Silvestertag zogen wir in eine kleine möblierte Wohnung in der Gegend der 80. Straße um. Meine Schwester und ich schliefen im Wohnzimmer zusammen auf einer schmalen Couch, Kopf an Fuß.

Wir hatten unser eigenes Bad, Küche, Bettwäsche, Gas und Strom für zehn Dollar pro Woche. Jeden Abend nahmen wir Bündel von Handschuhen mit nach Hause, um sie dort fertigzustellen. Am Morgen brachten wir sie wieder zurück in die Fabrik. So konnten wir uns über Wasser halten. Jede Woche zahlten wir ein oder zwei Dollar auf ein Sparkonto ein. Wir kauften Tage altes Brot und nahmen unseren Lunch in einer Papiertüte mit. Mein erstes Kleid kaufte ich bei Klein auf dem Square für 2,95 Dollar. Meinen ersten Film sah ich nach einem Jahr in New York. Wenn wir einmal groß ausgingen, leisteten wir uns ein Ice-cream Soda für zwei.«

Einem anderen Zeitgenossen zufolge war dies schon ein Luxus, »um mit einem Mädchen auszugehen, gaben die Jungen elf Cent aus – zehn für die U-Bahn-Fahrt in die Stadt und zurück, dann ein Gratiskonzert im Metropolitan Museum oder in der Frick Gallery und ein Streifen Kaugummi für einen Cent als Bewirtung.«

Junge Männer wechselten häufiger den Arbeitsplatz als junge Frauen. Putty Eichelbaum, der über Italien und Kuba in die USA gelangt war, begann sein Arbeitsleben als Tellerwäscher im Waldorf Astoria und stieg dann zum uniformierten Platzanweiser in der Radio City Music Hall auf. Seine Amerikanisierung machte rasche Fortschritte, er ließ sich einbürgern, änderte seinen Namen in Richard Henry Essex und fand durch seine italienische Freundin eine Stelle als Bühnenarbeiter, später als Kleindarsteller in einer religiösen Galashow in italienischer Sprache mit dem Titel »Leben und Tod Christi«, die eine Tournee durch die Ostküstenstädte unternahm. Er hatte ein fürstliches Einkommen von 25 Dollar in der Woche, und als die Tournee zu Ende war, wurde er Page in einem Hotel in Florida und servierte den neu angekommenen Gästen Eiswasser. Unter diesen befanden sich eine ganze Menge attraktiver, frischverheirateter junger Frauen, die ohne ihre Ehemänner aus New York angereist waren, nur ein paar Jahre älter als er selbst, deren Mutter- oder sonstige Instinkte von dem hübschen jungen Pagen wachgerufen wurden. Inzwischen verdiente er mit Trinkgeldern dreißig Dollar pro Woche. Doch die Saison ging zu Ende, und er kehrte nach New York zurück, wo der Arbeitsmarkt eng war. Schließlich fand er einen sehr unbefriedigenden Job in einer Schuhfabrik in New Jersey. Danach kam Pearl Harbor – und die Einberufung zum Wehrdienst.

Viele junge Männer arbeiteten als Kellner in Restaurants und Cafés. Es gibt keine genauen Statistiken über die Beschäftigung derjenigen, die im Alter von siebzehn, achtzehn oder neunzehn Jahren in New York ankamen, es ist jedoch aufschlußreich, sich die Lebensläufe zukünftiger Akademiker daraufhin anzusehen. Siegmund Baum, später Professor der Physiologie, arbeitete in einer Fabrik. Hermann Freudenberger, der einmal Wirtschaftsprofessor werden sollte, arbeitete in einer Matratzenfabrik und später in der Herstellung von Schuhcreme. Kurt Eisenmann, in späteren Jahren Mathematikprofessor, verbrachte drei Jahre als Lehrling in einem Geschenkartikelladen und trug außerdem Zeitungen und Brot aus. Walter Eppenstein, später Professor der Physik, betätigte sich als Klempner. Ernst Bergmann, Professor für Pflanzenphysiologie, arbeitete in der Landwirtschaft, desgleichen der Historiker Werner Angress. Carl Amberg, Chemieprofessor, arbeitete in der Papier- und Aluminiumproduktion. Helmut Adler, Psychologieprofessor, war Schweißer. Henry Abraham lieferte Zeitungen aus, bevor er am Kenyon College studierte und Professor für Politologie wurde. Paul Moritz Cohn, Professor der Mathematik, begann sein Arbeitsleben auf einer Hühnerfarm und fand später eine Stelle als Monteur für Sitzbankbeschläge.

Gunther Stent, in späteren Jahren führend auf dem Gebiet der Molekularbiologie, begann als Tellerwäscher in der Abendschicht des Kaufhauses der Gebrüder Goldblatt im Loop, der Innenstadt von Chicago. Danach arbeitete er am Softdrink-Ausschank eines Drugstores Ecke 53. und Woodlawn in der Gegend des Hyde Parks und war dann bereit für den Spitzenjob des Servierers von Schnellgerichten bei Liggett's, einem der betriebsamsten Drugstores der Stadt, gleich nördlich des Loop. Er verdiente siebzig Cent die Stunde, fand die Arbeit jedoch wegen des unablässigen Andrangs physisch und psychisch ermüdend.

Dies waren nur elf zufällig ausgewählte Biographien. Ihre Zahl ließe sich wahrscheinlich mit einem Faktor von hundert multiplizieren. Waren dies verschwendete Jahre, oder konnten diejenigen, die diese harte Schule des Lebens durchliefen, später wie Edward Gibbon *(Geschichte des Verfalls und Untergangs des Römischen Reichs)* im 18. Jahrhundert sagen, daß der Hauptmann der Hampshire Grenadiers dem Historiker hilfreich war? (Auch wenn sie selbst nie Offiziere und Gentlemen waren.) Während der chinesischen Revolution schickte Mao Tse-tung Studenten zur Feldarbeit aufs Land. Für die jungen jüdischen Flüchtlinge waren die ersten Jahre in Amerika so etwas wie eine Kulturrevolution, nur daß sie oftmals nicht das Licht am Ende des Tunnels sahen. Es ist zweifelhaft, ob es besonders hilfreich war, wenn ein zukünftiger Physiker oder Mathematiker seine besten Jahre mit Tellerwaschen verbrachte. In anderen Berufen mochte eine solche Auseinandersetzung mit dem wirklichen Leben außerhalb des Elfenbeinturms der Akademie durchaus den Horizont erweitern.

Es gab einen wichtigen Unterschied, was die Aussichten junger

Männer und die junger Frauen betraf. Die Mädchen waren, wie mehrfach festgestellt, unter diesen schwierigen Bedingungen das stärkere Geschlecht. Ihnen fiel es leichter, Arbeit zu finden, und so wurden sie zu den Hauptverdienern, besonders in den ersten Monaten nach der Ankunft. Sie gingen putzen und waren sich für keine niedrige Arbeit zu schade. Später jedoch stand den jungen Männern nicht nur eine größere Vielfalt von etwas besser bezahlten Jobs offen, sie wurden auch Soldaten, und nach der Rückkehr in die Vereinigten Staaten kamen sie in den Genuß der G.I. Bill of Rights (davon gleich mehr), die ihnen den College-Besuch ermöglichte und Karrieren eröffnete, von denen sie zuvor nur hatten träumen können. Was die jungen Frauen betraf, so hätte, wie eine von ihnen später schrieb, »... der Besuch der High School uns ein paar Jahre zurückgeworfen, und um das College zu besuchen, hätten wir Kurse in amerikanischer Geschichte und in schriftlichem englischem Ausdruck besuchen müssen, egal ob wir das brauchten oder nicht. Vor allem brauchten unsere Eltern, die Ende Vierzig oder schon über fünfzig waren, jeden Dollar, den wir verdienen konnten.« Oder wie eine andere schrieb: »Meine Arbeit war kriegswichtig, und ich konnte da nicht weg. Die Arbeitszeit war zu lang, um noch in die Abendschule zu gehen.«

Als der Krieg vorbei war, heirateten sie, und dann tickte die biologische Uhr; wenn sie eine Familie gründen wollten, waren die fünfziger Jahre die richtige Zeit dafür. Wenn die Kinder dann ein bestimmtes Alter erreicht hatten, konnten sie zwar immer noch aufs College gehen, aber wenn sie schließlich ihren ersten oder zweiten akademischen Grad erreichten – was natürlich ein höchst befriedigendes Erlebnis war –, dann waren sie schon Ende Dreißig oder Anfang Vierzig, und mit den Karriereaussichten sah es eher trübe aus. Was die frühen Jahre betrifft, so stimmte gewiß, was ein ansonsten unbekannter Poet unter den Flüchtlingen schrieb:

»Wir alle wissen es gut und genau,
Das starke Geschlecht ist die heutige Frau.«

Die Jungen und der American Way of Life

Wir haben uns mit der jungen Generation beschäftigt, als habe es sich dabei um ein Ganzes gehandelt, aber es gab eine grundsätzliche Trennlinie, die vielleicht in Amerika mehr hervortrat als in anderen Ländern und die zur damaligen Zeit stärker als zu anderen Zeiten spürbar war. Wer 1922 oder früher geboren war, bei der Ankunft also sechzehn, siebzehn oder älter war, mußte losziehen, um die Familie ernähren zu helfen. Die Jüngeren dagegen mußten entsprechend den Landesgesetzen die Schule besuchen. Der Schulbesuch in diesem Alter förderte nicht nur die Integration, sondern qualifizierte auch für Stipendien und Hochschulzulassung, die den anderen verschlossen blieben. Wenn man nicht gerade ausnehmend faul oder dumm war, war damit eine anständige Berufskarriere praktisch gesichert.

In sämtlichen über die jüngsten Flüchtlinge durchgeführten Untersuchungen wird hervorgehoben, daß diese verlorenen Kinder Europas – wie verwirrt sie anfangs auch gewesen sein, wie sehr sie um das Schicksal ihrer zurückgebliebenen Eltern gebangt und wie schmerzlich sie ihre vorherigen Erlebnisse empfunden haben mögen – sich erstaunlich schnell von diesen Traumata erholten. Der überwiegende Eindruck war, daß die Kinder das Leben in der neuen Welt mit herzhaftem Optimismus akzeptierten. Denn die Ankunft in Amerika nach abenteuerlicher Reise über den Ozean war die Verwirklichung eines Traums und die Erlösung aus Not und Erniedrigung – wie etwa ein Junge die Einfahrt des Schiffes in den Hafen von New York folgendermaßen beschrieb: »Jeder von uns war überglücklich, Tränen standen uns in den Augen, Schauer überliefen uns beim Anblick dieses Landes der Freiheit und Gerechtigkeit für alle.« Dieser Bericht erscheint fast zu schön, um wahr zu sein, es gibt jedoch keinen Grund, den Worten jenes kleinen Mädchens keinen Glauben zu schenken, das einem Gefährten am Bahnhof zum Abschied wünschte: »Viel Spaß, viel Eiscreme und viel Geld!«

Die Trennung von den Eltern fiel natürlich nicht leicht, und die Gewöhnung an Pflegefamilien ging gewöhnlich auch nicht so schnell vonstatten, wenn überhaupt. Doch herrschte allgemeine Übereinstimmung, daß die Flüchtlingskinder in der Schule und später auf dem College sehr gut zurechtkamen. Sie bekamen nicht nur sehr gute Noten und Preise, sondern verstanden sich auch gut mit den anderen Kindern. Die Sprache war nur ein vorübergehendes Hindernis, wenn es bei den Älteren auch etwas länger dauerte, bis sie ihren Akzent ablegten. Anders als in England wurde ihnen nicht nahegelegt, die Schule mit fünfzehn oder sechzehn zu verlassen. Max Frankel, der in Washington Heights zur Schule ging, stellte fest, daß er in Englisch am schwächsten und seine Englischlehrerin Elsie Herrmann ein Alptraum war. Das Lesen fiel ihm schwer, so daß er bei der Lektüre von Dickens' *Tale of Two Cities* hoffnungslos zurückfiel. Sie schickte ihn in einem Journalismuskurs. Sie wandte mehr als sanften Druck an und förderte ihn nach Kräften, bis ihm die Arbeit für sie Spaß zu machen begann. Am Ende des Schuljahrs wurde er zum Chefredakteur der Schülerzeitung befördert: »Von ihrer Kraft und ihrem Glauben vorangetrieben, trat ich in die privilegierte Gilde der tintenfleckigen Gschaftlhuber ein.«

Mehr als ein Drittel der Flüchtlingskinder erbrachte in der Schule hervorragende Leistungen und erhielt Auszeichnungen und Stipendien. Sie wurden Abschiedssprecher ihrer Klassen, Vorsitzende von Ehrenausschüssen im College und an der Universität, Studenten und Lehrer in Harvard und Yale. In New York wurde eine Untersuchung durchgeführt, um die Gründe für diese überdurchschnittlichen Leistungen herauszufinden. War es eine Sache angeborener Intelligenz oder die guten Arbeitsgewohnheiten, die ihnen seit frühester Kindheit anerzogen worden waren; war es das intellektuelle Milieu, in dem die Flüchtlingsfamilien lebten, oder vielleicht die Tatsache, daß es sich bei jenen, die es nach Amerika geschafft hatten, um eine Elitegruppe handelte, um die Unternehmendsten in ihren jeweiligen Gemeinden? Was immer die Gründe gewesen sein mögen, jedenfalls spielten auch die unbesungenen amerikanischen Lehrer eine entscheidende Rolle, ihr Enthusiasmus, ihre Beharrlichkeit und Hilfsbereitschaft im allgemeinen.

Um noch eine solche Geschichte zu erzählen: Richard Schifter war 1938 allein im Alter von fünfzehn Jahren aus Wien herübergekommen. Er kam auf die DeWitt Clinton High School in New York und war bald der Beste seines Jahrgangs, doch da war immer noch sein ausländischer Akzent. Er erinnert sich an einen außergewöhnlichen jungen Lehrer namens Israel Schuldenfrei, der ihn verschiedene Textpassagen lesen ließ und ihm dann Wort für Wort auseinanderklaubte, was er falsch ausgesprochen hatte. Sodann widmete er sich einzelnen Lauten und ließ ihn Sätze rezitieren, in denen der jeweilige Laut gehäuft vorkam (zum Beispiel das »r« in *around the rugged rock the ragged rascal ran*). Wenn er dann durch die Straßen New Yorks ging und für einen Schneider in der Nähe gereinigte und gebügelte Kleider austrug, um sich ein bißchen Kleingeld zu verdienen, sprach er die Sätze immer wieder vor sich hin. Weiteres Geld verdiente er sich als Nachhilfelehrer für einen totalen Versager im Fach Mathematik, der daraufhin seine Prüfung bestand. So lernte er eine Lektion, die für seine zukünftige Laufbahn als amerikanischer Diplomat von großer Bedeutung sein sollte: »Man muß lernen, zwischen Aufgaben zu unterscheiden, die sehr, sehr schwierig, und anderen, die unmöglich sind. Man sollte nicht zögern, die ersteren zu übernehmen.«

Eine Untersuchung über das Schicksal der Kinder ohne Begleitung, die vierzig Jahre später durchgeführt wurde, ergab, daß die meisten sich nicht nur an Amerika gewöhnten, sondern sich geradezu in das Land verliebten. Wer noch nicht zehn Jahre alt war, wurde binnen Wochen Amerikaner, und nach wenigen Monaten hatten sie Europa völlig vergessen. Die älteren jedoch hatten Schwierigkeiten und konnten sich nie ganz von dem Gefühl befreien, daß es zwischen ihnen und ihren Altersgenossen, die keine Flüchtlinge waren, Unterschiede gab. Einer, der später zum

Oberst in der US-Armee aufstieg, schrieb, daß er sich immer noch als Außenseiter fühlte, was seine Gefühle betraf. Fast alle konnten zufrieden sein, was den beruflichen Aufstieg und das Einkommen betraf, doch mit zunehmendem Alter fühlten sie, daß ihnen etwas fehlte – die Wurzeln, der Familienverband –, sie erkannten, daß es ihnen in Amerika zwar gutging und sie akzeptiert wurden, daß sie sich in mancher Hinsicht jedoch immer noch von den anderen unterschieden. Daher rührte zum Beispiel der Drang der ehemaligen Schüler des Jahrgangs 1940, Klassentreffen zu veranstalten, obwohl sie bei ihrer Ankunft noch sehr jung und nur die allerkürzeste Zeit zusammengewesen waren.

Vielleicht verlief die Amerikanisierung der Jüngsten sogar zu rasch und war zu erfolgreich. Der Wunsch, wie die anderen zu sein, war so groß, daß sie sich nicht mehr für ihre Muttersprache interessierten. Der kulturelle Hintergrund, überkommene Werte und Sitten wurden vernachlässigt, und außerhalb New Yorks war der Anpassungsdruck wahrscheinlich noch größer.

Washington Heights

Flüchtlinge aus Deutschland neigten ebenso wie Einwanderer aus anderen Ländern dazu, sich in bestimmten Gegenden ihrer neuen Heimat zu sammeln. Das trifft auf Rechavia und Nord-Tel Aviv in Israel ebenso zu wie auf Swiss Cottage, Hampstead und Golders Green in London sowie Belgrano in Buenos Aires. Die Mehrzahl der deutsch-jüdischen Flüchtlinge in den Vereinigten Staaten, vielleicht zwei Drittel, konzentrierte sich auf New York. Andere gingen nach New Jersey und Pennsylvania, nach Kalifornien und Ohio. Es gab kaum einen Bundesstaat, indem sie sich nicht ansiedelten, und in einigen größeren Städten wie Chicago (in der Hyde-Park-Gegend) und Los Angeles und seinen Vororten gab es Ballungsgebiete von mitteleuropäischen Einwanderern wie in New York. Dieses allgemeine Bild tendierte während des Krieges und danach zu gewissen Veränderungen, doch im großen und ganzen blieb es über mehrere Jahrzehnte hinweg gültig.

In New York ließen sich die Wohlhabenderen, die Intellektuellen und viele Wiener in der Gegend des Riverside Drive und der Westend Avenue zwischen der 72. und 96. Straße nieder. Doch die stärkste Konzentration fand sich in Washington Heights im oberen Teil Manhattans zwischen der 160. und 180. Straße westlich des Broadway. Warum sich die Flüchtlinge hier sammelten und nicht in anderen Stadtteilen New Yorks, läßt sich nicht mehr feststellen, es geschah wohl ebenso zufällig wie die Wahl eines bestimmten Stadtteils in London oder Jerusalem. Es könnte, wie ein Reporter es ausdrückte, an der Vornehmheit der Gegend, dem Baustil der Häuser, den einladenden Parks und der Nähe des Hudson River gelegen haben. Am wahrscheinlichsten aber ergab es sich wohl dadurch, daß ein paar Bekannte, die früher angekommen waren, bereits dort wohnten und die später Gekommenen froh waren, in eine Gegend zu ziehen, wo sie wenigstens ein paar Leute kannten und wo es auch schon frühzeitig einige Läden wie Bäcker und Fleischer gab, in denen man ihre Sprache verstand.

Es war eine relativ homogene Nachbarschaft, die hauptsächlich aus süddeutschen Juden bestand. Flüchtlinge aus Norddeutschland und aus Berlin waren eher in manchen Ortsteilen von Queens wie Forest Hills und Kew Gardens zu finden. In Washington Heights lebten überwiegend Juden aus kleinen Gemeinden, bei denen die Betonung auf einer gewissen religiösen Orthodoxie lag, zwar nicht wie sie in Osteuropa praktiziert wurde, aber doch deutlich erkennbar. Nachdem sich dort erst einmal eine gewisse Zahl von Juden niedergelassen hatte, fanden Nachbarschaftsvereine wie der New World Club und der Prospect Unity Club regen Zulauf, ebenso Sportvereine wie Maccabi, es wurden Synagogen jeder Glaubensrichtung gegründet, Lebensmittelläden mit deutschen Spezialitäten schossen aus dem Boden, und sogar ein Cabaret entstand. In mancher Hinsicht ähnelten die Straßenszenen in Washington Heights denen einer süddeutschen Kleinstadt.

Ein Korrespondent des *Aufbau* beschwerte sich 1939 über »die Kleinstadtgewohnheit einiger unserer Landsleute, vor Cafés und an Straßenecken in kleinen Gruppen tratschend herumzustehen«. Er nannte dies eine Unsitte, die seitens der Amerikaner zunächst Überraschung und später Abscheu hervorrief. Auch in lateinamerikanischen Städten wurde dieses Phänomen beobachtet und kritisiert. Vielleicht war dies gar nicht so sehr eine deutsch-jüdische Angewohnheit, denn das damalige tägliche Straßenparlament am Schderot Rothschild in Tel Aviv setzte sich eher aus Osteuropäern als aus Deutschen zusammen. Doch woher die Sitte auch stammte, sie wurde in New York jedenfalls als unamerikanisch empfunden.

In Washington Heights (manchmal auch *The Fourth Reich* genannt) entwickelte sich in den dreißiger Jahren ein gewisser deutsch-jüdischer Lebensstil. Es gab natürlich laufend Zugeständnisse an die amerikanische Lebensweise, erst änderte sich die Kleidung, dann änderten sich die Möbel und schließlich, nachdem die Flüchtlinge begonnen hatten, Amerika zu entdecken, auch viele andere Dinge. Im ganzen gesehen, fühlten sich die Flüchtlinge in den vierziger Jahren in Washington Heights zu Hause. »Für meine Mutter war es erfrischend«, berichtete ein Flüchtling, »von Freunden umgeben, in der Synagoge als Freiwillige an vielen Aktivitäten beteiligt, darunter dem sonntäglichen Kleidertausch, fühlte sie sich völlig heimisch. Es gab ständig irgendwelche Treffen, Dachpartys und Picknicks im Interstate Park auf der anderen Seite des Hudson River, wohin man mit der Fähre gelangte.«

Die Jungen spielten Fußball, und das war damals ein durchaus unamerikanischer Sport. Mehrere Vereine entstanden, der New World Club (später mit Blue Star verschmolzen), der Prospect Unity Club, und Hakoah Vienna arbeitete mit den Brooklyn Wanderers zusammen. Der New World Club hatte einen vielversprechenden jungen Stürmer namens Erwin Weilheimer, er emigrierte nach Israel und wurde als Aharon Doron General in der israelischen Armee. Henry Kissinger gehörte der B-Mannschaft von Maccabi an. Diese Vereine gab es bis in die fünfziger Jahre, und sie bildeten eine eigene Liga.

Bei allen Schwierigkeiten herrschte in Washington Heights eine positive Grundstimmung, wie sie in späteren Jahren nicht mehr so häufig zu finden war. Unter den Flüchtlingen, die erst nach dem Krieg eintrafen, machte sich zuweilen eine kritische und pessimistische Haltung breit. »Zu meinem großen Leidwesen muß ich sagen«, schrieb Ilse Marcus, »daß ich ein Vaterland verloren und kein neues gefunden habe. Als wir Amerika dringend brauchten, war es uns verschlossen, und darum habe ich meine Familie verloren.« Marion Rosen, eine Dame mittleren Alters, die nach dem Krieg aus Ohio zugezogen war, befand: »Ist es nicht schrecklich hier?« In Ohio hatte sie unter wundervollen, netten Menschen gelebt, aber von Washington Heights war sie enttäuscht. »Sie sind sehr cliquenbewußt. wenn man nicht einer bestimmten Gruppe angehört, ist man draußen. Wenn man eine Frau mittleren Alters ist wie ich und Arbeitshosen trägt, gilt man entweder als Trottel, oder sie meinen, daß man wie zwanzig aussehen will. Oder sie sind einfach nur neidisch, weil man sich nicht anpaßt ...« Sary Lieber verglich die Vorkriegsimmigranten mit den russischen Neuankömmlingen der achtziger Jahre und meinte, daß diejenigen, die 1938/39 ankamen, »niemanden um etwas baten und jede Arbeit auf sich nahmen, egal was. Sie waren sich nicht zu schade, auch den miesesten Job anzunehmen ...« Die russischen Einwanderer der achtziger Jahre hätten eine andere Attitüde: »Wenn man ihnen etwas geben will, sehen sie es sich zehnmal an, bevor sie es nehmen, ob es auch gut genug ist. Wir hätten es nicht gewagt, etwas abzulehnen, was uns geschenkt wurde, allerdings wurde uns nie etwas angeboten.«

Die Akkulturation verlief langsam in Washington Heights, außer bei der jüngeren Generation, die eher staatliche als private jüdische Tagesschulen besuchte. Es heißt, die Welt von Washington Heights habe sich länger gehalten, als dies normalerweise der

Fall gewesen wäre, weil es jenen jungen Leuten, die bei ihrer Ankunft bereits zu alt waren, um noch auf die High School zu gehen, und sich sofort ins Arbeitsleben stürzten, schwerfiel, gesellschaftliche Kontakte zu Amerikanern zu knüpfen. Die meisten von ihnen unternahmen früher oder später den Versuch, aus dem gesellschaftlichen Getto auszubrechen, scheiterten jedoch letztlich und gaben es dann ganz auf. Einer Untersuchung der späten vierziger Jahre zufolge heirateten 62 Prozent der männlichen deutschen Juden deutsch-jüdische Flüchtlingsmädchen, was ein sehr hoher Anteil ist, und nur eine Minderheit heiratete einheimische jüdische Mädchen.

Die Kissinger-Generation

Die große Ausnahme bildeten die Veteranen, die dank der G.I. Bill of Rights das College besucht hatten und deren nachfolgende berufliche Laufbahn sie Washington Heights den Rücken kehren ließ. Jene, die dablieben oder nach dem Krieg zurückkehrten, suchten ihr Heil im Vereinsleben, gründeten Wander- oder Fußballvereine. Einem Beobachter zufolge fühlten sie sich in ihrer Isolation unwohl und bemühten sich, ihren Horizont zu erweitern, indem sie zum Beispiel Ortsgruppen landesweiter Organisationen gründeten. Doch ist es kaum vorstellbar, daß derartige Dinge ihre Hauptsorge bildeten. Alle Immigrantengruppen in Amerika waren über lange Zeiträume hinweg unter sich geblieben – warum dann nicht auch die Juden?

In diesem Milieu nun wuchs eine Generation junger Juden heran. Henry Kissinger war in gewisser Weise ein typisches Beispiel. Seine Familie war im September 1938 aus Fürth herübergekommen, und wie so viele andere besuchte er die George Washington High School. Mit sechzehn fing er in der Leopold Ascher Brush Company an zu arbeiten, später war er Zusteller und Expedient. Er besuchte die Abendschule und wollte damals Buchhalter werden. Mit neunzehn erhielt er den Einberufungsbescheid, begab sich zur Grundausbildung nach Camp Croft – und der Rest ist Geschichte.

Max Frankel, einige Jahre jünger, besuchte die Edward W. Stitt Junior High School und mußte dazu den Broadway überqueren und in eine fremde, gefährliche Welt eindringen. Er wurde von irischen Jugendlichen angegriffen, Schwarze lauerten ihm auf, und die Lage besserte sich erst, als er von der angesehenen Brooklyn Tech aufgenommen wurde, nachdem er in Rekordzeit Klavierspielen gelernt hatte, nur um von diesem »leuchtenden Ort der Kultur« akzeptiert zu werden. Andererseits berichtete Louis Kampf, daß er gerade deshalb zum Radikalen wurde, weil er zusehen mußte, wie Polizisten in einem Geschäft einen Schwarzen verprügelten. Kampf war Sohn polnisch-jüdischer Eltern, die mitten im Krieg aus Wien nach Amerika gekommen waren. Er studierte, spielte eine herausragende Rolle im SDS, der radikalen Studentenbewegung der sechziger Jahre, und wurde später zum Vorsitzenden der Modern Language Association (MLA) gewählt, einer der Hauptbastionen radikalen Einflusses an den Universitäten. Doch in einer Gemeinde wie Washington Heights waren Revoluzzer wie Kampf die Ausnahme.

Nach dem Krieg kam es zu einem neuen, wenn auch kleinen Zustrom in Washington Heights, der aus jenen bestand, die im besetzten und nicht besetzten Europa überlebt hatten. Zu dieser Gruppe gehörte eine junge Frau namens Carola Siegel, die im Alter von zehn Jahren mit ihrer Zelluloidpuppe aus Frankfurt im Rahmen eines Kindertransports in die Schweiz gelangt war. Sie sollte, wie so viele andere, ihre Eltern nie wiedersehen. Die große Mehrheit der Kinder in ihrem Heim verließ die Schweiz nach dem Krieg, etwa die Hälfte ging nach Israel, die andere Hälfte nach Amerika. Carolas Karriere war in jeder Hinsicht bemerkenswert. Erst ging sie in einen Kibbuz, dann arbeitete sie in einem Kindergarten. Doch sie wollte Soziologie und Psychologie studieren, obwohl sie nur die Volksschule besucht hatte.

Irgendwie schaffte sie die Oberschule und dann das College, zuerst in Israel, später in Frankreich, den Doktor machte sie in New York. Sie beschäftigte sich mit Familienplanung und wurde später als Dr. Ruth Westheimer (»Dr. Ruth«) zum Fernsehstar und Amerikas populärste Sexualwissenschaftlerin. Als Thema ihrer Doktorarbeit an der New School hatte sie das Schicksal der etwa hundert Kinder gewählt, die mit ihr in dem Heim in der Schweiz gelebt hatten. Dabei fand sie – vielleicht zu ihrer eigenen Überraschung – heraus, daß sie alle ein normales, gut angepaßtes Leben führten: als Geschäftsleute und Farmer, Krankenschwestern und Lehrer, ein Bäcker war ebenso darunter wie ein Uhrmacher, dem später viele der Duty Free Shops am Kennedy Airport gehörten.

Das charakteristische deutsch-jüdische Washington Heights hielt sich bis in die achtziger Jahre. Die wirtschaftliche Lage der ersten Flüchtlingsgeneration hatte sich in der Nachkriegszeit deutlich verbessert. Manche konnten ein eigenes Geschäft eröffnen, andere erhielten Entschädigungen und Rentenzahlungen aus Deutschland, und als sich die Lebensqualität in Washington Heights verschlechterte, zogen sie in bessere Wohngegenden des Großraums New York. Gleichzeitig brach die jüngere Generation der in den zwanziger Jahren und danach Geborenen teils aus beruflichen Gründen in andere Teile New Yorks oder Amerikas auf, teils auch, weil sie sich in der begrenzten Welt ihrer Eltern unwohl fühlte, weil diese irgendwie außerhalb des eigentlichen Amerika und selbst außerhalb des amerikanischen Judentums angesiedelt schien.

Der Zusammenprall, wie es ein Beobachter nannte, war eher kultureller als politischer Art, und er betraf selbst die orthodoxen religiösen Gemeinden, die eigentlich immun gegen Veränderungen schienen. Damit sind die Frankfurter »Sezessionisten« von Agudat Israel unter Führung des Rabbiners Breuer gemeint, eine in Deutschland gegründete Gemeinschaft von antizionistischer Orientierung. Während die ältere Generation streng an der Befolgung der traditionellen Liturgie festhielt, fühlten sich die jüngeren Orthodoxen eher zur osteuropäischen, oft chassidischen Tradition hingezogen, die auch in Amerika fortlebte und von Enthusiasmus und Romantik geprägt war.

Ein Besucher von Washington Heights konnte Ende der neunziger Jahre jüdische Präsenz nur noch mit einer gewissen Mühe in einigen Enklaven der einst vorwiegend deutsch-jüdischen Wohngegend aufspüren, und zwar in der Nähe des Ford Tryon Parks und ganz im Norden. Die Gegend war von hispanoamerikanischen Einwanderern übernommen worden, wobei die Dominikanische Republik am stärksten vertreten war, mit kleinen Sprenkeln russisch-jüdischer Immigranten. An sonnigen Tagen konnte man auf den Bänken am Hudson River einige wenige ältere deutsch-jüdische Herrschaften beobachten. Einer der Überlebenden beklagte sich, daß es sogar schwierig geworden sei, eine englischsprachige Zeitung zu bekommen, es sei alles spanisch geworden. Die meisten waren dahingeschieden, lebten in Altersheimen in Florida oder bei ihren Kindern außerhalb New Yorks.

Das gleiche Bild bot sich in anderen Teilen der Vereinigten Staaten; als Catherine Stodolsky in das Viertel in Chicago zurückkehrte, wo sie aufgewachsen war, stellte sie fest, daß der Hyde Park, wie sie ihn gekannt hatte, nicht mehr existierte. Einst hatte sie geglaubt, daß jeder in der 53. Straße Deutsch sprach, doch sämtliche Orientierungspunkte waren verschwunden: Nachmann, der Bäkker, der Mohnkuchen verkauft hatte, Kronbergs Delikatessenladen, wo sie die ausgezeichnete Leberwurst gekauft hatten. Die einzigen Überlebenden, die sie fand, gingen auf die Achtzig zu und lebten in Selbsthilfeheimen für Senioren im Norden Chicagos.

In den neunziger Jahren machte sich Ruth Wolman in Los Angeles auf die Suche nach Überlebenden für ein Oral-History-Projekt. Ihre Eltern hatten zusammen mit einigen jüdischen Flüchtlingen aus Deutschland und Österreich eine Nachbarschafts- und Kulturgesellschaft namens »Die Gruppe« gegründet, einen Unterstützungsverein auf Gegenseitigkeit, der seinerzeit sehr lebendig und aktiv war. Er war spontan gebildet worden, eines Tages hatte ein Arbeiter in einer Möbelfabrik die Aktentasche bemerkt, aus der ein Kollege sein Frühstücksbrot nahm. Er fing eine Unterhaltung mit ihm an, da er wußte, daß derartige Taschen nur bei Europäern üblich waren, wie er selbst einer war. Aus diesem Gespräch heraus entwickelte sich der Verein. Fünfzig Jahre später war all dies nur noch eine liebevolle Erinnerung, die deutsch-jüdische Gemeinschaft von anno dunnemals hatte als Gruppe aufgehört zu existieren.

Wenn Washington Heights das Zentrum der kleinbürgerlichen Flüchtlinge aus Deutschland war, so war das Zentrum der Wiener Flüchtlinge nicht etwa eine Synagoge, sondern das Kaffeehaus »Eclair« in der 72. Straße zwischen Broadway und Columbus Avenue. Es war von Hans Seliger gegründet worden, einem Anwalt aus Prag, doch Kaffee und Kuchen, ganz zu schweigen vom Schnitzel, und die ganze Atmosphäre waren typisch wienerisch. Dort trafen sich ehemalige Geschäftsleute auf der Suche nach Geschäften, ehemalige Anwälte auf der Suche nach Mandanten oder einem neuen Beruf, aber auch Vertreter einer jüngeren Altersstufe, nämlich ehemalige Angehörige jüdischer Wiener Sportvereine wie Hakoah. Nach 1941 erschienen diese jungen Männer zunehmend in Uniform. Andere zogen das nahe gelegene »Coupole« vor, und wer es sich leisten konnte, ging zu »Rumpelmayer« in Central Park South, damals die feudalste Wohngegend.

Auch wenn deutsche und Wiener Flüchtlinge (mit dialektbedingten Einschränkungen) die gleiche Sprache sprachen, lebten sie doch größtenteils in verschiedenen Welten. Die Österreicher gingen weniger in die Synagoge, sie hatten ihre eigenen Vereine und gesellschaftlichen Veranstaltungen, und es ist wohl nicht unberechtigt, zu sagen, daß die Deutschen ziemlich früh bereit waren, Amerika als ihre neue Heimat anzuerkennen, während manche Österreicher eine spätere Rückkehr nach Wien nicht gänzlich ausschließen mochten. Dies mag etwas paradox erscheinen, weil sich die deutschen Juden im großen und ganzen stärker in Deutschland verwurzelt fühlten, während die Wiener oft erst in jüngerer Zeit aus Galizien oder der Bukowina zugewandert waren und weniger tiefe emotionale Bindungen an ihre Heimat hatten. Andererseits paßten sich die Wiener oft leichter an als die deutsch-jüdischen Flüchtlinge, so daß Verallgemeinerungen in dieser wie in anderer Hinsicht etwas riskant sind.

Die Wiener hatten gegen die gleichen sozialen und wirtschaftlichen Probleme zu kämpfen wie die deutschen Flüchtlinge. Die Wohlhabenderen unter ihnen wählten ihren Wohnsitz in den besseren Lagen Manhattans oder sogar, wenn auch damals eher selten, weit außerhalb in Vororten wie Scarsdale. Sie kauften sich in bereits bestehende amerikanische Firmen ein oder nahmen in aller Ruhe eine neue Karriere in Angriff und schickten währenddessen ihre Kinder auf eine der besseren Schulen.

Die Jungen und die Politik

Was ihre politische Einstellung betraf, so neigte die große Mehrheit in den vierziger Jahren den Demokraten zu, sie bewunderten Roosevelt, den sie damals als Retter und besten Freund der Juden betrachteten. Das war nur natürlich, denn die Republikaner hatten bestenfalls wenig Interesse an den Flüchtlingen gezeigt, sie waren für die Neueinwanderer etwa so attraktiv wie die Tories – die Konservativen – in Großbritannien. Weder die deutsche noch die österreichische Flüchtlingsgemeinde interessierte sich besonders für Politik; falls doch, neigten sie dem Liberalismus oder der Sozialdemokratie zu, aber solche Parteien gab es in Amerika nicht, so daß sie ihre politische Heimat bei den Demokraten fanden. Es gab auch ein paar Kommunisten unter den Flüchtlingen, doch die deutschen Kommunisten fühlten sich in Amerika etwas deplaziert und betrachteten es eher als einen zeitweiligen Zufluchtsort. Sie wären lieber nach Mexiko gegangen, wo einige der führenden Parteifunktionäre und -intellektuellen Asyl gefunden hatten.

Die österreichischen Kommunisten legten unter dem Deckmantel verschiedener Jugendgruppen (»Der Kreis«), die sich offiziell dem Wandern, dem Tennis und verschiedenen Ballspielen verschrieben hatten, eine große Rührigkeit an den Tag. Worin bestand ihre politische Botschaft? Offen konnten sie sie nicht proklamieren, weil sie sich als Flüchtlinge bedeckt halten mußten und weil sie sich mit ihrer Opposition gegen den »imperialistischen Krieg« (vor dem Juni 1941) unter den Flüchtlingen nicht sehr beliebt gemacht hätten. Nach dem Überfall auf Rußland setzten sie sich natürlich für die Kriegsanstrengungen ein, aber das taten alle anderen auch. Die ganze Affäre der kommunistischen Unterwanderung kam erst ans Tageslicht, nachdem die Führer des Kreises, Fritzl Waller, Freddy Porges und Werner Gratz, die beim OSS gedient hatten, später zur CIA gingen und in Wien stationiert wurden, von dort nicht in die Vereinigten Staaten zurückgekehrt waren.

Unter den jungen deutschen Flüchtlingen verlief die politische Radikalisierung in gleichermaßen bescheidenen Bahnen und erfolgte ein wenig später. Sie manifestierte sich in der Gründung der Ernie-Pyle-Ortsgruppe des Amerikanischen Veteranenkomitees in Washington Heights. Diese Ortsgruppe war einem zeitgenössischen Beobachter zufolge militant links und wurde deshalb von der nationalen Führung des American Veterans Committee ausgeschlossen. In Wahrheit war nur eine kleine Minderheit diesem Trend gefolgt, doch wie so oft hatte gerade sie die militanteste und lautstärkste und auch am besten organisierte Fraktion gebildet. Ihre politischen Erfolge, soweit vorhanden, waren jedenfalls nur kurzlebig.

Auch der Zionismus war vor 1946/47, als es mit dem Kampf um Israel ernst wurde, nicht sehr stark vertreten. In ihrer großen Mehrheit waren die Flüchtlinge zu Hause keine Zionisten gewesen, und mochten sie der Bemühung um einen israelischen Staat auch wohlwollend gegenüberstehen, sei es auch nur, weil viele ihrer Verwandten und Freunde in das damalige Palästina ausgewandert waren, verspürte doch kaum jemand den Wunsch, selbst dort zu leben. Erst 1948, als das Überleben der jüdischen Gemeinde in Palästina auf dem Spiel stand, und dann vielleicht noch mehr in den fünfziger und sechziger Jahren, besonders zur Zeit des Sechstagekrieges 1967, entwickelte sich eine echte gefühlsmäßige Bindung und eine Art Identifikation mit Israel. Die Zahl deutsch-jüdischer Flüchtlinge, die nach Israel emigrierten, war immer noch äußerst gering, und sogar die Zahl der Touristen war winzig. Die in den vierziger und fünfziger Jahren existierende Theodor-Herzl-Gesellschaft bestand hauptsächlich aus Intellektuellen, und auch sie verschwand bald.

In den späten dreißiger Jahren und besonders während des Krieges bestand das große Ideal darin, so schnell wie möglich ein richtiger Amerikaner zu werden, ein wahrer Patriot, auch wenn dieser Ausdruck selten benutzt wurde. Sofern die deutsch-jüdischen Flüchtlinge überhaupt ein Ideal hatten, war es das des Centralvereins Deutscher Staatsbürger jüdischen Glaubens (C.V.), der bedeutendsten deutsch-jüdischen Vereinigung in Deutschland vor 1933, die sich lange Zeit für die völlige Integration der Juden in die deutsche Gesellschaft eingesetzt hatte. War zuvor das Objekt der Assimilation Deutschland gewesen, war es jetzt Amerika und der American way of life.

Die Kommentare Leo Lanias im *Aufbau* waren symptomatisch. Er gehörte dem linken Spektrum an und war bis in jüngste Zeit ein engagierter Antimilitarist. Im Ersten Weltkrieg war er Offizier gewesen und begleitete nun seinen neunzehnjährigen Sohn zur Musterungskommission. Er war zutiefst beeindruckt von der Ernsthaftigkeit und Würde, mit der das Verfahren abgewickelt wurde, und schrieb, es sei für ihn eine bewegende Erfahrung gewesen, mitzuerleben, wie schnell und wie radikal diese jungen Europäer amerikanisiert worden waren, und zwar »nicht, indem sie den Slang und andere Äußerlichkeiten übernahmen, sondern indem sie in Herz und Seele Amerikaner wurden«. Und einige Monate später bekannte er, er sei stolz darauf, daß sein Sohn ihm in einem Brief aus der Kaserne »ein paar Lektionen in Demokratie« erteilt habe. Vielleicht hatten diese jüngsten Amerikaner, die erst vor kurzem angekommen waren, die nur Haß, Bürgerkrieg, Klassenkampf und Terror gekannt hatten, eine besondere Mission zu erfüllen, nämlich nicht nur ihre neue Heimat zu verteidigen, nicht nur das Hitlertum zu vernichten, sondern auch ihr altes Vaterland von den Ketten über Jahrhunderte gewachsener Vorurteile zu befreien: »Ich denke, sie sind als Vermittler zwischen Amerika und Europa geradezu prädestiniert.« Dies war also der in der Flüchtlingsgemeinde vorherrschende Geist, und er wurde echt empfunden, er war mehr als Political correctness.

Viele junge deutsch-jüdische Flüchtlinge hatten sich freiwillig zum Militärdienst gemeldet, bevor sie ihre Einberufung erhielten, doch wurden praktisch alle als »Feindausländer« abgewiesen. Einige gaben sich damit nicht zufrieden und gingen nach Kanada, wo sie in die kanadische Armee oder Luftwaffe eintraten. Doch schließlich erhielten auch die einstmaligen »Feindausländer« ihre Einberufung, und bald konnte man sie in den meisten Einheiten der US-Streitkräfte antreffen. Anders als in Großbritannien in den ersten Jahren waren sie nicht auf das Pionierkorps beschränkt, und die Frage der Einbürgerung wurde ebenfalls gelöst, zumeist innerhalb weniger Monate. Sie kämpften in Nordafrika, in Europa und im Pazifik, und für Tausende jener, die ursprünglich aus Deutschland und Österreich gekommen waren, endete der Krieg auch dort, manchmal nicht weit von ihrem Geburtsort entfernt. Über ihre Kriegserfahrungen wird an anderer Stelle in diesem Buch berichtet.

Mit ihrer Demobilisierung kamen sie in den Genuß der G.I. Bill of Rights, die eigentlich »Serviceman's Readjustment Act« (Gesetz zur Wiedereingliederung von Militärangehörigen) hieß, 1944 vom Kongreß verabschiedet und mit Recht als eines der aufgeklärtesten Gesetzeswerke der amerikanischen Geschichte bezeichnet, das fast einer gesellschaftlichen Revolution gleichkam. Kein anderes Land hatte ein derart weitreichendes Programm vorzuweisen, um die Kriegsteilnehmer auf das Leben in der Nachkriegswelt vorzubereiten. Wer mindestens neunzig Tage gedient hatte, hatte Anrecht auf ein volles Ausbildungsjahr, zuzüglich der Zeit (maximal 48 Monate), die er insgesamt Dienst geleistet hatte. Die Veteranenbehörde übernahm die Studiengebühren und andere Schulkosten, daneben gewährte sie Unverheirateten eine Ausbildungsförderung von monatlich fünfzig, später 65 Dollar, die im weiteren entsprechend den Lebenshaltungskosten angehoben wurde. Amerikanische Colleges und Universitäten waren auf einen solchen Ansturm nicht vorbereitet, in vielen Colleges verdoppelten sich die Immatrikulationen gegenüber der Vorkriegszeit. Sie expandierten rasch, viele neue Colleges wurden gegründet, auch spezialisierte Studiengänge und Ganzjahreskurse wurden angeboten. Die Gesamtkosten des Programms bis 1948 betrugen mehr als fünfzehn Milliarden Dollar, eine gewaltige Summe, die jedoch aufgrund der boomenden amerikanischen Wirtschaft aufgebracht werden konnte. Es ermöglichte Millionen eine höhere Bildung und den Erwerb von Fähigkeiten, die sonst außerhalb ihrer Reichweite gelegen hätten. Zu den Berechtigten gehörten auch Zehntausende Flüchtlinge, die vor dem Krieg nur zu gern studiert hätten, es sich aber nicht leisten konnten. Das neue Gesetz veränderte in der Tat ihr Leben.

Amerikanisierung

Aber es verursachte auch eine nie dagewesene geographische Streuung der Flüchtlingsgemeinde, was es schwirig macht, ihr weiteres Schicksal zu verfolgen. Früher hatten sich die jungen Flüchtlinge auf bestimmte Viertel bestimmter Städte konzentriert, auf bestimmte Clubs und bestimmte weltliche wie religiöse Gemeinschaften. Jetzt änderte sich all dies, als viele weggingen, zuerst aufgrund ihres Studiums und später wegen der beruflichen Karriere. Und nicht nur die Adressen änderten sich, viele änderten auch ihren Namen, wenn nicht den Familiennamen, so doch wenigstens den Vornamen. Aus Otto Salomon wurde Peter Hunter, aus Fröhlich Gay, Cohn war auch schon früher in Coser geändert worden. Ein weiterer Nachfahr des Priesterordens der Kohanim, Manfred Georg Cohn, jahrelang Chefredakteur des *Aufbau*, änderte seinen Namen erst in Manfred Georg und später in Manfred George.

Der Namenswechsel ist ein faszinierendes Thema, das bisher nur unzureichend erforscht ist. Einige änderten ihren Namen, als sie in die Armee eintraten, weil sie einen guten Grund dafür hatten, in Amerika ebenso wie in England. Andere waren nicht glücklich über die Namen, die ihnen von übelwollenden Beamten hundertfünfzig Jahre zuvor aufgezwungen worden waren, als deutsche und österreichische Juden wie jeder andere Bürger Familiennamen anzunehmen hatten. Und wieder andere wollten sich von ihren jüdischen und/oder deutschen Ursprüngen distanzieren, es war ein Akt der Assimilation oder Mimikry, wie er in der jüngeren Geschichte der Juden in vielen Ländern praktiziert worden war, jedoch selten in derart konzentrierter Weise wie in England oder Amerika in den vierziger Jahren.

Zweifellos lag jeder Fall anders, einer änderte seinen Namen nach langer Überlegung, der zweite ganz spontan, weil andere es ihm vormachten. Der dritte wollte seine Identität ändern (oder verbergen), für den vierten, dessen Wurzeln nicht tief in die Vergangenheit reichten, war es keine schwerwiegende Entscheidung, sondern lediglich eine Sache der Bequemlichkeit.

Zwar verschwanden die alten Vereine und Landsmannschaften nicht über Nacht, und wahrscheinlich lebte die Mehrheit der Flüchtlinge weiter in New York und Umgebung. Der *Aufbau* erschien weiterhin, wenn auch mit schwindender Auflage, in Washington Heights existierte Breuers orthodoxe Synagoge Adat Yeshurun weiter, und Ruth Westheimer, die berühmte Sexualwissenschaftlerin, wurde Vorsitzende des lokalen YMHA/YWHA (Hebräischer Verein junger Männer und Frauen). Es gab neue kulturelle Aktivitäten wie die Einrichtung des Leo-Baeck-Instituts mit seiner Bibliothek, seinen Archiven und seinem Jahrbuch, ein vielleicht einmaliger Vorgang in der Geschichte der Emigrantengemeinden weltweit. In der Tat gab es in den siebziger Jahren und danach ein wiedererwachtes Interesse am deutsch-jüdischen Erbe, es erschienen zunehmend Bücher und Artikel, es wurden mehr Konferenzen zum Thema als jemals zuvor abgehalten, immer mehr Menschen begaben sich auf Pilgerreise, um ihren Kindern und Enkeln die Stätten ihrer eigenen Kindheit zu zeigen.

In einem in den neunziger Jahren erschienenen Essay gab der inzwischen verstorbene John Clive, ein bekannter Harvard-Historiker mit dem Spezialgebiet Britische Geschichte des 19. Jahrhunderts, inmitten seiner Erörterungen zu Malthus und der neogotischen Pracht des Bahnhofs St. Pancras in London plötzlich bekannt, daß sein eigentlicher Name weder John noch Clive sei, daß er vielmehr als Sohn jüdischer Eltern in Berlin geboren sei, und schilderte, was ihnen dort unter Hitler widerfahren war. Dieser Tatsachen dürfte sich kaum einer seiner Leser zuvor bewußt gewesen sein, aber es war recht ungewöhnlich, daß jemand in einem solchen Kontext derartige Enthüllungen vornahm, doch offenbar fühlte der Autor einen Drang dazu, sich zu offenbaren. Zwanzig Jahre früher wäre ihm das wohl kaum eingefallen.

Die Integration der Flüchtlinge in das amerikanische Leben, die vor dem Krieg nur langsam verlaufen war, nahm in den Jahren nach dem Zweiten Weltkrieg sprunghaft zu, was zur Folge hatte, daß große Teile von ihnen völlig aus dem Blickfeld verschwanden, vergleichbar den viel größeren deutschen Gemeinden, die während des Ersten Weltkrieges verschwunden waren, und den italienischen, die sich während des Zweiten Weltkriegs und danach auflösten. Allerdings bestand insoweit ein Unterschied, als viele (wenn auch keineswegs alle!) deutsch-jüdischen Flüchtlinge in der amerikanisch-jüdischen Gemeinde aufgingen. Während in den fünfziger Jahren das Bekenntnis zu einer Volksgruppe noch nicht in Mode war und die Suche nach Identität und Wurzeln durchaus keine führende Rolle spielte, begann sich dies in der Folgezeit zu ändern.

Es ist zum Beispiel äußerst schwierig, das Schicksal der jungen Flüchtlinge weiterzuverfolgen, die in den vierziger Jahren in das Geschäftsleben eintraten und sich die Erfolgsleiter emporarbeiteten. Etwas leichter ist es dagegen, dem Fortkommen kleinerer, klarer definierter Gruppen zu folgen, zum Beispiel jener, die sich nach dem Krieg für eine Universitätslaufbahn entschieden oder in den diplomatischen Dienst der Vereinigten Staaten eintraten. (Das Internet macht heutzutage derartige Nachforschungen etwas leichter.) Was diejenigen betrifft, die ihr Studium in Deutschland begonnen, aber nicht beendet hatten, so bestand eine größere Nachfrage nach Naturwissenschaftlern als nach Geistes- oder Sozialwissenschaftlern. Während führende Historiker und Philosophen in amerikanischen Gaststätten Geschirr spülten, waren nur wenige Naturwissenschaftler, selbst junge, zu einem solchen Broterwerb gezwungen.

Die Karriere von Konrad Bloch soll hier als Beispiel dienen. In Oberschlesien geboren, erlebte er Hitlers Machtübernahme im Alter von einundzwanzig Jahren. Er studierte damals Industriechemie an der Technischen Hochschule in München, promovierte dann jedoch erst 1938 an der Columbia University in New York, nachdem er zwei Jahre zuvor in die USA emigriert war. Nach dem Krieg erhielt er seine erste Anstellung als Lehrbeauftragter für Biochemie in Chicago. Später wurde er Professor in Harvard, wo er bis zu seiner Pensionierung blieb. 1964 wurde er für seine Pionierarbeit bei der Erforschung des Cholesterins mit dem Nobelpreis in Physiologie und Medizin ausgezeichnet.

Zwar fand der größte Zustrom von Naturwissenschaftlern erst 1938 und später statt, doch hatte es zuvor schon in den Naturwissenschaften viel engere internationale Kontakte als auf anderen akademischen Gebieten gegeben. Rockefeller- und andere Stipendien hatten es vor 1933 vielen Amerikanern ermöglicht, deutsche Forschungsstätten zu besuchen, sie waren mit den laufenden Forschungsprojekten und den jungen, aufstrebenden Kollegen bestens vertraut. Von den jungen Wissenschaftlern flüchteten die meisten zuerst nach England und fanden erst später den Weg nach Amerika, und das gleiche trifft auch auf ihre älteren Kollegen zu. Um ein Beispiel zu geben: Von den 29 führenden Atomphysikern, die Deutschland verlassen mußten, waren nur sieben direkt in die USA gegangen (oder von ihnen eingelassen worden) und vierzehn nach Großbritannien. Nach dem Krieg befanden sich nur noch fünf von diesen in England, während in den USA ihre Zahl auf achtzehn gestiegen war. Auf anderen Gebieten der Naturwissenschaften verhielt es sich ähnlich. Dies ließe sich teilweise durch die große Bedeutung der Atomforschung (aber nicht nur dieser) für die amerikanischen Kriegsanstrengungen erklären, doch hatte der große Aufschwung der naturwissenschaftlichen Forschung an amerikanischen Universitäten bereits früher, nämlich in den dreißiger Jahren, stattgefunden, und daher rührte denn auch die größere Bereitschaft, Flüchtlingswissenschaftler zu beschäftigen.

In Deutschland und Österreich hatten sich zahlreiche jüdische Wissenschaftler für die Fächer Chemie und Biochemie statt Biologie entschieden, weil die Chemie traditionell die besten Karrierechancen in der freien Wirtschaft bot, während es in jedem Fall relativ schwierig war, an den Universitäten selbst unterzukommen. In Amerika waren jedoch die Aussichten für jüdische Naturwissenschaftler, eine Anstellung in der chemischen Industrie zu finden, weniger glänzend, und dies mag einer der Gründe gewesen sein, daß sich zu einem späteren Zeitpunkt viele verstärkt der Biochemie (und den Biowissenschaften) zuwandten.

Für die jüngsten Vertreter unserer Generation, die ihr Studium erst in den Vereinigten Staaten begannen, bestand die Haupthürde zumeist darin, Zugang zu den Eliteuniversitäten zu finden. Wenn ihnen dies einmal gelungen war und sie gute Anlagen zeigten, bot die weitere Karriere angesichts der großen Bedeutung der Naturwissenschaften während des Krieges und in der Nachkriegswelt keine besonderen Probleme mehr, obwohl man sich natürlich immer gegen eine gewisse Konkurrenz durchsetzen mußte.

Die Lage der jungen Flüchtlinge, die sich zu einem Studium der Geistes- oder Sozialwissenschaften entschlossen hatten, war ungleich schwieriger. Einige Beispiele mögen dies verdeutlichen. Reinhard Bendix, Lewis Coser, Albert Hirschmann, Kurt Wolff und Hans Steinitz waren alle zwischen 1912 und 1915 in Deutschland geboren worden, keiner von ihnen hatte einen Universitätsabschluß (Wolff und Hirschmann promovierten noch in Italien). Alle außer Wolff hatten sich im linken politischen Spektrum betätigt, Wolff schrieb einen Roman, während er bei Karl Mannheim studierte. Bendix war lose mit einer zionistisch-marxistischen Gruppe verbunden, bewahrte sich zwar auch noch im späteren Leben eine gewisse Sympathie für sie, trat ihr auf ihrem Weg in den Kibbuz jedoch nicht bei. Coser gehörte in Paris einer Gruppe an, die er selbst in späteren Jahren als trotzkistische Sekte bezeichnete, und begann sich erst im späteren Verlauf des Krieges vom orthodoxen Marxismus zu distanzieren. Ihr Interesse an jüdischen Themen war minimal.

Die Vorkriegskarriere von Albert Hirschmann war die abenteuerlichste dieser Gruppe. Nachdem er in Berlin das Französische Gymnasium besucht und später an einer französischen Universität studiert hatte, verfügte er über ausgezeichnete Sprachkenntnisse; er wurde ein Mitarbeiter von Varian Fry, dem amerikanischen Scharlachroten Pimpernel von Marseilles, und ein Kontaktmann zur Unterwelt, der Flüchtlinge nach Spanien schmuggeln half, die unter der deutschen Besatzung in besonderem Maße von der Verhaftung bedroht waren. Als Wirtschaftswissenschaftler war er auch einer der ersten, der von einer der großen Universitäten der USA, der Universität von Kalifornien in Los Angeles (UCLA) und später von Yale, aufgenommen wurde und eine erfolgreiche Karriere machte. Kurt Wolff, der aufgrund seines unkonventionellen Ansatzes niemals im Hauptstrom der amerikanischen Soziologie schwamm, brauchte zwanzig Jahre, bis er eine Anstellung fand, die seinen Anlagen entsprach, und zwar an der Brandeis University in Waltham bei Boston, wo auch Coser lehrte. So fanden zwei der fünf Arbeit an einer jüdischen Universität, während Steinitz keine akademische Karriere in Amerika anstrebte und statt dessen Redakteur beim *Aufbau* wurde.

Das anfängliche Hindernisrennen derer, die in Deutschland oder Österreich noch nicht einmal das Studium begonnen hatten, wurde oben bereits beschrieben, in vielen Fällen kam der Wendepunkt ihres Lebens mit der G.I. Bill of Rights. Einige machten sich ihre Deutschkenntnisse zunutze und spezialisierten sich auf deutsche Literatur oder Geschichte (Klaus Eppstein, Gerhard Weinberg, George Mosse, Fritz Stern, Georg Iggers und andere), die meisten taten dies jedoch nicht. Sie betätigten sich auf so vielen Gebieten, daß eine verallgemeinernde Aussage unmöglich ist. Viele betrachteten sich als nichtjüdische Juden, da sie weder Zionisten waren noch ein religiöses Leben führten. In Universitätsjahrbüchern und ähnlichen Referenzbüchern etwa erklärte ein ziemlich hoher Prozentsatz der Akademiker, er gehöre keiner Religionsgemeinschaft an, und der Anteil der »Mischehen« war ebenfalls hoch, höher vielleicht als in anderen Berufen.

Es stimmt jedoch auch, daß nicht wenige von ihnen, nachdem sie sich zwei oder drei Jahrzehnte auf anderen Gebieten betätigt hatten, sich für die Schoa oder andere Aspekte der jüngeren jüdischen Vergangenheit zu interessieren begannen. Da war zum Beispiel Geoffrey Hartman, Professor für englische und vergleichende Literaturwissenschaft an der Universität Yale, dessen Arbeit sich in späteren Jahren in beträchtlichem Ausmaß auf das Gedenken an die Katastrophe der europäischen Juden konzentrieren sollte. Dieser Trend war größtenteils Ausdruck des Zeitgeists, und er wirkte sich auch auf andere Berufe aus. Gewiß handelte es sich dabei nicht um eine Rückkehr zu den Wurzeln, zumal diese kaum existierten, sondern um ein wiedererwachendes Interesse, das zuvor verdrängt worden war. Peter Gay schrieb in einem Memoirenwerk, er habe es bewußt unterlassen, sich in seinem Buch über den Massenmord an den Juden Europas zu äußern, habe es vermieden, sich Dokumentationen zum Thema anzusehen und Museen oder gar Orte wie Auschwitz zu besuchen: »Wir haben alle unsere Abwehrmechanismen, die uns durchs Leben helfen, und diese sind nun mal meine.« Einige Kollegen nahmen eine ähnliche Haltung ein, andere gingen noch viel weiter, indem sie jeder Beschäftigung mit jüdischen Themen aus dem Weg gingen, nicht nur dem des Holocaust. Die Mehrheit jedoch verhielt sich ganz anders.

Kein Weg zurück

Nach dem Ende des Krieges kehrte eine beträchtliche Zahl von Politikern, Schriftstellern und Journalisten unter den Flüchtlingen nach Mitteleuropa zurück, auch einige andere, deren Arbeit in enger Verbindung zur deutschen Sprache und Kultur oder, allgemeiner gesagt, im deutschen Kontext stand. Die Zahl der Akademiker, die aus den Vereinigten Staaten zurückkehrte, war beträchtlich kleiner, sie gehörten fast ausschließlich der älteren Generation an und hatten im Exil kein Auskommen in ihrem Beruf oder nur eine vorübergehende und unbefriedigende Anstellung gefunden. Unter ihnen befanden sich, vielleicht am prominentesten, die Vertreter der Frankfurter Schule, dann einige Historiker, Philosophen, Rechtsprofessoren sowie auch mehrere Pädagogen, oftmals »Halbjuden« oder Konvertiten mit engen Bindungen an Deutschland.

Andere, die sich in den Vereinigten Staaten mehr oder weniger etabliert hatten, hielten sich regelmäßig zu Lehr- und Forschungszwecken in Deutschland auf, behielten aber ihren Wohnsitz in den USA und ihre amerikanische Staatsangehörigkeit. Manche, die es sich leisten konnten, zogen in die Schweiz, um entweder von dort aus ihren Tätigkeiten nachzugehen oder ihren

Ruhestand zu genießen; es entstanden Kolonien politischer Emigranten, zum Beispiel in Ascona und Umgebung. Es wäre wohl übertrieben, zu behaupten, daß alle, die in den Vereinigten Staaten blieben, sich gut integriert hatten und sich in dem neuen Land zu Hause fühlten. Aber welche Vorbehalte sie auch immer dem American way of life gegenüber haben mochten, die Vorbehalte gegenüber Deutschland und Österreich waren in jedem Fall stärker. Selbst unter der älteren Generation war die Zahl derjenigen, die wie Hannah Arendt und ihr Mann zeitweilig mit dem Gedanken spielten, nach Europa zurückzukehren, wenn auch nicht unbedingt nach Deutschland, beträchtlich höher als die Zahl derer, die es auch wirklich taten.

Und wie stand es um die jüngere Generation? Es gab einen himmelweiten Unterschied zwischen den Jüngsten der älteren Generation, die etwa um 1910 geboren waren, und den um zehn Jahre Jüngeren. Ein typisches Beispiel war der große österreichische Satiriker Friedrich Torberg. Er war eine Art Wunderkind, mit 22 Jahren hatte er einen faszinierenden Roman über einen Jungen geschrieben, der durch den Druck in der Schule zum Selbstmord getrieben wurde *(Der Schüler Gerber)*, und einige Jahre später kam er mit einem der großen Romane der Weltliteratur zum Thema Sport heraus *(Die Mannschaft)*. Er war im Oktober 1940 über Frankreich und Portugal nach New York gelangt, und vom *Aufbau* über seine ersten Eindrücke befragt, hatte er einen Essay mit dem Titel »Ich kann es nicht fassen …« geschrieben. Doch kaum zwei Monate später schrieb er einem Freund aus Hollywood, wo man ihm fürs Nichtstun ein kleines Gehalt bezahlte, einen Brief, in dem tiefe Niedergeschlagenheit zum Ausdruck kam, wenn er auch gleichzeitig meinte, er wisse sehr wohl, daß die Alternative das Konzentrationslager sei. Später schrieb er eine Ballade über das amerikanische Leben im Stil von Hugo von Hofmannsthal, über Kinder, die nichts taten, außer fernzusehen, über Kühlschränke, Highways, tiefgefrorene Lebensmittel, Lärm und öde Städte. Torberg fühlte sich fehl am Platze, und ihm war klar, daß er sich in diesem Land niemals wohl fühlen würde, auch wenn hier sein Leben in Sicherheit war.

Bei den zehn Jahre Jüngeren lag der Fall völlig anders. Sie hatten noch keine Bestseller geschrieben, aber eine Hochschulausbildung in den Vereinigten Staaten erhalten, und sie fühlten sich heimisch in dem Land, in dem sie angekommen waren, als ihnen Herz und Sinn noch nach neuen Erfahrungen standen. Sie waren zwar mit der deutschen Umgangssprache vertraut, doch nur wenige waren tief in der deutschen Kultur verwurzelt. Sie hatten außerhalb Deutschlands Karriere gemacht und waren in ihrer alten Heimat kaum bekannt. Es war unwahrscheinlich, daß ihnen damals jemand in Deutschland eine gute Stellung angeboten hätte.

Sie hatten keinen Grund, sich besonders nach Deutschland gezogen zu fühlen, weder aus persönlichen Gründen noch angesichts des Schicksals der Juden im nazibesetzten Europa. Auch darf man nicht vergessen, daß Deutschland noch jahrelang nach Kriegsende in weiten Teilen in Schutt und Asche lag und wenig zu bieten hatte, was jemanden, der im relativen Komfort der Vereinigten Staaten lebte, zu einem Besuch verlockt hätte. Daher war es nicht überraschend, daß von der jungen Generation nur eine Handvoll nach Deutschland zurückkehrte, von Besuchen abgesehen. Wer zurückkehrte, tat dies in den fünfziger und sechziger Jahren und nicht unmittelbar nach dem Krieg.

Es gibt keine Statistiken, was die Berufswahl der jungen Flüchtlinge betrifft, aber der Eindruck herrscht vor, daß das allgemeine Bild dem der amerikanischen Juden ähnelte. Viele gingen in den Handel, das Bankwesen oder das Warentermingeschäft und manche auch in die Produktion, indem sie entweder ein Familienunternehmen erbten und erweiterten oder eine neue Firma aufbauten. Sie waren auch auffallend oft unter Kunsthändlern und Galeriebesitzern zu finden, traditionell eine »jüdische« Domäne. Es gab wenig Ärzte in dieser Generation, weil das Studium zu lange dauerte und zu kostspielig war, aber aus der nachfolgenden Generation gingen viele Ärzte und Anwälte hervor.

Einige gelangten durch Armee und Militärregierung in den Regierungsdienst. Henry Grunwald, ehemaliger Redakteur des *Time*-Magazins, wurde Botschafter in seinem Geburtsland Österreich, Madeleine Kunin ebenso in der Schweiz. Arthur Burns, ein etwas älterer Wirtschaftsfachmann, der im seinerzeit österreichischen Galizien geboren worden war, wurde als Botschafter nach Bonn geschickt, und Felix Rohatyn, der aus Wien stammte, vertrat die Vereinigten Staaten in Frankreich. Botschafter mitteleuropäischer Herkunft waren auch im Nahen Osten (Newman) und Skandinavien (Strauss Hupe) zu finden, ganz zu schweigen von all jenen, die sich für eine Berufslaufbahn im diplomatischen Dienst entschieden hatten. Helmuth Sonnenfeld und Richard Schifter wurden im Außenministerium beziehungsweise Nationalen Sicherheitsrat mit Sonderaufgaben betraut.

Der bekannteste und einflußreichste Diplomat war natürlich Henry Kissinger, der in einer der schwierigsten Phasen der amerikanischen Nachkriegsgeschichte als Außenminister und Sicherheitsberater tätig war. Amerika hatte es den Flüchtlingen der dreißiger Jahre nicht leichtgemacht, weder bei der Einreise noch beim Start in ein neues Leben, aber nachdem sie einmal akzeptiert worden waren, blieben ihnen nur wenige Türen verschlossen.

Israel – Achtung: Jeckes im Anzug

Für einen jungen Flüchtling gab es grundlegende Unterschiede zwischen Palästina und allen anderen Fluchtzielen. Diese existierten nämlich bereits, während Palästina erst noch aufgebaut werden mußte, um Hunderttausende Immigranten aufnehmen zu können. »Aufbau« war denn auch das Schlüsselwort in der zionistischen Ideologie und in den Liedern der jungen Pioniere; die größte zionistische Jugendbewegung hieß »Habonim« – die Erbauer. Amerika, England und Schanghai waren Exil, aber Palästina war für einen Zionisten das Gegenteil von Exil, nämlich der Ort, an dem die Exilanten eingesammelt wurden, die jüdische Heimat. Ein junger Flüchtling, der in England eintraf, erhielt Anweisungen vom Oberrabbiner: Sei rücksichtsvoll, ruhig und höflich, vor allem aber dankbar. Andere Institutionen rieten dazu, nicht laut zu reden, sich nicht auf öffentlichen Plätzen breitzumachen, kurz, keine Aufmerksamkeit zu erregen. Der Flüchtling sollte nie vergessen, daß er Gast war, vielleicht sogar ein willkommener Gast, aber dennoch ein Außenseiter, ein Fremder.

Das gleiche galt in New York oder La Paz oder wo sonst die Flüchtlinge gelandet waren. Sie sollten sich ihrer prekären Lage bewußt sein, sollten sich nicht gehenlassen, um keine feindseligen Gefühle zu erwecken. Es gab keinen Grund zum Übermut, sie durften sich nicht benehmen (und vor allem nicht danebenbenehmen) wie die Bürger von London, New York oder La Paz, weil sie nicht dazugehörten, jedenfalls nicht im Augenblick und vielleicht auch auf lange Zeit noch nicht. Die gleichen Ermahnungen hatten sie schon von ihren Eltern in Deutschland erhalten.

Wer nach Palästina ging, erhielt ebenfalls gute Ratschläge von verschiedenen Seiten, doch ausdrückliche Aufforderungen zu unauffälligem Benehmen, Dankbarkeitserweisen oder Wohlverhalten waren nicht darunter. Kurz, es fehlte das Element der Befangenheit. Sie würden verschiedene Härten erleiden, sogar auf Ablehnung bei ihren jüdischen Mitbrüdern stoßen, aber es war nicht nötig, dauernd ängstlich über die Schulter zu schauen.

Es gab noch einen Unterschied. Wer nach England, Amerika und anderswohin ging, war vor allem daran interessiert, sich eine neue Existenz aufzubauen. Unter denen, die nach Palästina gingen, befand sich eine große Zahl junger Leute, die von Idealismus und dem Wunsch beseelt waren, eine neue Gesellschaft aufzubauen, eine neue Lebensform nicht nur für sich selbst und ihre Familien, sondern für eine ganze Generation des jüdischen Volkes zu schaffen. Dabei spielt es keine Rolle, ob dieses Bestreben letztlich Erfolg hatte oder ob der Idealismus unter den harten Realitäten des neuen Landes allmählich verblaßte, der im übrigen von Anfang an keineswegs von allen geteilt wurde. Worauf es ankommt, ist die Tatsache, daß dieser Idealismus damals existierte und daß dies einen wesentlichen Unterschied im Vergleich zu der Emigration in andere Länder darstellte.

Vor 1933 wußten in Deutschland relativ wenige Menschen über Palästina Bescheid, und es herrschte auch kein großes Interesse daran, dieses Wissen zu vertiefen. Zwar hatte es bereits vor dem Ersten Weltkrieg ein dünnes Rinnsal von Auswanderungen nach Palästina gegeben, darunter von Persönlichkeiten, die sich in der Geschichte des Landes einen Namen machen sollten. Es gab Ärzte, Architekten, Wirtschaftswissenschaftler, Anwälte und andere Fachleute unter ihnen, aber auch Chaluzim, die einer der Pionier-Organisationen in Deutschland wie »Blau-Weiß« und dem KJV, der zionistischen Studentenvereinigung, entstammten. Es kamen Wissenschaftler, die nach ihrer Gründung 1925 dem

Ruf an die Hebräische Universität folgten, und Angestellte der zentralen Zionistenorganisation, die sich ebenfalls in Jerusalem niederließ. In einigen der Kibbuzim und Kvuzot (wie sie ursprünglich hießen), von Giv'at Brenner im Süden über Giv'at Chaim in der Landesmitte bis Markenhof (Bet Sera) im Jordantal, fanden sich junge Leute aus Deutschland und Österreich, wenn auch nur wenige, und die Geschichten, die sie zu erzählen hatten, drangen irgendwie nicht nach Deutschland durch.

Einwanderung nach Palästina

Die größeren jüdischen Organisationen in Deutschland zeigten nur geringes Interesse an Palästina. Zwar hatten manche ihrer Vorsitzenden das Land besucht, sie waren jedoch zu dem Schluß gekommen, daß Palästina zu klein und zu arm sei, um eine größere Zahl von Juden aufzunehmen, außerdem ließ die politische Lage nichts Gutes erwarten (der Konflikt mit den Arabern war 1929 in Gewalt ausgeartet), und kulturell war es uninteressant. Vor allem aber gab es keinen dringenden Grund, warum deutsche Juden sich intensiver mit Palästina befassen sollten, denn wenn sich die Frage der Emigration überhaupt stellte, dann sehr viel eher in Polen als in Deutschland. Die deutschen Zionisten, die sich in Palästina niederließen, waren mit der zionistischen Politik unzufrieden. Geschäftsleute, Banker und Manager mißbilligten die offizielle Ideologie, die die Betonung auf eine Rückkehr zur Krume, auf eine Veränderung der einseitigen Berufsstruktur in der Diaspora legte. Die deutschen Zionisten bewunderten zwar die Pioniere, die in der Jesreel-Ebene bei ihren Versuchen, Kollektivsiedlungen zu errichten, gegen die Malaria ankämpfen mußten, meinten jedoch, daß dies nicht der beste Weg sei, in Palästina eine Wirtschaft aufzubauen, in der Zehn-, ja Hunderttausende ein Auskommen finden sollten.

Die Haltung des deutschen Judentums änderte sich dramatisch, als die Nazis an die Macht gelangten; in den nächsten Jahren, bis 1936, wurde das jüdische Palästina das wichtigste Fluchtland für Juden aus Deutschland, besonders für die jüngeren unter ihnen. Bis 1940 erreichten etwa 60000 Palästina, nicht gezählt diejenigen, die illegal einreisten (zum Beispiel mit Touristenvisum), und deutschsprachige Zugänge aus anderen Teilen Mitteleuropas. Insgesamt umfaßte diese Alija (Einwanderungswelle) etwa ein Drittel der gesamten Immigration in Palästina in der Zeit vor dem Zweiten Weltkrieg. Sie erreichte ihren Höhepunkt 1935, ebbte danach jedoch als Folge der von der Mandatsmacht Großbritannien verhängten Einwanderungsbeschränkungen ab.

Von den deutschen Juden, die nach Israel gingen, arbeitete etwas mehr als ein Viertel in der Landwirtschaft, ein beträchtlich höherer Anteil als bei der vorangegangenen größeren Einwanderungswelle aus Polen (1925). Von denen, die sich in den Städten niederließen, gingen 16000 nach Tel Aviv, 11000 nach Haifa und nur 6000 nach Jerusalem. Bei der jüngeren Generation lag der Anteil derer, die zumindest für einige Jahre nach ihrer Ankunft in der Landwirtschaft arbeiteten, wahrscheinlich bei fünfzig Prozent.

Die meisten kamen per Schiff über Triest oder einen anderen italienischen Hafen. Sie durften kein Geld aus Deutschland ausführen, außer im Rahmen einer besonderen Transfervereinbarung (Ha'avara), der zufolge bestimmte Geldbeträge gegen deutsche Exporte nach Palästina aufgerechnet und überwiesen werden durften. Dennoch waren diese neuen Einwanderer relativ gut ausgerüstet, verglichen mit denjenigen aus Osteuropa. Sie brachten ihren Besitz in kleinen Containern mit, »Lift« genannt, und sie hatten jede Menge Kleider, Ledermäntel, Regenmäntel und lederne Aktentaschen, die eines ihrer typisches Kennzeichen waren. Die älteren Einwanderer waren formell in Anzug, Gehrock und Krawatte gekleidet, sehr in Kontrast zu dem, was damals in Tel Aviv und Jerusalem üblich war. Sie brachten Plattenspieler und Rundfunkgeräte mit, die allerdings erst ab 1936 zum Einsatz kamen, als der erste palästinensische Rundfunksender den Betrieb aufnahm.

Begeisterung und Kulturschock

Die Glücklichsten unter den Neuankömmlingen waren die Jungen. Viele ihre Briefe sind erhalten, begeistertere Beschreibungen kann man sich kaum vorstellen. Der Abschiedsschmerz, soweit vorhanden, war bereits vergessen, wenn der Zug die Schweiz oder Österreich durchquerte und sie in Triest an Bord der »Gerusalemme« oder der »Galilea« gingen; die balsamischen Sommernächte auf dem Mittelmeer überwältigten sie ebenso wie die Ankunft, wenn sie in der Ferne einen »kleinen Streifen Land mit Palmen, die Heimat der Juden, unser freies jüdisches Land« erblickten (Manfred und Uri).

Später berichteten sie über die ersten Nächte im Kibbuz (Degania 1935), »mehr als ein Tanz, ein Schwindelgefühl, ein Rausch, der diejenigen befällt, die aus der Dunkelheit ins Licht treten, die aus einem langen, schweren Schlaf zu einem neuen Leben erwachen, ein Sturm der Freude, den alle teilen« (I. S.). Der heiße Ostwind mit seinen Sandstürmen, der Chamsin, störte das wundervolle Gefühl nicht. »Wir fahren durch jüdisches Land!« Manfred sagte als Vertreter seiner Gruppe in einer Rede, ein lang gehegter Traum sei plötzlich Wirklichkeit geworden und sie hätten es noch nicht völlig begriffen. Ben schrieb aus dem Kibbuz Mischmar Ha'emek, er sei in Jerusalem gewesen, der schönsten Stadt, die er jemals gesehen habe. Auch Lisa war dort gewesen, und obwohl von Fremden belästigt, fand sie die Altstadt wundervoll, trotz der Schacherei, der Bettler und der Armut.

Ein junger Kibbuzbewohner beschrieb in einem Brief an seine Eltern die Ankunft eines Konzertflügels in Karkur und wie man nun von frühmorgens bis Mitternacht der Musik von Scarlatti bis Kurt Weill lauschen konnte. E. hat aus ihrem Kibbuz am Toten Meer nur Gutes zu berichten, trotz 47 Grad Celsius im Schatten. Baron Rothschild kam zu Besuch und auch Sir Arthur Wauchope, der britische Hochkommissar. Lisa, die sich jetzt Aviva nannte, schrieb aus Merchavia, daß sie hart arbeiteten und daß es wundervoll war, auch wenn sie um fünf Uhr morgens aufstehen müßten.

Der Nachthimmel war unendlich klarer als in Europa (R. berichtete sogar von einem Regenbogen, den er im Mondschein entdeckt habe), und sie konnten sogar der Schwerarbeit auf einer Baustelle oder in der Backofenhitze in Nachalal, zwischen Haifa und Nazareth, etwas Positives abgewinnen. Sie fuhren nach Tiberias, um nachts im See Genezareth zu schwimmen, sie bestaunten die Schönheiten Haifas, doch gab es, wie Pnina aus En Harod schrieb, nichts Wundervolleres, als in einer landwirtschaftlichen Siedlung mit Gleichgesinnten zusammenzuleben. Oder wie jemand anders es ausdrückte: »Wir sind hier nicht mehr gespannt darauf, die letzten Neuigkeiten aus Europa zu erfahren.«

Tel Aviv rief gemischte Reaktionen hervor: »Es ist nicht so schlimm, wie ich dachte, aber es ist nicht wirklich Palästina.« Ben, der aus einem Kibbuz zu Besuch kam, gewann einen günstigeren Eindruck: Tel Aviv sei europäischer als Europa (»Die Stadt ist sehr schön, aber höchstens für zwei Wochen ...«). Ein anderer junger Mann berichtet, daß auf der Allenby, damals die Hauptgeschäftsstraße, und der Strandpromenade ständig Gewimmel herrsche wie auf dem Kurfürstendamm oder dem Tauentzien in Berlin, »die wir aus diesem Grund immer vermieden, und der Strand ist am Sabbatmorgen voll wie der Wannsee«.

Von Anfang an erschienen hebräische Wörter in den Briefen nach Deutschland; man ging nicht mehr unter die Dusche, sondern die »Miklachat«, nicht ins Eßzimmer, sondern das »Chadar ochel«, man arbeitete nicht im Weinberg, sondern im »Kerem«. Und nicht nur die Sprache änderte sich. Achim schrieb seiner Mutter aus En Charod, er habe das Gefühl, daß »sie und Deutschland und alles, was ich dort liebte, allmählich verschwinden, und daß es keine Möglichkeit gibt, diesen Prozeß aufzuhalten, die neuen Elemente werden immer stärker, und manchmal habe ich das Gefühl, daß mir die Sprache abhanden gekommen ist, mit Dir zu reden. Manchmal fühle ich mich wie ein neuer Mensch.« Aus

Schanghai oder La Paz, aus London und New York kamen solche Briefe nicht.

Die jungen Leute, die zwischen 1934 und 1936 nach Palästina gingen, gehörten einer Elite an. Sie waren aus den jüdischen Jugendbewegungen auserwählt worden, sie hatten sogar schon in Deutschland von Palästina geträumt. Wir wissen nicht, was sie nach drei oder vier Jahren empfanden, aus dieser späteren Zeit fehlen die Briefe.

Für die, die allein kamen, waren die Schwierigkeiten, sich nach ihrer Ankunft in diesem neuen, fremden Land zurechtzufinden, unendlich größer. Der Kulturschock setzte bereits mit der Einfahrt in den Hafen ein, der in den frühen Tagen, bis zu den Araberaufständen von 1936, das arabische Jaffa war; der Hafen von Tel Aviv befand sich noch im Bau, und der von Haifa war zu klein. Der Lärm, die Gerüche, das gesamte Schauspiel war orientalisch (oder levantinisch oder asiatisch, wie manche schrieben) und entsprach so gar nicht dem, was man erwartet hatte. Es war sehr laut, die Leute waren aufdringlich, und man mußte aufpassen, daß einem das Gepäck nicht abhanden kam oder gestohlen wurde. Der Neuankömmling verbrachte normalerweise die ersten Tage oder Wochen bei Verwandten oder Bekannten, deren Wohnungen waren zwar klein, aber sie waren sehr gastfreundlich.

Für diejenigen, die kein Hebräisch konnten, dauerte die anfängliche Verwirrung natürlich viel länger. Manche verbrachten die ersten Tage auch in einem der »Bate Olim« (Einwandererheime), die eingerichtet worden waren. Nicht lange vor der »Machtergreifung« Hitlers, im Februar 1932, war eine Vereinigung von Juden aus Deutschland ursprünglich zu dem Zweck gegründet worden, einem wachsenden Touristenstrom mit Informationen zu dienen; nach 1933 sollte diese Vereinigung (Hit'achdut Ole Germania) eine wachsende Rolle im Leben der neuen Einwanderer übernehmen. Sie war weder Arbeitsamt noch Herberge, konnte aber wertvollen Rat und Kontakte vermitteln.

Diese Initiativen waren notwendig, weil es eine große Übertreibung wäre, zu sagen, daß die deutschen Immigranten mit offenen Armen empfangen wurden. Vielmehr wurden die Neuankömmlinge für kräftige Mieterhöhungen und allgemeine Preissteigerungen verantwortlich gemacht. Man warf ihnen vor, daß sie ihre eigenen Schulen aufmachten und eigene Zeitungen druckten und damit die noch recht prekäre Stellung der hebräischen Sprache gefährdeten. Brachten die neuen Einwanderer ihre Unzufriedenheit über die Art und Weise ihrer Behandlung zum Ausdruck, wurden sie aufgefordert, doch in das – jetzt von den Nazis beherrschte – Deutschland zurückzukehren. Manche forderten, daß man den deutschen Einwanderern nicht erlauben solle, sich in bestimmten Gegenden zu sammeln, sondern daß sie vielmehr über das ganze Land verstreut werden sollten, um die von ihnen drohenden Gefahren zu minimieren.

Kurz, trotz aller Aufrufe zu jüdischer Solidarität wurden die Einwanderer aus denselben Gründen abgelehnt und mit Mißtrauen bedacht, wie dies Einwanderern überall und zu allen Zeiten widerfuhr. Doch es gab eine zusätzliche Animosität gegen die neuen Einwanderer aus Deutschland und Österreich, die die Neuankömmlinge aus Osteuropa nicht betraf. Es hieß, ihr Lebensstil passe nicht zu Erez Israel, in den Medien, in den Cabarets und in der palästinensischen Folklore wurden ihre Sitten und ihre Sprache lächerlich gemacht. Andererseits beklagten Hunderte von Artikeln in der hebräischen Presse, ganz zu schweigen von den Leserbriefen, daß die Neuankömmlinge systematisch ausgebeutet und diskriminiert würden. Die Alteingesessenen im Palästina der dreißiger Jahre waren nicht gewillt, irgend etwas Neues zu akzeptieren, das den bestehenden sozialen und kulturellen Strukturen zuwiderlief, und die neuen Einwanderer waren ebensowenig bereit, Konzessionen an einen Lebensstil zu machen, den sie bestenfalls als primitiv erachteten. Es war kein glückliches Zusammentreffen, und dies änderte sich erst während des Krieges.

Viel weniger kompliziert gestaltete sich in den frühen Tagen die Integration der jungen Leute, die gekommen waren, um in einen der bestehenden Kibbuzim einzutreten. Der Empfang war rauh, aber herzlich, das Gepäck wurde auf den Kibbuzlaster geworfen, der im Hafen wartete, die Jungen und Mädchen kletterten ebenfalls auf die Ladefläche, und binnen einer Stunde, oder auch zwei oder drei (denn der Straßenzustand, besonders im Winter, entsprach keineswegs dem europäischen Standard), gelangte man an sein Ziel. Für die jungen Leute unter Zwanzig war das ein großes Vergnügen, es erinnerte sie an die Sommerlager der Jugendbewegung in Europa.

Jene Ankömmlinge, die von niemandem abgeholt wurden, fühlten sich oft völlig allein und verlassen. Einige sagten es laut, andere dachten es nur: War die Reise vielleicht ein riesiger Fehler gewesen, sollten sie vielleicht das nächste Schiff zurück nach Hause nehmen? Die Rückfahrt trat wohl kaum jemand an, aber es gab Depressionen, schlaflose Nächte und Tränen.

Die ersten Schritte in der neuen Heimat wurden von einigen in späteren Jahren beschrieben. Clara Barnitzki hatte das zusätzliche Pech, im November 1933 bei strömendem Regen in Jaffa einzutreffen, ihr Mann war kein Zionist, und weit davon entfernt, bei der Ankunft den Boden des Heiligen Landes zu küssen, sagte er, wenn er jetzt eine Rückfahrkarte hätte, würde er sie auch benutzen. Ähnlich fiel die Reaktion Hugo Mendelssohns aus, ebenfalls im Hafen von Jaffa, aber dann erschien aus dem Nichts plötzlich ein entfernter Vetter, die Probleme wurden gelöst, und die Versuchung heimzukehren verflüchtigte sich. Jenny Aloni, die einer der zionistischen Jugendgruppen in Deutschland angehört hatte und die erst nach Ausbruch des Krieges eintraf, kamen die ersten Zweifel bereits auf dem Schiff: Hatte sie die richtige Entscheidung getroffen? Sie wußte natürlich, daß es kein Zurück gab, es war vielmehr die Angst vor dem Ungewissen, die sie daran denken ließ, über Bord zu springen und sich in der See zu ertränken.

Jehuda Steinbach begann seinen Aufenthalt in Palästina mit einer Reise durch das Land und besuchte den jungen Kibbuz nahe En Charod, in den er hatte eintreten wollen. Doch der erste Eindruck war deprimierend, alles war zu laut, »zu asiatisch«, seiner Frau gefiel es überhaupt nicht, und so beschlossen sie, in einen anderen Kibbuz zu gehen, Giv'at Brenner, wo eine Schwester seiner Frau lebte – der Zufall oder die Anwesenheit eines Verwandten oder Freundes spielten oftmals eine entscheidende Rolle.

Naomi Koch (Laqueur) war gerade sechzehn geworden, als sie im November 1936 in Haifa eintraf. Ihre Schwester sollte sie abholen, verpaßte sie jedoch. Später schrieb sie: »Ich hatte gerade noch 75 italienische Centesimi in der Tasche, aber ich erinnerte mich an die Adresse von Freunden der Familie und überredete einen arabischen Taxifahrer, mich dort hinzubringen. Ich weiß nicht mehr, welcher Sprache ich mich bediente, um mich verständlich zu machen. Unglücklicherweise wurde in Haifa viel gebaut, und die Namen der neuen Straßen waren der Öffentlichkeit, ja sogar der Polizei, unbekannt. Mein Taxifahrer schaffte es, über vier Stunden lang in Hadar Hakarmel herumzukurven, bis wir die Adresse fanden, nach der wir suchten. Das allererste, worum ich unsere Freunde bitten mußte, war, das Taxi zu bezahlen. Es war eine ziemlich große Summe, und so hätte ich mich eigentlich nicht wundern dürfen, daß sie nicht gerade überglücklich waren, mich zu sehen. Außerdem muß ich einen erbärmlichen Anblick geboten haben, ich hatte ungefähr eine Stunde im strömenden Regen gestanden, nur mit einem dünnen Sommerkleid und Sandalen angetan. Natürlich ließen sie mich bei sich übernachten, es wäre damals in Palästina undenkbar gewesen, das nicht zu tun.« Schließlich traf Naomi in Ben Schemen, dem Kinderdorf, ein, wo sie sich einer Gruppe von Neuankömmlingen aus Deutschland anschloß. Die Freunde hatten ihr das Geld für die Busfahrt gegeben, aber nur widerwillig. »Ich lernte, daß Menschen, von denen ich zu Hause in Frankfurt überzeugt gewesen war, daß sie ihr letztes Hemd mit mir teilen würden, sich ganz anders verhielten, nachdem ich ohne Geld und ohne Familie weit von zu Hause weg war ...«

Meta Frank (Königsthal) war zwanzig, als sie in Palästina eintraf. In Karlshafen im nördlichsten Zipfel Hessens geboren, brachte sie ihren frisch angetrauten Ehemann und zwanzig Gepäckstücke mit. Es war heiß und staubig, sie konnte kein Wort Hebräisch, und die Leute weigerten sich, deutsch zu sprechen. Schon auf dem Schiff hatte sie geweint, und jetzt weinte sie noch mehr: Wir sind verloren, sagte sie sich, wurde aber streng ermahnt, dies nicht öffentlich zu äußern. Alles, was sie mitgebracht hatten, war hier fehl am Platze – die Möbel, die Kleider. Sie wußten nichts über Land- oder Viehwirtschaft, und das war die einzige Arbeit, die sie bekommen konnten. In einen Kibbuz wollte sie nicht, weil sie gehört hatte, daß man dort wie im Gefängnis lebte, ein Jahr lang durfte man nicht hinaus, um Freunde und Bekannte zu besuchen. Ihre Mutter kam zu Besuch aus Deutschland und war schockiert und tief enttäuscht über die Zustände, unter denen ihre Tochter leben mußte. Dabei war es keineswegs so, daß dies eine besonders wohlhabende Familie und die Tochter besonders verwöhnt war, das Problem war vielmehr, daß alles so anders, so ungewohnt war.

Die Franks wanderten im Land umher und hatten die größten Schwierigkeiten, Wohnung und Arbeit zu finden. Am Ende bekam sie eine Stelle als Haushaltshilfe bei dem Besitzer einer großen Orangenplantage, aber die lag weit entfernt von jeder Ansiedlung, und es war deshalb gefährlich, als 1936 die Araberaufstände ausbrachen. Aber dann begann sich, sehr langsam, ihr Glück zu wenden. Sie schnappte ein paar Wörter Hebräisch auf, und die anderen redeten mit ihr und brachten ihr mehr bei. Sie bauten sich ein kleines Haus und hatten ein Stück Land, das sie kultivieren konnten, erst kam ein Kind, dann noch eins, die Eltern kamen noch im letzten Moment vor Ausbruch des Krieges herüber. Meta Frank erreichte ein hohes Alter, wir werden später noch einmal auf sie zu sprechen kommen.

Was für ein Unterschied zu der Begrüßung, die jemand wie Ehud Avriel zuteil wurde, einem dynamischen, noch sehr jungen Mann, der Hebräisch konnte, da seine Mutter die Leiterin einer hebräischen Schule in Wien gewesen war. Er erhielt bereits ein Stellenangebot, bevor er überhaupt in Palästina war, denn bei einem Besuch in London 1936, nachdem er gerade die Matura abgelegt hatte, begegnete er Abgesandten aus Palästina, die sich für einen Neuankömmling aus der zionistischen Bewegung in Österreich interessierten, der Hebräisch sprach und gerade an einem Wendepunkt in seinem Leben stand. Avriel wurde später eine der zentralen Gestalten bei der illegalen Immigration und später beim Waffenkauf für den zu errichtenden Staat, er unternahm wichtige Missionen für den israelischen Geheimdienst und danach für das Außenministerium.

Martin Hauser, ein engagierter, leidenschaftlicher Zionist, war zwanzig, als er Ende Mai 1933 aus Berlin eintraf. Eine Woche später schrieb er in sein Tagebuch, die Ankunft in Palästina bedeute ihm so viel, daß er manchmal fürchte, er werde morgens aufwachen und feststellen, daß er wieder in Berlin sei – alle seine Sehnsüchte seien wahr geworden, Hunderte, Tausende, ja Millionen würden ihn beneiden. Ihm gefiel einfach alles, was er sah. Spätere Eintragungen beschäftigen sich jedoch auch mit den Härten des täglichen Lebens. Er wohnte in einem Keller, den er sich mit zwei anderen Neuankömmlingen teilte.

In seinem Beruf als Zahntechniker gab es keine Arbeit, auch eine andere feste Arbeit konnte er monatelang nicht finden. Manchmal schlief er den Tag über, um kein Geld für ein Mittagessen ausgeben zu müssen. Gelegentlich arbeitete er als Schuhputzer, gab Kindern Hebräischunterricht oder verrichtete Schwerstarbeit bei glühender Hitze auf einer Baustelle. Mit Betroffenheit nahm er die Verachtung zur Kenntnis, die den neuen Immigranten aus Deutschland von den jüdischen Behörden entgegengebracht wurde: »Das Leben wird jeden Tag prosaischer.« Das bißchen Geld, das er mitgebracht hatte, war bald aufgebraucht. Doch gegen Ende des Jahres fand er eine Lehrstelle als Schlosser, und seine Lage besserte sich ein wenig. Hauser gehörte nicht zu denen, die die Flinte ins Korn warfen, und wir werden ihm während der Kriegsjahre in Italien wieder begegnen, wo er nach überlebenden Juden suchte, um ihnen zu helfen.

Der Kibbuz

Jene, die allein, unvorbereitet und ohne jegliche Hebräischkenntnisse nach Palästina kamen, fühlten sich einsam und verwirrt. Die anderen, die in Gruppen eintrafen, um in einen bereits bestehenden Kibbuz einzutreten oder einen neuen zu gründen, litten ebenfalls und mußten ihre Lehrzeit unter schwierigen Bedingungen absolvieren. Doch die Gruppe vermittelte ihnen seelischen – und nicht nur seelischen – Rückhalt. Eine Gruppe bestand aus Mitgliedern der »Werkleute«, die sich unter dem Einfluß Martin Bubers dem Zionismus verschrieben und beschlossen hatten, sich in Palästina anzusiedeln. Die ersten kamen 1933 und traten zur landwirtschaftlichen Ausbildung in bereits existierende Kibbuzim wie Giv'at Chaim und Mischmar Ha'emek ein.

Zwar lernten sie dort beruflich nicht viel, dafür aber um so mehr über das Leben in Palästina, und zwar meistens auf die harte Tour. Einer von ihnen war mit einem sogenannten Kapitalisten-Einwanderungszertifikat ins Land gekommen, er brachte tausend Pfund Sterling mit. Er hinterlegte das Geld bei dem Sekretär von Giv'at Chaim in der fälschlichen Annahme, daß er das Geld zurückerhalten würde, sobald seine Gruppe weiterzog, um ihre eigene Siedlung zu gründen. Sie hatten einen Lastwagen aus Deutschland mitgebracht und versuchten, ein wenig Geld zu verdienen, indem sie Aufträge von außerhalb des Kibbuz annahmen. Einige konnten den Lkw sogar fahren, aber sie waren nicht an die Arbeit in einem Land ohne richtige Straßen gewöhnt, wo ihr Gefährt im Sand oder – während der Regenzeit – im Schlamm steckenblieb.

Juden aus Deutschland, selbst die jüngeren unter ihnen, genossen den Ruf, ordentlich, diszipliniert und gesetzestreu zu sein, und die »Werkleute« konnten dieses Bild nie ganz abschütteln. Doch sie merkten bald, daß man mit Freundlichkeit nicht weit kam, daß sie in ihrer neuen Heimat auch gelegentlich die Ellbogen einsetzen mußten. Als ein wenig später die Gemeinde Chedera, wo sie vorübergehend in einem Arbeitslager wohnten, die Wasserversorgung einstellte, so daß sie weder trinken noch sich waschen konnten, setzten sie eine gewalttätige Demonstration gegen den Vorsitzenden des Gemeinderats in Szene, die mit Verhaftungen und dem Eingreifen der britischen Polizei endete. Sie mußten zwar Strafe zahlen, gewannen sich aber auch neuen Respekt als Leute, mit denen nicht zu spaßen ist. Inzwischen waren nach und nach 150 »Werkleute« in Palästina eingetroffen, und 1935, nach langen Verhandlungen und ständigem Bohren, wurde ihnen ein Stück Land bei Jok'eam, südwestlich des Karmel-Gebirges, zugewiesen, um dort einen eigenen Kibbuz zu gründen.

Ein Jahr lang lebten sie in einem alten, heruntergekommenen arabischen Gebäude, einer Karawanserei, dann bauten sie Zelte und Blockhäuser auf, säten Weizen auf einem kleinen Stück Land und kauften eine Schafherde. Die meisten der frischgebackenen Schafhirten hatten an deutschen Universitäten promoviert, und der Kibbuz machte Verluste bei dem Geschäft. Zwar gehörten Schafe zum traditionellen Bild einer landwirtschaftlichen Siedlung, doch ihre Rolle in der modernen Landwirtschaft war problematisch. Etwas mehr Erfolg war dem Kibbuz mit der Anschaffung einer Rinderherde beschieden, doch blieb die Landwirtschaft ein Problem, denn sie verfügten nicht über genügend Land, und was sie hatten, war in dreißig winzige Parzellen zwischen Feldern aufgeteilt, die den umliegenden arabischen Dörfern gehörten. Die arabischen Kühe von den Kibbuz-Feldern fernzuhalten wurde zu einem großen und zeitraubenden Problem. Sie begingen sämtliche Fehler der frühen Kibbuzim, indem sie versuchten, alles selbst herzustellen, ihr eigenes Brot zu backen, ihre Schuhe selbst zu machen. Das war zwar rührend, aber wenig produktiv.

Als der Krieg ausbrach, zählte der Kibbuz Hasorea 120 Mitglieder, und einige der Eltern waren ebenfalls eingetroffen. Seit den Tagen mit Martin Buber waren sie einen weiten Weg gegangen und waren nun direkt den Realitäten der Arbeit und des Lebens

Hebräisch-Unterricht im Landschulheim Caputh bei Berlin, 1934.

Lehrgut für junge Palästina-Emigranten in Winkel bei Berlin, 1936.

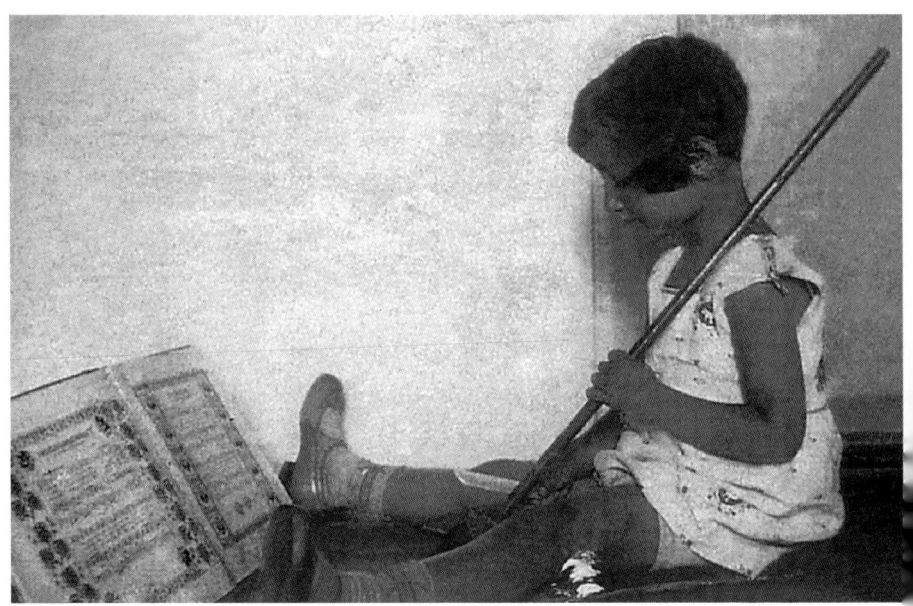

3 Anita Lasker als Dreijährige beim »Cellospiel« in Breslau, etwa 1928. Fünfzehn Jahre später war sie Cellistin im Auschwitz-Orchester. Sie wurde in Bergen-Belsen befreit.

4 Marcel Reich-Ranicki als Sechzehnjähriger im Berliner Strandbad Stölpchensee, etwa 1936.

5 Henry A. Kissinger als Schüler in Fürth, etwa 1935. Auswanderung in die USA mit der Familie 1938.

Wolfgang Leonhard nach der Rückkehr aus dem Moskauer Exil als Referent an der FDJ-Schule in Bogensee bei Berlin, 1946.

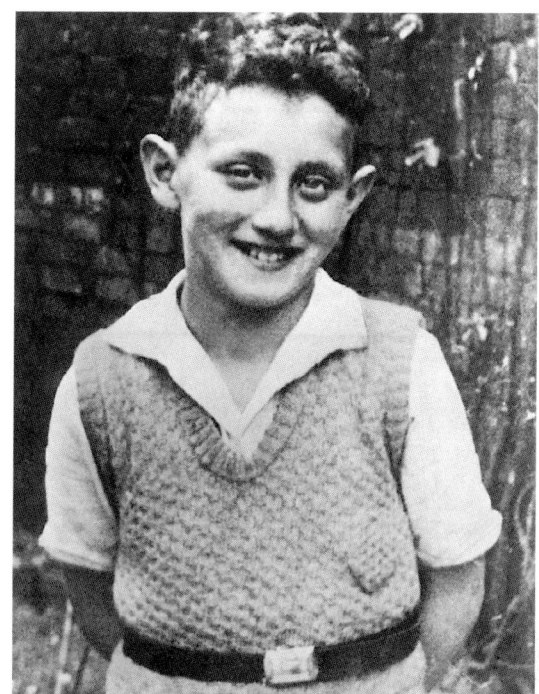

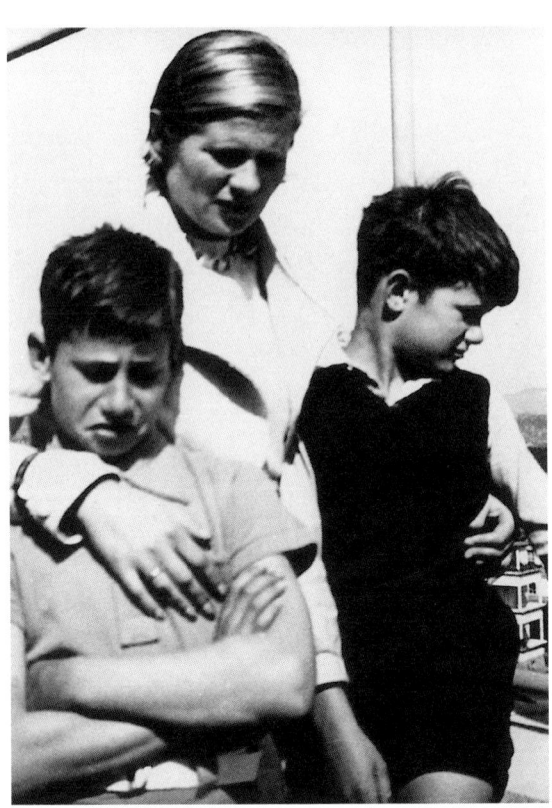

7 Markus Wolf (links) mit Bruder Konrad und Mutter Else in Südfrankreich, 1933.

8 Die Karl-Liebknecht-Schule in Moskau, die zahlreiche spätere DDR-Funktionäre, darunter auch Markus Wolf als Schüler besuchten, 1935.

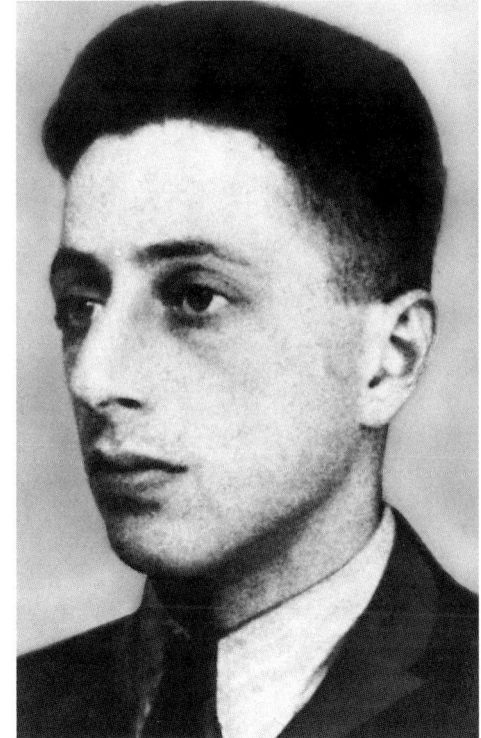

9 Schüler der Karl-Liebknecht-Schule marschieren musizierend durch die Straßen von Moskau, etwa 1935.

10 Herbert Baum, Anführer der Widerstandsgruppe Baum, etwa 1936.

11 Aus Deutschland kamen die ersten Siedler des Kibbuz Hasorea in Palästina, 1936.

12 Eine Gruppe junger Einwanderer aus Deutschland als Fensterputzer in Tel Aviv, etwa 1935.

13 Die neugegründete Hebräische Universität in Jerusalem, etwa 1938.

14 Der Autor, Walter Laqueur (sitzend links), auf Wacht im Kibbuz, 1939. Er war 1938 aus Deutschland nach Palästina ausgewandert.

15 Wartende Emigranten auf Ellis Island, New York.

16 Junge Emigranten aus Deutschland als Schuhputzer in New York, etwa 1939.

17 Rechts: »Affidavit of Support«, das entscheidende Dokument für Einwanderer in die USA in den dreißiger Jahren.

United States of America
UNITED STATES LINES
Affidavit of Support

County of De Kalb
State of Missouri } S.S.

Prepaid Ticket No. ....

I, **Moritz Herz**, residing at .... (Street Address)
Maysville, **Missouri**, being duly sworn depose and say:

1. (a) That I was born a citizen of the United States on: .... Date .... In the City of .... County of .... State of ....
   (b) That I was naturalized a citizen of the United States on: Date .... In the (City) (County) .... number .... of my certificate being .... (State) issued by .... (Court)
   (c) That I declared my intention of becoming a citizen of the United States on: Date **August 3, 1937** In the **St. Joseph, Buchanan** (City) (County) **Missouri 1874** number of my certificate being issued by **U.S. District Court, Western District of Missouri**

2. That I am **32** years of age and have resided in the United States since **2/24/37**

3. That the undermentioned alien(s) desire(s) to come to the United States because **To make home with cousin** (State reasons fully)

4. That the financial status of the alien(s) is .... (State whether or not the applicant is dependent on you for support)

5. That my regular occupation is **General Retail Merchant** (Name and address of firm) .... My average weekly earnings amount to $ **50.00**

6. My other assets are as follows:
   (a) Bank account $ **1,300.00** (b) Insurance: Total cash surrender value of policy(ies) $ **2,000.00**
   (c) Real Estate $ **1,775.00**
   Yearly income from rentals of Real Estate $ **X** and that the encumbrance on said property, if any, amounts to $ **X**
   (d) Stocks and bonds $ **none.** **Stock of merchandise, invoice $18,159.00**

7. That my present dependents consist of **Wife, aged 27 years, Daughter, Sonja, aged 5 years, Fred, my son, aged four years** (Names and ages)

8. That it is my intention and desire to have my relatives whose names appear below, at present residing at: **Sinzenich, Germany** (Give complete address)

come and remain with me in the United States until such time as they may become self-supporting.

Name of Alien(s)	Sex	Date of Birth	Country of Birth	Occupation	Relationship to Deponent
Jacob Scheuer	Male	Oct.4,18..	Germany	Farmer	Cousin
Helene Daniel Scheuer	Female	Nov.6/98	Germany	Housewife	Cousin
Ernest Scheuer	Male	Feb.17/23	Germany	None	Second Cousin
Ilse Scheuer	Female	Feb.20/94	Germany	None	Second Cousin
Ruth Scheuer	Female	April 22,27	Germany	None	Second Cousin

REMARKS: **I have ample accommodations in my home and am financially able am willing to provided for my said relatives until such time as they are able to provide for themselves**

That I am willing and able to receive, maintain, support and be responsible for the alien(s) mentioned above while they remain in the United States, and hereby assume such obligations, guaranteeing that none of them will at any time become a burden on the United States or on any State, County, City, Village or Municipality of the United States; and that any who are under sixteen years of age will be sent to day school at least until they are sixteen years old and will not be put to work unsuited to their years.

That the above mentioned relatives are in good health and physical condition and are mentally sound, to the best of my knowledge and belief.

That I am and always have been a law-abiding resident and have not at any time been threatened with or arrested for any crime or misdemeanor, that I do not belong to nor am I in anywise connected with any group or organization whose principles are contrary to organized government, nor do the above mentioned relatives, to the best of my knowledge and belief, belong to any such organization, nor have they ever been convicted of any crime involving moral turpitude.

Deponent Further States, That this affidavit is made by him for the purpose of inducing the American Consul to issue visas to the above mentioned relatives and the Immigration Authorities to admit said relatives into the United States.

Moritz Herz
(Signature of Deponent)

Subscribed and sworn to before me, a Notary Public, in and for said County, this **21st** day of **December** A.D. 19....
Notary Public

My Commission expires **January 2, 1939**

18 Die erste Gruppe jüdischer Flüchtlingskinder aus Hamburg und Berlin, die am 2. Dezember 1938 mit einem sogenannten Kindertransport im Durchgangslager Dover Court Bay bei Harwich in England ankamen.

19 Der Sitz der Freien Deutschen Jugend (FDJ) in London, Belsize Park, etwa 1943.

20 Rechts oben: Nach Kriegsbeginn wurden in England »feindliche Ausländer«, größtenteils deutsche Juden, in Internierungslager eingewiesen. Hier ein Lager auf der Isle of Man, 1940.

21 Rechts: Das Amadeusquartett, eines der führenden Kammermusik-Ensembles der Nachkriegszeit, wurde im Internierungslager auf der Isle of Man gegründet. Aufnahme etwa 1950.

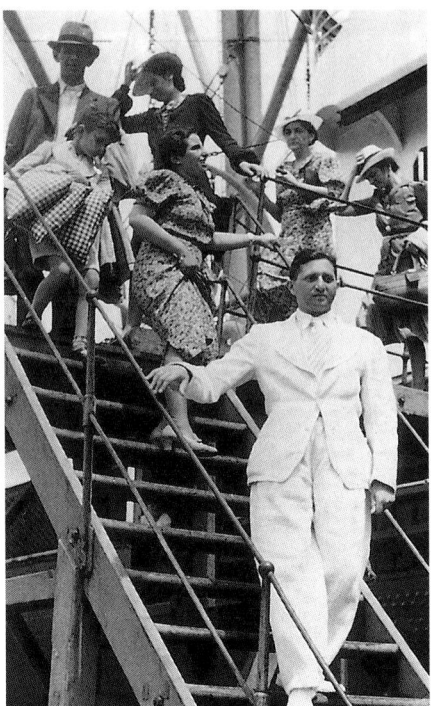 

22 Ankunft deutscher Juden im Hafen von Schanghai im Sommer 1939.

23 Das Durchgangslager für deutsche Juden im Schanghaier Stadtteil Hongkew im Sommer 1939.

im Kibbuz ausgesetzt. Nach langen Beratungen hatten sie sich dem Kibbuz Arzi angeschlossen, einer der drei Dachvereinigungen, die ihnen ein ziemlich rigides ideologisches System auf der Grundlage eines linksgerichteten Zionismus auferlegte.

So viele waren vor dem Krieg aus Deutschland nach Palästina gekommen, daß ein zweiter Kibbuz jüngerer Mitglieder gegründet wurde, der sich mit einer Gruppe von Pionieren aus Rumänien zusammentat. Doch dieser Zusammenschluß bewährte sich nicht, es gab ständige Reibereien zwischen den beiden Volksgruppen, mal ging es um die Qualität des Essens, mal um die Auswahl von Mitgliedern für den Dienst in der britischen Armee. Mitten im Krieg fiel der Kibbuz auseinander, und die deutschen Mitglieder schlossen sich Hasorea an.

Als der Kibbuz Hasorea 1935/36 auf eigenem Land gegründet wurde, fand er manche Bewunderer unter seinen Nachbarn und bei den zentralen zionistischen Institutionen in Jerusalem, aber nur wenige gaben ihm eine wirkliche Chance auf Erfolg, weil man meinte, daß er zwar von einem hohen Grad an Idealismus, aber zuwenig Erfahrung getragen sei. Doch sie zeigten es den Miesepetern, und Hasorea wurde im Laufe der Jahre zu einer der größten und erfolgreichsten Ansiedlungen im Lande, mit 550 Mitgliedern und insgesamt tausend Bewohnern. Jahrelang waren die von ihnen hergestellten Möbel im ganzen Land berühmt und wurden in eigenen Läden in allen größeren Städten verkauft. Heute verfügen sie über eine der größten Kunststoffabriken, die Möbelfabrik wurde 1999 an jordanische Geschäftsleute veräußert. Außerdem spezialisierten sie sich auf die Aufzucht tropischer Fische, eine Gärtnerei wiederum blieb ohne großen Erfolg. Eine umfangreiche Sammlung fernöstlicher Kunst, die ihnen vermacht wurde, bildete die Grundlage eines Museums. Während der Nachkriegsjahre nahmen sie neue Siedlergruppen aus Ländern wie Bulgarien auf. Natürlich gingen auch die verschiedenen finanziellen, sozialen und politischen Krisen nicht spurlos an ihnen vorüber, von denen die gesamte Kibbuz-Bewegung heimgesucht wurde. Einige der ursprünglichen Mitglieder und noch mehr Vertreter der zweiten Generation wurden in den Kriegen getötet, die Israel seit 1948 auszufechten hatte.

Kurz, Hasorea wurde ein Begriff, aber das war nicht immer so gewesen. Auf dem 19. Zionistischen Kongreß im Jahr 1935 hielt Berl Katznelson, der Chefideologe der Arbeiterpartei, eine programmatische Rede zur Absorption der Alija aus Deutschland. Darin gab er seiner Ablehnung unmißverständlich Ausdruck: diese Leute seien entwurzelte Flüchtlinge, die aus ihrer Heimat hinausgeworfen worden seien, es seien hoffnungslose Fälle, die hebräische Sprache und Kultur seien ihnen fremd. »Wie können wir ein Volk mit Leuten aufbauen, die keine Kultur haben, was können wir tun, damit sie uns nicht zur Last fallen?« Katznelson starb während des Zweiten Weltkrieges, er erlebte die Einwanderungswellen aus Marokko, Rumänien und der Sowjetunion nicht mehr. Man kann nur darüber spekulieren, wie er diese Neuankömmlinge hinsichtlich ihres Judentums, ihrer Entwurzelung und ihrer Fähigkeit, ein neues Land aufzubauen, beurteilt hätte.

Berl Katznelson brachte Ansichten zum Ausdruck, die von vielen Führern der Linken und der Kibbuz-Bewegung geteilt wurden. Die Chaluzim aus Deutschland wurden nicht für fähig gehalten, eigene Kibbuzim zu gründen, jahrelang waren sie gezwungen, sich in bereits bestehenden Siedlungen niederzulassen, wo sie eine Minderheit unter den Pionieren aus Osteuropa bildeten. Das Ergebnis war, daß Hunderte den Kibbuz verließen, so daß der Vereinigten Kibbuz-Bewegung (Hakibbuz Hame'uchad) am Ende nichts anderes übrigblieb, als zuzustimmen, daß die Wünsche der Einwanderer aus Deutschland zu berücksichtigen seien. So kam es zur Gründung von Kibbuzim wie Gal Ed und anderen, die damals vorwiegend deutsch-jüdischen Charakters waren.

Eine andere Mentalität

Die Mentalität deutscher Juden, einschließlich der Zionisten unter ihnen, unterschied sich von der des osteuropäischen Judentums, und dies verursachte Probleme nicht nur (und auch nicht überwiegend) in den Kibbuzim. Das Niveau jüdischer Bildung und Sprache unter den Neuankömmlingen aus dem deutschen Sprachraum lag beträchtlich unter dem der Osteuropäer. Andererseits verfügten die ersteren über eine bessere Allgemeinbildung und blickten auf Leute herab, deren kulturelle Interessen sich auf Scholem Alejchem, Mendele und J. L. Perez beschränkten, die nicht mit der Weltliteratur vertraut waren, die sich nicht mit klassischer Musik, Malerei und anderen bildenden Künsten auskannten. Deutsche Juden wurden des Mangels an Idealismus und Opfermut bezichtigt, sie waren als Vertriebene nach Palästina gekommen, während die frühen russischen und polnischen Kibbuzmitglieder freiwillig und aus Idealismus gekommen waren.

Später hat sich gezeigt, daß dieses Mißtrauen größtenteils unbegründet war. Natürlich wäre es wünschenswert gewesen, Kibbuzim nicht nach der Herkunft aufzubauen, doch war dieses Ziel nicht zu erreichen, indem man einfach Befehle erteilte. So war, um ein Beispiel zu geben, bei vielen deutschen Juden der Sinn für Ästhetik im großen und ganzen stärker entwickelt als bei ihren Glaubensbrüdern aus dem Osten, die keine Zeit für derartige Trivialitäten hatten. Die Vermischung von Immigranten ohne Ansehen ihrer ethnischen Herkunft war ein lobenswertes Ziel, was die Kibbuzim betraf, sie war jedoch kaum zu verwirklichen, bevor die zweite oder dritte Generation herangewachsen war. Juden aus Deutschland und Österreich waren kritischer in ihren Ansichten, während sich in den alten Kibbuzim die Haltung der Mitglieder gegenüber einigen ihrer Führer nicht allzusehr von der Verehrung unterschied, die gewissen örtlichen Rabbinern im Schtetl von ihren Anhängern entgegengebracht wurde, die ihnen magische Eigenschaften zuschrieben.

Chaim Seligman, der in der Vereinigten Kibbuz-Bewegung in der Abteilung für die Aufnahme von Immigranten aus Mitteleuropa arbeitete, schrieb viele Jahre später, die Führer seiner Bewegung hätten die Mentalität der deutschen Juden, die andere Ansichten und Wertvorstellungen besessen, einen anderen Lebensstil gepflegt, anderer kulturelle Interessen gehabt hätten, weder gekannt noch verstanden. So sei ihre Haltung gegenüber dieser Einwanderergruppe a priori von Geringschätzung geprägt gewesen.

Es war auch nicht fair, den Mut und die Ausdauer der deutschen Alija in Zweifel zu ziehen. Ein Kibbuz wie Tirat Zvi im Beisan-Tal, der hauptsächlich aus gläubigen Pionieren aus Mitteleuropa bestand, sollte mehr Todesfälle als die meisten anderen durch Krankheiten und äußere Angriffe erleiden. Doch er verschwand nicht von der Landkarte; und wenn in späteren Jahren viele Kibbuz-Mitglieder abwanderten, besonders solche der zweiten und dritten Generation, dann traf dies ebenso auf Kibbuzim osteuropäischer Herkunft zu.

Jene, die sich so kritisch über den deutsch-jüdischen Sektor der Kibbuz-Bewegung äußerten, hatten nicht bedacht, daß innerhalb einer Generation die mangelnde Kenntnis des Hebräischen, die sie so sehr gestört hatte, behoben sein würde. Und sie verstanden damals nicht, daß es schwierig sein würde, der nächsten Generation die bewährten Qualitäten der frühen Kibbuzim zu vermitteln, auf die sie mit Recht so stolz waren. Wie sich zeigen sollte, war es viel leichter, sich die hebräische Sprache anzueignen, als die Flamme von Idealismus und Opferbereitschaft am Leben zu halten, die in den frühen Kibbuz-Siedlern loderte.

Wie schnell konnte sich ein junges Mädchen aus Deutschland in eine »Sabre«, wie die einheimische Jugend im Gegensatz zu den eingewanderten Altersgenossen genannt wurde, und in einem Fall sogar in eine Nationalheldin verwandeln? Eine der jüngsten unter denen, die allein im Hafen von Haifa eintrafen, war eine junge Berlinerin namens Barbara Fuld. Sie kam im Juni 1939, nachdem sie in ihrer Heimatstadt eine bekannte Privatschule, die

Waldschule Kaliski, besucht hatte, wo sie eine vielversprechende Schwimmerin und Leichtathletin gewesen war. Ihre Mutter erwartete sie an der Pier, ihr Vater, ein deutscher Patriot, hatte sich nach der »Kristallnacht« das Leben genommen. Babs, wie sie genannt wurde, war ein unproblematisches Mädchen und wurde von ihren Kameradinnen in der Balfour-Schule in Tel Aviv rasch akzeptiert. Sie trat in eine der Jugendbewegungen ein, tanzte dort, unternahm Wanderungen und verliebte sich. Nach dem Schulabschluß trat sie den Militäreinheiten des Palmach bei, die in den Kibbuzim stationiert waren, und wurde auf einen Offizierslehrgang geschickt. In der »Wingate-Nacht« im Juni 1947 wurde sie erstmals in eine Schießerei verwickelt, als ein Schiff mit illegalen Einwanderern in der Nähe von Tel Aviv zu landen versuchte, geriet in einen Hinterhalt des britischen Militärs und wurde getötet. Halb Tel Aviv ging zu ihrer Beisetzung, Gedichte wurden zu ihrem Gedenken geschrieben, eine Straße wurde nach ihr benannt, und sechs Monate später traf ein weiteres Schiff mit illegalen Einwanderern an Palästinas Gestaden ein, das nach ihr »Bracha Fuld« genannt worden war. Sie war eine der ersten, die im Kampf um einen israelischen Staat getötet wurden, das erste weibliche Opfer. Sie war erst neunzehn, als sie starb, und vielleicht nur einer unter tausend wußte, daß sie ein Spätankömmling aus Deutschland war.

Junge Siedler aus Deutschland waren in vielen Kibbuzim anzutreffen, darunter auch in den neu gegründeten wie Dalia im Karmel-Gebirge oder Ein Gev an der Ostküste des See Genezareth, Dorot in der Negev-Wüste und Gvar Am südlich von Askalon. Einigen dieser Siedler war eine bemerkenswerte Karriere beschieden. Teddy Kollek aus Wien, später Ein Gev, wurde der legendäre Bürgermeister von Jerusalem, Avraham Ben Menachem aus Gießen, dessen Name nicht so geläufig ist, war erst Muchtar (Vorsteher) seines Heim-Kibbuz (Gvar Am) und betätigte sich als Vermittler und Friedensstifter mit arabischen Schafhirten, wurde später Syndikus aller jüdischen Siedlungen in der Negev-Wüste und beendete seine Laufbahn als Bürgermeister von Netania. Ben Menachems Kibbuz-Karriere hatte ihn nach Sedom am Südende des Toten Meeres geführt, wohl den heißesten Ort Israels und einen der heißesten auf Erden, wo viele junge Siedler aus Deutschland bei der Pottasche-Gesellschaft arbeiteten und verschiedene dringend benötigte Mineralien gewannen und wo Gad Granach sich endlich einen Kindheitstraum erfüllen konnte – eine kleine Eisenbahn zu fahren. In Berlin als Sohn von Alexander Granach geboren (einem in den dreißiger Jahren berühmten Bühnen- und Filmschauspieler erst in Berlin, später in Rußland und schließlich in Hollywood, wo er in »Ninotschka« brillierte), war er ursprünglich kein begeisterter Zionist, als er sich auf das Leben in Palästina vorbereitete und anschließend in einen Kibbuz eintrat. Er war schon immer kritisch veranlagt gewesen, blieb emotional auf Distanz und verließ den Kibbuz schließlich wieder. Doch bei aller Kritik dachte er nicht daran, Rechavia zu verlassen, den Stadtteil Jerusalems, der seine zweite Heimat wurde. Als er bereits über siebzig Jahre alt war, begann er in den Fußstapfen seines Vaters eine neue Karriere beim deutschen Fernsehen als geborener Geschichtenerzähler und Entertainer.

Aber nicht alle gingen in einen Kibbuz, Tausende der Älteren, die etwas Geld mitgebracht hatten, kauften sich ein Stück Land, bauten ein Häuschen darauf, legten sich ein paar Kühe zu oder wurden Geflügelfarmer in Kfar Jedidia, Sde Warburg, Ramot Haschavim und vielen anderen Siedlungen, die in der Küstenebene gegründet wurden. Sie hatten kleine Orangenhaine in Kfar Schmarjahu, heute ein Stadtteil von Herzlia und eine der feudalsten Wohngegenden im ganzen Land, damals jedoch ein sandiger Weiler mitten im Nichts. Sie gründeten Naharia, nördlich von Haifa, heute ein Touristenzentrum, in dessen Nähe sich die komplette Einwohnerschaft eines süddeutschen Dorfes niederließ, die ihre Siedlung Schave Zion, Rückkehr nach Zion, nannte.

Einige dieser Unternehmungen prosperierten, andere nicht, und die Siedler und ihre Kinder mußten sich auswärts nach Arbeit umsehen. Gershom Monar, der im Alter von achtzehn Jahren gekommen war (und sieben Jahre warten mußte, bis seine Freundin ihm von England aus folgen konnte), wurde Fahrer bei Egged, einer der großen Bus-Kooperativen damals wie heute, ein sehr begehrter Job. Später wurde er polyglotter Reiseleiter für christliche Pilger im Heiligen Land und Autor eines Reiseführers.

Das Leben in diesen kleinen landwirtschaftlichen Ansiedlungen war schwierig und die Unwissenheit der neuen Siedler in landwirtschaftlichen Dingen oft abgrundtief. Meta Frank wäre um Haaresbreite getötet worden bei dem Versuch, in einem Notfall eine Kuh zu melken. Ohne Neid stellte sie fest, daß man eine Menge Idealismus brauchte, von dem ihre Nachbarn, die aus Bulgarien kamen, mehr besaßen als ihre eigene Familie. Doch jahrelange Arbeit führte zu einer gewissen Verbundenheit mit dem Ort, den sie einst gehaßt hatten, und zur Identifikation mit der Gemeinde, von der sie einst geschrieben hatte, es sei »für uns deutsche Juden äußerst schwierig, mit diesem Gemisch von Menschen aus allen Teilen der Welt zurechtzukommen«. Ihre Kinder gingen wie die Kinder von Monar auf die Gemeindeschule und zur Armee, viele wurden Offiziere und einige sogar Kriegshelden. Und selbst Eltern, die sich zuerst mit Händen und Füßen dagegen gewehrt hatten, nach Palästina zu kommen, legten nach einiger Zeit so etwas wie Bauernstolz an den Tag und packten mit an, so gut sie konnten. Vielleicht erinnerten sich diese älteren Juden, die aus dörflichen Verhältnissen in Süddeutschland stammten, an ihre eigene Jugend, als ihre Eltern, noch vor der Jahrhundertwende, ebenfalls ihr eigenes Stück Land kultiviert und sich einige Tiere gehalten hatten und daß die Verstädterung erst neueren Datums war.

Die meisten derer, die in den dreißiger Jahren ein auch noch so kleines Stück Land gekauft hatten, konnten auf lange Sicht kaum verlieren. Denn die Bodenpreise stiegen in den Jahren nach der Staatsgründung steil an und später noch mehr, besonders wenn das Land in der Nähe der Großräume von Tel Aviv, Herzlia oder

Netania lag. Manche wurden zu Millionären, ohne es überhaupt zu bemerken. So nahm die Geschichte nach langem Leiden und sogar Verzweiflung oftmals ein glückliches Ende. Die erste Generation dieser Siedler aus der »Mittelklasse« hat längst das Zeitliche gesegnet, aber denen, die als Kinder kamen, kann man heute an Samstagnachmittagen bei Familientreffen auf den Veranden ihrer geräumigen modernen Häuser begegnen, wo sie ihren Enkeln von den frühen, heroischen Tagen erzählen, als niemand ein Auto hatte und der nächste Laden meilenweit entfernt war, als arabische Banditen kamen und ihnen die einzige Kuh stahlen.

Jugend-Alija

Es bleibt eine Gruppe übrig, deren Geschichte noch zu erzählen ist, eine ziemlich große Gruppe, die unter dem Namen Jugend-Alija bekannt ist, bei der es sich also um jugendliche Einwanderer handelt. Historiker sind sich nicht ganz über ihren Ursprung einig, lange Zeit glaubte man, sie sei von Henrietta Szold gegründet worden, dem distinguiertem Mitglied einer bekannten amerikanischen Zionisten-Familie. Zwar hat Miss Szold, die nach Jerusalem übergesiedelt war, einen enormen Beitrag dazu geleistet und war jahrelang Leiterin dieser Institution, doch stammte die ursprüngliche Idee nicht von ihr. Die Gründerin war Recha Freier, die Frau eines Berliner Rabbiners (und Mutter des zukünftigen Leiters des israelischen Nuklearprogramms). Recha Freier war, um es vorsichtig auszudrücken, keine umgängliche Frau, aber sie hatte die Energie und Entschlossenheit, durchzusetzen, was anfangs als hoffnungsloses Unterfangen erschienen sein mag, und rettete so Tausenden junger Menschen das Leben. Sie schlug vor, daß Jugendliche aus Deutschland zwischen vierzehn und sechzehn Jahren ohne ihre Eltern in Gruppen nach Palästina geschickt werden sollten, und zwar in Landwirtschaftsschulen und besonders in Kibbuzim, weil diese am besten auf solche Gruppen eingerichtet waren.

Die erste kleine Gruppe machte sich bereits nach Palästina auf, bevor die Nazis an die Macht kamen, die erste größere Gruppe von etwa sechzig Jugendlichen traf im Februar 1934 im Kibbuz En Charod ein. Bis 1940 folgten insgesamt mehr als sechstausend Jugendliche aus Deutschland und Österreich, etwa 25 000 bis 30 000 weitere wurden 1938/39 von Deutschland nach Großbritannien und in andere Länder geschickt, weil die britische Mandatsverwaltung die Tore nach Palästina geschlossen hatte. Recha Freier blieb bis nach Ausbruch des Krieges in Berlin und organisierte die Transporte. Auf Jerusalemer Seite wurde ein Großteil der Arbeit von Henrietta Szold erledigt, die durch ihren Draht nach Amerika finanzielle Unterstützung mobilisieren konnte, sowie vor allem auch von ihren Assistenten, zwei jungen Deutschen, Hans Beyth und später Chanoch Rinot (Reinhard).

Folgende Prozedur entwickelte sich im Laufe der Zeit: Gruppen von 25 bis 30 Jungen und Mädchen sammelten sich in Deutschland und reisten mit einem Jugendleiter zu der Institution in Palästina, die für die nächsten zwei Jahre ihr Heim sein würde. Sie wurden mindestens ebenso bequem untergebracht wie die Kibbuz-Mitglieder, arbeiteten halbtags und erhielten den Rest des Tages Unterricht in Hebräisch, Landeskunde und Allgemeinwissen. Jeweils ein qualifizierter Lehrer und eine Lehrerin aus dem Kibbuz waren verantwortlich für die Gruppe. Wie es nach zwei Jahren weiterging, blieb offen, die Mitglieder der Gruppe konnten dem Kibbuz beitreten, wenn sie wollten, oder ihre eigene Gruppe bilden und eine neue Siedlung bauen, sie konnten zu Verwandten gehen, wenn sie im Land welche hatten, oder sich in Palästina nach eigenem Gutdünken selbst einen Weg suchen.

In der Anfangszeit war es die Regel gewesen, daß die Eltern einen angemessenen Beitrag für den Unterhalt ihrer Kinder während der ersten beiden Jahre in Palästina leisteten. Doch als das deutsche Judentum immer mehr verarmte, wurde das in der Mehrzahl der Fälle unmöglich. Die Kibbuzim waren auch arm und somit keine große Hilfe. Die Folge war, daß die Lebensbedingungen sich verschlechterten, während die Jugend-Alija in einem Wettrennen gegen die Zeit zum Rettungsinstrument wurde. Die Organisatoren konnten sich ihre Kandidaten nicht mehr aussuchen, sie mußten praktisch jeden nehmen.

Die Idee war brillant, und wenn es an der Durchführung auch manchmal haperte, so war es doch die einzige Möglichkeit, Eltern dazu zu bringen, sich von ihren Sprößlingen zu trennen, und so junge Menschen zu retten, die sonst dem Tod geweiht waren. Wie erging es diesen Jungen und Mädchen in der Fremde, weit weg von der gewohnten Umgebung, getrennt von Familie und Freunden? Allgemeine Aussagen sind hierzu kaum möglich, zuviel hing von den örtlichen Bedingungen und auch von der Zusammensetzung der Gruppen ab. Einige waren einigermaßen homogen, ihre Mitglieder hatten einer zionistischen Jugendbewegung angehört und waren sich mehr oder weniger darüber im klaren, was sie erwartete, beherrschten vielleicht sogar ein paar Brocken Ivrit. Es gab aber auch andere, besonders in späteren Jahren, die aus deutschen Kleinstädten kamen, die nicht in einer Jugendgruppe, vielleicht auch nie zuvor von zu Hause fort gewesen waren und diese Reise nicht als Abenteuer unter südlichem Himmel, sondern als traumatisches Erlebnis empfanden. Einige liebten das neue Leben, die Arbeit in den Weinbergen, das Reiten (wenn auch manchmal nur auf einem Esel), die Kameradschaft. Manche verliebten sich und waren so beschäftigt, daß ihre Lehrer sie drängen mußten, mindestens einmal im Monat nach Hause zu schreiben. Andere waren unglücklich, haßten die langweilige Arbeit und ihre Zimmerkameraden, beschwerten sich über die mangelnde Privatsphäre, litten unter Heimweh und schrieben lange Briefe nach Hause, in denen sie sich über das Essen und über Gott und die Welt beklagten. Berichte in den Archiven der zionistischen Institutionen erwähnen einen »Oppositionsgeist« unter den Neuankömmlingen.

Aber wie hätte es auch anders sein sollen? Die in Siedlungen fern der Heimat verpflanzten Jungen und Mädchen hätten ein wenig Wärme dringend gebraucht, statt dessen mußten sie sich in den rigiden Verhaltenskodex der frühen Kibbuzim einfügen: kein Privateigentum, kein Taschengeld, keine eigenen Bücher, keine Süßigkeiten, keine Briefmarken, alles mußte geteilt werden. Zum Leben in einer solchen Gemeinschaft waren sie nicht erzogen worden. Shimon Sachs, der mit der Jugend-Alija kam, berichtete viele Jahre später, er habe versucht, wie die anderen Mitglieder des Kibbuz zu sein, aber es habe nichts genutzt, die Liebe zur klassischen Musik sei stärker gewesen.

Meistens hatten sie auch Schwierigkeiten, mit ihren israelischen Altersgenossen zurechtzukommen, den Kibbuz-Kindern, der zukünftigen 1948er-Generation und Elitetruppe Palmach, die dünkelhaft, arrogant und unter sich sehr geschlossen waren und daher kein Interesse an jungen Juden aus dem Ausland hatten. Diese Sabres waren von der jüdischen Kultur nicht in der Weise durchdrungen, wie Berl Katznelson sich das vorgestellt hatte. Sogar ihre Sprache, oder vielmehr ihr Slang, war durchsetzt von arabischen Phrasen wie »ja allah!« (»los!«) und »wallahi« (»bei Gott«), »ahlan ja sahib« (»willkommen, mein Freund«) und »jachrib betak!« (»möge dein Haus zerstört werden!«). Die Sabres waren provinziell, antiintellektuell, sogar antikulturell, ihr Ideal war der extrovertierte, couragierte neue Typ des Bauernsoldaten, der gesellige »Chevre«, ein beliebter Tausendsassa, mehr oder weniger das Gegenteil des jüdischen Intellektuellen im Ausland. Sie waren von tiefer Liebe zur Natur und zu ihrem Land erfüllt, man hatte ihnen hundertmal gesagt, daß sie die neue Elite seien, und sie verhielten sich entsprechend – für Juden aus dem Ausland hatten sie wenig Zeit. Von den traditionellen Grundzügen der Juden war bei ihnen weniger zu spüren als bei einem assimilierten Jungen oder Mädchen aus einem der westlichen Vororte von Berlin.

Einige der jungen Neuankömmlinge waren tief beeindruckt von ihren palästinensischen Altersgenossen und ihrer Art zu leben. Sie versuchten ihnen nachzueifern, manchmal mit großem Erfolg, und wurden am Ende in ihren hehren Kreis aufgenommen. Ihre Furchtlosigkeit, Direktheit, ja Verwegenheit nötigten ihnen Bewunderung ab. Wer dagegen bereits ein gewisses Maß an europäischer Kultur verinnerlicht hatte, stand diesen ungehobelten, lauten Menschen kritischer gegenüber und hielt sich von ihnen fern. Die Begegnung zwischen diesen beiden gegensätzlichen Welten war faszinierend und voller Spannung. Die jungen deutschen Juden bestanden darauf, daß man, um nicht als »Poz« (aus den slawischen Sprachen abgeleiteter jiddischer Begriff mit der Bedeutung »Penis«) und »degeneriert« zu gelten, imstande sein sollte, ein Buch zu lesen und – über die Ziehharmonika hinaus – ein Instrument zu spielen.

Über die Jugend-Alija läßt sich nicht nur deshalb wenig Generalisierendes aussagen, weil jeder Fall anders lag, sondern auch weil sich die Einstellung der jungen Leute mit der Zeit änderte. Mancher, der anfangs begeistert gewesen war, gelangte später zu einer kritischen oder gar negativen Einschätzung und umgekehrt. Ernst Loewy aus Krefeld kam 1936 im Alter von sechzehn Jahren in den Kibbuz Kirjat Anavim in der Nähe von Jerusalem. In den Briefen an seine Eltern zeigte er sich zunächst überwältigt – »auf mich hat das Land einen großen Eindruck gemacht. Mit ähnlichen Gefühlen muß ein Mensch in seine Heimat zurückkehren, die er seit seiner Kindheit nicht gesehen hat.« Doch einige Wochen später folgte die Ernüchterung. Er war maßlos enttäuscht über das Geistesleben im Kibbuz oder vielmehr dessen Abwesenheit: »Die Menschen, die hier leben, sind reine Proletarier, die weiter nichts kennen als nur ihre Arbeit, das Essen und das Schlafen – an geistigen Dingen haben sie nicht das geringste Interesse.« Sie kümmerten sich nicht um Geschichte und Tradition, nicht einmal um die eigene. Außerdem seien sie Geizhälse, nur einmal im Jahr dürfe jeder ins Kino gehen. Er gab zu, daß die Mitglieder der Jugend-Alija-Gruppe besser lebten als die Kibbuz-Angehörigen, aber das war für ihn nur ein schwacher Trost. Er kam aus einem Heim, in dem jüdische Rituale beachtet wurden, daher vermißte er die Ausübung der Religion, daß es zum Beispiel am Sabbatabend keinen Kiddusch, keine Havdala gab, zwei der wesentlichen Rituale. Als die Kibbuz-Kinder hörten, daß von der Alija-Jugend einige an den hohen Festtagen fasteten, lachten sie nur über ein derart seltsames Verhalten. Die Kibbuz-Mitglieder betrieben eine Politik, die Loewy zutiefst mißfiel: Am 1. Mai wurde im Speisesaal ein großes Transparent entfaltet, auf dem stand: »Proletarier aller Länder, vereinigt euch!« Loewy sollte seine Ansichten später ändern, als er mit der Kommunistischen Partei zu sympathisieren begann, doch interessieren uns hier vor allem seine ersten Eindrücke.

Naomi Koch (Laqueur) schrieb später über ihre Zeit in Ben Schemen, dem Kinderdorf auf halbem Weg zwischen Tel Aviv und Jerusalem: »Ich akzeptierte den primitiven Charakter des täglichen Lebens und das ungewohnte Essen nicht nur als unvermeidlich, sondern als selbstverständlich; die Jugendbewegung hatte mich darauf vorbereitet. Andererseits verspürte ich in Ben Schemen einen Geist des Dünkels und der Lebensferne.« Dies bezog sich auf die Bildungsideale von Dr. Siegfried Lehmann, einem jüdischen Erzieher aus Deutschland, persönlich sehr beliebt, der eine Doktrin der »Dorfkultur« entwickelt hatte, mittels deren deutschsprachige Kinder in Hebräisch sprechende, hochkultivierte landwirtschaftliche Arbeitskräfte verwandelt werden sollten. Lehmanns Enthusiasmus, schreibt Naomi Koch, erweckte lediglich Zynismus bei den Schülern. Es gab eine mächtige, sich vertiefende Kluft zwischen den großen Idealen (von Dorf, Kultur und hebräischem Humanismus), die an die Wand gemalt wurden, und den Realitäten des Lebens. der harten Arbeit in einer Landwirtschaft, die damals noch nicht motorisiert war. Ein solcher Ansatz hätte vielleicht bei einer elitären und hochmotivierten, Hebräisch sprechenden Studentenschaft funktioniert, aber die war nicht vorhanden.

Naomi ärgerte sich auch über die kulturelle Engstirnigkeit, die zum Beispiel im Skandal um »Was ihr wollt« zum Ausdruck kam. Die Gruppe, die – theoretisch – das Kinderdorf leitete, hatte beschlossen, die Skakespeare-Komödie aufzuführen, hatte wochenlang jede freie Minute zum Einstudieren der Rollen, zum Nähen der Kostüme und zum Proben genutzt. Statt eine solche Initiative zu begrüßen, zeigten sich die Verantwortlichen entsetzt, und die Laienspielgruppe durfte das Stück nicht aufführen, weil sie es auf deutsch und nicht auf hebräisch tun wollte. Die Enttäuschung war natürlich groß.

Tuvia Rübner wurde 1925 in Preßburg (Bratislava) geboren, er gelangte 1941 praktisch mit dem letzten legalen Transport über Ungarn nach Palästina. Seine Muttersprache war Deutsch, er besuchte eine deutsche Schule, als frühreifes Kind hatte er nicht nur *Malte Laurids Brigge* selbst gelesen, sondern brachte auch seinen Vater dazu, es zu lesen, und er schrieb Gedichte auf deutsch. Er gehörte zu einer Gruppe, die nach Merchavia geschickt wurde, einem der ältesten Kibbuzim, doch die Begrüßung war – in seinen eigenen Worten – unfreundlich: »Im Kibbuz war man auf uns gar nicht vorbereitet. Untergebracht wurden wir auf Strohmatten auf dem nackten Boden ...«

Sie fühlten sich von der Kälte des Empfangs vor den Kopf gestoßen, und um die Kibbuz-Angehörigen ihrerseits zu ärgern, sangen sie Nazilieder, was sie nicht gerade beliebter machte. Sie erhielten unangenehme Arbeiten zugewiesen. Zwar arbeiteten sie nur halbtags, aber der Unterricht ließ zu wünschen übrig, da der Lehrer sich mehr dafür interessierte, die strategische Lage an der Ostfront an die Tafel zu zeichnen, als den Schülern Hebräisch beizubringen, so daß am Ende von zwei Jahren Tuvia Rübners Hebräischkenntnisse noch immer recht dürftig waren. Als eine Inspektorin der Jugend-Alija nach Merchavia kam, wurden Klagen über den Jungen aus Preßburg vorgebracht, der weiterhin Gedichte in deutscher Sprache schreibe. Doch die großzügige Inspektorin nahm Tuvia in Schutz, indem sie ihm sagte, sie selbst habe in Jerusalem einen Nachbarn namens Werner Kraft, der ebenfalls deutsche Gedichte verfasse. Die beiden wurden miteinander bekannt gemacht, und Kraft und Ludwig Strauss, Krafts

Nachbar in Jerusalem und ebenfalls Poet, wurden seine Freunde und Lehrer. Bis 1953 fuhr Rübner fort, deutsch zu schreiben, und in der Familie und mit seinen Freunden sprach er sein ganzes Leben lang deutsch.

Ernst Loewy kehrte nach dem Krieg nach Deutschland zurück und arbeitete dort als Autor und Historiker über deutsche Literatur im Exil. Tuvia Rübner wurde Professor für vergleichende Literaturwissenschaft an der Universität Haifa und ein bekannter Dichter, blieb aber, so seltsam es klingt, weiter im unfreundlichen Merchavia wohnen. Naomi Koch verbrachte einen Großteil ihres Lebens in England und den Vereinigten Staaten, besuchte Israel jedoch jedes Jahr und liegt jetzt, ihrem Wunsch gemäß, auf einem Friedhof am Stadtrand von Jerusalem begraben.

Sind dies typische Lebensläufe? Natürlich nicht, denn niemand hat bisher systematisch das weitere Schicksal der Jugend-Alija-Absolventen untersucht. Etwa ein Drittel derjenigen, die diese Ausbildung mitgemacht haben, blieb im Kibbuz, doch die Mehrheit ging ihrer Wege und konnte auch im späteren Leben nicht viel mit der landwirtschaftlichen Ausbildung anfangen. Viele traten im Zweiten Weltkrieg der Armee bei, nicht wenige ließen in diesem oder dem israelischen Unabhängigkeitskrieg von 1948 ihr Leben. Manche kehrten zu ihren Familien zurück, die inzwischen ebenfalls Deutschland verlassen hatten. Einer namens Schimon Perski, später Shimon Peres, der mit Naomi Koch zusammen in Ben Schemen war, wurde Premierminister von Israel. Andere ließen sich in jedem nur erdenklichen Beruf in Israel oder anderen Ländern nieder. Wer noch nicht gestorben ist, geht jetzt auf die Achtzig zu, aber nur wenige haben über ihre Jugend- und Bildungsjahre geschrieben.

War die Jugend-Alija, alles in allem gesehen, ein erfolgreiches Unternehmen? Die Frage ist größtenteils irrelevant, denn die Bedingungen waren keineswegs ideal, das Projekt beruhte weitgehend auf Improvisation, und das wichtigste ist, daß Tausende junger Menschen gerettet wurden, die sonst umgekommen wären.

Tel Aviv und Jerusalem

Nicht alle jungen Juden aus Deutschland waren in Kibbuzim oder bei der Jugend-Alija. Viele gingen mit ihren Eltern, manche auch allein, in die Städte, vor allem Tel Aviv, Haifa und Jerusalem. In diesen Städten ließen sich die Bessergestellten in bestimmten Vierteln nieder und trugen zu deren Entwicklung bei. Dies traf vor allem auf Rechavia in Jerusalem zu, das in den zwanziger Jahren gegründet worden war, aufgrund der Einwanderung aus Deutschland zwischen 1933 und 1936 aber auf das Dreifache wuchs, sowie auf Hakarmel und Achusa in Haifa. Eine Karte der deutsch-jüdischen Wohngebiete würde zeigen, daß die Seitenstraßen von Ben Jehuda und Dizengoff im Norden Tel Avivs, besonders nördlich von Mendele Mocher Sefarim, »Jeckeland« waren, wo damals viel deutsch gesprochen wurde, neue Geschäfte sowie Kaffeehäuser eröffnet wurden, in denen Wiener Konditoreiwaren im Angebot standen, und sogar die Ladenbesitzer, die Milchmänner und Briefträger ein paar Brocken Deutsch lernten, um ihren neuen Kunden gefällig zu sein. Da war der berühmte Delikatessenladen von Max Cohen auf der Allenby, wo man Schinken, guten Kaffee und Limburger kaufen konnte, das Café und die Konditorei Kapulski, auch »Jud Süß« genannt, und ähnliche derartige Etablissements in Haifa sowie in Jerusalem (zum Beispiel das der Familie Futter in der oberen Ben-Jehuda-Straße). Deutsche Juden hatten ihre eigenen Reform-Synagogen, Jeschurun und Ichud Schivat Zion in Tel Aviv, Emet Ve'emuna in Jerusalem.

Die Bauweise änderte sich, und das kulturelle Leben erfuhr einen ungeheuren Aufschwung mit der Gründung des Philharmonischen Orchesters und anderer derartiger Institutionen. James Morris, ein britischer Reiseschriftsteller, schrieb Jahrzehnte später, Tel Aviv sei zwar 1909 gegründet worden, seine eigentliche Entstehung als Stadt mit besonderem Charakter gehe jedoch auf die dreißiger Jahre zurück, die Zeit der fünften Einwanderungswelle, die hauptsächlich aus Deutschland herrührte.

Wer als Kind mit den Eltern kam, wuchs in verhältnismäßig angenehmen Verhältnissen auf. Sie hatten jedoch mit Schwierigkeiten einer anderen Ordnung zu kämpfen, in der Schule und im Umgang mit ihren Altersgenossen. Sie wollten wie die anderen sein, sonnengebräunt und mit einer verwegenen Haartolle in der Stirn, kurzen Hosen und Sandalen, die Stimmen einige Dezibel lauter, als es in Europa üblich war.

Einige Neuankömmlinge schafften es mühelos. Avraham Frank, Jahrgang 1923, berichtet, er habe keinerlei Schwierigkeiten gehabt, Ivrit zu lernen und akzeptiert zu werden, aber er ging in Tiberias zur Schule, wo der Sabre-Kult noch nicht verbreitet war. Jehuda Amichai, der in Petach Tikva bei Tel Aviv zur Schule ging, konnte zwar Hebräisch, war aber über den Mangel an Disziplin schockiert. Wie konnte man den Lehrern gegenüber ein so unverschämtes Benehmen an den Tag legen, Anordnungen mißachten und barfuß in den Unterricht kommen? Später besuchte er eine Schule in Jerusalem, an der einige Lehrer aus Deutschland stammten und ein höheres Bildungsniveau herrschte. Chaim Hallers Eindrücke in einer Schule in Tel Aviv waren ähnlicher Art, auch erinnert er sich, daß die formelle Kleidung der Jungen und Mädchen aus Deutschland in der palästinensischen Umgebung ganz und gar deplaciert wirkte.

Esther Herlitz besuchte eine renommierte Jerusalemer Schule, und ihre Erfahrungen waren auch nicht gerade positiv. Sie kam aus einer zionistischen Familie und war voll guten Willens, sich den neuen Verhältnissen anzupassen. Doch die einheimischen Jungen und Mädchen schimpften sie und andere Kinder aus Deutschland »Nazis« und schlossen sie gesellschaftlich aus. »Ich weinte nicht und zeigte auch nicht, wie sehr es mich verletzte, aber in meinem Herzen war ich sehr, sehr zornig. Ich erzählte es meinem Vater, und er ging in die Schule und sprach mit dem Direktor und seinem Stellvertreter. Es gab eine Untersuchung, aber ändern tat sich nichts.« Schließlich wurde in Talpiot, einem anderen Vorort von Jerusalem, eine neue Schule eröffnet, auf die Esther und die anderen deutschen Schulkinder wechselten, und von da an ging alles gut. Ihre ersten Erfahrungen hinterließen keine bleibenden Schäden, sie wurde Mitglied des Parlaments, Botschafterin und eine führende Persönlichkeit in der Arbeiterpartei, der Mapai.

Dalia Grossmann besuchte eine Frühversion des Ulpan, einen Intensivsprachkurs in Hebräisch, und ihr gelang die Integration, nachdem sie eingeladen worden war, einer örtlichen Jugendbewegung beizutreten. Emanuel Strauss, der Ende der dreißiger Jahre seine Ausbildung in Ben Schemen erhielt, berichtet ebenfalls von Vorbehalten seitens der Sabres gegenüber Kindern aus deutschsprachigen Ländern.

Was die Jugendlichen betraf, waren dies jedoch vorübergehende Schwierigkeiten; nach ein oder zwei Jahren konnten sie sich gut auf hebräisch verständigen. In der Schule waren sie ebenso gut, wenn nicht besser als die Sabres, ihre gesellschaftliche Integration ging hingegen nicht so leicht vonstatten. Aber im Vergleich zu den Schwierigkeiten, die die ältere Generation zu bewältigen hatte, handelte es sich bei den Problemen der Jüngeren um keine schweren Traumata.

Die etwas ältere Altersgruppe, die bereits auf die Universität, die Technische Hochschule in Haifa oder eine der Lehrerbildungsanstalten ging, hatte zwar nicht unter diesen gesellschaftlichen Anpassungsschwierigkeiten zu leiden, dafür jedoch anfangs schwerwiegende Probleme auf akademischem Gebiet zu bewältigen. Paul Alsberg, damals Student an der Hebräischen Universität, fragte seinen Professor in einem Examen, ob er Sallust statt ins Hebräische ins Deutsche übersetzen dürfe. Darauf entgnete der Professor, der selbst erst vor kurzem aus Deutschland gekommen war, dies sei die Hebräische Universität, und er sei durchgefallen.

Alleinstehende junge Arbeiter und Studenten, die sich die hohen Mieten in Rechavia oder im Norden Tel Avivs nicht leisten konnten, lebten verstreut über ganz Jerusalem, Haifa und Tel Aviv. Manchmal suchten sie sich sogar ein Zimmer in nahe gelegenen Araberviertel, wo die Mieten beträchtlich niedriger waren. Diese Art der friedlichen Koexistenz fand jedoch ein abruptes Ende mit den Unruhen, die im Sommer 1936 begannen und bis Anfang 1939 andauerten. Als die Spannungen während der Kriegsjahre abflauten, zogen sie wiederum in die gemischten Viertel wie die Deutsche Kolonie und Talbije in Jerusalem.

Für praktisch alle Immigranten, jung und alt, bedeutete das Leben in Palästina einen gesellschaftlichen und wirtschaftlichen Abstieg. Manche befanden sich jetzt, wie es das Schicksal der Flüchtlinge in den meisten Ländern war und ist, am unteren Ende der sozialen Leiter. Das Land war sehr arm, das Leben recht schwierig. Viele Annehmlichkeiten des Lebens, die in Mitteleuropas Städten als selbstverständlich galten, standen nicht zur Verfügung. Gerda Paul war 1935 fünfzehn Jahre alt, und sie erinnert sich lebhaft an den Mangel an Komfort in den frühen Jahren in Tel Aviv – es war schrecklich, schrieb sie später, »keine Kühlschränke, nur schwere Eisblöcke, mit denen man lange Wege zurücklegen mußte, keine Küchenherde, lediglich primitive (und gefährliche) Primus-Kocher, die unerträgliche Hitze und Moskitos«. Sie haßte den Orient und sehnte sich nach der Tauentzienstraße und dem Kurfürstendamm zurück. Und es war ihre Tragödie, und die nicht weniger anderer, daß der Kurfürstendamm sie nicht mehr haben wollte. Die Erkenntnis, daß dieses heiße, ungemütliche Land ihr letztlich das Leben gerettet hatte, kam erst nach 1938, als die Nachrichten von den Pogromen und später dem systematischen Morden Palästina erreichten.

Wie viele Angehörige der jüngeren Generation waren als überzeugte Zionisten mit Idealismus und einem mehr oder weniger realistischen Wissen um das, was sie erwartete, gekommen, und wie viele waren lediglich deshalb nach Palästina gekommen, weil sie Deutschland verlassen mußten und die Auswahl des Ziellandes beschränkt war? Statistiken darüber gibt es nicht, und wenn es sie doch gäbe, wären sie irreführend. Einige, die als Zionisten kamen, verloren ihren Glauben späterhin, und viele, die anfangs nicht in der einen oder anderen Richtung engagiert gewesen waren, verwandelten sich nach einigen Jahren in treue Patrioten. Natürlich gab es auch Unzufriedene, die ihren Aufenthalt als vorübergehend betrachteten und den Tag ihrer Rückkehr herbeisehnten. Manche traten der Kommunistischen Partei oder einer ihrer Frontorganisationen bei, andere waren politisch desinteressiert.

Wenn es auch keine Statistiken hinsichtlich der Motivation derjenigen gibt, die in den dreißiger Jahren nach Palästina kamen, so wissen wir doch, wie viele blieben und wie viele nach dem Zweiten Weltkrieg das Land wieder verließen. Deren Zahl war größer als die Zahl der Emigranten, die vor dem Ersten Weltkrieg aus den Vereinigten Staaten nach Europa zurückkehrten, jedoch beträchtlich kleiner als die Zahl der jungen Flüchtlinge, die nach 1945 von Großbritannien aus in andere Länder gingen. Mit anderen Worten, es fand ein Prozeß wachsender Identifikation mit dem Land sogar unter denen statt, die nicht als glühende Zionisten gekommen waren. Aufgrund von Meinungsumfragen aus den sechziger Jahren weiß man, daß diese Altersgruppe bei Europareisen stets ihre Identität als Israelis betonten. Zwar liebten sie das gemäßigte europäische Klima, das reichhaltige kulturelle Leben und die allgemeine Sauberkeit, doch in ihrer neuen Heimat fanden sie mehr Wärme in den zwischenmenschlichen Beziehungen, weniger Einsamkeit und mehr Solidarität als in Europa.

In den dreißiger und vierziger Jahren erweckte die absolute Vorherrschaft der hebräischen Sprache viel Ärger unter den neuen Einwanderern. Sie wurde von einigen als osteuropäischer Irrweg angesehen, selbst Herzl war in seinem utopischen Roman *Altneuland* wie selbstverständlich davon ausgegangen, daß Deutsch die offizielle Sprache der neuen jüdischen Heimat sein würde. Während der Kriegsjahre gab es kleine Zirkel in Palästina, die regelmäßig zusammenkamen, um eine »progressive deutsche Kultur« zu fördern, und unter ihnen befanden sich nicht nur prominente Angehörige der älteren Generation wie Arnold Zweig, sondern auch jüngere Männer und Frauen, die oftmals dem Umfeld der kommunistischen Partei entstammten. Diese spezifische kulturelle Tradition lag ihnen sehr am Herzen, während sie die ausschließliche Anerkennung der hebräischen Kultur, die sie als kulturellen Chauvinismus betrachteten, mit Abscheu zur Kenntnis nahmen. Einer von ihnen war Walter Grab, 1918 in Wien geboren, der sich jahrelang mit dem Verkauf von Handschuhen im alten Handelszentrum von Tel Aviv durchschlagen mußte. Wie viele Angehörige seiner Generation war er ein Mann von großer Gelehrsamkeit auf seinem Fachgebiet, kam aber nie dazu, zu studieren. Erst Ende der fünfziger Jahre, als er fast vierzig war, bot sich ihm die Gelegenheit, in Hamburg zu promovieren, danach kehrte er nach Israel zurück und wurde schließlich Professor an der Universität von Tel Aviv mit dem Fachgebiet »Jakobinische Einflüsse in Deutschland«.

Eine derartige Reaktion auf den Exklusivitätsanspruch der hebräischen Kultur beschränkte sich jedoch keineswegs auf Einwanderer aus Deutschland und Österreich. Jahrzehnte später, aus Anlaß der großen Einwanderungswelle aus der Sowjetunion, sahen sich israelische Schulen einem ähnlichen Problem bei jungen Menschen gegenüber, die die Frage aufwarfen, wieso sie, da die hebräische Kultur nichts zu bieten habe, was einem Puschkin und Gogol, Dostojewski und Tolstoi vergleichbar wäre, sich der Mühe unterziehen sollten, eine Sprache zu erlernen, die ihnen nur zweitrangige Autoren zu bieten habe? In diesem Zusammenhang sei daran erinnert, daß sich bereits in den dreißiger Jahren die alte Garde der zionistischen Führung aus Deutschland, darunter Kurt Blumenfeld und Sammy Gronemann, über die Ächtung der deutschen Sprache beklagt hatte.

Im Krieg

Als der Zweite Weltkrieg ausbrach, lag es auf der Hand, daß sich junge Menschen in Palästina freiwillig zum bewaffneten Kampf gegen jene zur Verfügung stellten, die das jüdische Volk zu vernichten trachteten. Aus politischen Gründen waren die britischen Behörden jedoch nicht besonders an jüdischen Freiwilligen interessiert, es sei denn, daß sich zumindest eine gleich große Zahl arabischer Freiwilliger meldete, die jedoch schwerlich aufzutreiben waren. Auch waren die Behörden bis 1944 nicht bereit, palästinensisch-jüdische Einheiten in mehr als Kompaniestärke aufzustellen. Trotzdem meldeten sich einzelne Juden aus Palästina freiwillig, einige kämpften in Frankreich vor der Katastrophe von 1940, der Großteil der 608. Pionierkompanie, die fast ausschließlich aus Juden mitteleuropäischer Herkunft bestand, wurde im selben Jahr in Griechenland gefangengenommen, als die Briten dort besiegt wurden; Schiffe, um sie rechtzeitig vom Peloponnes zu evakuieren, waren nicht vorhanden. Sie sollten die nächsten fünf Jahre im Stalag 8B in Oberschlesien verbringen, wo sie, nicht allzuweit von Auschwitz entfernt, zur Arbeit in der Land- und Forstwirtschaft gezwungen wurden. Andere palästinensische Juden gingen zu den Buffs, einem britischen Infanterieregiment, und 1944 wurde in Ägypten die Jüdische Brigade aufgestellt, die während der letzten Kriegsmonate in Italien zum Einsatz kam. Juden aus Deutschland und Österreich fanden den Weg in zahlreiche andere Einheiten, darunter die Royal Air Force und die Royal Engineers, die Flugabwehr und die Royal Artillery. Einige von ihnen sollten später als Offiziere im israelischen Unabhängigkeitskrieg kämpfen.

Viele deutschsprachige Soldaten der Jüdischen Brigade hatten die illegale Emigration aus Europa mitorganisiert und geholfen, jüdische Flüchtlinge nach Palästina auf den Weg zu bringen. Insgesamt dienten rund 26000 Männer und 4000 Frauen aus Palästina in der britischen Armee, der prozentuale Anteil jüdischer Helferinnen deutsch-österreichischer Herkunft beim ATS (Auxiliary Territorial Service) war sogar noch höher als derjenige jüdischer Männer bei den Streitkräften. Dies war keine geringe Zahl, bedenkt man, daß weitere Tausende Männer und Frauen in Einheiten wie dem Palmach in Palästina selbst dienten, außerhalb des Rahmens der britischen Armee. Für alle diese Soldaten bei den Land-, Luft- und Seestreitkräften bedeuteten diese Jahre, wie anderswo auch, eine Unterbrechung von Studium und Berufslaufbahn, eine verlorene Zeit. Aber es bedeutete auch, daß sie mehr von der Welt sahen, als dies unter normalen Umständen der Fall gewesen wäre. Zwar erteilte die Armee keinen formalen Unterricht, war aber ebenfalls eine Art Schule – des Lebens, des Charakters und der Erfahrung, vermittelte neue Ideen und Impulse. Viele der jungen Leute in Palästina hatten ihren Weg noch nicht gefunden, als sie sich freiwillig zum Militärdienst meldeten. Als sie 1945/46 aus der Armee ausschieden, waren sie reifer geworden und wußten mehr mit ihrem Leben anzufangen. Sie konnten nicht, wie die amerikanischen und – in geringerem Ausmaß – britischen Soldaten, mit den Segnungen einer G.I. Bill of Rights rechnen, niemand kam für ihr Studium auf. (Lediglich für diejenigen, deren Studium durch den Krieg unterbrochen worden war, stand ein bescheidenes Programm zur Verfügung, das ihnen bei der Fortsetzung ihres Studiums unter die Arme griff; einer der Nutznießer war der Dichter Yehuda Amichai.) Sie hatten eine unsichere Zukunft vor Augen, abgesehen vielleicht von den Kibbuz-Angehörigen unter ihnen. Für viele gab es sogar nur ein kurzes ziviles Zwischenspiel (1946/47), bevor sie erneut zu den Waffen gerufen wurden, um einen zwar kürzeren, aber um so blutigeren Krieg als den soeben überstandenen zu führen, den Krieg um die Gründung des Staates Israel und sein Überleben.

Wie erlebten sie die Kriegsjahre? Wie Soldaten überall und jederzeit, nämlich mit Leerlauf und Langeweile, mit endlosen Übungen in Ägypten und sinnlosen Aufträgen. Sie alle lernten, sich mehr oder weniger auf englisch zu verständigen, und wer über die erforderliche Eignung und genügend Ehrgeiz verfügte, wurde auf Offizierslehrgänge geschickt. Sie vermißten ihre Freunde und Freundinnen und ihre Familien. Wer sich nach Action und Abenteuer sehnte, dem war das Soldatendasein nicht aufregend genug, und den Routinedienst mochte sowieso niemand. In dieser Beziehung gab es keinen Unterschied zwischen den Soldaten deutschjüdischer Herkunft und anderen Soldaten in den Einheiten.

Während 1941 Rommels Panzer auf Ägypten vorrückten, beschlossen die jüdischen Behörden in Palästina, erstmals ständige Militäreinheiten, Palmach genannt, aufzustellen. Dies geschah mit Wissen der britischen Militärbehörden, die sogar eine Zeitlang einen Teil der Kosten übernahmen, da einige der Rekrutierten später als Fallschirmspringer für Sondermissionen innerhalb des besetzten Europa eingesetzt werden sollten. Im Rahmen des Palmach gab es eine besondere, aus mitteleuropäischen Einwanderern bestehende »deutsche« Einheit, deren Angehörige die deutsche Sprache perfekt beherrschten und sich ohne weiteres als deutsche Offiziere oder Soldaten ausgeben konnten. Sie wurden in der Technik von Kommandounternehmen, Sabotageakten und den üblichen Militärkünsten geschult, dies jedoch auf deutsch, wobei besonderer Wert darauf gelegt wurde, daß sie sich im Ernstfall wie deutsche Offiziere und Soldaten verhalten konnten. Diese Einheit wurde anfangs von Schimon Koch (Avidan) angeführt, später General in der frühen israelischen Armee, danach von Ben Chorin (Jehuda Brieger), beide Mitglieder eines Kibbuz, beide in Schlesien geboren, beide ursprünglich militante Linke, die sich erst später dem Zionismus zuwandten. Allerdings nahmen nur einzelne Mitglieder der deutschen Gruppe gegen Kriegsende an Kampfeinsätzen teil, während anderen Einheiten, deren Angehörige aus Ungarn und vom Balkan stammten, 1944 mit dem Fallschirm über Europa abgesetzt wurden.

Abgesehen von dieser ausschließlich »deutschen« Einheit gab es auch in anderen Palmach-Einheiten viele junge Leute, die, in den dreißiger Jahren aus Mitteleuropa eingewandert, nun in verschiedenen Kibbuzim, vorwiegend im Norden des Landes, stationiert waren. Da man nur über ein sehr beschränktes Budget verfügte, mußten sie, während sie ihre militärische Ausbildung erhielten, gleichzeitig unter sehr schwierigen Bedingungen in der

Landwirtschaft arbeiten, eine Kombination, die bisher in der Geschichte der Kriegsführung einmalig war. Die Geschichte dieser Jahre und der anschließenden Rolle des – 1948 aufgelösten – Palmach im Unabhängigkeitskrieg ist zur Legende geworden, sie gehört zu den Annalen des Staates Israel. In Anlehnung an Winston Churchills Huldigung der Royal Air Force im Unterhaus im Jahre 1940 könnte man auch hier sagen, daß selten in der Geschichte menschlicher Konflikte so wenigen so viel zu verdanken war.

Es wäre unfair, einzelne junge Einwanderer aus Deutschland und Österreich hervorzuheben, die eine Schlüsselrolle im Palmach und ähnlichen Einheiten spielten, denn dies geschähe auf Kosten anderer, weniger bekannter Männer und Frauen mit demselben Hintergrund, die gleichermaßen tapfer kämpften, deren Militärlaufbahn jedoch abgeschnitten wurde, weil sie entweder zu den vielen Gefallenen zählten oder aber nach dem Krieg auf eine andere, nichtmilitärische Laufbahn umstiegen.

Dennoch sollen hier die Namen einiger der Hauptakteure genannt werden, wie Chaim Bar Lev, geboren in Wien, aufgewachsen in Jugoslawien, der in den siebziger Jahren Stabschef der israelischen Armee wurde, Uri ben Ari, geboren in Berlin, der im Kibbuz Ein Gev arbeitete, General und einer der Begründer des israelischen Panzerkorps wurde, die Generäle Dani Mat und Josef Geva, General Dan Lanner, der im Krieg von 1973 die Golan-Höhen verteidigte, General Shlomo Lahat (»Chich«), der als Bürgermeister von Tel Aviv populär wurde, Oded Messer, ebenfalls aus Wien, Nachum Spiegel (Golan), Kommandeur der Golani-Brigade, und viele andere. Was immer man den Immigranten aus Deutschland und Österreich vor 1948 gerecht- oder ungerechtfertigterweise nachgesagt hatte – danach warf ihnen niemand mehr eine Diaspora-Mentalität, Feigheit oder mangelnden Patriotismus vor. Gelegentlich hieß es noch von einem Offizier, er sei ein richtiger »Jecke«, im Gegensatz zum »Balaganist«, dem Chaoten. Aber das bedeutete lediglich, daß er auf strikte Disziplin achtete, an die genaue Planung einer Operation glaubte und sowenig wie möglich dem Zufall überließ. Es bedeutete auch, daß er von seinen Untergebenen nicht mehr forderte und erwartete, als er selbst zu tun bereit wäre.

Ihr späteres Schicksal

Wie erging es der Generation junger Juden in späteren Jahren? Wir müssen uns hier auf persönliche Eindrücke und Kenntnisse verlassen, denn Statistiken gibt es nicht. Wir wissen zum Beispiel nicht, wie viele unter Ihresgleichen heirateten und wie viele Partner anderer Herkunft ehelichten. Mein Eindruck ist, daß jüdische Mädchen aus Deutschland häufig einen Sabre heirateten, der Fall Lea und Yitzhak Rabin ist nur einer von vielen. Auch über ihre Berufswahl existiert kein statistisches Material, es gab wohl kaum einen Beruf, in dem sie nicht vertreten waren. Außerhalb der Kibbuzim und Moschavim (landwirtschaftlichen Kooperativen) gingen wenige einer handwerklichen Arbeit nach, doch entsprach dies dem allgemeinen Trend, als sich neue Einwanderungswellen in das Land ergossen und die Immigranten früherer Jahre die soziale Leiter erklommen. Nicht wenige Ladenbesitzer erbten das Geschäft ihrer Eltern, und dies trifft in geringerem Maß auch auf Handwerksbetriebe zu. Es gab eine stattliche Anzahl von Apothekern, Musikern (das war, bevor die russische Alija kam), von Bankangestellten – viele der kleineren Privatbanken wie Jafet und Ellern waren von Einwanderern aus Deutschland gegründet worden.

Es gab auch viele Anwälte, aber wenig Ärzte unter der jüngeren Generation, und zwar aus dem einfachen Grund, daß es an der einzigen Universität, die damals existierte, keine medizinische Fakultät gab. Vor 1948 mußte man zum Medizinstudium zunächst an die Amerikanische Universität in Beirut gehen und danach zwei oder drei Jahre in Europa absolvieren, wobei sich Genf mit der größten Beliebtheit erfreute. Nur wenige beschritten diesen mühseligen Weg. Deutsche oder deutschsprachige Juden begründeten die israelische Pharmaindustrie, darunter Tewa als den größten Pharmakonzern, sie waren führend in der Lebensmittel- (Strauss) und Textilindustrie (Ata). Einige dieser Unternehmen florierten, andere nicht. Der deutsche »Kaufhauskönig« und Verleger Salman Schocken kaufte *Ha'arez*, die größte und einzige unabhängige Tageszeitung des Landes, sein Sohn übernahm sie von ihm. Einer der innovativsten Industriellen der jüngeren Generation war Steff Wertheimer, der im Norden des Landes als erster einen Industriepark nach modernstem amerikanischem Muster entwickelte. In diesem Industriepark, Tefen, gab es ein »Jecke-Museum«, das der Erinnerung an das jüdische Leben in Deutschland und dem Beitrag der deutschen Juden beim Aufbau des Staates Israel gewidmet war.

Ein junger Mann namens Federmann kam kurz nach Ausbruch des Zweiten Weltkrieges über London nach Palästina. Er trat zunächst in den Kibbuz Gal Ed ein, arbeitete aber später als Kellner im Café Nordau in Haifa. Er muß ein sehr unternehmender Kellner gewesen sein, denn innerhalb weniger Jahre wurde er Hauptlieferant der britischen Flotte im östlichen Mittelmeer, und nach zwei Jahrzehnten war er Geschäftsführer und Miteigentümer der größten Hotelkette in Israel, darunter das »Dan« in Tel Aviv und das »King David« in Jerusalem. Das größte Firmenkonglomerat in Israel gehörte Shaul Eisenberg, der als Sohn polnischer Eltern in Deutschland geboren war. Der junge Eisenberg hing mit seiner Familie bei Kriegsausbruch in Schanghai fest und verbrachte die Kriegsjahre dort. Als der Krieg zu Ende war, hatte er den guten Einfall, in Japan sämtlichen Eisenschrott aufzukaufen (wovon es dort jede Menge gab), und legte so den Grundstein für ein Milliarden-Dollar-Unternehmen. Als er sein Geschäft nach Israel verlegte, mußte das Parlament ein besonderes Gesetz verabschieden, denn dem Land war der Umgang mit Giganten dieser Größenordnung fremd. Als Eisenberg 1997 starb, entspann sich ein homerischer Kampf – der zuweilen an Szenen bei Balzac erinnerte – zwischen seinen zahlreichen Kindern, deren Ehepartnern und der halbjapanischen Witwe des Magnaten darum, wer was bekommen und wie das Geschäft weiterlaufen sollte.

Die überwältigende Mehrheit der deutschen Juden spielte nicht in dieser Klasse, sie hatten bescheidene Einkommen und führten ein bescheidenes Leben. Ihre Lage besserte sich, als die Wirtschaft in den späten fünfziger und den sechziger Jahren zu blühen begann, größere Wohnungen wurden gebaut als in den frühen Siedlungstagen, wenn auch nur wenige ein eigenes Heim besaßen. Aus Deutschland kam etwas Wiedergutmachung, im Falle der jüngeren Einwanderer jedoch nicht allzuviel, ein paar tausend Dollar als Entschädigung für das unterbrochene Studium, was gerade mal für ein, zwei Reisen nach Europa oder Amerika reichte, aber nicht viel mehr. Besser waren diejenigen dran, die auf ihrem Fachgebiet bereits in Deutschland zu arbeiten begonnen oder das erste oder zweite Staatsexamen abgelegt hatten. Sie erhielten eine Rente, die sich angesichts der Stärke der Deutschen Mark positiv auf den Lebensstandard auswirkte.

Wenige deutsche oder österreichische Juden gingen in die Politik, und wenn, dann Angehörige der älteren Generation wie der langjährige Justizminister Pinchas Rosen oder Josef Burg, der noch länger Innenminister war (Burgs Sohn wurde 1999 Sprecher der Knesset). In den ersten Jahrzehnten nach der Gründung des Staates Israel dienten viele junge Juden deutscher Herkunft im Justiz- und besonders im Außenministerium. Der erste Staatssekretär im Auswärtigen Amt, Walter Eitan (Ettinghausen), zuvor Dozent an der Universität Oxford, gehörte dazu und mehrere seiner Nachfolger wie Gideon Rafael und Shlomo Avineri, Philosophieprofessor und führender Marxologe, der einige Jahre im Regierungsdienst stand. Von der frühen Generation der Ministerialdirektoren und Botschafter war ein großer Teil deutsch-jüdischer Herkunft. Neben vielen anderen hatten Ya'akov Shimoni, ein bekannter Arabist, sowie Gideon Rafael, Chanan Baron und der in Wien geborene Arthur Ben Israel ihre Laufbahn in einem Kibbuz begonnen.

Der deutsch-jüdische Beitrag zur israelischen Literatur war, verglichen mit der Malerei und besonders der Musik, wo die Sprache als Medium eine geringere Rolle spielte, relativ bescheiden.

Hanna Marom, vielleicht die größte israelische Schauspielerin ihrer Zeit, stammte aus Deutschland und hatte ihre Karriere als kleines Kind in einer erinnernswerten Szene in Fritz Langs berühmtem Film »M« begonnen. Die andere große israelische Schauspielerin, Orna Porath, war eine Deutsche, die zum Judaismus konvertiert war, als sie 1945 einen Israeli heiratete. Sie hatten sich sogar dreimal trauen lassen, erst unter der Schirmherrschaft der britischen Besatzungstruppen in Schleswig, wo Orna damals lebte, später standesamtlich in Palästina und nach einigen Jahren noch einmal nach traditionellem jüdischem Ritus durch das Rabbinat.

Zahlreiche deutsche Juden waren in den Bereichen Naturwissenschaften und Technologie an den Universitäten sowie am Weizmann-Institut tätig, dessen erster Direktor ebenfalls aus Deutschland stammte. In der Politik neigten die meisten deutschen Juden Parteien links der Mitte zu. In den vierziger Jahren war unter ihnen der Eindruck verbreitet, daß die existierenden Parteien sie und ihre spezifischen Anliegen vernachlässigten. So wurde denn eine neue Partei, Alija Chadascha, gegründet, die jahrelang im Parlament vertreten war, meist in Koalition mit der Arbeiterpartei. Doch war dies eine Partei der älteren Generation deutscher Juden, sie verschwand in den sechziger Jahren, als die Generation, die sie gegründet hatte, von der Bildfläche abtrat. Ein weiterer Versuch, eine neue Partei zu gründen, wurde von Uri Avneri unternommen, einem Klassenkameraden von Rudolf Augstein, dem berühmten Herausgeber des nachkriegsdeutschen Nachrichtenmagazins *Der Spiegel* und späteren Protagonisten der arabisch-jüdischen Verständigung. Dem talentierten Journalisten war in der Politik weniger Erfolg beschieden, dennoch wurde er über ein Jahrzehnt lang in die Knesset gewählt.

Ein Zionismus rechter Prägung, wie er, von Jabotinsky inspiriert, von den »Revisionisten« vertreten wurde, war in Deutschland nie populär gewesen. Doch in Israel sah man einige wenige derer, die als Kinder nach Israel gekommen waren, in späteren Jahren am rechten Rand des politischen Spektrums wieder. Einer von ihnen war Elyakim Ha'etzni, geboren in Kiel, der zu einem der Sprecher der Siedler in den israelisch besetzten Gebieten wurde.

Besonders interessant ist die Geschichte von Naomi Frenkel, deren Familie in Deutschland eine Munitionsfabrik besessen hatte und deren Eltern gestorben waren, als sie noch ein Kind war. Als Waise wurde sie zusammen mit ihrer Schwester auf eine Landwirtschaftsschule in Palästina geschickt und trat später in die linksgerichteten Kibbuzim Mischmar Ha'emek und Bet Alfa ein. Sie machte sich einen gewissen Namen als Autorin von Familiensagas, die zum Teil auf eigenen Erinnerungen beruhten.

Als sie bereits über siebzig Jahre alt war, brach sie plötzlich alle Beziehungen zu ihren früheren Freunden und Kollegen ab und fand eine neue geistige Heimat in Kirjat Arba, einem der wichtigsten Außenposten der extremsten Nationalisten. Was ihre arabischen Nachbarn betraf, so erklärte sie 1998 in einem Interview, sie hasse sie nicht, »aber ich glaube nicht an die Möglichkeit einer Zusammenarbeit zwischen beiden Völkern. Das Leben hier hat mir beigebracht, daß sie ganz anders als wir sind. Mit anderen Nationen mag es Gemeinsamkeiten geben, aber nicht mit den Palästinensern. Ihre Begriffswelt unterscheidet sich ganz und gar von der unseren.« Frau Frenkel ging nach Bne Brak, um dort orthodoxen Religionsunterricht zu erhalten, wurde praktizierende Jüdin und bedeckte fortan ihr Haar. Sie zog nach Hebron, wo sie sich mit den radikalsten antiarabischen Elementen unter den Siedlern zusammentat – solchen, die nicht nur über die Notwendigkeit einer Vertreibung der Araber redeten, sondern auch handelten, indem sie zum Beispiel Sprengsätze in arabischen Bussen versteckten. Sie fand in Hebron, »wonach ich gesucht hatte. Ich fand meine Heimat, ich fand heraus, was es bedeutet, Jude zu sein.«

Während die überlebenden Angehörigen dieser Generation in Israel am Ende ihres Lebensweges stehen, sollte noch auf zwei Fragen eingegangen werden: Was werden sie, wenn überhaupt, der Nachwelt hinterlassen? Und wie fühlen sie sich jetzt, wie beurteilen sie die Entwicklungen, die zu ihren Lebzeiten in ihrer Heimat stattgefunden haben? Um zunächst auf diese Frage einzugehen: Wie gewöhnlich hat auch hier jeder seine eigene Sicht der Dinge. Nicht alle, die nach Palästina kamen, waren ideologisch motiviert. Viele entschieden sich für Palästina, weil Familie, Freunde oder Kameraden dorthin gingen oder weil sie damals keine andere Wahl hatten. Alle jedoch, die Enthusiasten ebenso wie die Skeptiker und die politisch ganz und gar Uninteressierten, haben dort im Laufe ihres weiteren Lebens neue Wurzeln geschlagen. Für die überwältigende Mehrheit von ihnen war Israel zur Heimat geworden, nicht nur eine Übergangsstation wie Schanghai oder Paraguay. Die Zahl ursprünglich deutscher Juden, die nach der Staatsgründung in andere Länder emigrierten, war prozentual nicht größer als die der Emigranten anderer Herkunftsländer.

Wenn sie nach sechzig Jahren zurückblicken, empfinden sie Befriedigung, Stolz und sogar Verwunderung darüber, was in diesen Jahrzehnten alles erreicht wurde. Das Palästina, das sie in den dreißiger Jahren kennenlernten, war in jeder Beziehung ein primitives, rückständiges orientalisches Land, weit hinter dem Europa zurück, das sie kannten. Heute sind nicht nur die Moskitos verschwunden, auch die unausstehliche Hitze – feucht in Tel Aviv, trocken in Jerusalem, wenn der Chamsin weht – ist dank Klimaanlagen erträglich geworden. Ein reichhaltiges kulturelles Leben hat sich entwickelt, und in vielerlei Hinsicht ist Israel technisch ebenso fortgeschritten wie jedes beliebige europäische Land, auf manchen Gebieten sogar noch mehr. Das Pro-Kopf-Einkommen ist so hoch wie in den südeuropäischen Ländern, und wenn man den ultraorthodoxen Teil der Bevölkerung und den arabischen Sektor außer acht läßt (wo die Geburtenrate hoch ist und die meisten Frauen nicht außer Haus arbeiten), sogar noch höher.

Gleichzeitig herrschen in anderen Lebensbereichen Enttäuschung und manchmal sogar Verzweiflung vor. Der eine mag sich unzufrieden über die allgemeine Richtung der israelischen Politik äußern, der andere sich sogar darüber beklagen, daß er sich wie ein Fremder im eigenen Land vorkomme. Wenn manche große Probleme hatten, mit den osteuropäischen Juden zurechtzukommen, was können sie dann noch mit den Einwanderern aus jüngerer Zeit gemeinsam haben, jenen, die aus Nordafrika oder der ehemaligen Sowjetunion nach Israel kamen? Und was ist mit den Ultraorthodoxen, die sich in Jerusalem ausbreiten? Wer am Aufbau der Kibbuzim mitgewirkt hat, fühlt sich doppelt bedrückt, zum einen durch die politischen und sozialen Entwicklungen im allgemeinen und zum anderen durch die Tatsache, daß die Jugend dem Kibbuz den Rücken kehrt und statt dessen die Stadt mit ihren großen und weiter wachsenden Einkommensunterschieden, mit ihrem materialistischen, seelenlosen, vom Fernsehen bestimmten Lebensstil vorzieht.

Innerhalb von drei Jahrzehnten ist Israel ein Land großer sozialer und kultureller Kontraste geworden. Es gibt ein berühmtes Gedicht von W. B. Yeats, »*September 1913*«, beginnend mit den Worten: »*Was it for this the wild geese spread / The grey wing upon every tide*«, von dem manche meinen, daß es sich auch auf Israel anwenden läßt. »*For this that all that blood was shed, ... All that delirium of the brave ...*« Wurden hierfür all das Blut, der Schweiß, die Tränen vergossen, all die Opfer gebracht? »*Romantic Ireland's dead and gone, it's with O'Leary in the grave*«, beendet Yeats sein Gedicht. Das romantische Israel ist tot und auch das Israel des Pioniergeistes, der 1948er Generation, es liegt begraben mit Rabin und jenen Angehörigen seiner Kohorte, die ihm vorausgingen.

Aber ist dies nicht ein unvermeidlicher Prozeß, könnte man argumentieren, das eherne Gesetz der Gewöhnung und Normalisierung? Dies mag so sein, dennoch ist es eine Quelle großer Enttäuschung für diese Generation, ganz abgesehen von der Tatsache, daß Normalisierung gleichzeitig Frieden bedeutet. Herzl wollte einen jüdischen Staat aus zweierlei Gründen: Die Juden sollten dort ihre Selbstachtung gewinnen und ein Leben in Sicherheit führen können. Der eine Teil des Traumes wurde wahr, die Verwirklichung des anderen Traumes scheint noch in weiter Ferne.

Was wird von den Werten der Generation deutsch-jüdischer Einwanderer, die in den dreißiger Jahren als Kinder, Jugendliche und Heranwachsende nach Palästina kamen, am Ende übrigbleiben? Auch hier wird es wieder ebenso viele verschiedene Antworten geben, wie es Familien und Gruppen gibt. Einige haben ihre deutschen Wurzeln und Traditionen völlig verloren, abgesehen von vagen Erinnerungen an Großvater und Großmutter, die kaum Hebräisch sprachen und alle möglichen schweren, altmodischen Möbel sowie viele Bücher in einer seltsamen Sprache aus der alten Heimat mitgebracht hatten, die niemand lesen kann.

Es scheint aber auch zahlreiche andere Fälle zu geben, wo Eigenschaften, die gemeinhin dem deutschen Judentum zugeschrieben werden, überlebt haben, wie sich in einer Reihe von in den neunziger Jahren durchgeführten Interviews (mit Usi Biran, Benjamin Kedar, Ada Brodsky, Ruth Tauber, Dalia Grossmann, Paul Alsberg und anderen) gezeigt hat. Zwar waren nur noch wenige Angehörige der Folgegeneration des Deutschen mächtig, sie verfügten jedoch über ein passives Verständnis der Sprache und interessierten sich nicht nur für die Geschichte ihrer Familie und wie das Leben damals gewesen war. Deutsche Dichter des 19. und 20. Jahrhunderts sind ins Hebräische übersetzt worden und finden in Israel – im Verhältnis zur Bevölkerungszahl – weitere Verbreitung als in den meisten anderen Ländern. Goethes 250. Geburtstag wurde auf den Literaturseiten der israelischen Presse eingehender gewürdigt als in irgendeinem anderen nichtdeutschsprachigen Land. Die zweite und dritte Generation hegen eine tiefe und beständige Liebe zur klassischen Musik. Die jetzige Generation ist gewiß pragmatischer und materialistischer, »israelischer« als die Generation der Eltern. Doch kulturelle Interessen sowie gewisse Charakterzüge scheinen in unergründlicher Weise weitervererbt worden zu sein, und es ist auf jeden Fall zu früh, zu sagen, daß dieser Prozeß ein Ende gefunden hätte.

Die Weltrevolution – der gescheiterte Traum

Der Aufstieg der Nationalsozialisten beschleunigte die Entwicklung eines politischen Bewußtseins bei den jungen Juden in Deutschland. Zu anderen Zeiten hätte sich ein Junge oder Mädchen von fünfzehn oder sechzehn Jahren kaum mit Leidenschaft für die eine oder andere politische Partei entschieden, hätte seine Zeit normalerweise nicht damit verbracht, politische Literatur zu lesen oder den größten Teil seiner Zeit politischen Aktivitäten zu widmen. Doch die Verfolgung der Juden brachte all dies mit sich, wie ihre Eltern suchten auch die jungen Leute nach einer Erklärung für die Ereignisse, die sie bedrohten und entwurzelten. Der Zionismus bot eine solche Erklärung, der Kommunismus eine andere.

Schon vor Hitler hatte es unter jungen Juden in Europa einen Linksdrall, insbesondere zur extremen Linken, gegeben. Die Parteien der Rechten waren ohnehin meist antisemitisch, wogegen die Linke nicht nur Freiheit, sondern auch Gleichheit und sogar Brüderlichkeit versprach. Während die ältere Generation eher der Sozialdemokratie zuneigte, fanden junge Menschen seinerzeit wenig Anziehendes in der SPD. Ihr fehlten Dynamik, Schwung und Militanz, das, was die Jugend immer fasziniert hat.

Dennoch war die Zahl der jüdischen Jugendlichen, die sich vor 1933 den Parteien der extremen Linken zuwandten, nicht sehr groß, und sie stieg auch nach der »Machtergreifung« kaum; zum einen war die Kommunistische Partei nicht sonderlich an ihnen interessiert, zum anderen waren die illegalen Gruppierungen dann größtenteils zerschlagen. In früheren Tagen war das anders gewesen, als die Partei noch klein war und fast jeden Anhänger willkommen hieß und der Antisemitismus die politische Betätigung noch nicht dermaßen behindert hatte. Als junge Juden, die vordem als »Schwarzer Haufen« in der Jugendbewegung organisiert gewesen waren, in den zwanziger Jahren beschlossen hatten, sich auf Gedeih und Verderb mit der KPD zusammenzutun, wurden sie mit offenen Armen empfangen, und einige von ihnen rückten innerhalb weniger Jahre in verantwortungsvolle Stellungen auf: Einer wurde stellvertretender Chef des Untergrundapparats der KPD, ein anderer Herausgeber einer führenden Tageszeitung, ein dritter spielte eine führende Rolle im Kommunistischen Jugendverband (KJV). Doch gehörten die zur Sache der russischen Revolution Bekehrten einer etwas älteren Generation an, sie waren alle vor dem Ersten Weltkrieg geboren, und ihr tragisches Schicksal gehört nicht in den Rahmen der gegenwärtigen Studie.

Als sich 1932/33 eine andere, kleinere Gruppe von Mitgliedern der jüdischen Jugendbewegung, die Freie Deutsch-Jüdische Jugend, entschloß, für den Kommunismus zu optieren, hatte sich die politische Lage geändert. Die KPD hatte an Stärke gewonnen und war wählerischer bei der Zulassung und Förderung neuer Mitglieder geworden. Sie war vor allem an klassenbewußten jungen Arbeitern interessiert, doch nur wenige Juden arbeiteten damals in der Fabrik. Gleichzeitig fühlten sich junge jüdische Intellektuelle mehr zu kleinen, unabhängigen Gruppen der Linken hingezogen wie der SAP, den Trotzkisten, der KPO, dem ISK oder der Gruppe »Neu Beginnen«.

Der Kommunismus als Magnet

Dieses Schema änderte sich nicht, nachdem die Nationalsozialisten an die Macht gekommen waren. Nach dem Januar 1933 war es gefährlich, in einer Partei der Linken aktiv zu sein, denn sie waren allesamt illegal, die Sicherheitskräfte leisteten ganze Arbeit, und den Verhafteten drohten KZ oder langjährige Gefängnisstrafen. Unter denen, die 1933/34 und in den Jahren danach verhaftet wurden, befanden sich auch viele junge Juden, und das wirkte abschreckend. Auch wurden, was noch wichtiger ist, die Möglichkeiten politischer Betätigung durch die Gettoisierung der jüdischen Gemeinde immer stärker eingeschränkt. Ein deutscher Arbeiter konnte in seinem Betrieb Antinazipropaganda betreiben, ein junger Jude hingegen verfügte nicht über solche Kontakte. Und wenn er mit Deutschen zusammenkam, wurde er als Jude automatisch mit Mißtrauen bedacht; in der einen oder anderen Form hatte der Antisemitismus weite Kreise der deutschen Gesellschaft erfaßt. Vom kommunistischen Standpunkt aus stellten militante Juden, die im Untergrund aktiv sein wollten, ein doppeltes Sicherheitsrisiko dar, und man hielt sie sich daher besser vom Leibe. Man sollte auch bedenken, daß in den zwanziger und frühen dreißiger Jahren die Anziehungskraft der Kommunistischen Partei und der Sowjetunion auf idealistische junge Juden bedeutend größer war als in späteren Jahren. Der Stalinkult befand sich erst in den Anfängen, die Moskauer Schauprozesse hatten noch nicht begonnen, und Zwangsarbeitslager gab es damals nur vereinzelt. Gleichzeitig schienen die Kommunisten die aktivsten Gegner der wachsenden nationalsozialistischen Bewegung zu sein. Dennoch war die Zahl derer, die den langen Weg zum Kommunismus beschritten, nicht sehr groß, sie betrug vielleicht zwei- bis dreihundert, und nicht alle erreichten ihr Land der Verheißung. Einige verabschiedeten sich bald ganz aus der Politik, andere, die mit der offiziellen Parteilinie nicht zufrieden waren, schlossen sich linken Dissidentengruppen an, und wieder andere, die der politischen Linie der Partei zutiefst kritisch gegenüberstanden, wandten sich ganz und gar gegen den Kommunismus.

Von denen, die Mitglieder der Partei oder der kommunistischen Jugendorganisation geworden waren, erhielten nur die Führungskader Instruktionen (und Hilfe), was die Flucht aus

Deutschland betraf. Die KPD war kein Reisebüro, und die gewöhnlichen Parteigenossen blieben sich selbst überlassen und wurden über den ganzen Erdball verstreut. Ein paar Fallstudien sollen diese Behauptung erhärten. Karl Kormes war 1933 achtzehn Jahre alt. Er war der Sproß einer armen Familie polnischer Herkunft, die in Berlin lebte, und machte eine Schlosserlehre. Ursprünglich Mitglied der zionistischen Gruppe, schloß er sich dem Kommunistischen Jugendverband an, nachdem er zu dem Schluß gekommen war, daß die Anwesenheit der Araber in Palästina den Juden eine Ansiedlung dort unmöglich machte, ohne Nationalitätenkonflikte heraufzubeschwören. 1933 wurde er verhaftet, wegen Hochverrats zu achtzehn Monaten Gefängnis verurteilt und nach seiner Entlassung nach Polen abgeschoben. Er zog freiwillig in den Spanischen Bürgerkrieg und wurde von einer Einheit der Franco-Armee gefangengenommen. 1943 wurde er nach Gibraltar entlassen, setzte nach Nordafrika über und arbeitete als ziviler Übersetzer für die britischen und amerikanischen Streitkräfte. Sein späteres Schicksal nach der Rückkehr in die DDR war nicht untypisch: Alle, die die Kriegsjahre außerhalb der Sowjetunion verbracht hatten, gerieten gegen Ende der Stalin-Ära automatisch in Mißkredit, und jemand, der wie Kormes während des Krieges auch noch für die Alliierten tätig gewesen war, machte sich doppelt verdächtig.

Helmut Eschwege, 1913 in Hannover geboren, der ebenfalls politisch aktiv gewesen war, mußte Deutschland 1933 ziemlich überstürzt verlassen und gelangte über Dänemark und Estland 1937 nach Palästina. Er trat in einen Kibbuz ein, wurde aber aufgrund seiner Mitgliedschaft in der örtlichen Kommunistischen Partei, die damals nicht nur antizionistisch war, sondern sich überhaupt dem Gedanken einer jüdischen Präsenz in Palästina widersetzte, hinausgeworfen. Auch er ging nach dem Krieg über Prag in die DDR, sein weiteres unglückliches Schicksal wird uns später noch beschäftigen.

Junge Soldaten der Revolution

Fritz Teppich, Jahrgang 1917, hatte wie Kormes einer zionistischen Gruppe angehört, schloß sich dann jedoch den Kommunisten an und ging nach Frankreich, wo er eine Lehre als Koch aufnahm (er gehörte der berühmten Hotelierfamilie Kempinski an). Er kämpfte im Spanischen Bürgerkrieg und entkam nach der Niederlage der Republikaner nach Frankreich, wo er interniert wurde. Schließlich gelangte er nach Portugal, wo er die letzten Kriegsjahre verbrachte, bevor er nach Berlin zurückkehrte. Aus seiner Autobiographie werden die Schwierigkeiten ersichtlich, die einen jungen Kommunisten erwarteten, der sein kritisches Denken nicht völlig abgelegt hatte. Obwohl er wegen der Moskauer Prozesse und später wegen des deutsch-sowjetischen Freundschaftsvertrages starke Zweifel hegte, konnte er diese nicht offen äußern, aus Furcht, die einzige Unterstützung zu verlieren, nämlich die des kommunistischen Untergrunds.

Erna Nelki wuchs im Berliner Arbeiterbezirk Neukölln auf. Als Hitler an die Macht kam, war sie neunzehn, sie hatte die Karl-Marx-Schule besucht und anfangs auch der Kommunistischen Partei angehört. Frühzeitig merkte sie, daß man als Jude in Nazideutschland nicht mehr politisch aktiv sein konnte, und wanderte nach Großbritannien aus. Dort nahm sie ihre politische Tätigkeit unter der »heimatlosen Linken« in Gestalt der Independent Labour Party (ILP) wieder auf. Anfangs wollten sie und ihr Mann nach dem Krieg wieder nach Deutschland zurückkehren, doch im Laufe der Zeit gingen beide voll im britischen Leben auf, und vor allem wurden sie sich allmählich des vollen Ausmaßes der Katastrophe bewußt, von der die Juden in Deutschland heimgesucht worden waren. Daher rührte dann ihr Entschluß, in Britannien zu bleiben, und ebenso erging es vielen ehemaligen militanten Linken.

Soviel zu den jungen Soldaten der Revolution. Die Entscheidung, nach dem Krieg nach Deutschland zurückzukehren, war sehr persönlich, sie hing weitgehend davon ab, inwieweit der einzelne im Exil Wurzeln geschlagen und sich integriert hatte. Eric Hobsbawm war glücklicher Besitzer eines britischen Passes, obwohl er in Wien und Berlin aufgewachsen war. Seit seiner Schulzeit Marxist, fühlte er sich im politischen und akademischen Leben Großbritanniens wie ein Fisch im Wasser, wenn er es nach der kulturellen Vielfalt Berlins auch ein wenig provinziell und langweilig fand. Er verfolgte eine Universitätslaufbahn als Sozialhistoriker und stieg gleichzeitig in der Hierarchie der Kommunistischen Partei Großbritanniens beständig auf, war jahrelang Mitglied des Zentralkomitees. Mit Bravour spielte er die Doppelrolle des Insiders und des Außenstehenden, kritisierte einerseits den Stalinismus und ging doch mit der Partei durch dick und dünn. Für jemanden wie ihn erhob sich nie die Frage einer Rückkehr nach Deutschland.

Auch Wolfgang Ehrlich scheint niemals versucht gewesen zu sein, von Israel nach Deutschland zurückzukehren. Vor 1933 hatte er an einer deutschen Universität Philosophie studiert; er trat der Kommunistischen Partei Palästinas bei und stieg dort bis ins Politbüro auf. Als einziger Intellektueller in diesem Gremium scheint er sich kulturell in Palästina beziehungsweise Israel nicht wohl gefühlt zu haben. Doch vielleicht widersetzte sich die Partei seinem Wunsch, nach Ostdeutschland zurückzukehren, jedenfalls blieb er in Israel.

Stefan Heym wäre wahrscheinlich in den Vereinigten Staaten geblieben, wo er sich bereits als Schriftsteller einen Namen gemacht hatte, nur gab es da eine unglückliche, aber größtenteils zufällige Komplikation. In seinem letzten Schuljahr in Deutschland hatte er in einer Lokalzeitung ein Gedicht veröffentlicht, das eine Art Skandal auslöste, worauf er der Schule verwiesen wurde und bei den Nazis in Ungnade fiel. Daher die vernünftige Entscheidung, sich fast unmittelbar nach dem 30. Januar 1933 nach Prag abzusetzen. Schließlich gelangte er nach Amerika, meldete sich zur US Army, veröffentlichte zwei Kriegsromane, die gute

Aufnahme fanden, und heiratete eine Amerikanerin. Er setzte sich sehr für die Kommunisten ein; ob er der Partei jemals formell beitrat, ist aus seiner Autobiographie nicht ersichtlich.

Um nicht vor den Ausschüssen für unamerikanische Umtriebe aussagen zu müssen, beschloß er, zurück nach Europa zu gehen. Ob er sich in wirklicher Gefahr befand, ist zweifelhaft, doch ist seine Entscheidung angesichts der Hysterie jener Jahre, die auf beiden Seiten herrschte, durchaus verständlich. Er wollte nach Ostberlin, hatte aber mit seiner Entscheidung zu lange gewartet, denn auf dem Höhepunkt des Kalten Krieges hatten es die DDR-Machthaber nicht eilig, noch einen verdächtigen jüdischen Westemigranten ins Land zu lassen. So mußte er sich monatelang in Frankreich, der Schweiz und in Prag die Zeit vertreiben, bevor er endlich einreisen durfte. Jahrelang folgte er treu der Parteilinie, erwies sich aber später als literarischer Dissident, der in seiner Kritik der Parteilinie so weit wie eben noch möglich ging, ohne seine Existenz und Sicherheit in der DDR zu gefährden.

Der Spanische Bürgerkrieg

Der Spanische Bürgerkrieg, der 1936 ausbrach, war in den dreißiger Jahren die große Herausforderung für die Linke; laut einem seiner Chronisten meldeten sich etwa 500 deutschsprachige junge Juden freiwillig zur Internationalen Brigade und zu anderen republikanischen Einheiten. Falls diese Zahl stimmt, ist sie erstaunlich hoch angesichts der Tatsache, daß die wenigsten von ihnen zuvor eine militärische Ausbildung genossen haben können. Einige Namen von Opfern dieses Krieges leben in der Erinnerung weiter: Hermann Feld, ehemaliges Mitglied einer zionistischen Jugendbewegung, diente bei der republikanischen Luftwaffe, er kam 1937 um, als seine Maschine abgeschossen wurde. Walter Katz fiel im Kampf an der Front.

Kurt Goldstein, in Dortmund geboren, war bei den »Kameraden« gewesen, er überlebte den Spanischen Bürgerkrieg, entkam nach Frankreich, wurde wie so viele andere in Gurs interniert, später in Drancy und Auschwitz, kam aber mit dem Leben davon. Er ging erneut in die Politik, zunächst als Parteisekretär in Westdeutschland, dann im Osten, wo er für den DDR-Rundfunk arbeitete sowie in der Sonderbehörde für finanzielle Transaktionen mit Westdeutschland tätig war. Er hatte allen Grund, der Partei dankbar zu sein, die ihm mit ihrem Lagernetzwerk geholfen hatte, Auschwitz zu überleben. Wie viele alte Kommunisten hegte er bereits vor dem Sturz der DDR gewisse Zweifel an der Politik der Partei. Ende der achtziger Jahre schrieb er in seinen Memoiren, er habe sich in seiner Jugend wegen des in seinem Milieu »vorherrschenden Antisowjetismus und Antikommunismus« dazu entschlossen, der sozialdemokratischen (nicht etwa der kommunistischen) Jugendorganisation beizutreten.

Arthur London war ein weiterer Soldat in der Internationalen Brigade, der sich nach dem Krieg einen Namen machte. 1914 im deutschsprachigen Teil der späteren Tschechoslowakei geboren, gelangte er zu einer gewissen traurigen Berühmtheit in der Nachkriegs-Tschechoslowakei. Er gehörte zu den Angeklagten im Slánský-Prozeß von 1948, wurde jedoch nicht zum Tode verurteilt und schrieb in seinem zweiten französischen Exil einen vielgelesenen Roman mit dem Titel *Das Geständnis* über sein Leben und die Hintergründe des Prozesses, der auch verfilmt wurde.

Aber es gab auch junge deutsche Juden, die seinerzeit nicht von Nazis und Faschisten, sondern von den eigenen Genossen der Linken umgebracht wurden. Kurt Landau und Erwin Wolf gehörten zum inneren Zirkel der Trotzkisten und wurden zusammen mit anderen von den Stalinisten »liquidiert«, die sie als ihre ärgsten und gefährlichsten Feinde betrachteten. Gerta Taro war eine 26jährige Fotografin und Mitglied der SAP. Sie ging nach Spanien, um mit ihrer Kamera am Bürgerkrieg teilzunehmen; ihre Bilder wurden in vielen Zeitungen auf der ganzen Welt veröffentlicht. 1937 wurde sie unter Umständen getötet, die bis heute nicht aufgeklärt worden sind. Willy Brandt, der derselben Partei angehörte und damals Spanien besuchte, hegte den Verdacht, daß sie von Kommunisten und nicht von Francos Soldaten umgebracht wurde.

Dies waren in aller Kürze die Schicksale einiger junger Kommunisten in den dreißiger Jahren. Sie waren von glühendem Idealismus erfüllt, bereit zu kämpfen und sich zu opfern. Es gab echte Helden unter ihnen, wie Rudi Arndt, einen kommunistischen Jugendführer, der nach seiner Verhaftung fortfuhr, anderen zu helfen, die jünger und weniger erfahren waren als er selbst, und dafür mit dem Leben bezahlte. Doch gerade wegen dieses brennenden, fanatischen Glaubens war die Verzweiflung um so größer, als ihre Sache fehlschlug und viele von ihnen zu Opfern des Gottes wurden, an den sie einst geglaubt hatten.

In der Sowjetunion

Was geschah mit denen, die in die Sowjetunion gingen? Mit wenigen Ausnahmen war die UdSSR nicht bereit, »Rasseflüchtlinge« aufzunehmen, eine Ausnahme bildeten einige wenige junge Fachleute, Wissenschaftler oder Ingenieure, die 1933/34 in die Sowjetunion einreisen durften. Doch die meisten von ihnen kehrten am Ende des Fünfjahresplans zurück oder fielen den stalinistischen Säuberungen zum Opfer. Eine zweite Ausnahme war eine Gruppe von rund sechzig jüdischen Ärzten, die aufgrund einer Sondervereinbarung mit ihren Familien aufgenommen wurde. Einige von ihnen überlebten den Krieg und die Nachkriegssäuberungen, anderen war weniger Glück beschieden. Schließlich gab es noch eine Gruppe von über hundert Kindern aus sozialistischen Familien von Angehörigen des Republikanischen Schutzbunds in Wien, denen nach der Niederschlagung der Unruhen im Februar 1934 in der Sowjetunion Zuflucht gewährt wurde. Praktisch alle anderen Flüchtlinge aus Deutschland und Österreich, die zeitweilig Unterschlupf in der Sowjetunion fanden, vielleicht fünf- bis sechstausend oder etwas mehr, waren politische Emigranten, Mitglieder der KPD/KPÖ und deren Familien. Uns interessieren hier die Kinder und Jugendlichen, die fast ohne Ausnahme mit ihren Familien in die Sowjetunion kamen, denn außer den Wiener Schutzbund-Kindern durfte niemand unter achtzehn Jahren ohne Begleitung der Eltern einreisen.

Als 1936 die Säuberungen und Schauprozesse in Gang kamen, waren die Flüchtlinge um ihr Schicksal nicht gerade zu beneiden. Wenn es heißt, Stalin habe mehr Kommunisten als Hitler umgebracht, so trifft dies gewiß auf führende Parteikader zu. Ein hoher Prozentsatz wurde verhaftet, vielleicht siebzig Prozent aller deutschen und österreichischen Parteimitglieder, aber auch die anderen wurden in einem allgemeinen Klima des Ausländerhasses mit Mißtrauen bedacht. Wie eine Moskauer Zeitung im Jahre 1937 schrieb, ging man einfach davon aus, daß jeder japanische oder deutsche Staatsbürger, der sich außerhalb seiner Heimat aufhielt, zugunsten seines Landes aktiv war (mit anderen Worten: spionierte).

Einige deutsche Kommunisten (zwischen 800 und 1000), darunter junge Juden, wurden nach Deutschland deportiert, andere wurden unter Druck gesetzt, das Land zu verlassen, und wieder andere sollten die sowjetische Staatsbürgerschaft annehmen und in die KPdSU eintreten, was jedoch auch keine Garantie dafür war, von Verhaftung und Hinrichtung verschont zu bleiben. Über die schreckenerregende Atmosphäre im Moskau jener Tage, die nächtlichen Verhaftungen und die große Angst ist viel berichtet worden, wir können uns hier Einzelheiten ersparen.

In welchem Ausmaß war die jüngere Generation davon betroffen? Anfangs kaum. Junge Menschen waren in der Sowjetunion immer gut behandelt worden, alle Türen standen ihnen offen, wenigstens theoretisch, sie waren die Erbauer einer neuen Welt, die Verteidiger von Gerechtigkeit und Freiheit. 1934 und 1935 waren gute Jahre in der Sowjetunion; wie von Stalin angekündigt, hatten sich die Lebensbedingungen verbessert. Die jungen Leute aus Deutschland teilten die allgemeine Begeisterung, sie waren dankbar dafür, am sozialistischen Aufbau teilnehmen zu dürfen, sie feierten mit dem Sowjetvolk die industriellen Errungenschaften der dreißiger Jahre und Tschkalows Flug über den Nordpol; sie sangen zusammen das Lied, in dem es heißt, daß in keinem anderen Land die Menschen freier atmen als in der Sowjetunion. Unter dem Applaus der Moskowiter marschierte das Orchester der Karl-Liebknecht-Schule durch die Straßen der Stadt.

Die Karl-Liebknecht-Schule (*schkola naschich metschtei* – Schule unserer Träume, wie sie später genannt wurde) war 1924 für die Kinder politischer Flüchtlinge aus Deutschland gegründet worden, aber auch die Söhne und Töchter einiger Sowjetbürger, wie David Bergelson, der bekannte jiddische Dichter, besuchten sie. Zu ihren Schülern gehörten die Kinder führender Kommunisten, wie Peter Florin (später der Leiter der DDR-Delegation bei den Vereinten Nationen), Marianne Weinert, Tochter des für seine sozialistischen Revolutionslieder bekannten Schriftstellers Erich Weinert, Jan Vogeler, Gregor Kurella, Max Maddalena und Werner Eberlein.

In der Anfangszeit folgte die Schule den experimentellen Moden der sowjetischen Schulbildung. Geschichte als Schulfach wurde abgeschafft, es gab weder Prüfungen noch Noten, und die Schule wurde – zumindest theoretisch – im Rahmen der in der Sowjetindustrie und -landwirtschaft populären Stoßbrigaden von den Schülern selbst geleitet. 1935 jedoch schwang das Pendel ins andere Extrem, all diese Neuerungen wurden als trotzkistisch inspiriert verfemt. Die Schule geriet in Verruf, weil sie angeblich kleinbürgerliche Elemente bediente, die mit der Arbeiterklasse nichts gemein hätten. 1938 kam man schließlich zu dem Ergebnis, daß die Existenz von »Nationalschulen« der Parteilinie widerspreche, die Schule wurde aufgelöst, und die Kinder wurden auf russische Schulen verteilt.

Ihre beste Zeit hatte die Karl-Liebknecht-Schule in den Jahren

1934/35, als sie von 750 Schülern besucht wurde. Schulleiter war Helmuth Schinkel, ein begnadeter Pädagoge. Im Jahr danach kam es zu den ersten Verhaftungen, vier Lehrer, vierzig Schüler und noch viel mehr Eltern waren betroffen. Am Ende sollten 25 Lehrer verschwinden, die meisten von ihnen auf immer. Neue Schulleiterin wurde eine Dame ungarischer Herkunft, die sich so sehr davor fürchtete, ihr Parteibuch zu verlieren, daß sie innen in ihr Kleid eine Tasche einnähte, die zum Amüsement der Kinder eine beträchtliche Ausbeulung verursachte.

Trotz allem hatten die meisten der Kinder großen Spaß und erinnerten sich später dieser Zeit als der schönsten ihres Lebens. Es gab so viel zu tun, Schlittschuhlaufen auf Eisflächen im Gorki-Park und anderswo, Laienspielaufführungen, Sommerlager und Ausflüge, politische Exkursionen zu den Mennoniten im Nordkaukasus, um sie zu überreden, keine finanzielle Hilfe und Lebensmittellieferungen aus dem Ausland anzunehmen. Es gab Kriegsspiele vor dem Hintergrund des Bürgerkriegs in Spanien, und die Schüler machten bei paramilitärischen Organisationen wie den Woroschilow-Scharfschützen sowie bei den Ossowiatschim mit, die junge Leute auf die Verteidigung gegen biologische und chemische Waffen vorbereiteten.

Es war die Zeit großer Freundschaften und der ersten Liebe, wie sie in Wolfgang Leonhards Memoiren sowie in dem Buch beschrieben ist, das Markus Wolf seinem Bruder Konrad, dem bekannten Filmregisseur, gewidmet hat. Auch andere ehemalige Schüler, die die Lager und das Exil an weit von Moskau entfernten Orten überlebt hatten und während der Glasnost ihre Memoiren veröffentlichten, ließen die Erinnerung an ihre Schulzeit in Moskau wiederaufleben. Die Kinder waren glücklich inmitten einer Welt voller Furcht und Gefahren. »Wir wußten nicht, was es bedeutet, allein zu sein«, schrieb einer von ihnen später. Die Eltern mochten verschwunden sein, die Kameradschaft gab ihnen Halt und Auftrieb. Man glaubte an die gute Sache, den Kampf gegen Faschismus, Unterdrückung und Ausbeutung. Es gab zwar auch einige kritische Geister, einigen Berichten zufolge wurde einer der geheimen Dissidenten später ein sowjetischer Armeegeneral.

Für Kinder wie Wolfgang Leonhard, deren Eltern verhaftet worden waren, fand sich Platz in einem besonderen Heim, in dem auch die österreichischen Kinder untergebracht waren und wo sie unendlich besser behandelt wurden als in den Waisenhäusern der Geheimpolizei für die Kinder der »Volksfeinde«. Für die Glücklicheren unter den Kindern gingen die Sommerlager auf der Krim weiter, und wie Leonhard berichtet, wurde er 1939 sogar in den Komsomol, die kommunistische Jugendorganisation, aufgenommen. Noch im Jahr zuvor, während seine Mutter Lagerhäftling war, wäre das undenkbar gewesen.

Flüchtlingskinder außerhalb Moskaus besuchten örtliche Schulen, und für die etwas älteren gab es verschiedene höhere Bildungsanstalten, die zum Teil von der Komintern gefördert wurden, sowie andere, in denen eine militärische Ausbildung vermittelt und Sabotagekurse abgehalten wurden. Weiterhin gab es die Universitäten sowie Sprachinstitute für Übersetzer. Auch Leonhard durfte 1940 an einem Institut studieren, das zur Moskauer Universität gehörte. Für die Söhne und Töchter der obersten Führung wurden Arbeitsplätze im Parteiapparat und bei den deutschsprachigen Medien zur Verfügung gestellt, wenn auch die Stellen bei letzteren weniger wurden, weil in den späten dreißiger Jahren verschiedene Organe eingestellt wurden (darunter die *Deutsche Zentral-Zeitung* und die monatlich erscheinende Literaturzeitschrift *Das Wort*, daneben auch die meisten Clubs und Theater für deutsche Arbeiter). Überhaupt bestand ein Trend, die Aktivitäten von Flüchtlingen einzuschränken, und Wilhelm Pieck, der Führer der KPD, soll sogar einmal mit dem Gedanken gespielt haben, die Zahl der Flüchtlinge um zwei Drittel zu reduzieren. Die niedrigeren Parteikader wurden zu Facharbeitern oder Technikern ausgebildet und in Fabriken angestellt.

Auf der Höhe der Säuberungen wurde ein beträchtlicher Teil der jüngeren Flüchtlinge verhaftet und deportiert, manche wurden auch hingerichtet oder kamen im Gulag um. Ausgenommen waren die ganz Jungen, die unter siebzehn Jahre alt waren, auch waren weit weniger Frauen als Männer von den Säuberungen betroffen, wie es in der Sowjetunion üblich war.

Die Familienangehörigen der deutschen und österreichischen Parteiführer blieben zumeist ungeschoren, es sei denn, ihre Treue gegenüber der Partei und Stalin wurde in Zweifel gezogen. Es gab Ausnahmen (Hermann Remmele, Hugo Eberlein, Heinz Neumann), aber diese waren bereits in der Vergangenheit Abweichler gewesen oder standen nicht auf gutem Fuß mit der gegenwärtigen Führung in Gestalt von Pieck und Ulbricht. Die mittleren Parteiränge dagegen wurden schwer getroffen, desgleichen das Fußvolk. Die Verhaftungen erfolgten ohne Sinn und Verstand, die Sicherheitskräfte erhielten einen Plan, der erfüllt werden mußte, eine bestimmte Zahl von Leuten mußte in einer bestimmten Gegend verhaftet werden, und von da an war es mehr oder weniger eine Sache des Zufalls, an wessen Tür die NKWD-Schergen am frühen Morgen klopften. Besonders demoralisierend war die weitverbreitete Unsitte, Freunde und Kameraden zu denunzieren. Dies geschah in dem Irrglauben, daß man seine eigene Haut retten konnte, wenn man mit den Sicherheitsorganen zusammenarbeitete und seine besten Freunde verriet. Da die Sicherheitskräfte selbst mehrmals gesäubert wurden, bot dieses Vorgehen jedoch keinerlei Garantie.

Hitlerjugend in Moskau?

Die Anklagen, die gegen junge Leute vorgebracht wurden, unterschieden sich in gewisser Weise von den gegen die älteren Kommunisten erhobenen, denn es machte keinen Sinn, einen jungen Menschen, der seit seiner Kindheit die Sowjetunion nicht verlassen hatte, der Spionage für Japan oder Frankreich zu bezichtigen. Statt dessen wurde in einer ganzen Reihe von Fällen Anklage wegen Mitgliedschaft in der Hitlerjugend in der Sowjetunion erhoben. Derartige Vorwürfe waren natürlich völlig aus der Luft gegriffen und machten nach dem Hitler-Stalin-Pakt von 1939 politisch auch gar keinen Sinn, doch den Sicherheitsorganen stand es frei, jede noch so absurde Anklage vorzubringen, und die Versuche der Beschuldigten, ihre Unschuld zu beweisen, waren völlig zwecklos.

Auf die Idee, einer Gruppe junger Menschen in der UdSSR die Zugehörigkeit zur Hitlerjugend vorzuwerfen, kamen erstmals 1930/31 die lokalen Sicherheitsorgane in Leningrad, doch die Betroffenen kamen mit relativ leichten Strafen davon und waren größtenteils schon wieder aus den Lagern entlassen, als die großen Säuberungen in Gang kamen. Ein weit ehrgeizigeres Unternehmen war der Hitlerjugend-Fall von Januar bis März 1938. Der Volkskommissar für Inneres hatte den Organen Anweisung gegeben, eine Gruppe junger Leute zu finden und zu verhaften, die angeblich eine HJ-Ortsgruppe gegründet hatte, Hitler in ihren Versammlungen pries und diverse Sabotageakte plante, darunter die Ermordung des französischen Botschafters in Moskau. Etwa siebzig junge Leute zwischen siebzehn und Ende Zwanzig wurden verhaftet. Einige hatten die Karl-Liebknecht-Schule besucht, andere arbeiteten in verschiedenen Moskauer Fabriken, wie der Autofabrik und den Kugellagerwerken, oder studierten an der Universität. Manche der siebzig Verhafteten gehörten dem Club der ausländischen Arbeiter oder der Laienspielgruppe »Kolonne Links« an. Unter ihnen waren auch die Kinder wohlbekannter Kommunisten wie Max Maddalena oder anderen Mitkämpfern (beide Söhne von Max Seydewitz, einem ehemaligen Sozialdemokraten und nach dem Krieg Ministerpräsident von Sachsen). Viele von ihnen waren als Kinder in die Sowjetunion gekommen, viele hatten 1936 die sowjetische Staatsbürgerschaft angenommen.

Unter denen, die in die Sowjetunion geflüchtet waren, befanden sich auch einige Mitglieder der deutsch-jüdischen Jugendbewegung, die im Verlauf der politischen Radikalisierung einzeln oder als Gruppe der kommunistischen Jugendorganisation beigetreten waren (so der »Schwarze Haufen«, ursprünglich Teil der unpolitischen »Kameraden«). Ironischerweise rettete die Abneigung der Sowjets, selbst Kommunisten als Flüchtlinge aufzunehmen, vielen von ihnen das Leben; denn die meisten von denen, die nach 1933 nach Moskau gingen, kamen, wie Leo Roth und Sammy Giesel, um nur zwei zu nennen, in den Stalinschen Säuberungen um. Einige wenige, wie Nathan Steinberger und Rubin Rosenfeld, überlebten einen langjährigen Aufenthalt im Arbeitslager und kehrten nach dem Krieg nach Ostdeutschland zurück. Einige glaubten bis zum Ende, daß ihr eigenes Schicksal und das ihrer ermordeten Genossen ein unglücklicher Zufall und letzten Endes eher Hitlers als Stalins Schuld gewesen sei. Andere hatten, wie Steinberger, ganz oder teilweise ihre Lektion gelernt und weigerten sich, nach der Rückkehr aus Rußland über ihr eigenes Schicksal und das der Sache, an die sie so inbrünstig geglaubt hatten, den Mund zu halten, wie es die Partei von ihnen verlangte.

Diese jungen Kommunisten reagierten wie die älteren: Zuerst dachten sie, das Ganze sei ein schrecklicher Irrtum, oder Feinde der Partei hätten eine Provokation begangen, aufgrund deren sie fälschlich verhaftet worden seien; wenn nur Stalin und die anderen führenden Genossen die Wahrheit wüßten ... Daher die Millionen Briefe, die Stalin damals erhielt mit der Bitte, sich persönlich um den jeweiligen Fall zu kümmern. Doch während Monat um Monat verging, die Beschuldigungen immer grotesker, die Prügel und Folterungen immer schlimmer wurden, erwiesen sich die Illusionen als immer weniger haltbar. Gustav Sobottka, Sohn eines Kommunistenführers, schrieb nach 26 Monaten im Gefängnis, er habe alle Hoffnung verloren, daß diese Qual jemals ein Ende haben und die Wahrheit ans Licht kommen werde. Nur sein Glaube an die Partei sei nicht unterminiert worden, und würde ihm dieser Glaube auch noch genommen, wäre dies schlimmer als jedes Urteil und würde zu seinem physischen und psychischen

Zusammenbruch führen. Kopien vieler derartiger Briefe wurden Jahre später gefunden, ihre Wirkung war gleich Null. Helmut Damerius war ein enger Freund des Sohnes von Wilhelm Pieck, so daß sich dieser ausnahmsweise entschloß, bei den Sowjetbehörden zu intervenieren, doch ohne Erfolg.

Von den siebzig jungen Leuten, die im Zusammenhang mit der Hitlerjugendaffäre verhaftet wurden, wurden vierzig hingerichtet, zwanzig erhielten Strafen zwischen fünf und zehn Jahren. Zwei wurden im Rahmen des Hitler-Stalin-Paktes an die Gestapo übergeben, Gustav Sobottka starb im Gefängnis. Im Rahmen der Entstalinisierung während der fünfziger Jahre wurde der Fall der Hitlerjugend neu aufgerollt, die Beschuldigungen wurden als haltlos befunden, und die Überlebenden wurden 1954/55 aus Haft und Lagern entlassen. Einige blieben in der Sowjetunion, andere gingen in die DDR. Manch einer erklärte bei seiner Entlassung stolz, sein Glaube an den Kommunismus sei trotz aller Drangsal niemals erschüttert worden, andere gaben – Jahrzehnte später – zu, den Glauben verloren zu haben.

Die Hitlerjugend-Affäre war jedoch nur ein Fall unter vielen. Es gibt keine genauen Zahlen über die Opfer der »Repression«, um den offiziellen Ausdruck der Entstalinisierungsära zu gebrauchen. Bis April 1938 waren etwa 840 deutsche Kommunisten verhaftet worden, rund siebzig Prozent der KPD-Mitglieder, doch sind diese Zahlen nicht vollständig, sie umfassen weder die österreichischen Kommunisten noch die zahlreichen deutschen Kommunisten, die inzwischen Mitglieder der KPdSU geworden waren.

In der Roten Armee

Wie haben wohl die Glücklichen reagiert, die vom stalinistischen Terror nicht erfaßt wurden? Es müssen ihnen Zweifel gekommen sein, denn jeder hatte enge Freunde, von denen er wußte, daß sie keine Feinde der Sowjetunion waren. Doch sie redeten sich ein, daß dies Ausnahmen waren, daß die Partei immer recht hat, daß Stalin mehr wußte als sie und daß, welche Fehler und sogar Verbrechen auch immer begangen worden sein mochten, der Kampf für die Sache des Kommunismus und besonders gegen Hitler und die Nazis weitergehen mußte.

Als der Krieg ausbrach, wurden jene, die noch sehr jung waren, als sie in die Sowjetunion kamen, und daher fast einwandfrei Russisch sprachen, als Freiwillige in die Sowjetarmee aufgenommen, und eine ganze Reihe von ihnen wurden Offiziere. Konrad Wolf beendete den Krieg als dekorierter Oberleutnant, ebenso Moritz Mebel, der 1933 im Alter von zehn Jahren mit seinen Eltern nach Moskau gekommen war und auch die Karl-Liebknecht-Schule besuchte. Fünfzig Jahre später sagte er in einem Interview, er hätte zwar von den Prozessen gewußt, unangenehme Nachrichten aber verdrängt. Als Stalin 1953 starb, habe er geweint, seine Frau jedoch hätte Stalin gehaßt. Im Rückblick betrachtete er die in den dreißiger Jahren begangenen Verbrechen nicht als kommunistische Verbrechen, sondern als Verbrechen gegen den Kommunismus. Doch dies war eine etwas oberflächliche Betrachtung, denn schließlich waren die Verbrechen von der kommunistischen Führung begangen worden. Mebel studierte nach dem Krieg in Moskau Medizin, Fachgebiet Urologie, kehrte in den späten fünfziger Jahren nach Ostdeutschland zurück, spielte eine zentrale Rolle im Gesundheitsdienst der DDR und wurde am Ende (1986) noch Mitglied des ZK der SED. Die Brüder Markus und Konrad Wolf reagierten auf ähnliche Weise, und ebenso wohl die meisten anderen, sie müssen die Wahrheit die ganze Zeit über gewußt haben, aber sie glaubten auch, daß trotz aller Abwege und schmerzlichen Fehler sich alles am Ende zum Guten wenden würde.

Nach dem deutschen Überfall auf die Sowjetunion im Juni 1941 wurden die meisten jungen Deutschen wie die älteren in die östlichen Regionen der Sowjetunion deportiert, nach Tschistopol und in das Kama-Gebiet, nach Tomsk und Zentralasien. Dabei spielte es keine Rolle, ob jemand inzwischen Mitglied des Komsomol oder der KPdSU geworden war. Einige durften 1942/43 nach Moskau zurückkehren, viele aber mußten bis nach Kriegsende in den östlichen Regionen bleiben, wo sie ein erbärmliches Leben fristeten, oftmals hungern mußten.

Von den Jungen wurden relativ wenige in die Armee aufgenommen, obwohl es dort auf jeder Ebene einen wachsenden Bedarf an Übersetzern gab, manche wurden in das Arbeitsheer eingezogen und mußten etwa in Kohlebergwerken harte manuelle Arbeit verrichten. Einige der jungen Leute, die aus dem einen oder anderen Grund in Ungnade gefallen waren, wurden jetzt zur militärischen Ausbildung und politischen Schulung herangezogen und auf neue Aufgaben im und nach dem Krieg vorbereitet.

Manche wurden als Fallschirmspringer ausgebildet, um Deutschland zu infiltrieren – ein Projekt, das im Desaster endete. Nur einer von siebzig Fallschirmspringern, die über Deutschland abgesetzt wurden, fiel nicht mehr oder weniger unmittelbar der Gestapo in die Hände; der eine, der nicht geschnappt wurde, war ein Polnisch sprechender Arbeiter aus Oberschlesien, der erst gegen Ende des Krieges kam, sich unter polnischen Landsleuten versteckte und sich jeglicher militärischen oder politischen Aktivität enthielt. Von den Fallschirmspringern, die die Nazilager überlebten, wurden zehn nach Kriegsende in sowjetische Arbeitslager gesteckt, wie es den meisten anderen ebenfalls geschah, die in deutscher Kriegsgefangenschaft gewesen waren. Einige wenige waren während des Krieges zu sowjetischen Partisaneneinheiten abgestellt worden, und dort waren die Überlebenschancen besser.

Das Ausbildungszentrum der Kommunistischen Internationale wurde in der Gegend von Ufa reaktiviert; sieben junge Deutsche besuchten den ersten, neunundzwanzig den zweiten Kurs, darunter die Söhne und Töchter bekannter kommunistischer Familien (Dahlem, Florin, Weinert), die sich aus Karl-Liebknecht-Schultagen oder von anderen gemeinsamen Unternehmungen während der Vorkriegszeit kannten. Beim Eintritt in die Schule erhielt allerdings jeder eine neue Identität und einen neuen Rufnamen, sie mußten so tun, als würden sie einander nicht kennen, und durften nicht über alte Zeiten reden. Jan Vogeler – Sohn des Malers Heinrich Vogeler, der bei den Säuberungen verschwand – wurde zu »Danilow«, Stefan Dörnberg wurde »Adler« genannt. Nach dem Abschluß wurden die meisten zur Propagandaarbeit nach Moskau, in Kriegsgefangenenlager oder an die Front geschickt, und nach dem Krieg gehörten sie zu den ersten, die nach Berlin zurückkehrten, um ein neues Deutschland aufbauen zu helfen.

Rückkehr nach Deutschland

Noch vor der Kapitulation machten sich drei Gruppen deutscher Kommunisten auf den Weg nach Ostdeutschland, eine nach Sachsen, die zweite nach Pommern und die dritte und wichtigste unter Führung von Walter Ulbricht nach Berlin. Insgesamt kehrten 83 deutsche Flüchtlinge 1945 nach Ostdeutschland zurück, 197 im Jahr danach und 207 im Jahr 1947. Das sind sehr wenig, bedenkt man, daß ursprünglich Tausende in die Sowjetunion geflüchtet waren. Bis 1954 sollten nur noch weitere 150 folgen. Viele waren bei den Säuberungen umgekommen, ihre genaue Zahl wird sich nie mehr feststellen lassen. Doch viele der Überlebenden waren in Ostdeutschland nicht erwünscht, die Ulbricht-Führung bestand darauf, daß nur diejenigen, die für die Parteiarbeit benötigt wurden, aus der Sowjetunion ausreisen durften. Wer aus dem einen oder anderen Grund verhaftet worden war, war davon ausgeschlossen – selbst wenn er inzwischen rehabilitiert worden war. Und das war die große Mehrheit. Es gab etwa dreißig Ausnahmen, darunter Leute mit guten Beziehungen wie die Gebrüder Seydewitz, deren Vater unter dem neuen kommunistischen Regime Ministerpräsident von Sachsen geworden war, oder Susanne Leonhard, die Mutter von Wolfgang Leonhard, der der Ulbricht-Gruppe in Berlin angehörte. Zweifellos glaubte das neue kommunistische Establishment, daß, wer einmal Bekanntschaft mit sowjetischen Gefängnissen und Lagern gemacht hatte, sei es auch nur für kurze Zeit, seine Erlebnisse nicht so schnell vergessen oder verdrängen würde und daher ein potentieller Überläufer war. Diese Befürchtung war nicht völlig unbegründet, wie der Fall Susanne Leonhard zeigt, die nach ihrer Rückkehr prompt ein Buch über ihre Erlebnisse während der Säuberungen schrieb (*Gestohlenes Leben*, 1956).

Darüber hinaus müssen Ulbricht und Genossen sich in Gegenwart der Opfer unbehaglich gefühlt haben, denn in vielen Fällen waren die Verhaftungen Informanten in den Reihen des Parteiestablishments zu verdanken. Zumindest hatten die Parteioberen wenig oder nichts unternommen, sie aus dem Gefängnis zu befreien, obwohl sie genau wußten, daß sie unschuldig waren. Andererseits hatten auch die sowjetischen Kommunisten, besonders das ZK und die Organe der Staatssicherheit, kein Interesse daran, daß ehemaligen Insassen sowjetischer Gefängnisse und Lager die Ausreise erlaubt wurde.

Sowjetsprecher hatten immer wieder betont, besonders nach dem Krawtschenko-Prozeß 1946 in Paris, daß es keinen Gulag gebe, daß all dies böswillige Erfindungen zum Zweck antisowjetischer Hetze seien. Aus ihrer Warte bedeutete die Entlassung Dutzender, vielleicht Hunderter Überlebender dieser Lager nur Ärger, selbst wenn diejenigen, denen erlaubt wurde, die Sowjetunion zu verlassen, eine feierliche Erklärung unterschreiben mußten, daß sie ihre Erlebnisse niemals enthüllen würden. Waren diese Leute einmal außer Reichweite der Sowjetorgane, konnte niemand für ihr Schweigen garantieren. Wie Ulbricht war auch die Sowjetführung lediglich bereit, diejenigen gehen zu lassen, die für bestimmte Aufgaben in Ostdeutschland wirklich gebraucht wurden.

Auch von den österreichischen Kindern, die 1934 in die Sowjetunion gebracht worden waren, wurden viele verhaftet und einige sogar hingerichtet. Andere überlebten in zentralasiatischen und sibirischen Lagern. Doch diejenigen, die 1945 noch am Leben waren, hatten weniger Schwierigkeiten, nach Österreich zurückzukehren, weil sie nur eine Hürde überwinden mußten, nämlich die sowjetische Parteibürokratie, und nicht zwei wie die deutschen Flüchtlinge.

Im März 1953, dem Todesmonat Stalins, wurde die DDR-Botschaft in Moskau von ihren Bossen in Berlin davon in Kenntnis gesetzt, daß alle politischen Flüchtlinge inzwischen in die DDR zurückgekehrt seien und das Thema daher abgeschlossen sei. Doch gingen bei der ostdeutschen Führung in Berlin weiterhin Bittschreiben und Anträge ein, zum Teil von Mitgliedern auseinandergerissener Familien, und der KGB in Moskau erhielt ebenfalls zunehmend Bittbriefe. In der Tauwetterperiode nach Stalins Tod wuchs die Bereitschaft in Moskau, die Menschen gehen zu lassen, und auch die ostdeutsche Politik wurde etwas liberaler. Insgesamt wurden zwischen Stalins Tod und dem Jahr 1956 rund dreihundert Flüchtlinge repatriiert. Die Ostberliner Führung hoffte, daß es damit nun endlich sein Bewenden hätte, doch das war eine vergebliche Hoffnung, denn in den Folgejahren kamen noch einmal dreihundert ehemalige Flüchtlinge aus der Sowjetunion zurück.

Dies hing einerseits mit der Entstalinisierung in Moskau nach Chruschtschows Geheimrede von 1956 zusammen, andererseits aber auch mit dem zwischen Konrad Adenauer und den Sowjets im April 1956 geschlossenen Abkommen, das Deutschen in der Sowjetunion die Repatriierung erlaubte, falls sie diese wünschten. Das Abkommen betraf vor allem deutsche Kriegsgefangene, aber auch andere Personenkreise konnten sich in diesem Zusammenhang an die (west)deutsche Botschaft in Moskau wenden. Dies zwang die Ostdeutschen, wohl oder übel ihre Politik zu liberalisieren.

Alles in allem läßt sich feststellen, daß es, außer für führende Kommunisten, äußerst schwierig gewesen war, in den dreißiger Jahren in die Sowjetunion hineinzukommen, aber für viele noch viel schwieriger, ungeschoren wieder herauszukommen.

Wie erging es den jungen Flüchtlingen, die nach 1945 in die DDR zurückkehrten? Wie unter anderen kommunistischen Regimen wurden auch hier Lippenbekenntnisse zu der großen Bedeutung der jungen Menschen abgelegt, aber in Wirklichkeit glaubte Ulbricht ebenso wie Stalin, Chruschtschow und Breschnew eher an die Weisheit des Alters als an das Ungestüm der Jugend. Pieck und Ulbricht blieben bis ins reife Alter im Amt, und ihr Politbüro bestand aus alten, bewährten Kommunisten. Junge Leute wurden natürlich auch befördert, aber nicht in Spitzenpositionen. Markus Wolf, Leiter der DDR-Auslandsspionage, war eine der wenigen Ausnahmen, aber selbst er rückte niemals an die Spitze der Staatssicherheit auf. Seine Vorgesetzten waren Wilhelm Zaisser, Ernst Wollweber und schließlich Erich Mielke, der noch mit über achtzig Jahren, bis zum Ende der DDR, als Leiter der Stasi diente. Wolfs Bruder Konrad, ehemaliger Offizier der Roten Armee, wurde mit vielen Ehren überschüttet, unter anderem wurde er Präsident der Akademie der Wissenschaften, doch die politischen Schlüsselpositionen auf kulturellem Gebiet erhielten Männer wie Johannes R. Becher und Alfred Kurella, die zur alten Garde gehörten. Peter Florin wurde stellvertretender Außenminister, gelangte aber nie an die Spitze.

Bis die einstigen jungen Flüchtlinge aus Moskau ein Alter erreicht hatten, das sie für die Spitzenämter in Frage kommen ließ, war eine neue Generation heimischer Kommunisten herangewachsen, und so bekamen die Absolventen der Karl-Liebknecht-Schule nie ihre Chance. Im Rückblick war es vielleicht ihr Glück, daß sie am Ende nicht die Verantwortung für ein gescheitertes Experiment zu tragen hatten.

Doch keineswegs alle jungen Enthusiasten von der Karl-Liebknecht-Schule erhielten nach dem Krieg wichtige Aufgaben zugeteilt oder strebten solche Aufgaben überhaupt an. Es hing alles davon ab, ob sie während ihrer Zeit in der Sowjetunion eine Ausbildung in einer der Parteischulen genossen hatten und ob sie der Parteiführung persönlich bekannt gewesen waren. Zwar schadete es ihrer Karriere nicht, wenn ihre Eltern verhaftet worden waren, doch wer selbst im Gefängnis gesessen oder im Lager geschmachtet hatte, der blieb ein für allemal ausgeschlossen, selbst wenn er später rehabilitiert wurde.

Wie sah die Bilanz aus, die diese Generation nach dem Zusammenbruch der DDR ziehen konnte? Die berufsmäßigen Ideologen, Lehrer des Marxismus-Leninismus oder führenden Parteihistoriker wie Stefan Dörnberg, ebenfalls ein Zögling der Karl-Liebknecht-Schule, fanden es praktisch unmöglich, zuzugeben, daß sie sich geirrt haben könnten. Kaum einer behauptete allerdings, daß das System ganz ohne Makel gewesen sei. Sogar stramme Kommunisten räumten ein, daß es falsch gewesen sei, zu behaupten, die Partei habe immer recht, und daß die Parteiführung, um es vorsichtig auszudrücken, sich nicht gerade mit Ruhm bekleckert habe. Dennoch erhoben noch viele den Anspruch, daß die Grundideen, auf denen das DDR-System beruhte, richtig gewesen seien und daß die Ideale, für die sie gekämpft hatten, nicht widerlegt worden seien, auch wenn der Kapitalismus dem kommunistischen System überlegen gewesen sei. Auch meinten sie, daß diese Ideen und der Kampf dafür nicht von der Erdoberfläche verschwinden würden, mit anderen Worten, daß der Kommunismus – wie er der DDR vorschwebte – irgendwann in der Zukunft eine zweite Chance erhalten würde. Auf einer Konferenz in den fünfziger Jahren begegnete der Autor einem österreichisch-polnisch-jüdischen Wissenschaftler, der als junger Mann im Verlauf der Säuberungen in der Sowjetunion verhaftet und 1939 der Gestapo übergeben worden war. Gefragt, ob die kommunistische Idee eine gute Sache und nur die Durchführung fehlerhaft gewesen sei, entgegnete Alexander Weissberg-Cybulski, ohne auch nur einen Augenblick zu zögern, die kommunistische Praxis sei mörderisch gewesen und die zugrundeliegende Idee auch nicht das Wahre. Dieser Standpunkt wurde jedoch von einem Großteil der jungen Flüchtlinge nicht geteilt, die die dreißiger und vierziger Jahre in der Sowjetunion verbracht hatten. Ihr Glaube an die Sache, der sie ihr Leben lang treu gedient hatten, wurde erst durch die Ereignisse der achtziger Jahre erschüttert, die zum endgültigen Sturz des kommunistischen Systems führten.

Die andere FDJ

Einige junge Kommunisten unter den Flüchtlingen kehrten nach dem Krieg aus Palästina nach Deutschland und Österreich zurück (darunter mehr österreichischer als deutscher Herkunft) sowie auch einige aus Südamerika, jedoch kaum jemand aus den Vereinigten Staaten. Ihre nachfolgenden Karrieren werden uns später beschäftigen Aber es gab zwei organisierte Gruppen kommunistischer Heimkehrer, nämlich aus Großbritannien und aus Schanghai, die von besonderem Interesse sind.

Kommunisten hatten 1934 in Paris und 1936 in Prag Jugendorganisationen für deutsche Flüchtlinge gegründet, die zwar von der Partei gefördert wurden, aber nach außen hin als parteiunabhängige »antifaschistische« Gruppen erschienen. Trotz des beträchtlichen Aufwands, der mit ihnen getrieben wurde, spielten sie nie eine große Rolle, was wohl größtenteils daran lag, daß die Zahl der jungen Flüchtlinge in Frankreich und der Tschechoslowakei klein war und die meisten sich nur auf der Durchreise befanden. Die Zahl der in Großbritannien Gestrandeten war, teilweise wegen der Kindertransporte, wesentlich größer, sie betrug etwa 25 000, von denen die meisten jünger als 25 waren. Hier wurde im Juni 1939 die Freie Deutsche Jugend (FDJ) ins Leben gerufen. Man richtete Gemeinschaftsheime ein, unternahm Ausflüge und hielt Lager in der Nachbarschaft von London ab (es gab auch Ableger außerhalb der Metropole, aber nicht viele). Nicht lange nach Ausbruch des Krieges mußten alle Flüchtlinge vor ein Tribunal, und viele wurden in der Folge in Lagern auf der Isle of Man interniert, Tausende wurden nach Australien und Kanada verfrachtet und dort interniert. So wurden die Aktivitäten der

FDJ frühzeitig unterbrochen, und dies stellte sich im nachhinein als Segen heraus.

Es bewahrte sie nämlich vor einer unangenehmen politischen Situation, und zwar den Hitler-Stalin-Pakt im Sinne der antifaschistischen Ideologie erklären zu müssen. Andererseits erhielten viele junge Leute in den Internierungslagern eine politische Schulung. Es gab zwar nur wenige Kommunisten in diesen Lagern, aber sie hielten zusammen, sie folgten der Parteilinie, und sie waren besser darin, junge Menschen zu indoktrinieren, als Liberale und Demokraten.

Als sie 1941 aus der Internierung entlassen wurden und viele aus Kanada und Australien zurückkehrten, nahm die FDJ ihre Aktivitäten in weit größerem Umfang wieder auf. Die meisten arbeiteten in kriegswichtigen Industrien, doch abends boten die Gemeinschaftsheime ein Zuhause und viel Unterhaltung. »Man fühlte sich nie einsam«, drückte es einer von ihnen in späteren Jahren aus. Man las und debattierte, führte Laienspiele auf, sang Lieder und träumte von einem Leben in Deutschland nach dem Krieg. Freundschaften entwickelten sich, und nicht wenige heirateten später einen Partner, den sie in ihrem Heim in Belsize Park, einer Straße im Londoner Bezirk Hampstead, kennengelernt hatten. Psychologisch war ein solcher Zusammenhalt wichtig für entwurzelte junge Menschen, weil er ihnen Stabilität vermittelte. Einige gingen zur Armee, ein paar sprangen während der letzten Kriegstage mit dem Fallschirm in US-Uniformen über Deutschland ab. Wie so oft endeten diese amateurhaften Heldentaten im Desaster: Werner Fischer wurde von einer sowjetischen Patrouille gefangengenommen und erschossen, obwohl er beteuerte, daß er Kommunist sei.

Die große Mehrheit der FDJler waren Juden, und die kommunistischen Organisatoren der FDJ empfahlen ihnen nicht, der Jugendorganisation der Kommunistischen Partei Großbritanniens beizutreten, teilweise aus »Klassengründen«, denn junge Leute mit überwiegend bürgerlichem Hintergrund waren in der britischen KP nicht sonderlich erwünscht, aber auch weil die kommunistischen FDJ-Führer, die laut Horst Brie »immer die Regeln der Konspiration beachteten«, berechtigterweise davon ausgingen, daß die von der Partei auferlegte ideologische Disziplin junge Menschen, die daran nicht gewöhnt waren, vor den Kopf stoßen würde.

Die FDJ arbeitete gelegentlich mit anderen, sogar mit zionistischen Jugendorganisationen zusammen, wenn es darum ging, Geld für die sowjetischen Kriegsanstrengungen zu sammeln, für eine zweite Front zu demonstrieren und für andere der guten Sache dienende Anliegen einzutreten. Einige traten der Kommunistischen Partei bei, doch die Mehrheit tat es nicht. Sie hatten zwar eine marxistische Schulung erhalten, doch übte das Leben in England einen korrodierenden ideologischen Einfluß aus, man lernte, die demokratischen Institutionen des Landes, die Tradition der freien Rede zu respektieren, und viele betrachteten Großbritannien als ihre neue Heimat. So kehrte nach Kriegsende nur etwa ein Drittel von ihnen nach Deutschland zurück (und nicht alle gingen in die DDR), ein weiteres Drittel blieb in England, und die übrigen vereinigten sich mit ihren Familien in den USA und anderswo. Es kam zu einigen kleineren Tragödien, als sich die Freundinnen einiger militanter Aktivisten weigerten, nach Deutschland zurückzukehren, und Pflichtgefühl und Parteidisziplin die Oberhand über Freundschaft und Liebe gewannen.

Jene, die in die DDR zurückkehrten, wurden zunächst mit offenen Armen empfangen. Horst Brie sagte man: »Wir freuen uns über jeden, der zurückkehrt.« Man benötige dringend vertrauenswürdige Kader. Er wurde nach Schwerin geschickt, um die örtliche kommunistische Jugendvereinigung zu leiten, die zufällig auch Freie Deutsche Jugend hieß. Horst Brasch, ein weiterer Führer der Londoner Gruppe, wurde ebenfalls zur Jugendarbeit abgestellt. Andere wurden Journalisten oder wurden in verschiedenen Ministerien als Übersetzer für Englisch gebraucht.

Einige Jahre ging alles gut, doch als der Kalte Krieg an Schärfe zunahm, gerieten die »Westemigranten« fast ohne Ausnahme unter Verdacht und wurden degradiert. Anders als ältere führende Kommunisten, die die Kriegsjahre in Mexiko, der Schweiz und ähnlichen Ländern verbracht hatten, wurden sie nicht verhaftet, sondern lediglich mit bedeutungsloseren Aufgaben abgefunden. Horst Brie zum Beispiel wurde auf eine Maschinentraktorenstation in der Provinz versetzt. Karl Kormes, der nach seiner Flucht aus Spanien kurzzeitig für den OSS, den amerikanischen Geheimdienst, in Nordafrika gearbeitet hatte, wurde in eine Reifenfabrik versetzt und bald danach ganz aus der Partei ausgeschlossen. Alice Zadek wurde ihres Postens im Ministerium für Außenhandel enthoben, ihr Mann Gerhard wurde bei seiner Zeitung entlassen, außerdem wurde ihnen nahegelegt, aus Berlin wegzuziehen. Im großen und ganzen jedoch wurden diese jungen jüdischen Flüchtlinge, die aus dem Westen zurückgekehrt waren, nicht schlimmer behandelt als die Nichtjuden, die häufig hohe Positionen eingenommen hatten und nun zu langjährigen Gefängnisstrafen verurteilt und in manchen Fällen auch zum Selbstmord getrieben wurden. Den damaligen Parteianweisungen zufolge, die niemals veröffentlicht wurden, war jeder Kommunist, der aus dem Exil im Westen zurückgekehrt war, ein potentieller imperialistischer Agent. Die meisten wurden nach zwei oder drei Jahren wieder rehabilitiert. Brie wurde später zum Botschafter ernannt und versah dieses Amt in Nordkorea, Japan und Griechenland, einer seiner Söhne wurde in den neunziger Jahren Chefideologe der PDS, in der er eine strikt antistalinistische Linie vertritt. Horst Brasch wurde in den achtziger Jahren stellvertretender Kulturminister, verlor diesen Posten jedoch, als sein Sohn, ein Dichter und Querdenker, verhaftet wurde und sich dann für ein Leben in der Bundesrepublik entschied. Das FDJ-Mitglied Ursula Herzberg wurde Übersetzerin beim Weltfriedensrat, ein weiteres Intendant von Radio Berlin International, ein drittes Vertreter der DDR-Medien in Bonn, um nur einige Beispiele zu nennen.

Franz Löser hatte insoweit Glück, als er erst in Ostdeutschland eintraf, als die Kampagne gegen die »Kosmopoliten« bereits vorüber war. Er war als Junge kurz vor Kriegsbeginn aus Breslau nach England gekommen, meldete sich zur Armee und wurde zum Royal Army Medical Corps (Sanitätskorps) nach Nordafrika versetzt. Nach dem Krieg beschloß er, Philosophie an der University of Minnesota zu studieren, doch es war in den USA der falsche Zeitpunkt, um eine unkritische Dissertation über den Marxismus-Leninismus zu schreiben. Also ging er zurück nach England, doch die KP Großbritanniens wollte ihn nicht, weil er kein britischer Staatsbürger war und man auch den Verdacht hegte, daß er möglicherweise ein CIA-Agent sei. Auf Intervention des Generalsekretärs der Partei wurde ihm erlaubt, sich in Ostdeutschland niederzulassen, und dort lief zunächst auch alles gut. Seine Doktorarbeit über den Subjektivismus in den ethischen Konzepten Bertrand Russells wurde angenommen, und schließlich wurde er Professor und lehrte historischen Materialismus. Er wurde sogar als Vertreter seines Landes zum Weltfriedensrat delegiert, nahm seine Mission jedoch etwas zu ernst und zog sich den Ruf eines bourgeoisen Pazifisten zu, weil er Atomwaffen nicht nur im imperialistischen Westen, sondern auf dem gesamten Erdball ablehnte. Auch einige philosophische Entgleisungen ließ er sich zuschulden kommen, und am Ende hatte er Schwierigkeiten, seine wissenschaftlichen Arbeiten zu veröffentlichen, und durfte nicht mehr an internationalen Philosophenkongressen teilnehmen. 1983 ging er in den Westen, um nicht mehr zurückzukehren, solange das DDR-Regime an der Macht war. Im Herzen war er zwar weitgehend immer noch Kommunist, doch konnte er sich nicht mehr mit der Gesellschaft identifizieren, die unter Ulbricht und Honecker aufgebaut worden war.

Nachdem sie die Schocks der fünfziger Jahre überwunden hatten, fühlten sich die ehemaligen FDJ-Aktivisten einigermaßen glücklich in der DDR. Natürlich waren sie nicht mit allem einverstanden, was dort ablief, doch äußerten sie ihre Kritik an Regierungsmaßnahmen nur im kleinen Kreis gleichgesinnter Freunde.

Sie waren überzeugt, daß das System, bei dessen Aufbau sie mitgewirkt hatten, unendlich besser als das westdeutsche sei und sich auch in den meisten anderen Ländern früher oder später durchsetzen werde. Politisch und psychologisch unvorbereitet traf sie 1989 der Zusammenbruch des Systems und das Verschwinden der DDR. Doch selbst wenn die meisten nicht viel Kontakt zur übrigen Bevölkerung hatten und von der Stimmung im Volk nicht viel mitbekamen, hätten sie sich der Gärungen bewußt sein müssen, denn es gab Alarmzeichen in den eigenen Familien. Die eigenen Kinder, die entweder bereits in England oder kurz nach der Rückkehr nach Deutschland geboren worden waren, waren in der großen Mehrheit Dissidenten, und zwar trotz – oder gerade wegen – der unablässigen Indoktrination, der sie in der Schule und der Jugendorganisation der Partei unterworfen worden waren.

Sie unterstützten Wolf Biermann und andere rebellische junge Künstler, sie sympathisierten mit den russischen Dissidenten, sie gingen mit ihren Eltern streng ins Gericht: Was für einen Sozialismus habt ihr da aufbauen helfen? Warum gebt ihr nicht zu, das es eine große und wachsende Diskrepanz zwischen der offiziellen Doktrin und den Realitäten in der DDR gibt? Warum habt ihr eure jüdische Herkunft verheimlicht? Vielleicht dachten die Eltern, daß dies nichts weiter als der übliche Sturm und Drang einer jüngeren, utopischen und romantischen Generation sei und daß ihr Nachwuchs irgendwann die Realitäten akzeptieren und ebenso wie die Eltern Kompromisse schließen, das heißt, sich der Parteilinie angleichen würde. Doch wenn sie dies glaubten, hätte ihr Irrtum nicht größer sein können.

Rückkehr aus Schanghai und Palästina

Es gab einen grundlegenden Unterschied zwischen den Mitgliedern der FDJ, die nach dem Zweiten Weltkrieg nach Ostdeutschland zurückkehrten, und den 295 »Schanghailändern«, wie sie sich selbst nannten, die im August 1947 über Neapel am Görlitzer Bahnhof in Berlin eintrafen. Während die jungen Kommunisten in Großbritannien hätten bleiben können, standen die Flüchtlinge in Schanghai unter unmittelbarem Druck zur Ausreise, und sie hatten keine große Wahl. Zwar sprachen die Organisatoren des Transports von der Mitarbeit am Wiederaufbau der russischen Zone, in Deutschland, von der Teilnahme an der Demokratisierung und Sozialisierung Deutschlands. Doch tatsächlich bestand der Transport hauptsächlich aus älteren Leuten, die in ein Land zurückkehren wollten, dessen Sprache sie kannten und wo sie den Rest ihrer Tage in Frieden, wenn auch nicht unbedingt in Luxus verbringen konnten. Es waren 695 Flüchtlinge an Bord der »Marine Lynx« gewesen, die sie nach Neapel brachte. Weniger als die Hälfte fuhr von dort aus nach Berlin weiter, und nicht alle ließen sich im russischen Sektor nieder. Wir werden uns später mit dem Schicksal der anderen jüdischen Flüchtlinge in Schanghai beschäftigen; es hatte unter ihnen einen kleinen kommunistischen beziehungsweise antifaschistischen Kreis gegeben, doch die Zahl derjenigen, die es nach dem Krieg in die Vereinigten Staaten und andere Länder zog, war beträchtlich größer.

Zu den führenden Geistern der Kommunisten in Schanghai gehörten Genia und Günther Nobel. Genia stammte von einer russisch-jüdischen Familie ab, die sich in den zwanziger Jahren in Berlin niedergelassen hatte, Günther war der Sohn eines Rabbiners. Sie begegneten sich als Studenten an der Berliner Universität und traten der KPD bei. Von der Gestapo 1936 verhaftet, wurden sie kurz vor Kriegsausbruch unter der Bedingung freigelassen, daß sie umgehend das Land verließen. Sie gingen nach Schanghai, wo Genia für die sowjetische Nachrichtenagentur TASS arbeitete, und Günther eine kommunistische Zelle unter den Flüchtlingen gründete. Nach ihrer Rückkehr arbeitete Genia für die kommunistische Parteizeitung *Neues Deutschland*, während Günther im Berliner Parteiapparat Beschäftigung fand. Wie die meisten Westemigranten verlor er 1952 seine Stelle, obwohl man Schanghai kaum als »westliche« Stadt bezeichnen konnte, wurde aber später rehabilitiert und fand Arbeit in der Staatlichen Plankommission, im diplomatischen Dienst der DDR und wurde sogar Mitglied des Redaktionskomitees der *Einheit*, des theoretischen Organs der Partei.

Wie Günther Nobel später schrieb, war ihnen die Entscheidung zur Rückkehr nach Deutschland nicht leichtgefallen. Sie wußten, daß nicht nur das Land in Trümmern lag, sondern daß auch viele ihrer Freunde nicht mehr am Leben waren. Letztlich hing für sie alles davon ab, ob sie Menschen fanden, die sie kannten und auf die sie sich verlassen konnten. Günther Nobel fand einen solchen Menschen in der Person von Bruno Baum, den er in den dreißiger Jahren in einem Nazigefängnis kennengelernt hatte. Die meisten der rückkehrenden »Schanghailänder« waren jedoch keine militanten Mitglieder der Kommunistischen Partei und entschieden sich für Karrieren in unpolitischen Berufen wie dem Handel und der Verwaltung. Einige traten später der Partei bei, andere nicht, und eine ganze Reihe ließ sich in Westdeutschland nieder. Die Schanghai-Flüchtlinge standen noch Jahrzehnte nach ihrer Rückkehr fest zueinander, weil sie das Gefühl hatten, daß die gemeinsame Erfahrung während der Kriegsjahre sie irgendwie gezeichnet hatte. Doch als Gruppe war ihr Einfluß auf die Entwicklungen in der DDR minimal, auf jeden Fall geringer als derjenige der FDJler aus Großbritannien.

Schließlich sollte noch eine Gruppe junger Kommunisten und Mitläufer erwähnt werden, die nach dem Krieg aus Palästina nach Ostdeutschland zurückkehrte. Im Oktober 1946 wurde eine Liste von 48 Leuten von Tel Aviv aus an die ostdeutsche Parteiführung geschickt, um für sie Einreisegenehmigungen zu erhalten. Sie mußten eine Reihe von Hürden überwinden: Zunächst mußte die israelische KP ihren Segen geben, was sie in einigen Fällen nur ungern tat. (Günter Stillmann zum Beispiel, einer der 48 Antragsteller, war Organisationssekretär der Partei in Tel Aviv, und die palästinensische KP wollte ihn nicht verlieren. Er arbeitete später als

Journalist in Ostberlin.) Auch war die Ostberliner Führung nicht sehr begeistert, obwohl sie eine gewisse Verpflichtung ihren alten Kameraden gegenüber empfunden haben muß. Schließlich mußte noch die Besatzungsmacht, nämlich die Russen, konsultiert werden, und die waren noch weniger daran interessiert, weitere jüdische Westemigranten in ihrer Besatzungszone aufzunehmen. Nur ein berühmter Schriftsteller wie Arnold Zweig, der der älteren Generation angehörte, konnte direkt nach Ostberlin einreisen, die anderen mußten manchmal bis zu einem Jahr und länger in der Tschechoslowakei und anderswo ausharren, bis sie die Erlaubnis erhielten. Dies dämpfte jedoch keineswegs ihren Wunsch, in die Heimat zurückzukehren, und am Ende schafften es fast alle.

Das Ende der DDR

Mehrere der Flüchtlinge, die damals nach Ostdeutschland zurückkehrten, versuchten nach dem Fall der Mauer, als sie wieder in den Genuß der freien Meinungsäußerung kamen, ihre Erfahrungen in Büchern, Artikeln und Interviews zusammenzufassen. Die meisten waren mit sich selbst nicht einig, welche Bilanz sie ziehen sollten. Wie Ursula Herzberg schrieb, wäre sie wohl kaum nach Deutschland zurückgekehrt, wenn sie gewußt hätte, wie das Experiment enden würde. Dennoch sei der Versuch, in der DDR den Sozialismus aufzubauen, eine »objektive Notwendigkeit« gewesen, die vier Jahrzehnte empfand sie nicht als verlorene Zeit. Schalscha und Eberhard Zamory, zwei weitere ehemalige FDJ-Mitglieder, blickten trotz des Dogmatismus, mit dem sie indoktriniert worden waren (Vergötterung der Arbeiterklasse, die Partei hat immer recht), nicht im Zorn zurück, die Bilanz der Kriegsjahre sei insgesamt positiv gewesen. Wenn Zamory 1968, nach der Invasion der Tschechoslowakei, aus der Partei austrat, blieb er gleichwohl im Herzen Antifaschist.

Hans Jacobus war ebenfalls mit dem Kindertransport nach

England gelangt. Einige Jahre nach seiner Rückkehr nach Ostdeutschland wurde er verhaftet, nicht nur wegen politischer Abweichungen, sondern weil er angeblich eine Kollegin vergewaltigt hatte und auch wegen krimineller Aktivitäten im Ausland. Er war vor seiner Verhaftung Journalist gewesen, wurde aber nach seiner Entlassung zur Arbeit in eine Fabrik geschickt. 1993 schrieb er, er fühle die alte Furcht (vor dem Neonazismus) in Ostdeutschland, stand jedoch weiterhin dem Kapitalismus kritisch gegenüber und hatte große Bedenken hinsichtlich der Wiedervereinigung Deutschlands. Horst Brie, der der Ostberliner Nomenklatura angehört hatte, gab lediglich zu, daß sich die Kluft zwischen Vision und Wirklichkeit in der DDR vertieft habe, während die Zadeks beklagten, daß die Entstalinisierung in der DDR nicht konsequent genug durchgeführt worden sei und sie fälschlich angenommen hätten, daß Antisemitismus und Rassismus im Land ausgerottet worden seien. Doch »nie ist uns der Gedanke gekommen, etwa die DDR zu verlassen. Mit der bürgerlich-kapitalistischen Gesellschaftsordnung hatten wir schon in der Vergangenheit hinreichend Erfahrungen sammeln können. Dort zu leben war für uns keine annehmbare Alternative«.

Traurigere Schlüsse zog Helmut Eschwege, der 1946 aus Palästina zurückgekehrt war. Er war ein guter Kommunist, aber nachdem er bei einer Erhebung erklärt hatte, er sei der Nationalität nach Jude und nicht Deutscher, wurde er als nationalistischer Abweichler aus der Partei ausgestoßen und durfte nicht einmal an der Beerdigung seiner Mutter im Ausland teilnehmen. Er wurde in niedriger Position in Archiven beschäftigt und durfte die Bücher, die er geschrieben hatte, nicht veröffentlichen, weil sie von der Rolle der Juden im antifaschistischen Widerstand handelten. Er führte eine Randexistenz; wann immer die DDR daran interessiert war, ihre Beziehungen zu Amerika und zu Israel zu verbessern, wurden ihm kleinere Zugeständnisse gemacht, mal durfte er dann ins Ausland reisen, mal ein Buch oder einen Artikel veröffentlichen, doch insgesamt reflektiert der Titel seiner in den neunziger Jahren herausgebrachten Autobiographie seine tiefe Enttäuschung: *Fremd unter meinesgleichen.* Seine Tochter, Sonja Schmidt, engagierte sich ganz unabhängig von der Einstellung ihres Vaters in jüdischen Angelegenheiten und beantragte 1982 die Entlassung aus der Parteimitgliedschaft, was zum Verlust ihres Arbeitsplatzes führte. Doch über die DDR schrieb sie, nachdem diese aufgehört hatte zu existieren, daß nicht alles schlecht gewesen sei und »daß wir mehr Zeit füreinander hatten«. Ihre Kinder jedoch zeigten wenig Interesse an jüdischen Angelegenheiten.

Noch negativer war die von Salomea Genin gezogene Bilanz. 1932 in Berlin geboren, wuchs sie in Australien auf. Sie wurde Mitglied der australischen kommunistischen Jugendorganisation, aber ihr liebster Traum war es, in die DDR umzusiedeln, was sie 1963 auch tat. Sie arbeitete als Übersetzerin für Radio Berlin International, wurde DDR-Bürgerin und Mitglied der SED. Das Resümee, das sie zog, lautete: »Ich versuchte, eine deutsche Kommunistin zu werden, ich wurde Mutter und lernte den Alltag kennen. Nachdem ich zwanzig Jahre lang versucht hatte, politisch zu arbeiten, merkte ich, daß ich in einem banalen Polizeistaat lebte, der in mancherlei Hinsicht schlimmer war als der Kapitalismus, den ich aufgegeben hatte.«

Ingeborg Rapoport kam zu diametral entgegengesetzten Schlüssen. 1912 in Hamburg geboren, hatte sie Kinderheilkunde studiert und in den USA einen Wiener Biochemiker geheiratet. Sie wurden aufgefordert, als Zeugen vor dem Ausschuß für unamerikanische Umtriebe aufzutreten, doch die Partei riet ihnen, statt ins Gefängnis zu gehen, lieber in ein Land zu fliehen, wo sich der Sozialismus im Aufbau befinde. Sie hatten eine gewisse Schwäche für Israel, meinten aber, daß es unethisch gewesen wäre, dort als Nichtzionisten zu leben, und sie wollten auch nicht, daß ihre Kinder dort als nationalistische Juden aufwüchsen. So gingen sie erst nach Österreich und später in die DDR, nachdem ihr Antrag abgelehnt worden war, sich in der Sowjetunion niederzulassen. Sie traten in die Partei ein und erhielten interessante

Aufgaben. Ingeborg Rapoport glaubt nicht, daß die DDR zusammenbrach, weil sie ein unmoralischer Staat war, und sie hält es für eine Verleumdung, die Stasi mit der Gestapo zu vergleichen. Zwar meinte sie, daß die Partei sich zu sehr in alle Lebensbereiche eingemischt und es keine innerparteiliche Demokratie gegeben hätte, doch sie betrachtete den Arbeiteraufstand vom 17. Juni 1953 als falsch und konnte nicht aufhören, sich über all die Verräter und Verleumder zu erregen, die sich nach dem Fall der DDR zu Wort gemeldet hatten. Persönlichkeit und Führung kam in ihren Augen entscheidende Bedeutung zu. Pieck, Ulbricht und Honekker waren allesamt in der einen oder anderen Hinsicht unzulänglich, und alles hätte besser laufen können, »wenn wir nur Führer wie Castro oder Ho Chi Minh gehabt hätten«.

Eva Brück war 1949 im Alter von 22 Jahren voller Illusionen mit dem Fahrrad von Oxford nach Berlin zurückgekehrt. Mehr als vier Jahrzehnte später schrieb sie voller Bitterkeit, daß sie und ihre Freunde noch in den fünfziger Jahren für alles, was falsch war, eine Erklärung fanden, obwohl sie als »Westagenten« und »Kosmopoliten« erniedrigt und diskriminiert worden waren. Aber mußte man nicht trotz allem, nachdem es in den späteren Jahren in der DDR so viel zu kritisieren gegeben hatte, nach der Wiedervereinigung weiterkämpfen gegen die Diktatur des Geldes, gegen eine Gesellschaft, in der nur die mit den stärksten Ellbogen gedeihen konnten?

Das letzte Wort sollte vielleicht einer Person der Linken erteilt werden, die nicht nach Deutschland zurückkehrte, nämlich der bereits früher erwähnten Erna Nelki. Sie schreibt: »Schwerwiegender ist, daß der Idealismus unserer Jugend so schwer enttäuscht worden ist. Der Sozialismus, wie wir ihn damals ersehnten – die Diktatur des Proletariats, die vorübergehend bestehen sollte, um dem wahren Sozialismus Platz zu machen –, wie können wir darauf noch hoffen?«

Liest man die Lebensgeschichten von Leuten wie Frau Genin und Dr. Rapoport, möchte man nicht glauben, daß beide über dasselbe Land schrieben, durch die gleichen Straßen gingen, derselben Partei angehörten. Wie sind diese weit auseinandergehenden Meinungen zu erklären? Es versteht sich von selbst, daß der Zusammenbruch der DDR ein großer Schock für jedes Parteimitglied war. Natürlich hing viel davon ab, ob sich der Betreffende in dieser Gesellschaft wohl gefühlt hatte, ob seine Arbeit ihn befriedigt hatte, ob er zur privilegierten Klasse gehörte, viel hing auch von persönlichen Faktoren ab, von der Bereitschaft, der Parteilinie zu folgen, ob die Kritikfähigkeit bei dem einzelnen unter- oder überentwickelt war. Die Älteren fanden es gewöhnlich schwieriger, sich einer radikalen Selbstprüfung und Selbstkritik zu unterziehen, als die Jüngeren, denn sie hatten den größten Teil ihres Lebens in einer Gesellschaft verbracht, die am Ende scheiterte, aus welchen Gründen auch immer.

In letzter Konsequenz läßt sich die Frage, warum der eine die DDR-Erfahrung nur negativ sah und sie als vollendete Katastrophe betrachtete, während der andere sie bis zum Ende verteidigte, nicht beantworten, wie es auch keine Erklärung dafür gibt, warum sich der eine für die Linke, der andere für die Rechte entschied und ein Dritter sich überhaupt nicht für Politik interessierte. Auf jeden Fall führen diese Fragen über den Rahmen unserer Untersuchung hinaus, in der es um das spezifische Schicksal einer Generation von Flüchtlingen geht. Aber mag diese Frage auch nicht zu beantworten sein, so beschäftigten diese Themen auch noch im hohen Alter diejenigen, die voller Enthusiasmus nach Ostdeutschland gekommen waren, um nach 1945 eine neue Gesellschaft aufbauen zu helfen. Hatten sie sich letztlich für die richtige Seite entschieden, und war der Versuch nur aufgrund einer Verkettung unglücklicher und unvorhersehbarer Zufälle gescheitert, oder mußte alles so kommen, weil es tieferliegende Gründe gab?

England – oder auf ewig Flüchtlinge?

Sehr wenige junge Menschen aus Deutschland und Österreich fanden vor 1938 Exil in Großbritannien, viel weniger als in Frankreich, Holland oder Belgien. Die Tore waren fast hermetisch geschlossen außer im Transit und für Fabrikbesitzer, die genug Kapital besaßen, um Firmen zu gründen, die britischen Bürgern Arbeit gaben, sowie für einige Wissenschaftler von Weltruhm, ausgenommen Ärzte. Da Nobelpreisträger und reiche Industriemagnaten unter Teenagern nicht anzutreffen waren, handelte es sich bei denen, die die britischen Gestade erreichten, gewöhnlich um Kinder von wohlhabenden Familien mit etwas Geld auf ausländischen Konten, die britische Schulen und Universitäten besuchten.

Die Gründe für diese restriktive Politik sind wohlbekannt und brauchen nicht im einzelnen wiederholt zu werden. Da waren einmal die Folgen der Weltwirtschaftskrise mit ihrem Heer von Arbeitslosen, aber auch die allgemeine Überzeugung, daß Großbritannien dicht besiedelt und als Einwanderungsland nicht geeignet sei, sowie eine Beimischung von Fremdenfeindlichkeit und gesellschaftlichem Antisemitismus. Die Haltung der Commonwealth-Länder war womöglich noch restriktiver, obwohl Australien und Kanada kaum als dicht besiedelt zu bezeichnen sind, und am schlimmsten war es in den USA.

Erst 1938, nach dem »Anschluß« Österreichs und besonders nach der Sudetenkrise und der »Kristallnacht«, änderte sich die britische Einwanderungspolitik. Dafür gab es eine ganze Reihe von Gründen: Die Zahl der Juden, die das von den Nazis besetzte Europa verlassen mußten, schoß plötzlich rasant in die Höhe. London hatte ab 1936 das Tor nach Palästina effektiv geschlossen und – zusammen mit den Vereinigten Staaten – sogar versucht, die jüdische Einwanderung in Schanghai zu unterbinden, das praktisch als letzter Fluchtweg übriggeblieben war. Nun sah sich die britische Regierung gezwungen, ihre Flüchtlingspolitik etwas zu liberalisieren. Das Ergebnis war, daß 60 000 bis 80 000 Flüchtlinge aus Deutschland, Österreich, der Tschechoslowakei sowie einige aus Polen in den letzten zwölf Monaten vor Ausbruch des Krieges nach Großbritannien gelangten. Die meisten waren Juden, viele von ihnen allein reisende junge Menschen. Nachdem es den Vorschlag der kleinen jüdischen Gemeinde in Palästina, alle noch übrigen jüdischen Kinder aufzunehmen, abgelehnt hatte, war Großbritannien jetzt bereit, zehntausend Kinder ohne Begleitung aufzunehmen, die sogenannten Kindertransporte.

Dies wurde als ein Akt nie dagewesener Großzügigkeit betrachtet, und gemessen an den humanitären Normen, die unter den Regierungen und Regierten anderer Länder damals herrschten, war es auch ein solcher. Die Vereinigten Staaten, um nur ein Beispiel zu nennen, lehnten es damals ab, eine viel kleinere Zahl von Flüchtlingskindern aufzunehmen. Gleichzeitig wurden die britischen Vorschriften auch im Hinblick auf gewisse andere Kategorien gelockert, zum Beispiel Hausangestellte und Butler sowie landwirtschaftliche Arbeiter, wenn der Arbeitgeber einen spezifischen Antrag für einen potentiellen Arbeitnehmer stellte.

Und so begannen die Flüchtlinge einzutrudeln, es wurden Ausschüsse gebildet, um sie in Empfang zu nehmen, und Vorkehrungen getroffen, um Unterkünfte und Arbeits- beziehungsweise Schulplätze für sie bereitzustellen. Alles in allem war das Unwissen über die Flüchtlinge und warum sie es so eilig hatten, ihre Heimat zu verlassen, immens. Lord Weidenfeld wurde in der High-Society gefragt, ob seine Familie mit den Görings verkehre,

4 Helmuth Hirsch, geboren 1916 in Stuttgart. Er wollte Hitler töten, wurde 1936 verhaftet, zum Tode verurteilt und hingerichtet.

5 Ernest Fontheim, der den Krieg in Berlin zunächst als Zwangsarbeiter, dann in wechselnden Verstecken überlebte. Er kam 1946 in die USA, studierte Physik und arbeitete als leitender Wissenschaftler bei der NASA. Aufnahme etwa 1946.

Die zionistische Jugendgruppe Chug Chalutzi überlebte den Krieg im Berliner Untergrund. In der ersten Reihe zweiter von links Gad Beck, in der zweiten Reihe zweiter von links Jitzchak Schwersenz. Aufnahme etwa 1942.

27 Der »deutsche Zug« der Palmach, einer militärischen Eliteeinheit der Hagana, 1943 in Palästina. Sie sollte als Fallschirmspringer-Einheit in Europa zum Einsatz kommen, wurde dann aber anderweitig verwendet.

28 Shimon Avidan (Koch), geboren in Deutschland, Befehlshaber des »deutschen Zuges« der Palmach, später einer der ersten Generäle der israelischen Armee.

29 Esther Herlitz (vorne auf der Bank sitzend), geboren in Deutschland, als Kommandeurin einer Einheit jüdischer Soldatinnen, die im Rahmen der britischen Armee 1943 in Ägypten stationiert war. Frau Herlitz wurde später Abgeordnete des israelischen Parlaments und Botschafterin in verschiedenen Ländern.

30 Ehud Avriel (Ueberall), geboren in Wien. Er war Mitglied eines Kibbuz, wurde Diplomat und war entscheidend daran beteiligt, daß der neugegründete israelische Staat im Unabhängigkeitskrieg 1948 mit Waffen versorgt wurde.

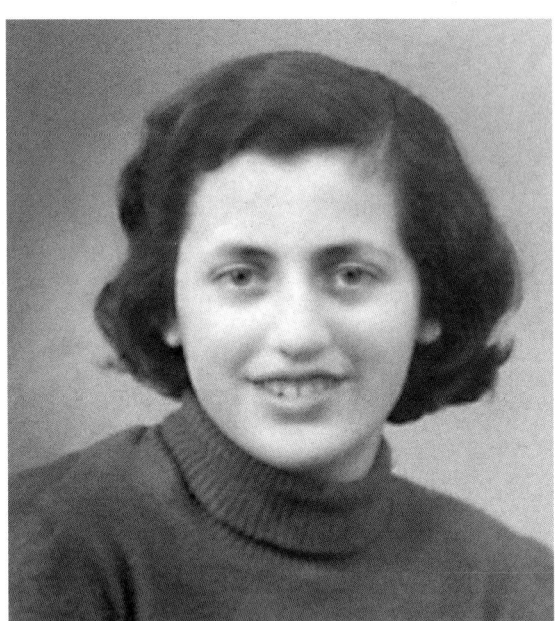

31 Edith Kurzweil, geboren in Wien. Ihre Flucht vor den Nazis im Alter von vierzehn Jahren führte sie über Belgien, Frankreich und Spanien nach New York.

32 Inge Deutschkron, geboren 1922 in Berlin, gehörte zu den rund 1200 Juden, die im Berliner Untergrund den Holocaust überlebten.

3 Werner Guttentag, geboren in Deutschland, kam 1938 als neunzehnjähriger mittelloser Flüchtling nach La Paz. Fünfzig Jahre später ließ die bolivianische Regierung in Anerkennung seiner Verdienste als Verleger und Förderer der bolivianischen Kultur eine Briefmarke drucken.

Michael Blumenthal, geboren 1926 in Berlin, floh 1939 mit seiner Familie nach Schanghai. Nach dem Krieg ging er in die USA, wurde Industriemanager und Finanzminister unter Präsident Carter. 1997 kehrte er in seine Heimatstadt zurück, um das neu entstehende Jüdische Museum zu leiten.

35 Die Mannschaft, die immer verlor. Junge Flüchtlinge aus Deutschland im Kibbuz Haelsinggarden in Schweden, etwa 1943.

36 Gunther Stent, geboren 1924 in Berlin, kehrte 1945 als Soldat der US-Armee in seine Heimatstadt zurück, hier vor der Ruine des Hotels Adlon. Später wurde er in den USA ein führende Wissenschaftler auf dem Gebiet der Molekularbiologie.

37 Robert Jungk, geboren 1913 in Berlin, emigrierte 1933 nach Paris (später Prag und Zürich). Als Schriftsteller und Friedensforscher setzte er sich vor allem für die atomare Abrüstung ein. Hier bei einer Abrüstungskonferenz in Berlin 1983.

38 Henry Kissinger, geboren 1923 in Fürth, 1938 in die USA emigriert, auf dem Höhepunkt seiner politischen Karriere als Sicherheitsberater von Präsident Nixon, 1972.

39 Alfred Grosser, geboren 1925 in Frankfurt/Main, emigrierte 1934 mit seiner Familie nach Frankreich. Als Professor für Politische Wissenschaften an der Pariser Sorbonne (seit 1955) setzte er sich maßgeblich für die deutsch-französische Verständigung ein.

Teddy Kollek, geboren 1911 in Wien, emigrierte 1934 nach Palästina. Nach einer politischen Karriere im neugegründeten israelischen Staat war er von 1965 bis 1993 Bürgermeister von Jerusalem.

41 Stefan Heym, geboren 1913 in Chemnitz, zusammen mit Stephan Hermlin, geboren 1915 in Chemnitz, am Strand von Scheveningen, 1990. Heym emigrierte 1933, Hermlin 1936. Beide kehrten nach dem Krieg nach Deutschland zurück und lebten in der DDR.

42 Erich Fried, geboren 1921 in Wien, emigrierte 1938 nach London, wo er als Schriftsteller lebte. Er starb 1988.

43 Ignatz Bubis, geboren 1927 in Breslau, emigrierte 1935 mit seiner Familie nach Polen. Dort überlebte er nach dem Einmarsch der Deutschen Getto und Arbeitslager. Nach dem Krieg machte er in Frankfurt/Main Karriere als Unternehmer und wurde 1992 Vorsitzender des Zentralrats der Juden in Deutschland. Er starb 1999.

44 Zum 50. Jahrestag des »Kindertransports«, mit dem jüdische Kinder aus Hamburg, Berlin und Wien 1939 nach England gebracht worden waren, versammelten sich die Überlebenden 1989 in London.

45 Zum 60. Jahrestag ihrer Ankunft in Schanghai versammelten sich die Überlebenden 1999 in Philadelphia/USA.

und es gibt viele Berichte von Schuljungen und Soldaten, denen zufolge es ein hoffnungsloses Unterfangen war, den Kameraden erklären zu wollen, warum sie bei ihnen waren, statt auf der Seite der Deutschen zu kämpfen.

Kindertransport

Naftali Wertheim, damals Schüler an der Parmiters Secondary School in Bethnal Green, London, berichtet von Mr. Dudlyke, seinem walisischen Erdkundelehrer, der alles Deutsche haßte. Als er sich einmal danebenbenommen hatte, bekam er von ihm zu hören: »Komm raus hier, du preußisches Schwein«, wobei es offenbar gar keine Rolle spielte, daß Wertheim aus Süddeutschland und nicht aus Preußen kam.

»Ich erhielt sechs Schläge mit dem Rohrstock, drei von den besten auf jede Handfläche, und wurde mit der Ermahnung an mein Pult zurückgeschickt: ›Du denkst, das hier ist Nazi-Deutschland, wo ein Haufen *Jerries* tut, was ihm gerade in den Sinn kommt. Nun, laß dir gesagt sein, das hier ist eine Demokratie, und du hast zu tun, was man dir sagt.‹«

Andererseits wurde der volle Ernst der Lage auch nicht von allen Juden erfaßt, selbst nicht an höchster Stelle. Dr. Herz, der damalige Oberrabbiner, beschwerte sich darüber, daß die Kinder, die mit den Kindertransporten ankamen, nicht immer koscheres Essen erhielten und, noch schlimmer, der Sabbat entweiht werde, weil einige der Transporte am Sabbat Berlin oder Wien verließen. Da es unwahrscheinlich ist, daß der Rabbi noch nie von *pikuach nefesch* gehört hatte, dem religiösen Gebot, das die Rettung von Menschenleben über alle anderen Pflichten stellt, muß man davon ausgehen, daß er die Transporte für eine nicht besonders dringliche Angelegenheit hielt.

Der Oberrabbiner gab auch einen Brief heraus, der jedem Kind bei der Ankunft überreicht wurde. Darin wurde ihm Glück gewünscht, und es wurde ermahnt, sich anständig zu benehmen, seine Dankbarkeit zu zeigen und auf öffentlichen Plätzen keine Gruppen zu bilden und laut zu reden.

Als Viscount Bearsted und Baron Rothschild, die Führer des englischen Judentums, an Lewis Strauss vom Joint ein Telegramm mit der Bitte um finanzielle Hilfe schickten, um das Flüchtlingsproblem bewältigen zu können, suchte Strauss so lange wie möglich nach Ausflüchten und ließ sich die unwahrscheinlichsten Gründe einfallen, warum amerikanische Juden keinen Beitrag leisten sollten, darunter das Argument, daß eine solche Hilfeleistung indirekt der Sache des Zionismus dienen könnte, und den verabscheuten sie. Am Ende bot Strauss eine Spende von 50 000 und noch einmal den gleichen Betrag als Darlehen an, eine lächerliche Summe, bedenkt man die Größenordnung der Notlage. Während des Krieges schaffte es Lewis Strauss, der nie eine Kriegswaffe in der Hand gehabt hatte, sich zum Konteradmiral ernennen zu lassen, und er beendete seine politische Karriere als Vorsitzender der Atomenergiekommission.

Die Transporte wurden in Rekordzeit zusammengestellt, manchmal fuhren die Züge von einem Tag auf den nächsten ab, eine erstaunliche logistische Leistung in Anbetracht der Tatsache, daß keiner der Organisatoren irgendwelche Erfahrungen damit hatte und daß auch Kinder und Jugendliche aus Dutzenden kleinerer Orte an dem Programm teilnahmen. Die Züge fuhren von Wien, Prag und Berlin (meist vom Anhalter Bahnhof) über Hoek van Holland (seltener über Hamburg) bis zur Liverpool Station in London.

Der Abschied war schmerzlich; Eltern verabschiedeten sich von ihren Kindern, die in den meisten Fällen noch nie auch nur einen Tag von zu Hause fort gewesen waren. In vielen Fällen war es ein Abschied auf Nimmerwiedersehen. Die Jüngsten, mit ihren Puppen und Spielzeugen in der Hand, verstanden wahrscheinlich gar nicht, was überhaupt los war. Die ältesten Jungen und Mädchen, fünfzehn bis sechzehn Jahre alt, mögen es als Abenteuer gesehen haben, sie rechneten damit, ihre Eltern bald wiederzusehen, und würden sich in der Zwischenzeit ungeahnter Freiheiten erfreuen. Am schlimmsten war es für die, die im Alter dazwischen lagen. Sie litten am meisten unter der Trennung, und als ihnen in den folgenden Wochen und Monaten die ganze Tragweite des Geschehens dämmerte, stellte sich das große Heimweh ein.

Nicht unerwähnt bleiben sollen auch die deutsch-jüdischen Jugendleiter, die tapferen jungen Männer und Frauen, die diese Transporte während der Monate und Wochen vor Kriegsausbruch begleiteten und durchaus im Ausland hätten bleiben können, aber zurückfuhren, um ihre Pflicht zu erfüllen. Einige von ihnen überlebten, wie Norbert Wollheim in Auschwitz, Kurt Reilinger zunächst im französischen Untergrund und später in Buchenwald.

War die Abreise traurig gewesen, so gestaltete sich die Ankunft oft chaotisch. In London war eine Organisation ins Leben gerufen worden, deren Aufgabe es war, Pflegefamilien für die Kinder zu finden. Doch dies klappte nicht immer, und so mußten für viele, besonders die älteren Kinder, andere Lösungen gefunden werden. Sie kamen erst einmal in Sammelunterkünfte, oft Ferienlager wie Dovercourt Bay. Besonders hilfreich bei der Eingliederung der Flüchtlingskinder waren einige der nonkonformistischen Kirchen wie die Religiöse Gesellschaft der Freunde (Quäker), die Christadelphianer und die Plymouth Brethren. Der Beitrag der anglikanischen und der römisch-katholischen Kirche war mehr als bescheiden und beschränkte sich zumeist auf »nichtarische« Christen.

Auch die Hilfsbereitschaft der jüdischen Gemeinde war nicht immer vorbildlich. Einige Mitglieder der jüdischen Aristokratie, darunter Lord Samuel, der frühere Parteiführer der Liberalen, engagierten sich zwar sehr, und in der jüdischen Arbeiterklasse gab es herausragende Solidaritätsbezeugungen und die Bereitschaft, selbst das wenige, was man besaß, zu teilen. Die jüdische Mittelklasse hingegen war noch klein und ihre Tradition, Glaubensgenossen in Not zu helfen, wenig entwickelt. Als im Jahr 1999, sechzig Jahre danach, der Ankunft der Kindertransporte gedacht wurde, erhoben sich viele kritische Stimmen über die mangelnde Hilfsbereitschaft der anglo-jüdischen Gemeinde.

Marion Harston, in Tilsit geboren, traf im Alter von dreizehn Jahren in London ein. Sie kam zu einer reichen Familie im Südlondoner Bezirk Wandsworth, fühlte sich aber wie Aschenputtel behandelt. Nach einer Weile schoben ihre Pflegeeltern sie ganz ab. Sehr viele Familien wollten Flüchtlingskinder überhaupt gar nicht erst aufnehmen. Sozial und kulturell lag das englische Judentum damals, abgesehen von einer dünnen Oberschicht, eine oder zwei Generationen hinter dem deutschen Judentum zurück Es war ziemlich arm und höhere Bildung noch die Ausnahme. Dies verursachte Schwierigkeiten bei der Eingliederung junger Flüchtlinge, die der Mittelklasse entstammten.

Was waren die ersten (und späteren) Eindrücke der jungen Ankömmlinge? Sie variierten erheblich, die Kleinsten gewöhnten sich oft am schnellsten an die neue Umgebung. Die Erinnerungen an die eigene Familie verblaßten, und die Pflegeeltern wurden zu ihren geliebten wirklichen Eltern. Wenn die eigentlichen Eltern eines Tages auftauchten, was mitunter nach ein, zwei Jahren geschah, so waren das Fremde, die eine seltsame Sprache oder zumindest mit einem komischen Akzent sprachen.

Einer der kleinen Jungen von damals schrieb später, daß die Leute im schottischen Selkirk ihn mit Freundlichkeit überschütteten. R. Brunnell berichtete, daß sie von den Pflegeeltern wie deren eigene Kinder behandelt wurde. Steffi Schwarz fand Liebe und Güte, die Schlichtheit guter familiärer Beziehungen. Bei Judith Segal hinterließ England einen unauslöschlichen, vorteilhaften Eindruck: »Ich mochte die Engländer und hatte keine Schwierigkeiten, mich an die englische Mentalität zu gewöhnen.«

Ein Flüchtlingsmädchen von 1938/39 nannte viele Jahre später als Grund für ihre Unbekümmertheit unter anderem »unsere Liebe und Bewunderung für England; ein erfrischender Geist, der schwer zu beschreiben ist, herrschte in England. Die Atmosphäre unterschied sich auf wunderbare Weise von dem, was wir vorher erlebt hatten, unsere Bewunderung war grenzenlos. Der gesamte Lebensstil eröffnete uns völlig neue Perspektiven. Die stille Höflichkeit, die Freiheit, jegliche Meinung zum Ausdruck zu bringen, die Aufrichtigkeit und Ehrlichkeit der Leute, die Möglichkeit, auf jede beliebige exzentrische Weise ein ungestörtes Leben zu führen. Wir wurden, wie viele andere, zu Anglophilen.«

Zwischen diesen glücklichen Kindern und ihren Pflegeeltern und deren Familien entstanden lebenslange Bande der Zuneigung und Liebe, und sie blieben sogar dann noch in Kontakt, wenn Kontinente zwischen ihnen lagen. Aber viele Kinder hatten nicht soviel Glück wie Bea, die am Bahnhof von der Tochter ihrer Gasteltern abgeholt und zu einem Landgut in Kent gefahren wurde. Dort wurde sie von der Dame des Hauses mit einem formellen Kuß begrüßt. Der Billardsaal war in eine Zimmerflucht für Bea umgewandelt worden. Sie wurde von einem Zimmermädchen dorthin geführt, das sie als »Miss« anredete. »Für ein Mädchen aus einer jüdisch-österreichischen Familie der Mittelklasse war das ganz schön berauschend«, erinnert sich Bea. Die weniger vom Glück Begünstigten wurden in ein Elendsquartier in East London oder in irgendein Provinznest gebracht, wo sie erst einmal ein paar Stunden Arbeit ableisten mußten, bevor sie ihr erstes Mahl erhielten.

Für viele bedeutete die erste Begegnung mit England, ganz abgesehen vom Trennungsschmerz, einen Kulturschock. Sie waren von Hause aus an gewisse elementare Bequemlichkeiten gewöhnt, die damals der englischen Mittel-, geschweige denn der Arbeiterklasse noch gar nicht bekannt waren, zum Beispiel Zentralheizung. Auch Innentoiletten waren in Arbeiterquartieren nicht häufig zu finden. Dazu kam, daß der Winter 1938/39 der kälteste seit langem war. Sie hatten keine angemessene Kleidung, und es schien in diesem Land fast ohne Unterbrechung zu regnen, lange Sonnenscheinperioden gab es kaum. Sie fanden das Essen ungenießbar (außer Cadbury-Schokolade, die sie den deutschen Marken vorzogen). Was damals in England als Brot ausgegeben wurde, schmeckte abscheulich, und die Marmite*-und-Makkaroni-Sandwiches hätten sie nicht einmal Tieren zugemutet.

Heimweh

Aber es war nicht nur so, daß sie häufig hungerten und froren. Sie litten auch unter den Schikanen in der Schule, und das Erziehungsideal, sie zu netten englischen Jungen und Mädchen zu machen, sagte ihnen gar nicht zu. Viele beschweren sich, daß sie ausgebeutet, einige auch, daß sie sexuell belästigt und, was häufiger geschah, geschlagen wurden, doch diese Unzufriedenen wurden als Unruhestifter abgetan. Bertha Leverton erzählt, daß sie bis zum Alter von 21 Jahren den gesamten Inhalt ihrer Lohntüte bei den Pflegeeltern abliefern mußte, obwohl diese einen – wenn auch kleinen – Betrag für ihren Unterhalt bezogen. Eine weitere Zeugin berichtete, daß sie und die anderen Flüchtlingskinder in der Schule als Ausgestoßene behandelt wurden, daß die Schuldirektorin geistesgestört war, daß sie alle Juden konvertieren wollte und den Kirchbesuch zur Pflicht machte.

Susan Graham erinnert sich, daß sie ein kleines Internat besuchte, das aus vierzehn Kindern und ebenso vielen Hunden bestand, wobei letztere eine Vorzugsbehandlung genossen. Ihr Eindruck war, daß die fünf Schwestern – fünf alte Jungfern, die die Schule leiteten – absolut nichts für Kinder übrig hatten. Lilian Furst berichtete aus Manchester, daß sich die eingesessenen Juden über die säkulare Kultur der jüdischen Kinder aus Mitteleuropa ärgerten und darüber erbost waren, daß sie aufgrund ihrer besseren Vorbildung leichter in gute Schulen aufgenommen und von

---

* Marmite: Markenname eines Vitamin-B-haltigen Hefeextraktes, der als Brotaufstrich verwendet wurde.

den der Mittelklasse angehörenden englischen Nachbarn eher akzeptiert wurden, während sie selbst, die Juden aus Osteuropa, mit großen wirtschaftlichen Problemen zu kämpfen hatten. Noch Jahre später fühlten sich die deutsch-jüdischen Flüchtlinge als »Ausländer mit britischem Paß«.

Diejenigen, die zur Schule gingen, sei es eine gewöhnliche Grundschule oder eine elitäre Privatschule, berichteten oft davon, daß sie gesellschaftlich geächtet wurden. Sylvia Rodgers, die später die Frau eines Labour-Kabinettsministers wurde, fühlte sich auf der Henrietta Barnett School in North West London definitiv unglücklich: Die jüdischen Mädchen waren hochnäsig und nahmen sie überhaupt nicht zur Kenntnis. Sie sprachen sie niemals an und zeigten keinerlei Interesse an ihr. Sie wurde nie zu einem Spaziergang, einem Spiel, einer Party, geschweige denn zu jemandem nach Hause eingeladen. Dies waren die Töchter jüdischer Familien der Mittelklasse aus Golders Green, die vielleicht Bedenken hatten, daß die zarte Akzeptanz, die sie selbst seitens der Briten genossen, durch Flüchtlinge, die nur gebrochen englisch sprachen, gefährdet werden könnte.

Charles Hannan (geboren als Karl Hartland) hatte insoweit Glück, als er von einer staatlichen Erziehungsanstalt für jugendliche Delinquenten auf eine kleine Privatschule – Elmfield – aufrückte, wo er es bis zum Vertrauensschüler brachte. Doch es gab Antisemitismus, und er hielt es für klug, die Tatsache, daß er Jude war, zu verheimlichen, und erfand deshalb eine völlig neue »Legende« für sich.

Häufig legten Flüchtlingskinder besonderen Wert darauf, niemals deutsch zu sprechen, außer vielleicht gelegentlich mit ihren Eltern. Judith Kerr, Tochter von Alfred Kerr, einem der führenden Theater- und Literaturkritiker der Weimarer Republik, war solch ein Fall, und ihr Bruder, der später Richter wurde, war in dieser Hinsicht sogar noch konsequenter. Manche Angehörige dieser Generation, die in späteren Jahren berühmt wurden, unterdrückten in Nachschlagewerken wie dem *Who's Who* ihren Geburtsort;

sie hatten zwar gute Schulen und die Universität Oxford besucht, waren aber anscheinend, wie Isaiah Berlin einmal feststellte, nirgends geboren worden.

Die Geschwister Kerr hatten das Glück, in der eigenen Familie aufzuwachsen, doch wer allein kam und adoptiert wurde, hatte nicht selten mit emotionalen Problemen zu kämpfen. Viele waren ein liebevolles Familienleben gewohnt, und die Kälte, mit der sie oftmals von den Pflegeeltern behandelt wurden, die teilweise aber auch im Verhältnis der Pflegeeltern untereinander herrschte, machte sie traurig. Zwar spielte dies keine so große Rolle mehr, wenn die Kinder aufgewachsen waren und in das Berufsleben oder in die Armee eintraten, doch in den Entwicklungsjahren wog es recht schwer.

Ein ehemaliger Schüler der Stoatley Rough School in Haslemere, Surrey, südwestlich von London, erzählte von einem Freund namens Hans, der im Alter von elf Jahren meinte, daß er in einer Schule voller Flüchtlingskinder nie richtig »englisch« werden würde, und seinen Vormund überredete, ihn auf eine englische Schule umzumelden. Er selbst jedoch »hätte um nichts in der Welt freiwillig die Wärme, den Trost und das Zuhause aufgegeben, das Stoatley Rough uns bedeutete«. Er behielt lebenslang einen Akzent, wenn er englisch sprach, aber er hatte in einem entscheidenden Lebensabschnitt ein Zuhause, so daß er im Rückblick feststellen konnte: »Ich glaube, ich habe das bessere Los gezogen.« Zweifellos mußte ein Preis dafür bezahlt werden, wenn man mit Bedacht seine – in diesem Fall deutsche beziehungsweise österreichische und jüdische – Identität und Herkunft verleugnete. Manchmal waren die Wurzeln nicht so tief, und es fiel den Betreffenden leicht, aber in anderen Fällen hatte die Verdrängung der Herkunft nachhaltige psychische Folgen. Diese jungen Leute unbekannter Herkunft wurden gewissermaßen unter Vorspiegelung falscher Tatsachen zu jungen Engländern und Engländerinnen.

Es wäre nicht fair, die Schuld an den seelischen Problemen allein den Pflegeeltern und Lehrern anzulasten. Man darf nicht vergessen, daß ohne die Änderung in der Haltung der britischen Regierung von den Tausenden junger Juden viele nicht überlebt hätten. Der Ärger mit dem britischen Essen, dem Wetter und den Beziehungen zu den Pflegeeltern läßt sich kaum mit dem vergleichen, was sie in Auschwitz erwartet hätte. Auch darf man nicht übersehen, daß der Umgang mit den Flüchtlingskindern in vielen Fällen sicherlich nicht leicht war. Sie waren nicht unbedingt verwöhnt, aber sie waren in einer völlig anderen Umgebung aufgewachsen und empfanden den Wechsel schmerzhaft. Im Gegensatz zu der älteren Generation, die sich oft noch größeren Problemen gegenübersah, verstanden sie nicht einmal, warum sie in ein fremdes Land verpflanzt werden sollten. Warum konnten sie nicht zu Papa und Mama und in die Gemütlichkeit ihres eigenen Heims zurück, dem sie so grausam entrissen worden waren?

Es muß schwierig für die Pflegeeltern gewesen sein, mit Kindern umzugehen, die schwer unter Heimweh litten und jeden Abend stundenlang im Bett weinten. Sogar bei kleinen Kindern waren die gefühlsmäßigen Bindungen an Heim und Familie stärker, als viele gedacht hatten. Die bereits früher erwähnte Judith Segal, die gesagt hatte, daß sie sich ohne Schwierigkeiten an die englische Mentalität gewöhnt habe, berichtet auch, daß sie sich ein geheimes Ritual ausdachte: Sie stellte sich vor, sie ginge in den Straßen Wiens spazieren, in denen sie mit ihrer Mutter einzukaufen pflegte, und prägte sich die Namen der Geschäfte und die Straßennamen fest ein: »Ich übte im stillen Wiener Lieder und Operetten ein, die ich in der Schule gelernt hatte, und hatte Angst, daß ich mich eines Tages nicht mehr an kleine Einzelheiten erinnern könnte.« Der junge Hellmut Stern, Violinist im Exil in Harbin in der Mandschurei, berichtet von ähnlichen Phantasien über Spaziergänge in den Straßen Berlins, als er eines Nachts zu Fuß von einem Konzert nach Hause ging, und er war wohl nicht der einzige. Einige dachten an ihre Gärten und Haustiere, andere an Spaziergänge im Wald und an dem einen oder anderen Flußufer.

Die gebildete jüdische Mittelklasse in Deutschland hatte sich nie besonders für Großbritannien interessiert, geschweige denn für Amerika, sie bewunderte Frankreich und verbrachte ihren Urlaub in Italien und der Schweiz. Englisch war in der Schule nie die erste Fremdsprache, und in vielen Teilen Deutschlands wurde es damals überhaupt nicht unterrichtet. Daher gab es unter den jungen – wie auch den älteren – Flüchtlingen nur wenige, die sich bereits bei ihrer Ankunft auf englisch verständigen konnten. Doch im großen und ganzen waren sie gebildeter und kulturell interessierter als ihre britischen Zeitgenossen, sie lasen mehr und hatten ein tiefergehendes Interesse an Musik und den bildenden Künsten. Vielleicht hatte es mit der Tatsache zu tun, daß sogar die besten britischen Schulen mehr Wert auf die Entwicklung von Charakter und Führungsqualitäten legten als auf die Entwicklung intellektueller Eigenschaften. Oft waren die Flüchtlinge auch tiefer motiviert.

Was immer die Gründe waren, die Tatsache, daß sich die Flüchtlingskinder auf vielen Gebieten hervortaten, blieb nicht unbemerkt, und da sich die Lehrer und Schuldirektoren normalerweise von den Regeln der Fairneß leiten ließen, wurden ihre Leistungen auch belohnt. Nicht selten kam es vor, daß ein junger Flüchtling nach ein oder zwei Jahren Auszeichnungen und Preise erntete, selbst im Fach Englisch. Peter Frankel, der von Breslau aus nach Bulawayo in Rhodesien auswanderte, berichtet, daß sein Schuldirektor ihm riet, sich für ein Sir-Alfred-Beyth-Stipendium zu bewerben (Beyth war ein deutscher Jude, der zu einem der südafrikanischen Goldfeldmagnaten wurde). Kurz vor der Prüfung wurde Frankel wegen eines Formfehlers disqualifiziert. Doch der Direktor sagte dem Jungen nichts und ließ ihn trotzdem an der Prüfung teilnehmen; als dieser als Bester abschnitt, kämpfte er wie ein Löwe, damit sein Lieblingsschüler ein staatliches Stipendium erhielt.

In Großbritannien war das nicht so leicht, denn die Behörden hatten entschieden, daß Flüchtlingskinder nur bis zum vierzehnten Lebensjahr kostenlosen Schulunterricht erhalten und dann arbeiten gehen sollten; die Mädchen sollten Stenographie und Schreibmaschine lernen, damit sie Sekretärin werden konnten, falls sie sich nicht mit einem Job als Kellnerin oder Verkäuferin begnügen wollten. Sie wurden abgeschreckt, auch nur daran zu denken, eine akademische Karriere anzustreben, außer vielleicht in Fällen von außergewöhnlicher Begabung. Als ein Flüchtlingsjunge von einer Sozialarbeiterin gefragt wurde, was er für Zukunftspläne habe, und entgegnete, er wolle Arzt werden, sagte sie, das könne sie nicht aufschreiben, weil er Flüchtling sei. Von den sieben Nobelpreisträgern, die aus dieser Altersgruppe hervorgehen sollten, entstammten zwei der Gruppe der nach England Entkommenen, doch hatten beide ihr Studium – wenn auch erst kurz zuvor – an kontinentalen Universitäten abgeschlossen.

Die Pflegeeltern der jungen Flüchtlinge waren im allgemeinen nicht bereit oder in der Lage, für die höhere Schulbildung zu zahlen; die Universitäten waren damals noch nicht kostenlos, und warum sollten sie für ihre adoptierten Kinder etwas leisten, was sie nicht einmal ihren eigenen Kindern bieten konnten? Doch da gab es eine Dame namens Greta Burkill in Cambridge, die ein wachsames Auge auf die akademisch Begabten unter den Schulabgängern der Kindertransport-Kinder hatte, und sie verwandte viel Energie darauf, um Darlehen und Stipendien von verschiedenen Institutionen für sie zu erlangen. So kam es, daß einige im Laufe der Zeit nicht nur Professoren wurden – wenn auch nicht immer in England –, sondern einer sogar zum Vizekanzler einer Universität aufstieg.

Was wurde aus den rund zehntausend, die mit den Kindertransporten gekommen waren? Diejenigen, die sich nach dem Krieg einbürgern lassen wollten, konnten dies ohne große Schwierigkeiten tun, es sei denn, sie waren mit dem Gesetz in Konflikt geraten, selbst wenn es nur um Schwarzfahren mit der U-Bahn ging. Dennoch blieb nur etwa die Hälfte in Großbritannien, die anderen emigrierten in die Vereinigten Staaten, nach Israel (etwa tausend), und in andere Länder. Es gab eine ganze Reihe von Heiraten mit Engländern und Engländerinnen, manche hatten Bestand, andere nicht. Die Berufswahl hing weitgehend vom Zufall ab und deckte ein weites Feld ab. Der Junge, der in Selkirk mit Freundlichkeit überschüttet worden war, hütete später eine Herde von sechstausend kanadischen Rentieren am Polarkreis. Gerd Ledermann aus Berlin diente in der israelischen Armee, leitete eine Gesundheitsfarm in Mexiko, marschierte durch die Wüste Gobi, leitete buddhistische Meditationskurse in Australien und lebt jetzt in der Nähe von Katmandu in Nepal in einer zwölf mal zwölf Fuß großen Hütte aus Lehm und Feldsteinen. Die meisten anderen entschieden sich für langweiligere Beschäftigungen wie Lehrer, Geschäftsmann, Ingenieur und Hausfrau.

Heimatlosigkeit und Integration

In welchem Maße betrachten sich diejenigen, die in Großbritannien blieben, heute als Engländer und Engländerinnen? Oberflächlich gesehen, haben sie sich gut integriert, waren erfolgreich im Beruf, haben geheiratet und Kinder großgezogen. Doch nur wenige glauben, daß sie sich wirklich in die britische Gesellschaft integriert haben, auch wenn sie gesellschaftlich und sogar politisch sehr aktiv sind. Sie fühlen sich nicht richtig heimisch in Großbritannien, doch anderswo noch weniger. Einer kam nach vielen Reisen und Reflexionen zu dem Schluß, daß die Briten eines der nettesten und anständigsten Völker der Welt sind, doch man für sie immer ein Fremder bleiben wird, wenn man nicht unter ihnen geboren ist.

Die Frage der Identität wird uns später nochmals beschäftigen. Warum ist sie für viele Menschen so entscheidend? Offenbar gibt es einen tief verwurzelten Drang, irgendwo hinzugehören. Für Menschen, die diesen Drang verspürten, war es eine Tragödie, nach Großbritannien zu kommen, bevor dort – wie anderswo – das multikulturelle Zeitalter anbrach, vor der Ankunft von Millionen Menschen aus Übersee, deren Kulturen, Religionen und Traditionen den Briten viel ferner liegen als die der deutschen Juden. Die Nachkriegsimmigranten gaben sich wenig Mühe, sich anzupassen, im Gegenteil, sie taten alles, um ihr kulturelles Erbe zu bewahren, und entgingen so einer Identitätskrise.

Das Thema der Heimatlosigkeit machte sich selten so bemerkbar wie unter den Flüchtlingen aus Deutschland, die nach Großbritannien kamen. Klagen oder Ausdrücke trauriger Resignation wie: »Ich bin wirklich nirgendwo zu Hause«, oder: »Meine Identität ist tatsächlich die eines Flüchtlings«, waren hier besonders häufig zu hören. Derartige Probleme wären für einen Zionisten oder einen religiösen Juden, oder auch jemanden, der in traditionelle Auswanderungsländer wie die Vereinigten Staaten, Kanada oder Australien ging, kaum von Belang gewesen. Aber Großbritannien war damals nicht so ein Land, und seine Bevölkerung war relativ homogen. Die jungen Flüchtlinge waren von den kulturellen Werten ihrer Heimatgemeinde noch nicht so durchdrungen wie die älteren, sie liebten zwar die deutsche (und österreichische) Landschaft und ihre Muttersprache, aber sie hatten keinen besonderen Grund, das Volk zu lieben, das sie so grausam aus seiner Mitte vertrieben hatte. Sie waren beeinflußbar, und ihre Kritikfähigkeit war noch nicht sehr entwickelt.

Die meisten von ihnen wollten unbedingt zu Briten werden oder wenigstens wie Briten sein. Die negativen Aspekte des Lebens in Großbritannien waren ihnen nicht voll bewußt, sie wollten nur nicht mehr als »verdammte Ausländer« dastehen, nachdem der anfängliche Kulturschock einmal überwunden war. Großbritannien erlebte in den dreißiger Jahren den Spätsommer seiner Geschichte als Weltreich, als es das Zentrum des Universums gewesen war. Es wiegte sich immer noch in der felsenfesten Überzeugung, daß die britische Lebensweise die beste der Welt und, wie eine frühere Generation es etwas unelegant zum Ausdruck gebracht hatte, ein Engländer so gut wie sechs Ausländer sei. Der Zweite Weltkrieg war Britanniens größter Triumph – was

Wunder, daß junge Flüchtlinge tief beeindruckt waren und wie die Briten sein wollten, denen sie, abgesehen von allem anderen, schließlich ihr Leben verdankten?

Doch mit diesem Britannien, das sie bewundert hatten und dem sie angehören wollten, war es nach 1945 nicht mehr weit her. Seine politische und wirtschaftliche Macht schwand, seine demographische Zusammensetzung änderte sich. Nicht nur die Flüchtlinge, sondern die gesamte britische Gesellschaft durchlief eine Identitätskrise. Jenen, die sich benachteiligt fühlten, weil sie keine wirkliche Heimat hatten, weil sie nach all den Jahren manchmal nicht verstehen konnten, was der Gemüsehändler zu ihnen sagte, weil sie trotz Sprachkursen immer noch als Fremde auffielen, erschien es als großes Unglück, daß sie zwanzig oder dreißig Jahre zu früh gekommen waren.

Es ist eine Ironie der Geschichte, daß sich die Deutschen, die nicht mit ein paar hunderttausend Juden leben konnten, die sich ihrerseits nichts mehr wünschten, als wie sie, die Deutschen, zu sein, einige Jahrzehnte später mit Millionen Moslems und anderen Ausländern auseinandersetzen mußten, die nicht die geringste Absicht hatten, sich zu assimilieren. Auf ähnliche Weise mußten die Briten, denen es so schwergefallen war, einige zehntausend Bewunderer aus Kontinentaleuropa aufzunehmen, bald darauf mit Millionen Einwanderern aus Übersee zusammenleben. Kritik an diesen wurde durch eine Reihe von Gesetzen über die Beziehungen zwischen den Rassen unter Strafe gestellt. Einige hundert jüdische Ärzte aus Deutschland und Österreich dagegen, wie tüchtig sie auch sein mochten, hatten in den dreißiger Jahren praktisch Berufsverbot. Fünfzig Jahre später stammten etwa die Hälfte der Medizinstudenten und die meisten Krankenschwestern, die an britischen Universitäten und Krankenhäusern ausgebildet wurden, aus Afrika und Asien.

Es gab nur wenig Flüchtlinge, die in den dreißiger Jahren an britischen Universitäten studieren duften, meistens handelte es sich um Kinder wohlhabender Eltern. Die Zahl der Universitäten war damals noch klein und die der Studenten begrenzt. Wie bereits erwähnt, war die anglo-jüdische Gemeinde größtenteils arm, und mit Ausnahme einiger Jura- und Medizinstudenten schlugen weit weniger eine akademische Laufbahn ein als in Kontinentaleuropa. Von den Nobelpreisträgern, die während des Zweiten Weltkriegs in Großbritannien lebten, war keiner im Lande selbst geboren, und das gleiche gilt für die Nobelpreisträger der nächsten Generation von Hans Krebs bis Boris Chain, von Max Perutz bis Aaron Klug.

Ähnlich sah es bei den Mitgliedern (oder korrespondierenden Mitgliedern) der Royal Society (Britische Akademie der Naturwissenschaften) aus. Das zuvor Gesagte gilt für die meisten geisteswissenschaftlichen Größen, von Sir Isaiah Berlin bis Sir Ernst Gombrich, Nicholas Pevsner oder den Historiker Sir Lewis Namier, der sein eigentliches Ziel, Professor in Oxford zu werden, freilich niemals erreichte. Die Begabung des Anglo-Judentums lag eher auf geschäftlichem als auf akademischem Gebiet. Es ist schwierig, allgemeingültige Aussagen über das Schicksal der akademisch gebildeten Flüchtlinge zu treffen. Manche, wie der Soziologe Karl Mannheim und der Philosoph Ludwig Wittgenstein, die relativ früh in Britannien eintrafen, erhielten Bestallungen, die ihren Talenten entsprachen, doch Norbert Elias bekam nie eine richtige Arbeit, und Sir Karl Popper mußte Jahre in Neuseeland verbringen, bevor der Rückruf nach London erfolgte. Verdienste scheinen eher in den Natur- als in den Geisteswissenschaften gezählt zu haben, was vielleicht mit dem Ausbruch des Krieges zusammenhing, durch den neue Prioritäten gesetzt wurden.

Als George Mosse 1938 nach Cambridge ging, um Geschichte zu studieren, stieß er auf wenig Gegenliebe: George Macauley Trevelyan, einer der führenden Historiker der damaligen Zeit, riet ihm, nach Amerika zu gehen, statt in Britannien zu bleiben, denn »Britannien sei am Ende«. Der Rektor seines eigenen Colleges bemerkte im Vorbeigehen: »Leute wie Sie werden Journalisten, keine Historiker.« Doch Mosse stellte auch fest, daß es damals in Cambridge weder Ausländerhaß noch Rassenvorurteile gab, und die strahlende Karriere von Geoffrey Elton (Ehrenberg), einem weiteren jungen Flüchtling, scheint ein Hinweis darauf, daß ein deutsch-jüdischer Hintergrund kein Hindernis für eine sehr erfolgreiche akademische Laufbahn inklusive Einzug ins Oberhaus war. Zwar war die Familie bereits im 19. Jahrhundert konvertiert, doch in den Augen der meisten Nichtjuden war es immer noch eine deutsch-jüdische Familie. Was die jüngere Flüchtlingsgeneration betrifft, so bedeutete für einen Großteil von ihnen der Ausbruch des Krieges das vorläufige Ende des Studiums, und wer nach dem Krieg weiterstudierte, tat dies zumeist erst, nachdem er nach Übersee ausgewandert war.

Die Dienstmädchen

Betrug die Zahl der Flüchtlingskinder, die 1938/39 mit den Kindertransporten nach England kamen, rund 10000, so war die Zahl der – überwiegend weiblichen – Hausangestellten wohl noch um einiges größer. Es bestand eine rege Nachfrage nach Dienstpersonal in Britannien, denn es war ein ungeliebter Job, und für viele junge jüdische Frauen in Deutschland war dies die einzige Möglichkeit, das Land zu verlassen. Doch war das Unternehmen wenig erfolgreich, wie manche britische Politiker bereits vorhergesagt hatten, denn die jungen Frauen, die sich für diese Tätigkeiten bewarben, waren dafür nicht ausgebildet, sie konnten weder Tee noch Teegebäck auf englische Weise zubereiten, und man konnte davon ausgehen, daß sie sich binnen kurzem nach anderen Beschäftigungen umsehen würden. Die Arbeitsbedingungen in dieser Branche waren überall auf der Welt schlecht, es gab wenig Geld und lange Arbeitszeiten, oftmals zwölf Stunden am Tag, sechseinhalb Tage die Woche.

Auf dem Kontinent fanden sich für diese Art von Arbeit normalerweise nur einfache Mädchen vom Lande bereit, es sei denn, die Bezahlung und die Arbeitsbedingungen lagen über dem Durchschnitt. Jüdische Mädchen der Mittelklasse, selbst der verarmten, waren es nicht gewohnt, sich als Menschen zweiter Klasse behandeln zu lassen, was in einer Gesellschaft unvermeidlich war, in der die Klassenzugehörigkeit eine so wichtige Rolle spielte wie in Großbritannien vor dem Zweiten Weltkrieg. Oft standen sie gesellschaftlich und bildungsmäßig über den Leuten, bei denen sie arbeiteten. Sie hielten sich für klüger als ihre Herrinnen, und wenn sie ausgescholten wurden, setzte es schon mal Widerworte. Sie vergaßen gern, daß sie zum Geschirrspülen und nicht zum Klavierspielen angestellt worden waren. Wenn man ihnen sagte, daß aus ihnen nie gute Hausmädchen werden würden, konnte die eine oder andere trotzig antworten, das hätte sie auch niemals vorgehabt. Lore Segall, die damals noch ein Schulmädchen war, hat in einem Bestseller (*Other People's Houses*, London 1958) die psychischen Probleme derjenigen sehr schön beschrieben, die nicht darauf eingestellt waren, unter solchen Bedingungen zu arbeiten.

Sie waren natürlich keine idealen Domestiken. Selbst wenn sie kochen konnten, wußten sie doch nicht, wie man Toast oder Kipper (kalt geräucherten Hering), Schellfisch oder Yorkshire Pudding (gebackenen Eierteig, der zum Rinderbraten gegessen wird) auf die richtige (englische oder schottische) Weise zubereitet. Sie hatten Schwierigkeiten, ein Kaminfeuer zu entfachen, »High Tea«, ein leichtes frühes Abendessen, zuzubereiten und Wild oder Schwein zu braten, weil dieses Fleisch nicht koscher und daher der jüdischen Küche fremd ist. Manche dieser Hausangestellten hatten es mit verständnisvollen Hausherrinnen zu tun, aber das war eher die Ausnahme. Die übrigen wurden – sieht man von Fällen krasser Ausbeutung einmal ab –, wenn sie als Domestiken kamen, eben als solche behandelt. Die Erfahrung des Ehepaars Schneider aus Wien, das sich auf ein entlegenes Schloß in Schottland mit 22 Zimmern und zwölf Bädern verdingte, ist hier nicht untypisch. Die Herrin des Schlosses war vernünftig und fair, war aber in der Vergangenheit an erfahrene Hausangestellte und indische Diener gewohnt gewesen, und die Neuankömmlinge, die nur sehr schlecht Englisch sprachen und nicht zwischen Vorratskammer und Spülküche unterscheiden konnten, müssen ihr erhebliches Kopfzerbrechen bereitet haben. Als sie Herrn Schneider einmal bat, »*to give a hand to the gardener*« (dem Gärtner zur Hand zu gehen, wörtlich: eine Hand zu geben), geriet der Mann in Panik, weil er, so gerne er seinen Arbeitgebern auch gefällig sein wollte, doch nicht bereit war, sich amputieren zu lassen. Und so waren sich dann beide Seiten nicht gram, als der Ausbruch des Krieges diesem Arrangement ein Ende bereitete.

Da den meisten Arbeitgebern von Hausangestellten der Unterschied zwischen Nazis und deutschen Juden nie ganz klar gewesen war und sich ihr Land jetzt im Kriegszustand mit Deutschland befand, wurde die große Mehrheit der Domestiken deutscher Herkunft innerhalb weniger Wochen nach Kriegsausbruch entlassen. Wie Viscount Eliband im Oberhaus gewarnt hatte, trieben Tausende weiblicher Spione im Lande ihr Unwesen, jede von ihnen gefährlicher als ein männlicher Spion – war es da nicht eine nationale Pflicht, diese Mata Haris so schnell wie möglich loszuwerden? Die Entlassungen bedeuteten für die Betroffenen eine zeitweilige Notlage, erwiesen sich jedoch auf lange Sicht als Segen. Viele wurden eine Zeitlang interniert, anschließend mußten sie in Fabriken oder Krankenhäusern arbeiten, aber die meisten fanden das besser, als wieder Hausmädchen spielen zu müssen.

Die älteren Jungen und Mädchen wurden 1939 in Wohnheimen und Lagern im Londoner East End, in Ramsgate, in der Nähe von Ipswich, auf Ländereien von Baron James de Rothschild und an anderen Orten untergebracht. Dies sollte nur eine vorübergehende Lösung sein, obwohl dieses Provisorium für einige bis nach dem Krieg dauerte, und zuerst hatten die Bewohner nicht viel zu tun. Später wurden sie zur Schule oder zur Arbeit geschickt, bis sie 1940 in Haft genommen und später zur Armee oder zur Arbeit in kriegswichtigen Industrien verpflichtet wurden. Es war keine ideale Existenz, aber sie hatten ein Dach über dem Kopf und erhielten mehr oder weniger regelmäßig zu essen.

Jene, die in Deutschland zionistischen Organisationen angehört hatten, wurden entweder zur Hachschara (Arbeit in landwirtschaftlichen Betrieben) oder, falls sie noch nicht siebzehn waren, zu Jugend-Alija-Gruppen überstellt. Ursprünglich waren es fast tausend Jugendliche, die auf zwanzig dieser Zentren in England, Schottland und Wales verteilt wurden. Eine der größten Farmen war Great Engeham, wo zeitweise bis zu zweihundert untergebracht waren. Die Zustände dort waren katastrophal, die Kinder lebten in Zelten auf matschigen Wiesen, es gab weder Wasser noch Toiletten, und die Ernährung war unzureichend. Die Kinder beklagten sich in Briefen an ihre Eltern (dies noch vor Ausbruch des Krieges), die daraufhin wütend aus Berlin und Wien anriefen und sich über die Mißhandlung ihrer Kinder beschwerten.

Doch die für diese Gruppen zuständigen Institutionen waren arm; zwar gab es graduelle Verbesserungen in den Lebensbedingungen, doch im großen und ganzen blieben die Zustände den ganzen Krieg hindurch schlecht: niedrige Löhne, lange Arbeitszeiten, Schikanen durch die Behörden. Zuerst waren die Heime und Farmen für die Jüngeren von Lehrern und Sozialarbeitern geleitet worden, doch nach Ausbruch des Krieges wurden sie durch ehemalige Armeeoffiziere ersetzt, die unter den Jungen und Mädchen militärische Disziplin einzuführen versuchten. Dabei kam es teilweise zur offenen Rebellion unter den Jungen, manche widersetzten sich und versuchten, in größere Städte wie London zu entfliehen. Es scheint auch einige asoziale Charaktere unter ihnen gegeben zu haben, denn mindestens einmal wurde von allen Gruppenführern ein Appell unterzeichnet, in dem darum gebeten wurde, einige der Unruhestifter zu entfernen.

Unter diesen Bedingungen so etwas wie einen Kibbuz einzurichten war schlichtweg undenkbar. 1940 wurden viele vorübergehend inhaftiert, nach einer Weile aber wieder freigelassen, weil die Landarbeit als wichtiger Teil der Kriegsanstrengungen gesehen wurde. Während die meisten der Älteren auf dem einmal eingeschlagenen Kurs blieben, in Baumschulen, Gemüsegärten und im Wald arbeiteten und nach dem Krieg, 1946/47, als Gruppe nach Palästina auswanderten, war die Lage der Jugend-Alija komplizierter. Ihr Wille, in Palästina zu leben und zu arbeiten, war weniger tief verwurzelt, manche gingen zur Armee, als sie achtzehn Jahre alt wurden, andere fanden Arbeit in der Stadt.

Schließlich gab es noch die relativ Glücklichen, die mit ihrer Familie nach England gekommen waren. Sie führten ein einigermaßen normales Leben, soweit dies in den sehr beschränkten Verhältnissen möglich war. Sie waren weitgehend auf den Rat und die finanzielle Hilfe von Flüchtlingshilfsorganisationen wie Woburn House und dem Central British Fund (CBF) angewiesen. Einige gingen zur Schule, die Älteren versuchten irgendwo Arbeit zu finden. Zu dieser Zeit entstanden örtliche Flüchtlingskonzentrationen zum Beispiel in Swiss Cottage in London, hinter dem damaligen Kaufhaus John Barnes. Wenn man das nötige Kleingeld hatte, was oftmals nicht der Fall war, konnte man sich in die kontinentalen Restaurants und Kaffeehäuser setzen, die sich in der Nachbarschaft etabliert hatten.

Viele versuchten ihren in Deutschland zurückgelassenen Verwandten zu einer Einreisegenehmigung nach England zu verhelfen, andere dachten daran, in die Vereinigten Staaten oder ein anderes Land in Übersee auszuwandern. Doch dann brach der Krieg aus, und es entstand eine völlig neue Situation. Viele verbrachten ein Jahr und mehr in Haft, Tausende wurden nach Kanada und Australien verschifft, Tausende traten in die Streitkräfte ein. So begann eine neues Kapitel in der Geschichte der jungen Flüchtlinge, die das Glück hatten, sich rechtzeitig nach Großbritannien zu retten.

Tribunale, Internierung, Deportation

Als der Krieg ausbrach, wurden nach einem schon früher vorbereiteten Plan über hundert Tribunale eingesetzt, um herauszufinden, ob man den einzelnen Flüchtlingen trauen konnte oder ob sie ein heimliches Reservoir von Spionen und Saboteuren darstellten. Diese Maßnahme war nicht gegen Juden gerichtet, obwohl sie etwa neunzig Prozent der Betroffenen stellten. Schließlich wurden sogar italienische Kellner aus Restaurants in Soho einbezogen, die in Britannien geboren waren, sich aber nie um den Erwerb der britischen Staatsbürgerschaft gekümmert hatten. Insgesamt wurden rund 73 000 »feindliche Ausländer« zwischen sechzehn und sechzig Jahren verhört und in drei Kategorien eingeteilt. Die große Mehrheit, nämlich 63 000, wurden als risikolos (Kategorie C) eingestuft, etwa 6700 (Kategorie B) als zweifelhaft, und 569, die als hohes Sicherheitsrisiko (Kategorie A) angesehen wurden, kamen sofort in Haft.

Man kann der britischen Regierung diese Vorgehensweise fairerweise nicht zum Vorwurf machen, sie war mehr oder weniger gängige Praxis in kriegführenden Staaten. Die Durchführung der Anordnung aus dem Innenministerium hingegen ließe sich durchaus kritisieren – es kamen Leute in die Kategorie »zweifelhaft«, obwohl an ihrer Antinazieinstellung keinerlei Zweifel bestehen konnten, und umgekehrt entgingen in Großbritannien ansässige dubiose Elemente der Kategorie »hohes Sicherheitsrisiko« hauptsächlich deshalb, weil sie gute Beziehungen zu hochgestellten Persönlichkeiten der britischen Gesellschaft hatten. Was im Frühsommer 1940 geschah, ist schwieriger zu erklären: die wahllose Verhaftung Zehntausender Flüchtlinge nach dem 15. Mai 1940 und ihre Internierung auf der Isle of Man und an anderen Orten Großbritanniens. Unter den Verhafteten befanden sich nicht nur führende Nazigegner sowie Wissenschaftler, die für die britische Kriegsanstrengung von beträchtlichem Wert hätten sein können, sondern auch Hunderte von Kindern, die dem britischen Weltreich und der Sache der Alliierten nun wirklich nicht gefährlich werden konnten.

Es wäre nutzlos, sich auf diese Maßnahmen ein Reim machen zu wollen. Diejenigen Wissenschaftler, die nicht verhaftet wurden, durften zwar nicht an der Entwicklung des Radars arbeiten, aber sie konnten ihre Studien zur Nuklearphysik und der Entwicklung einer Atombombe fortsetzen.

Die Verhaftungen waren das Ergebnis einer Welle der Hysterie, von der Großbritannien und später auch die Vereinigten Staaten und Kanada ergriffen wurden. Sie wurzelte in der Annahme, daß der Sieg der Nazis in Westeuropa nur aufgrund einer Geheimwaffe so schnell und vollständig erfolgen konnte, nämlich der berühmten fünften Kolonne, einer Geheimarmee von Nazihelfern. Diese Ansicht wurde nicht nur von der Boulevardpresse geteilt, die bis vor kurzem zu den Hauptbefürwortern der Beschwichtigungspolitik gegenüber Hitler gehört hatte und der vor allem daran lag, ihre Auflagen zu erhöhen, sondern auch von hochrangigen Diplomaten wie dem britischen Botschafter in den Niederlanden. Spätere Nachforschungen ergaben, daß diese fünfte Kolonne ein reines Phantasieprodukt war, nicht einem Rassenvorurteil entsprungen, sondern schlichter Ignoranz.

Unter den Verhafteten befanden sich die meisten der jungen Leute, die vor Kriegsausbruch nach England gekommen waren, vor allem junge Männer. Ausgenommen waren diejenigen, die sich bei Ausbruch des Krieges freiwillig zum Pionierkorps der Armee gemeldet hatten, einige von denen, die für kriegswichtig erachteten Tätigkeiten, zum Beispiel in der Landwirtschaft, nachgingen, sowie eine beträchtliche Zahl junger Menschen, die von der nicht gerade perfekten Verwaltung einfach übersehen wurden.

Uns interessieren hier nicht die Internierten insgesamt, sondern lediglich die Jüngeren unter ihnen, und da gibt es eine ganze Reihe persönlicher Berichte, was die Umstände ihrer Verhaftung betrifft – in ihren Gemächern in einem College der Universität Cambridge, im Speisesaal einer Mädchenschule oder auf dem

Heimweg von der Feld- oder Fabrikarbeit wurden sie von zwei Polizisten angesprochen, die ihnen sagten, daß sie verhaftet seien. Ein Geistlicher, Reverend Sommerville, wurde direkt von der Kanzel herab verhaftet, nur weil er eine deutsche Mutter hatte, wobei die Tatsache, daß seine drei Söhne in der Royal Air Force dienten, als unerheblich erachtet wurde. Das weitere Vorgehen der Sicherheitsorgane variierte ebenfalls. Bern Brent bekam ein paar Tage Zeit, um sich von seiner Mutter, seinen Freunden, seinen Vorgesetzten und Arbeitskollegen zu verabschieden, und er durfte seinen Tennisschläger mitnehmen. Renate wiederum wurde aus ihrer Schule in Kent in ihrer Schuluniform geradewegs in das Gefängnis Holloway gebracht und durfte nicht einmal ihre Mutter anrufen. Als »Halbjüdin« war sie in Deutschland als »Arierin« und später in England als potentielles Mitglied der britischen Oberklasse aufgezogen worden und konnte gar nicht verstehen, geschweige denn akzeptieren, was jetzt mit ihr geschah.

Später im Lager hatten es die Frauen leichter als die Männer. Im ganzen war das Leben erträglich, wie Josef Eisinger, damals siebzehn, berichtet: »Einmal am Tag standen wir nach unseren knauserigen Essensrationen an, meistens Brot, Milchpulver, Zukker und Reis, wovon wir in unserer Küche Reisauflauf zubereiteten. Die Insel muß eine Rhabarber-Rekordernte gehabt haben, denn ich erinnere mich, daß Rhabarber in ungewöhnlichen Mengen ausgeteilt wurde. Unter Aufsicht unternahmen wir Spaziergänge durch die liebliche Landschaft der Insel und durften sogar zum nahen Strand schwimmen gehen, wenn auch im Schatten einer Bren-Maschinenpistole, um Möchtegern-Langstreckenschwimmer abzuschrecken.«

Walter Foster, der seinen siebzehnten Geburtstag auf der Isle of Man feierte, erinnert sich an Stacheldraht, ältliche Soldaten und einen neurotischen Major, der das Kommando führte. Er berichtet auch, daß von älteren, verheirateten Männern beträchtlicher Druck auf die jüngeren, alleinstehenden Internierten ausgeübt wurde, sich freiwillig zur Verschiffung nach Kanada zu melden, um selbst nicht von ihren Familien getrennt zu werden. Yakov Friedler hat freundlichere Erinnerungen an das Lager: Da er noch nicht sechzehn war, lebte er in dem Lager junger Frauen, die von ihren Männern getrennt untergebracht waren. Während der formelle Schulunterricht einiges zu wünschen übrigließ, genoß er ein hohes Niveau an Erziehung, was Bridge und Sex anbetraf.

Die Verhafteten wurde normalerweise angewiesen, eine Zahnbürste mitzunehmen, und man gab ihnen zu verstehen, daß sie bald zurückkehren würden. Tatsächlich wurden sie nach kurzem Aufenthalt in Sammellagern auf die Isle of Man verschifft, wo von den Behörden Hotels und Pensionen beschlagnahmt worden waren. Da nicht wenige der Verhafteten zuvor bereits deutsche Konzentrationslager kennengelernt hatten und niemand, der bei Verstand war, den Unterschied zwischen diesen beiden Erfahrungen übersehen konnte, reagierten die Internierten mit Zurückhaltung, auch wenn sie die Verhaftung als geradezu kriminelle Dummheit ansahen. Was sie umtrieb, war die Tatsache, daß ihnen nicht erlaubt wurde, den Nazismus zu bekämpfen, zudem waren sie um ihre Sicherheit besorgt – wenn Hitler in Großbritannien einfiel, hatten sie keine Möglichkeit, sich zu verstecken. Ende 1940, nachdem bereits Tausende nach Kanada und Australien verschifft worden waren, befanden sich immer noch 19 000 Internierte auf der Isle of Man, darunter rund 4000 Frauen, und der Versuch, zwischen deutschen Flüchtlingen und Naziaktivisten zu unterscheiden, wurde nur halbherzig unternommen. Denn wie der Lagerkommandant einmal sagte, war es nicht leicht, die Spreu vom Weizen zu trennen.

In den Lagern der Isle of Man sowie später in den kanadischen und australischen Lagern waren hervorragende Experten auf praktisch jedem akademischen Fachgebiet sowie weltberühmte Musiker und andere Künstler interniert. Schon nach wenigen Tagen begannen sie zu unterrichten, Vorstellungen zu geben, Meisterklassen abzuhalten, und schließlich wurden auch noch eine Universität der Freien Künste sowie eine technische Schule begründet. Das weltberühmte Amadeus-Quartett wurde von einer kleinen Gruppe junger Musiker in den Baracken des Internierungslagers der Isle of Man ins Leben gerufen. Es gab Seminare und Gesprächszirkel, in denen Themen von der griechischen Philosophie bis zur physikalischen Chemie debattiert wurden, Theateraufführungen und Konzerte. Nicht jeder machte von diesen Möglichkeiten Gebrauch, doch für junge Leute mit intellektueller Neugier, aber unvollendeter Schulbildung waren dies einzigartige Gelegenheiten, sich Bildung und Wissen anzueignen.

Was auf der Isle of Man begonnen hatte, wurde in Kanada und Australien fortgeführt. Josef Eisinger, der später ein herausragender Naturwissenschaftler wurde, erinnert sich, daß nach nur einer Woche in Camp B eine Schule auf die Beine gestellt wurde und er die Fächer Englisch, Latein, Physik und Mathematik belegte, um sich auf die Junior-Aufnahmeprüfung der McGill-Universität in Montreal vorzubereiten. Als immatrikulierter Student wurde er an drei Vormittagen pro Woche von der Arbeit befreit. In Australien wurden ähnliche Regelungen mit dem Erziehungsministerium des Bundesstaates Victoria und der Universität Melbourne getroffen. Durch den Besuch dieser Kurse konnte man das Bakkalaureat erwerben. Um an den Examen teilzunehmen, wurden die Studenten nach Montreal geschickt, was den zusätzlichen Vorteil hatte, daß man von Freunden und Gönnern in richtige Restaurants und Clubs in der Stadt ausgeführt wurde. Häufig wurde ein solches Studium allerdings durch den Dienst in der Armee unterbrochen, doch die Studienzeiten wurden angerechnet, und nicht selten folgte später eine hervorragende akademische Karriere.

Zusätzlich erhielten die jungen Lagerinsassen eine politische Schulung. Es gab zwar nicht viele Kommunisten, aber sie waren die Aktivsten und Erfahrensten in puncto Indoktrination. Freilich war dies keine leichte Zeit für die gläubigen Vertreter Lenins und Stalins. Einerseits nahmen sie für sich in Anspruch, die größten und konsequentesten Antifaschisten zu sein, und andererseits mußten sie die unbequeme Tatsache erklären, daß zwischen September 1939 und Juni 1941 nicht der Nationalsozialismus, sondern der »westliche Imperialismus« der Hauptfeind der gesamten progressiven Menschheit war und daß, wie Molotow feierlich erklärt hatte, die sowjetisch-deutsche Freundschaft in Blut zementiert worden sei.

Zwar konnte ein erfahrener Dialektiker diese Hindernisse überwinden, und letztlich waren seine angehenden Proselyten auf die Briten und die anderen Westmächte nicht gerade gut zu sprechen – schließlich waren sie von ihnen interniert worden und allen möglichen Ungerechtigkeiten und Demütigungen ausgesetzt –, aber dennoch hatte er Sisyphusarbeit zu leisten. Nachdem Hitler im Juni 1941 die Sowjetunion angegriffen hatte, war es einfacher, da Rußland nun ein Verbündeter war. Doch im großen und ganzen waren die Kommunisten wenig erfolgreich, und selbst ihren Anführern, die nach dem Krieg nach Ostdeutschland zurückkehrten, waren dort keine großartigen Karrieren beschieden, denn alle Westemigranten wurden als unzuverlässig abgestempelt. In dieser Hinsicht bestand kein großer Unterschied zwischen Churchill und Stalin.

Bald nach seinem Amtsantritt als Kriegspremier hatte Churchill verkündet, daß er alle Internierten aus Großbritannien heraushaben wolle. Und so machten sich die Schiffe von Liverpool aus auf die Reise nach Kanada und Australien. Rund 2500 Internierte wurden nach Australien geschickt, meist auf der »S.S. Dunera«; zwar dürfte die Beschreibung als schwimmendes KZ etwas übertrieben sein, doch trifft es zu, daß die unfreiwilligen Passagiere malträtiert und ihre Habseligkeiten systematisch geplündert wurden. Die Verantwortlichen kamen in der Folge vor das Kriegsgericht, und ein Teil der gestohlenen Sachen wurde zurückerstattet.

Einigen der Internierten, die nach Kanada verschifft wurden, erging es schlimmer. Die »Arandora Star« wurde vor der Küste Irlands torpediert, und viele kamen ums Leben. Unter denen, die in Lager wie Sherbrooke bei Montreal und Tatura unweit von

Melbourne evakuiert wurden, waren auch viele hundert Teilnehmer der Kindertransporte und andere Flüchtlinge der gleichen Altersstufe. Auf jeden Fall handelte es sich bei der großen Mehrheit der Internierten um junge Leute, die von den Tribunalen als unbedenklich eingestuft worden waren.

Fast umgehend nach ihrer Entscheidung zur Deportation merkte die britische Regierung, daß sie einen Fehler begangen hatte. Doch Regierungen sind gemeinhin noch weniger bereit, einen Fehler zuzugeben, als der einzelne Mensch. Zudem standen damals kaum Schiffe zur Verfügung, die die Deportierten hätten nach England zurückbringen können. Schließlich räumten auch die kanadische sowie die australische Regierung den Fehler ein, und Ende 1942 wurde den Internierten mitgeteilt, daß sie von nun an als »freundliche Ausländer« betrachtet würden. Zu dieser Zeit waren in Kanada nur noch 350 Flüchtlinge tatsächlich in Haft.

Auch von Australien aus konnte eine Rückführung wegen mangelnder Transportmöglichkeiten nicht erfolgen. Das Leben in den australischen Lagern stellte jedoch keine besondere Härte dar. Wie einer der jungen Internierten schrieb, »waren die Wachen gut zu uns. Wir hatten dort alles, Fußballmannschaften, Vorlesungen, Unterhaltung.« Jüdische Gemeinden in der Nachbarschaft stellten Bücher zur Verfügung und leisteten Hilfe. Manche studierten für Examina, andere lernten Sprachen wie Spanisch und Hebräisch. Etwa 130 junge »Pioniere« schafften während des Krieges sogar den Sprung von Australien nach Palästina. Mehrere hundert, die sich dafür entschieden hatten, in die britische Armee einzutreten, kehrten 1942 nach Großbritannien zurück. Von den in Kanada Internierten zogen es etwa 970 vor, dort zu bleiben, was ihnen durch ein kanadisches Regierungsdekret von 1942 ermöglicht wurde. Es waren dies zumeist junge Männer ohne Anhang oder solche, deren Familien bereits in Kanada oder den Vereinigten Staaten lebten. Eine unbekannte Zahl blieb in Australien.

Diejenigen, die zunächst auf der Isle of Man interniert und

dann nach Australien und Kanada deportiert worden waren, blickten in späteren Jahren mit Gelassenheit auf ihr vermeintliches Mißgeschick zurück. Zwar war der Fall »Dunera« ein Skandal gewesen, sie waren schäbig behandelt und bestohlen worden, und die Behörden hatten sich dumm und herzlos gezeigt. Aber sie sahen auch ein, daß Dummheit zu Kriegszeiten eher die Regel als die Ausnahme ist, daß der Zwangsarrest vielen Gelegenheit gegeben hatte, zu studieren und das Fundament für eine Karriere zu legen, die unter anderen Umständen vielleicht unmöglich gewesen wäre. Außerdem hatte er ihnen die Luftangriffe auf London erspart, und auch die Ernährung war wohl etwas besser, als sie in England gewesen wäre. Einige waren willens, die Hysterie zu verstehen, wenn nicht sogar zu vergeben, die die Internierung ausgelöst hatte, andere, wie der Nobelpreisträger Max Perutz, waren es nicht.

Beinah-Engländer

Als die Flüchtlinge in den Lagern auf der Isle of Man entlassen wurden und aus Kanada und Australien zurückkehrten, gingen viele von ihnen zur Armee, was in den frühen Tagen die niedrigste Form der (nichtkämpfenden) Truppe, das Pionierkorps, bedeutete. Ihr Schicksal während des Krieges, ihr Beitrag zu den Kriegsanstrengungen wurde bereits weiter oben behandelt.

Nach dem Krieg entschlossen sich die meisten zum Bleiben, doch eine nicht unbedeutende Minderheit, vielleicht zwanzig bis dreißig Prozent, ging in die Vereinigten Staaten, nach Palästina/Israel und in andere Länder. Unter den Jüngeren lag der Prozentsatz offenbar noch höher, zwischen dreißig und vierzig Prozent oder noch mehr. In den fünfziger und sechziger Jahren kam es zu weiteren Abwanderungen, entweder zwecks Familienzusammenführung oder aus beruflichen Gründen. Auf manchen Gebieten, etwa dem der jüdischen Gedankenwelt, gab es einfach zuwenig Nachfrage in Großbritannien. Alexander Altmann und Nahum Glatzer, Leo Strauss, Abraham Heschel und Simon Rawidowicz, führende jüdische Denker, waren zur einen oder anderen Zeit alle in England, aber keiner von ihnen blieb, Amerika eröffnete viel mehr Möglichkeiten, und gleiches galt auf vielen anderen Gebieten. Hunderte kehrten auf den Kontinent zurück – eher nach Österreich und in die Tschechoslowakei als nach Deutschland –, zum Teil aufgrund der kulturellen Verbundenheit, die sie noch verspürten oder in der Hoffnung, einige Familienmitglieder am Leben zu finden, oder weil sie der Illusion nachhingen, ihr altes Heim existiere irgendwie noch. Es gab auch Pendler, die Großbritannien ein-, zwei-, dreimal verließen und nach einigen Jahren immer wiederkehrten, um erst nach ein oder zwei Jahrzehnten zu entscheiden, wo sie sich endgültig niederlassen wollten.

Beruflich entwickelten sich die Angehörigen der jüngeren Generation nicht schlecht. Sie erlernten ein Handwerk, eröffneten ein kleines Geschäft, und wenn sie selbst nicht studierten, dann wenigstens ihre Kinder. Einige machten spektakulär Karriere, die Mehrheit führte jedoch eine bescheidene Vorortexistenz. Im vorangegangenen Jahrhundert war es leichter für deutsche Juden gewesen, in Großbritannien eine politische Laufbahn einzuschlagen. Einer wurde zwar Mitglied des Parlaments, doch in Nachschlagewerken sucht man vergeblich nach Hinweisen auf seine Herkunft. Ein weiterer wurde ein berühmter Dokumentarfilmproduzent, einige wandten sich dem Journalismus und Verlagswesen zu und brachten es weit in ihrem Beruf, und es gab mehrere sehr erfolgreiche Geschäftsleute.

Wer eine Karriere in den freien Berufen anstrebte, hatte nach dem Krieg bessere Möglichkeiten, er konnte sich jetzt als Arzt oder Anwalt niederlassen. Man könnte versucht sein, die Geschichte der Flüchtlinge als gesellschaftliche Erfolgsstory darzustellen, wie einige reich und berühmt oder wenigstens einigermaßen wohlhabende und brave Bürger wurden, doch wäre dies nur *ein* Aspekt einer komplexen Geschichte. In welchem Maß schlugen sie in dem neuen Land Wurzeln, inwieweit wurden sie akzeptiert? Dies ist natürlich kein spezifisch britisches Problem, es gilt auf die eine oder andere Weise für jedes Land. Doch gab es einige besondere Schwierigkeiten in Großbritannien, die wenigstens am Rande erwähnt werden sollten. Die Gefühle der Flüchtlinge, die sich zum Bleiben entschlossen, waren ebenso gemischt wie die der Briten ihnen gegenüber. Einerseits waren sie sehr stolz darauf, gewissermaßen als Mitglieder eines vornehmen Clubs zugelassen worden zu sein, und wollten nicht nur beweisen, daß sie dieser Ehre würdig waren, sondern sich auch als dankbar erweisen. Daher die Initiative »Thank You Britain« der siebziger Jahre, bei der eine beträchtliche Summe Geldes gesammelt und der British Academy (Britische Akademie der Human- und Sozialwissenschaften) zur Verfügung gestellt wurde.

Eine derartige Anglophilie wurde jedoch nicht von allen geteilt. So erkannten manche, daß sich der einstmals großartige Club im Niedergang befand, daß sie vielleicht nur als zweitklassige Mitglieder angesehen wurden und daß eine eventuelle Dankesschuld längst mit Zins und Zinseszins abgetragen sei. So reagierte eine Frau auf die »Thank You Britain«-Initiative mit den Worten: »Sie ließen uns im letzten Moment ein, um für sie ihre Drecksarbeit zu machen. Sie haben mir die Tür geöffnet, und ich habe sie bereichert.« Dennoch hegten die meisten keine allzu bitteren Gefühle, schließlich hatten andere Länder ihre Tore nicht einmal für Hausangestellte geöffnet.

Doch es gab noch ein tiefergehendes Problem, nämlich das der nationalen Identität. Sie mochten Besitzer eines britischen Passes und vielleicht sogar Stadträte und Friedensrichter sein, aber wurden sie auch als vollwertige Engländer anerkannt? Als in den siebziger und achtziger Jahren unter den ehemaligen Flüchtlingen eine Umfrage abgehalten wurde, stießen die Interviewer auf eine gewisse Resignation: In jüngeren Jahren hatten die Flüchtlinge versucht, ganz wie die Briten zu werden, hatten es aber aufgegeben, selbst wenn sie weder linguistische noch andere Probleme hatten, weil es einfach zu viele Unterschiede in der Mentalität und Kultur gab. Sie liebten die Briten über alles, merkten aber zugleich, daß es unüberwindbare Unterschiede gab, daß sie bei aller Leistung nie ganz als Teil der britischen Gesellschaft anerkannt wurden. Das gleiche ließe sich jedoch von den Anglo-Juden ganz allgemein sagen, bis hin zur dritten oder vierten Generation, doch hat dieses Thema im Zeitalter einer multikulturellen Gesellschaft weitgehend an Schärfe verloren.

Unmittelbar nach ihrer Ankunft hatten sich die Flüchtlinge intensiver mit der Frage der Identität und mit der Notwendigkeit, Wurzeln zu schlagen, auseinandergesetzt. In späteren Jahren waren derartige Themen selten Anlaß für tiefe Niedergeschlagenheit, fortwährende Sorge und schlaflose Nächte. Mit anderen Worten, im Laufe der Zeit standen sie der Sache mit mehr Gelassenheit und sogar Gleichgültigkeit gegenüber. Das Bedürfnis nach Anerkennung machte sich weniger bemerkbar, die meisten Flüchtlinge hatten sich in der Familie, unter Nachbarn und Arbeitskollegen ihre eigene kleine Welt aufgebaut. Schließlich sprachen ihre Kinder ein akzentfreies Englisch und hatten die britische Lebensweise akzeptiert, ja kannten gar keine andere. Es waren diese Bedingungen, mit denen es die Flüchtlinge im täglichen Leben zu tun hatten, nicht mit Abstraktionen wie Großbritannien und der englischen Lebensweise.

Die Flüchtlinge und die anglo-jüdische Gemeinde

Die erste und zweite Flüchtlingsgeneration hatten ihre Schwierigkeiten nicht nur mit der britischen Gesellschaft, sondern auch mit dem britischen Judentum. Man war zwar dankbar für das, was Mitglieder der anglo-jüdischen Gemeinde in den Wochen und Monaten nach Ankunft der Flüchtlinge an Hilfe geleistet hatten, doch die Integration in die bestehende Gemeinde war wieder eine ganz andere Sache. Für die Flüchtlinge gab es weder Platz unter den alteingesessenen Familien, die die Aristokratie in der Gemeinde darstellten, noch hatten sie vieles gemein mit den überwiegend osteuropäischen Mitgliedern, der großen Mehrheit in der Gemeinde, mit ihren religiösen Praktiken und ihrem gesellschaftlichen und kulturellen Leben. Bald nach der Ankunft der Flüchtlinge gab es Beschwerden darüber, daß die deutschen und österreichischen Juden hochmütig seien und unter sich blieben. Andererseits machte die Gemeinde beziehungsweise ihr Rat keinerlei Anstalten, die Flüchtlinge, die immerhin einen zahlenmäßig bedeutenden Anteil der Gemeinde stellten, in ihrer Mitte aufzunehmen. Und so kam es dann, daß die Flüchtlinge ihre eigenen gesellschaftlichen Organisationen wie die AJR (Association of Jewish Refugees), ihre Leo-Baeck-Ortsgruppe und sogar ihre eigenen religiösen Gemeinden, wie die New Liberal Congregation am Belsize Square, ins Leben riefen.

Dies hing teilweise mit den alten Spannungen zwischen osteuropäischen und deutschen Juden zusammen, aber auch mit den unterschiedlichen religiösen Ausrichtungen (die deutschen Juden waren meist liberal, die mehrheitliche United Synagogue eher traditionell) und verschiedenen kulturellen Interessen. Was die deutsch-jüdische Intelligenz unter den Flüchtlingen betraf, sowohl der älteren wie auch der jüngeren Generation, so war deren Interesse an jüdischen Angelegenheiten begrenzt, und die Gemeinde zeigte vorerst auch kein besonderes Interesse, in engere Beziehungen zu ihr zu treten. Dies geschah erst viel später mit der Einrichtung von Zweigstellen der Hillel Foundation an den Universitäten, die Programme zur Bereicherung des religiösen, kulturellen und gesellschaftlichen Lebens jüdischer Studenten bereitstellte.

Das mangelnde Interesse an jüdischen Angelegenheiten zeigte zum Beispiel eine bei englisch-jüdischen Historikern durchgeführte Untersuchung. Fast alle gehörten der jüngeren Flüchtlingsgeneration an; ein beträchtlicher Teil von ihnen konvertierte oder war bereits konvertiert und hatte keinerlei Interesse am Judentum. Einer von ihnen stellte fest, er habe überhaupt erst 1970 darüber nachgedacht, was es ihn in psychischer Hinsicht gekostet habe, seine Ursprünge zu verdrängen. Ein weiterer – Helmuth Koenigsberger – berichtete, er sei sich erst in der Schule in Newport bewußt geworden, daß er kein Engländer war, als der Erdkundelehrer ihn fragte, ob man in seiner Heimat Hunde und Katzen als Haustiere halte. Werner Mosse nahm starken Anteil am Kampf der palästinensischen Juden um einen eigenen Staat, verspürte aber keine enge emotionale Identifikation. Sidney Pollard, der im Alter von dreizehn Jahren aus Österreich gekommen war, fühlte sich in Großbritannien zwar völlig zu Hause, merkte aber, daß er nie ganz wie die Einheimischen war, obwohl sich, wie er sagte, »jedes Gefühl des Jüdischseins schon seit langem verloren hatte«. Ähnlich empfanden viele andere, die nicht unbedingt dem linken Spektrum angehörten: irgendwie waren sie anders als ihre nichtjüdischen Kollegen. Es gab eine zunehmende Tendenz, die Bedeutung dieser Unterschiede – die jüdische Herkunft – herunterzuspielen, und es läßt sich unmöglich sagen, welchen seelischen Preis jeder einzelne dafür zu zahlen hatte. Für manche war es eine Sache von lebenswichtiger Bedeutung, anderen war es gleichgültig.

Wenigstens bei einigen von ihnen erwachte im späteren Leben ein neues Interesse an gewissen Aspekten der jüdischen Geschichte, an der Schoa und an Israel. Auch unter den französischen und amerikanischen Akademikern jüdischer Herkunft war ein solcher Trend zu beobachten, wenn auch vielleicht weniger ausgeprägt.

Einige kulturelle Institutionen, die von der ersten Generation kontinentaler Flüchtlinge gegründet worden waren, gingen mit dem Dahinscheiden der Gründergeneration wieder ein, doch andere wie die AJR, die religiösen Gemeinden und die Ortsgruppen, existierten weiter. Einige Angehörige der zweiten Flüchtlingsgeneration wandten der Gemeinde, der sie entstammten, ganz den Rücken zu, andere fanden ihren Platz im Anglo-Judentum. Schließlich wurde einer der jüngeren Flüchtlinge (Immanuel Jakobowitz, 1921 in Königsberg geboren) sogar ein einflußreicher Oberrabbiner.

Die grosse Verstreuung –
Hotel Schanghai oder Hotel Bolivia

Nach Ausbruch des Krieges in Europa, in den letzten Wochen des Jahres 1939, bereitete die Jugend-Alija-Gruppe in Giv'at Brenner, einem der größten Kibbuzim im Süden Palästinas, eine Ausstellung vor. Auf einer grafischen Darstellung war zu sehen, daß die Eltern und Geschwister der 25 Mitglieder der Gruppe, die alle aus dem damaligen Großdeutschland stammten, jetzt über dreizehn Länder verteilt waren. Diese Tatsache ist nicht deshalb erwähnenswert, weil es sich um etwas Außergewöhnliches handelte, sondern weil es im Gegenteil damals ganz typisch war. Die Verfolgungen in Deutschland hatten eine Verstreuung der Gemeinden und der Familien in Gang gesetzt, die nicht nur in der jüdischen Geschichte, sondern wohl auch in der jedes anderen Volkes einmalig war.

Oder nehmen wir das Schicksal der Lehrlinge auf dem Bauernhof von Groß Breesen in Schlesien. Dort befand sich das nichtzionistische Gegenstück zu den landwirtschaftlichen Ausbildungszentren der Zionisten; rund dreihundert junge Menschen durchliefen diesen Betrieb. Sie hatten keinen festen Plan, sich als Gruppe außerhalb Deutschlands anzusiedeln, einmal war von Virginia die Rede, ein andermal von Paraguay und Australien, doch am Ende gingen nur kleine Gruppen in diese Länder. Die Mehrheit setzte sich nach den Pogromen vom November 1938 so rasch wie möglich in diejenigen Länder ab, die noch bereit waren, den einen oder anderen Immigranten aufzunehmen.

Als Professor Curt Bondy, der Gesamtleiter von Groß Breesen, im Juni 1946 einen Informationsbrief veröffentlichte, überschrieb er ihn ganz zutreffend: »Groß Breesen überall in der Welt«, denn seine Schüler waren inzwischen über alle fünf Kontinente verstreut. Mehrere schrieben aus Kenia, andere aus Australien, Argentinien, Bolivien und Chile, ganz zu schweigen von nahe liegenden Ländern wie Holland und Schottland, Italien, Frankreich, Österreich und so weiter. Nicht wenige waren in die Vereinigten Staaten gegangen, hatten den Armeedienst hinter sich und studierten; ähnliche Berichte kamen aus Großbritannien. Es gab sogar einen Bericht aus Bolivien mit dem Titel *Arzt im Dschungel*, der von indianischer Volksmedizin handelte, und überraschenderweise auch einige begeisterte Briefe aus Palästina – das bald Israel heißen sollte –, wohin die jungen Leute aus Groß Breesen eigentlich nie hatten gehen wollen. Ein Brief war voller Bewunderung über die Erfolge der Molkereiproduktion in den palästinensischen Siedlungen. Titi Sander schrieb aus Jerusalem, einige Leute seien von Palästina aus nach Amerika gegangen, hätten nun aber Heimweh (nach Palästina), und Alisa Tworoger meinte, sie sei zwar gegen Terrorismus, aber das Tor nach Palästina müsse auf jeden Fall für Immigranten offenbleiben, auch wenn dies mit Gewalt erzwungen werden müsse. Die Vorkriegsstreitigkeiten darum, wohin man von Deutschland aus gehen sollte, waren weitgehend vergessen.

Bei der Berufswahl ging es nicht weniger mannigfaltig zu als bei der geographischen Verteilung. Ein ehemaliges Mitglied der Gruppe war zum Rabbiner ordiniert worden und wurde australischer Staatsbürger, ein anderer arbeitete in einer Wurstfabrik in Buenos Aires. Einer, der auf einer Farm in England arbeitete, war gebeten worden, Ausbilder für vertriebene Kinder in Europa zu werden, ein Mann in New York arbeitete als Maschinenschlosser, nachdem er aus der Armee entlassen worden war (aber auch er sollte später Professor werden), ein Ehepaar lebte auf seiner eigenen Farm in North Carolina, ein anderes bereitete sich auf die

Emigration von Buenos Aires nach Palästina vor. Das Informationsblatt enthielt auch detaillierte Angaben über jene, die nicht rechtzeitig emigriert waren – die meisten von ihnen waren umgekommen. Professor Bondy, der sich in Virginia aufhielt, aber bald seine Professur in Hamburg zurückerhalten sollte, hatte sich große Mühe gegeben, möglichst viele seiner früheren Schüler zu erreichen; natürlich hatte er nicht mit allen Kontakt aufnehmen können, zumal mit denen, die an besonders exotischen Orten Zuflucht gesucht hatten. Wie sich herausstellte, waren die ehemaligen Zöglinge einer mittelgroßen Landwirtschaft in Schlesien auf mehr als zwanzig Länder verstreut.

Dies war jedoch nur das Schicksal einer Gruppe. Alles in allem kann man heute, sechzig Jahre später, feststellen, daß junge Menschen aus Mitteleuropa in fast einhundert Länder geflüchtet sind. Einige hielten sich während des Krieges in Albanien versteckt, andere hatten in Rhodesien, Betschuana- und Njassaland (heute Botswana bzw. Malawi) und in Belgisch-Kongo Zuflucht gefunden. Sie waren in jedem mittel- und südamerikanischen und fast jedem asiatischen Land zu finden.

Wahrscheinlich das letzte im nationalsozialistischen Deutschland gedruckte jüdische Buch (es kam am Vorabend der »Kristallnacht« heraus) war ein kleines Lexikon des Philo-Verlages für Auswanderungswillige. Es enthielt praktische Informationen zu den verschiedenen Ländern – Klima, Visabestimmungen, Arbeitsmöglichkeiten und ähnliches –, und fast jeder Artikel endete mit den Worten: »Wenig Möglichkeiten.« Dies war in den meisten Fällen eine Untertreibung, denn die Aussichten waren nicht nur schlecht, sondern praktisch nicht vorhanden. Doch die jungen Flüchtlinge hatten keine Wahl, sie mußten diese traurige Tatsache ebenso ignorieren wie die Briefe aus dem Ausland, in denen es zum Beispiel hieß, »daß das Klima hier für Europäer völlig ungeeignet ist, Temperaturen von 45 Grad Celsius, tropischer Regen und tropische Krankheiten«.

Flucht nach Südamerika

Nach dem Krieg wurde die Frage gestellt, warum nicht mehr Juden das Land verlassen hatten, zumal in den Jahren unmittelbar nach der »Machtergreifung«. Wir sind an anderer Stelle darauf eingegangen. Zwar stimmte es, wie Anneliese Borinski, Leiterin einer zionistischen Jugendgruppe, die Auschwitz überlebte und später Mitglied eines Kibbuz in Israel wurde, viele Jahre später schrieb, »daß wir dachten, es wäre fünf Minuten vor zwölf, dabei war es bereits zwölf vorbei«, doch die richtige Antwort geben wohl die erwähnten Kommentare im *Philo-Atlas*.

In den ersten drei bis vier Jahren ging die Emigration hauptsächlich nach Westeuropa und Palästina, 1937 bis 1939 standen Großbritannien und die USA an erster Stelle, doch nach der »Kristallnacht« im November 1938, als der Druck zum Verlassen des Landes übermächtig wurde, begann die große Verstreuung, vor allem nach Lateinamerika, Schanghai und den unwahrscheinlichsten Orten, von dem neu gegründeten japanischen Marionettenstaat Mandschuko bis zur Dominikanischen Republik, von denen die meisten, selbst die potentiellen Einwanderer, bis einige Wochen zuvor noch nie gehört hatten.

Mehr als 3500 gingen nach Argentinien und etwa die gleiche Zahl nach Brasilien und Chile, etwa 2500 nach Bolivien, 1000 nach Uruguay, 600 nach Ekuador sowie rund 3000 nach Mittelamerika. Dies sind die offiziellen Zahlen der damaligen Zeit, doch gibt es Grund zu der Annahme, daß die tatsächlichen Zahlen noch höher, wahrscheinlich sogar sehr viel höher lagen, zumindest bei manchen Ländern. Es kann als sicher gelten, daß mehr als die offiziellen 230 Flüchtlinge nach Peru und mehr als 2500 nach Bolivien gingen. Nachkriegsschätzungen zufolge suchten rund 40 000 Flüchtlinge aus Mitteleuropa Zuflucht in Argentinien, 17 000 in Brasilien und 15 000 in Chile. Die Registrierung an den Grenzen wurde alles andere als konsequent durchgeführt, und außerdem waren die Grenzen der meisten südamerikanischen Länder sehr lang und schlecht bewacht, so daß es nicht allzu schwierig war, illegal von einem Land in ein anderes überzuwechseln. Insgesamt gingen nahezu 100 000 Flüchtlinge nach Süd- und Mittelamerika, doch sind in dieser Zahl Tausende enthalten, die nicht dort blieben. Viele kamen auch nur deshalb nach Kuba und in andere zentralamerikanische Länder, um dort auf ihr Einreisevisum für die USA zu warten.

In den späten dreißiger Jahren wurde es immer schwieriger, Lateinamerika von Europa aus zu erreichen. Der Fall der »St. Louis«, die der deutschen Hapag Lloyd gehörte, ist hinreichend bekannt. Franklin D. Roosevelt spielte bei dieser Affäre eine unrühmliche Rolle; er machte sich Sorgen um seine dritte Amtszeit, wobei er von der möglicherweise richtigen Annahme ausging, daß er sich mit der Aufnahme der Flüchtlinge unpopulär gemacht hätte.

Weniger bekannt ist, daß zur gleichen Zeit, nämlich 1939, wenigstens ein Dutzend ähnliche Schiffe lateinamerikanische Häfen anzulaufen versuchten, jedoch abgewiesen wurden, weil die meisten der potentiellen Immigranten ungültige Visa hatten, das heißt, die Visa waren von korrupten lateinamerikanischen Konsuln in Deutschland und anderswo in Europa gekauft worden und wurden von jedem anderen Land in der Welt anerkannt außer von dem, für das sie ausgestellt worden waren. (Es gab allerdings auch einige Konsuln, die die Visa nicht ausstellten, um sich zu bereichern, sondern weil ihnen die Not der unglücklichen Flüchtlinge echt zu Herzen ging. Einer von ihnen war der brasilianische Konsul in Hamburg.)

Es handelte sich um die deutschen Schiffe »Königstein«, »Karibia«, »Erika«, »Iberia«, die britischen Schiffe »Cap Arcona« und »Okinia«, die portugiesische »Horazio«, die französische »Flandres« und andere. Ihre Geschichte ähnelt in gewisser Weise dem »Fliegenden Holländer« in Richard Wagners gleichnamiger Oper: das Geisterschiff, das keinen sicheren Hafen finden kann, nur daß das Grundthema der Oper die Rettung durch Liebe ist, wenigstens ganz am Ende, während den Flüchtlingen auf diesen Schiffen niemand viel Liebe entgegenbrachte. Zwar wurde dann den meisten doch irgendwo Landeerlaubnis erteilt, aber nicht aus humanitären Gründen, sondern erst nach langen Verhandlungen und nachdem jüdische Organisationen wie der Joint (und in einigen Fällen auch die Schiffsreedereien) zusätzliche Zahlungen an strategisch plazierte lokale Beamte geleistet hatten. Das einzige Schiff, das nirgendwo anlanden durfte, die »Okinia«, kehrte nach Gibraltar zurück. In einem Fall waren neunzig Flüchtlinge aus Mitteleuropa fünfzehn Monate auf See. Sie verließen Europa im Januar 1941, versuchten es vergeblich in Argentinien, Brasilien, Trinidad, Jamaika und anderen Ländern, bis ihnen schließlich die holländische Exilregierung im April 1942 die Erlaubnis erteilte, in Curaçao anzulegen.

Unter all diesen Schwierigkeiten gelangten in den Jahren nach 1938 Zehntausende Flüchtlinge nach Lateinamerika, zusammen mit Schanghai war dies die letzte Zuflucht geworden. Die Schwierigkeiten waren enorm. Ohne ausreichende Sprachkenntnisse konnten die Flüchtlinge nicht hoffen, Arbeit zu finden, doch Spanisch und Portugiesisch wurden in Mitteleuropa damals praktisch nicht gelehrt. Schätzungen der Nachkriegszeit zufolge verfügten nur fünf Prozent der Emigranten, die nach Argentinien gekommen waren, über gute Spanischkenntnisse, und selbst das dürfte übertrieben sein. Das Klima wurde von den Neuankömmlingen aus Europa oft als unerträglich empfunden, manche Städte Boliviens befanden sich in extremen Höhenlagen, andere Teile des Kontinents hatten ein tropisches Klima, oft fehlten die grundlegendsten Errungenschaften der Zivilisation, von Überlandstraßen ganz zu schweigen.

Viele der jungen Flüchtlinge hatten sich in Deutschland und Österreich in handwerklichen Berufen ausbilden lassen, von denen sie glaubten, daß sie im Aufnahmeland benötigt würden. Doch es waren oft die falschen Berufe, und die fachlich vorgebildeten Neuankömmlinge wurden von den ortsansässigen Berufskollegen als lästige Konkurrenten und Rivalen betrachtet. Daß

Ärzte, Anwälte und andere Freiberufler nicht praktizieren konnten, versteht sich von selbst. Aber nicht einmal Kaufleute konnten ins Geschäft kommen, ohne über ein gewisses Startkapital zu verfügen, das ihnen jedoch niemand zu geben bereit war.

Die lateinamerikanischen Regierungen waren zwar bereit, eine begrenzte Zahl von Landwirten aufzunehmen, doch kaum jemand unter den Flüchtlingen besaß einschlägige Erfahrungen. Einige siedelten sich in bestimmten Regionen Brasiliens wie Rolandia an, doch bereits die zweite Flüchtlingsgeneration zog größtenteils wieder weg. Erich Koch-Weser, 1919/20 Abgeordneter in der Weimarer Nationalversammlung, 1920 bis 1930 Mitglied des Deutschen Reichstags, 1919 bis 1921 Reichsinnen- und 1928 bis 1930 Reichsjustizminister, ging 1933 nach Brasilien, um Kaffee anzubauen, sein Enkel Caio Koch-Weser wurde Spitzenmanager in der Weltbank und ist heute Finanzstaatssekretär in der Regierung Schröder. Die jüdischen Institutionen in Argentinien vertraten von Anfang an die Meinung, daß eine landwirtschaftliche Betätigung nur in Gruppen sowie bei angemessener Kenntnis der Sprache, Sitten und Lebensbedingungen möglich sei. Voraussetzung für ein solches Leben war eine zweijährige Vorbereitungszeit in der Stadt, doch wenn jemand erst einmal zwei Jahre in der Stadt gelebt hatte, war ihm kaum noch danach, in eine weit entfernte, unwirtliche Gegend weiterzuziehen.

Die Regierungen standen den Flüchtlingen zumeist unfreundlich oder sogar feindselig gegenüber, es herrschte eine starke antisemitische Tradition in Südamerika, die hauptsächlich von der katholischen Kirche genährt wurde. Die meisten Staaten verhielten sich neutral im Konflikt zwischen dem nationalsozialistischen Deutschland und den Alliierten, und selbst wenn sie sich, wie Brasilien, widerstrebend der Antinazikoalition anschlossen, so hatte dies innenpolitisch keinerlei Folgen, wie der von Vargas proklamierte protofaschistische »Neue Staat« zeigte. Argentinien war das Land mit der größten jüdischen Gemeinde, aber dort waren auch die Antisemiten am aktivsten. Es gab große deutsche, oftmals nazifreundliche Kolonien in Lateinamerika, die ebenfalls ihren Beitrag zu der gegen Flüchtlinge und Juden gerichteten Propaganda leisteten.

Am schwersten wogen jedoch die psychischen Schwierigkeiten der Flüchtlinge mit der einheimischen Bevölkerung, die ihnen, besonders in den weniger entwickelten Ländern, bestenfalls exotisch und undurchschaubar, im schlimmsten Falle unsympathisch, unkultiviert, unzuverlässig und ohne jeden positiven Charakterzug erschien. (Wenigstens brachten sie keine Juden um wie die Nazis.) Während sich die Flüchtlinge in fast jedem europäischen Land sowie in Nordamerika und Palästina schnell und gründlich zu assimilieren versuchten, schien eine derartige Integration in vielen lateinamerikanischen Ländern ganz und gar unmöglich, und zwar nicht nur was die Indios, sondern auch was die weiße Bevölkerung betraf.

An einigen Orten war die Lage besser als an anderen, zum Beispiel in den urbanen Zentren Brasiliens, Argentiniens, Uruguays und Chiles. Aber selbst dort lief die Assimilation unter großen Schwierigkeiten ab, die Klasse der unterprivilegierten Weißen war zutiefst ausländerfeindlich und beäugte die neuen Flüchtlinge mit Mißtrauen, die Oberklasse strafte sie mit Verachtung, sah hochmütig auf die mittellosen Anwälte und Ärzte herab, die jetzt als Hausierer die Straßen durchstreiften, und hielt sie sich vom Leibe. Der kleinen Mittelschicht erschienen sie als Fremde und als Rivalen. Auch die wenigen Intellektuellen waren an ihnen nicht sonderlich interessiert, traditionell orientierten sie sich eher an Paris als an Berlin.

Zu den jüdischen Gemeinden vor Ort gab es ebenfalls keine engen Beziehungen. Für die ansässigen Juden osteuropäischer Herkunft waren die Deutschen und Österreicher einfach die »Jekken«, und die sephardischen Gemeinden wollten mit den »Deutschen« nichts zu tun haben; sie fürchteten, daß diese ihren prekären politischen und gesellschaftlichen Status im Lande gefährden könnten. Diese Befürchtungen waren nicht gänzlich aus der Luft gegriffen, so begann etwa die bolivianische Regierung mitten im Krieg, alle Juden zu registrieren, darunter auch jene, die zum Christentum übergetreten waren, was den aus Europa Entkommenen als böses Omen erschien.

Andererseits mangelte es den Juden zuweilen am notwendigen Takt, um unerwünschte Aufmerksamkeit und die Erregung feindseliger Gefühle zu vermeiden. So pflegten sie sich zum Beispiel auf der Plaza Murillo im Zentrum von La Paz zu versammeln und über Politik zu diskutieren, eine Art Parlament im Exil, das sofort unliebsames Aufsehen erregte. Am Ende wurde Hilfe ausschließlich von jüdischen Organisationen in den USA wie dem Joint geleistet, die als Vermittler zu den örtlichen Behörden auftraten und in den ersten Wochen und Monaten nach der Ankunft etwas materielle Hilfe gewährten.

Erfolg und Scheitern

Dies waren, im groben Überblick, die scheinbar unüberwindlichen Schwierigkeiten, die die Neuankömmlinge erwarteten. Aber auch unter diesen ungünstigen Auspizien gab es unternehmende Leute, die auf Anhieb Erfolg hatten, jedenfalls in materieller Hinsicht, einige weil sie Beziehungen zu ausländischen Banken oder multinationalen Konzernen hatten, andere weil sie bei örtlichen Firmen einstiegen und aufgrund ihrer Sprachkenntnisse und Erfahrungen auf anderen Gebieten rasch die berufliche Erfolgsleiter hinaufstiegen. Die wenigen, die Spanisch konnten und über die entsprechende Persönlichkeit verfügten, das heißt extrovertiert waren und sich rasch an die örtlichen Sitten und Gebräuche anpassen konnten, hatten einen unschätzbaren Vorteil gegenüber den anderen. Da war zum Beispiel Benno Weiser Varon, ein Flüchtling aus Wien, der das Medizinstudium kurz vor der Abschlußprüfung abgebrochen hatte. Er traf in Ekuadors Hauptstadt Quito ein und hatte das Glück, daß er eingeladen wurde, für

Lokalzeitungen zu schreiben. Binnen kurzem hatte er sich nicht nur einen Namen gemacht, sondern lernte auch einflußreiche Leute, unter anderem aus Politik und Wirtschaft, kennen.

Ein anderer interessanter Fall war Gunter Holzmann aus Breslau, der in der Tradition der deutschen Jugendbewegung aufgewachsen und ganz versessen auf Abenteuer war. Er verfügte über Grundkenntnisse der Mineralogie, verbrachte freiwillig mehrere Jahre in Bergwerkssiedlungen hoch oben in den Anden unter Indios und machte so ein kleines Vermögen. In politischer Hinsicht war er ein Exzentriker, um es gelinde auszudrücken. Nachdem er auf der extremen Rechten begonnen hatte – in Deutschland veröffentlichte er kurz vor Hitlers Machtergreifung eine Anzeige, in der er bekanntgab, daß er nichts mit der jüdischen Gemeinde zu tun hätte –, war er zuletzt ein extremer antiamerikanischer Populist, der einen Teil seines Vermögens linken Publikationen in Europa vermachte und viel Zeit damit verbrachte, nach indianischen Heilmitteln für rheumatische Beschwerden zu suchen, was leider mißlang, so daß er weder sich selbst noch anderen helfen konnte.

Eine dritte Erfolgsgeschichte an einem unwirtlichen Ort und unter widrigen Bedingungen ist die von Werner Guttentag Tichauer, der 1939 im Alter von neunzehn Jahren nach Bolivien kam. Er hatte keinen Beruf gelernt, der ihm in La Paz oder Cochabamba von irgendwelchem Nutzen sein konnte, war jedoch so klug, zu bemerken, daß ein großer Bedarf an Büchern – sowohl spanischen wie ausländischen – bestand. Der kleine Laden, den er aufmachte, vergrößerte sich im Laufe der Jahre, er leistete bahnbrechende Arbeit für die Bolivianische Nationalbibliographie und die Enciclopedia Boliviana und konnte in den neunziger Jahren sogar noch sein Konterfei auf einer Briefmarke seines Gastlandes sehen, auf der er als Säule der Entwicklung der bolivianischen Kultur verewigt worden war.

Man kann wohl allgemein sagen, daß viele Flüchtlinge mehr Initiative an den Tag legten als die Einheimischen und daß diejenigen, denen es auf die eine oder andere Weise gelang, ins Geschäft zu kommen, auch Erfolg damit hatten. Doch in der Mehrheit der Fälle wollte die nächste Generation nicht mehr im elterlichen Betrieb arbeiten, die Namen blieben zwar, doch die Geschäfte wechselten den Besitzer, und die Söhne und Töchter betätigten sich auf anderen Gebieten und gingen oft auch in andere Länder.

Glück hatte, wer bei der Ankunft noch jung genug war, um in der neuen Heimat die Schule zu besuchen und so bald fließend Spanisch oder Portugiesisch zu sprechen. Es gab einige ausgezeichnete Bildungsanstalten wie die Pestalozzischule in Buenos Aires. An anderen Orten vermittelten amerikanische und Missionarsschulen eine angemessene Schulbildung. Doch selbst in Chile hatten Eltern Probleme, wenn sie nicht in der Hauptstadt lebten. In katholische und deutsche Schulen wurden Flüchtlingskinder oft nicht aufgenommen, und es gibt Berichte über erniedrigende Erlebnisse, selbst wenn, wie in Peru, das nichtjüdisch-deutsche Element fehlte. Eine deutsche Dame, die seit 1938 in Peru gelebt hatte, erinnerte sich im Alter an die Schulzeit ihrer Tochter in einer englischen Sprachschule (The Cambridge House) und in einer Ursulinenschule. In gewisser Weise waren dies für ihre Tochter die glücklichsten Jahre, sie wurde häufig von ihren Klassenkameraden eingeladen, die der Aristokratie der Stadt angehörten, alle waren nett zu ihr. Doch sie wären nie auf den Gedanken gekommen, das Flüchtlingsmädchen zu Hause zu besuchen, und als sich ihre Wege trennten, verloren sie jegliches Interesse an ihr. Die Freunde, Jungen wie Mädchen, waren lebhaft und liebenswert, aber auch unzuverlässig und oberflächlich. Die Flüchtlinge brauchten Jahre, bis sie verstanden, daß »*mi casa – su casa*« (»mein Haus ist Ihr Haus«) sogar noch weniger bedeutete als wenn man in Amerika sagt: »*You must come and see us one day.*« Und so hatte die Tochter dann einen Amerikaner geheiratet und war mit ihm in die Vereinigten Staaten gegangen.

Die Mutter, die diese Geschichte erzählte, urteilte wenig schmeichelhaft über die Peruaner, die sie kennengelernt hatte.

Mit sehr wenigen Ausnahmen hatte sie bei ihnen keine Treue, keine Dankbarkeit gefunden, nur Verlogenheit und Unehrlichkeit, eine große Ignoranz, die nur allzuoft in kolossale Selbstgefälligkeit ausartete. Vielleicht war sie überempfindlich, vielleicht legte sie zu hohe Maßstäbe an. K. M., die lange in Chile lebte und ihr späteres Leben zwischen Israel und Deutschland aufteilte, empfand die Jahre in Santiago im nachhinein als glückliche Zeit. Sie verließ das Land nur deshalb, weil ihre Söhne im Ausland studierten und dort blieben. Und sie waren nicht die einzigen.

Es gibt viele Belege dafür, daß sich die große Mehrheit der Flüchtlinge nie in diese Gesellschaft integrierte. Egon Schwarz berichtet, daß er in all den Jahren, die er in Bolivien verbrachte, nie von einer einheimischen Familie nach Hause eingeladen wurde. Als sie später von dem US-Historiker Leo Spitzer, der selbst in La Paz geboren war, nach ihren ersten Eindrücken bei der Ankunft befragt wurden, erwähnten die ehemaligen Flüchtlinge den Gestank in den Straßen sowie die Tatsache, daß alle, Männer wie Frauen, schwarz gekleidet waren. Doch wiederum erklärten viele, die nach dem Krieg Bolivien den Rücken kehrten, daß sie dem Land auf ewig dankbar dafür seien, daß es sie überhaupt eingelassen hatte, daß sie es gern noch einmal besuchen und die köstlichen *salteñas* – ein pikanter Vormittags-Snack – probieren würden. So sagte etwa Liesl Lipczenko, die La Paz 1951 verlassen hatte, sie fühle immer noch eine starke Bindung und sogar Sehnsucht nach La Paz, wo ihr alles so vertraut vorkomme. Für Wien, wo sie ursprünglich herstammte, hegte sie solche Gefühle nicht.

In späteren Jahren, den Sechzigern und Siebzigern, begannen sich die alten Traditionen, der koloniale Lebensstil zu ändern, in der Mittel- und Oberklasse ganz Lateinamerikas wurden die Sitten und Gebräuche freier. Doch bis dahin war die junge Flüchtlingsgeneration schon in mittleren Jahren, für sie kamen die Veränderungen zu spät und hatten kaum noch Einfluß auf ihr gesellschaftliches Leben.

Von denen, die in den dreißiger Jahren nach Lateinamerika

kamen, konnten nur wenige es sich leisten, an einer Universität zu studieren, und begannen daher, sich auf verschiedenen Gebieten geschäftlich zu betätigen. Die meisten brachten es damit zu bescheidenem Erfolg, jedoch nur gemessen an dem niedrigen Niveau ihrer Gastgeberländer, eine Minderheit verarmte und verschwand aus dem Blickfeld, eine noch kleinere Minderheit hatte großen Erfolg, aber selbst sie konnte sich selten in die örtliche Gesellschaft integrieren. Es kam zwar zu »Mischehen«, in den Andenstaaten jedoch selten. Die junge Generation ging nicht in die Politik, ein paar machten Karriere auf Lokalebene, auf nationaler Ebene waren sie weder erwünscht, noch neigten sie aufgrund ihrer Erfahrungen in Europa dazu, dort ihr Glück zu versuchen.

Wie immer gab es auch hier ein paar Ausnahmen wie Ernesto Kroch in Uruguay, doch war das Ergebnis in den meisten Fällen eher schmerzhaft. Kroch mußte seine angenommene Heimat für Jahre verlassen, und sein Sohn saß noch länger im Gefängnis. Boris Goldenberg, einer der jüngsten SAP-Führer in deren Pariser Exil, ging nach Kuba und spielte in der dortigen Politik eine untergeordnete Rolle bei der legalen Linken. Doch auch er verließ Havanna in den sechziger Jahren und kehrte nach Deutschland zurück, wo sein Waffengefährte Willy Brandt inzwischen als Regierender Bürgermeister von Berlin, Bundesvorsitzender der SPD und Kanzlerkandidat eine einflußreiche Stellung einnahm. Ulli Neisser wiederum heiratete im peruanischen Arequipa in die lokale Aristokratie, konvertierte und wurde zweimal zum Bürgermeister der Stadt gewählt.

Unter denen, die nach Deutschland zurückkehrten, befanden sich nicht nur Männer und Frauen der Linken, sondern auch andere, wobei der kurioseste Fall vielleicht der von Pater Paulus Gordan ist. In Berlin geboren, hatte er dort sowie in Breslau und Paris Philosophie und Theologie studiert. Aufgrund einer geistlichen Offenbarung, die ihm vor seinem zwanzigsten Geburtstag zuteil wurde, und vielleicht unter dem Einfluß seines Freundes Georges Bernanos war er zum Katholizismus konvertiert und in den Benediktinerorden eingetreten. Nachdem Hitler an die Macht gekommen war, hatte ihn sein Abt in ein Kloster in Brasilien geschickt. 1948 kehrte er ins Kloster Beuron zurück und wurde Chefredakteur des internen Benediktiner-Journals *Erbe und Auftrag*. Er beendete seine Karriere als Abtprimas des Ordens in Rom und verstarb 1998 in seiner Abtei.

Wenn sich die jüngeren Flüchtlinge politisch engagierten, so taten sie dies am ehesten bei den örtlichen – teils kommunistischen, teils nichtkommunistischen – freien deutschen und österreichischen Gruppierungen. Einige dieser politisch Aktiven kehrten nach dem Krieg nach Deutschland zurück, doch bei der großen Mehrheit war das Interesse an der einstigen Heimat geschwunden, und wer sich weiterhin engagierte, tat dies meistens in Richtung Israel.

Wenn die Flüchtlinge engere gesellschaftliche Kontakte zu Kollegen und Nachbarn zu knüpfen versuchten, war dies ein mühseliges, nur selten von Erfolg gekröntes Unterfangen. Im Laufe der Zeit gründeten sie ihre eigenen religiösen Gemeinden und Synagogen, Gesellschaftsclubs, Altersheime, Sportvereine, Sonntagsschulen, Freimaurerlogen (wie die Spinoza-Loge in Mexiko), sogar deutschsprachige Zeitschriften und Theater, in São Paulo auch eine Pfadfinderorganisation. Engere Beziehungen zu den Gemeinden der osteuropäischen und sephardischen Juden gab es nicht, außer in Zeiten der Bedrängnis; die früher Gekommenen besaßen, um nur ein Beispiel zu nennen, ein Monopol auf die Bestattungsgesellschaften und Friedhöfe, und die Neuankömmlinge mußten in dieser Beziehung mit ihnen kooperieren.

Für einige Angehörige der jüngeren Flüchtlingsgeneration wurde Lateinamerika zur neuen Heimat, vor allem wenn es sich um eines der entwickelteren Länder handelte. Für andere stellte es nur eine Zwischenstation dar, und als der Krieg zu Ende war und man wieder reisen konnte, gab es eine neue Reisewelle oder, genauer gesagt, mehrere Reisewellen. Die große Mehrheit der Flüchtlinge, die während des Krieges in Bolivien, Paraguay, Peru und Kolumbien gelebt hatten, verschwand wieder von dort. Weniger als tausend Juden blieben in Paraguay, Bolivien und Ekuador zurück. Die meisten gingen nach Argentinien, wer konnte, in die Vereinigten Staaten. Ein paar hundert, zumeist ältere Leute oder politische Emigranten, kehrten nach Deutschland zurück; viele tausend aus allen lateinamerikanischen Ländern, vorwiegend junge Leute, gingen nach Israel.

Einst hatte es in Rio, São Paulo und Porto Allegre sowie in Buenos Aires, Montevideo und Santiago blühende deutsch-jüdische Gemeinden gegeben. In Brasilien konnten die deutschsprachigen Gemeindeblätter während des Krieges nicht erscheinen, weil Brasilien der Koalition gegen die Achsenmächte angehörte. (Argentinien trat ihr erst wenige Monate vor Kriegsende bei.) Darüber hinaus begrüßten die Rabbiner in Rio und São Paulo den Trend zur »Brasilianisierung«. Nach dem Krieg erschienen die deutschsprachigen Mitteilungsblätter wieder, doch die Auflagen gingen zurück. Am Ende erschien das Mitteilungsblatt von São Paulo zu 95 Prozent auf portugiesisch, nur noch eine winzige Rubrik auf deutsch. Die jüngere Generation war mit dem Portugiesischen besser vertraut, und außerdem waren den Gemeinden neue Mitglieder beigetreten, die nicht deutsch-jüdischer Herkunft waren. Die Gemeindeblätter in La Paz und Bogotá behielten noch lange ihre deutschen Namen, doch der Inhalt war größtenteils spanisch.

In den fünfziger Jahren wurde eine Dachorganisation der deutsch-jüdischen Gemeinden aller größeren südamerikanischen Länder gegründet: CENTRA veranstaltete Konferenzen und Seminare sowie Sommerlager für die jüngere Generation und versuchte im übrigen, die jüdische Kultur und Tradition zu pflegen, beteiligte sich sogar an der Gründung eines Rabbinerseminars in Buenos Aires. Nach zwanzig Jahren jedoch war CENTRA aufgrund der zunehmenden Integration des deutsch-jüdischen Elements in diesen Ländern praktisch nicht mehr aktiv.

In den neunziger Jahren waren die zwei südamerikanischen Länder mit größeren jüdischen Gemeinden Argentinien und Brasilien, dort zumal der Großraum São Paulo. Doch vom deutschjüdischen Element war nicht allzuviel übriggeblieben. Einst hatte es nicht nur neue religiöse Gemeinschaften gegeben, besonders in Belgrano, dem Stadtteil von Buenos Aires, in dem sich etwa die Hälfte der deutsch-jüdischen Flüchtlinge niedergelassen hatte, sondern auch kulturelle und philanthropische Gesellschaften, es gab eine Theodor-Herzl-Gesellschaft und eine religiös-kulturelle Gruppe namens Lamrot Hakol (»Trotz allem«), ganz zu schweigen von Sportvereinen wie Bar Kochba. Die religiösen Gemeinschaften existierten noch Jahrzehnte später, aber der Großteil der Vereine und sonstigen Organisationen war verschwunden oder hatte sich inhaltlich verändert. Die zweite Generation der Flüchtlinge hatte sich recht häufig für eine akademische Karriere entschieden, war jetzt aber ebensooft in den Vereinigten Staaten und in Israel wie in den Städten Lateinamerikas zu finden. Sowohl die ältere als auch die jüngere Generation dachte oft mit Sehnsucht an das bunte Leben in Südamerika zurück, doch war die Sehnsucht nicht groß genug, um auch nur einen Augenblick die Rückkehr in Erwägung zu ziehen. Dabei bildeten allerdings Argentinien und Brasilien wiederum eine Ausnahme.

Den Flüchtlingen aus Mitteleuropa war es in diesen beiden Ländern nicht schlecht ergangen. Als die jüngeren von ihnen in den achtziger Jahren nach ihrer wirtschaftlichen Lage gefragt wurden, bezeichneten 78 Prozent sie als gut oder sehr gut, und nur drei Prozent als schlecht.

Wiedergutmachungszahlungen aus Deutschland hatten in Lateinamerika eine größere Wirkung als in Europa oder den Vereinigten Staaten, doch hatte die jüngere Generation weniger davon. Gefragt, ob sie sich Argentinien zugetan fühlten, antwortete nur eine winzige Minderheit mit »nein«, mehr als neunzig Prozent sagten »ja« oder »ja, zum Teil«. Bei der Frage nach der Staatsangehörigkeit stellte sich jedoch heraus, daß sich rund vierzig Prozent nie hatten einbürgern lassen und keinen argentinischen Paß besaßen. Um Erläuterung gebeten, erklärte einer der Flüchtlinge, daß Einbürgerung keine Gleichheit vor dem Gesetz mit sich brächte. Vielmehr ginge aus dem Paß hervor, daß der Halter kein Argentinier von Geburt sei, und somit blieben ihm entweder kraft Gesetzes oder aufgrund von Traditionen die höheren Ränge einer Verwaltungslaufbahn verschlossen.

Wartesaal Schanghai

Wenn die lateinamerikanischen Länder ein Obdach zumindest für die Dauer des Zweiten Weltkrieges boten, so konnte in Schanghai noch nicht einmal von einem Obdach die Rede sein, sondern allenfalls von einem dubiosen Warteraum ohne jeglichen Komfort. Doch es war der einzige Ort auf der Welt, für den kein Visum benötigt wurde; infolge der japanischen Invasion in China war dort ein gesetzlicher Leerraum entstanden, eine Art Niemandsland. Die Japaner waren die eigentlichen Herren, doch zogen sie es vor, zumindest bis Pearl Harbor, sich nicht allzusehr in die Verwaltungsangelegenheiten Schanghais einzumischen. Gleichzeitig wurde dieser für einen Flüchtling aus Europa höchst ungewöhnliche Ort, besonders nach den Novemberpogromen von 1938, zur letzten Hoffnung. Zehntausende waren nach der »Kristallnacht« in Konzentrationslagern interniert worden, und die Gestapo gab bekannt, daß sie nur wieder freikämen, wenn sie innerhalb von Tagen oder höchstens Wochen aus Deutschland verschwinden würden. Da es praktisch unmöglich war, so kurzfristig ein Visum zu bekommen, bot Schanghai für viele Familien die einzige Alternative. Während die Auswanderung nach Frankreich und England, aber auch in viele neutrale Länder mit Ausbruch des Kriegs praktisch unmöglich wurde, war es immer noch möglich, in den Fernen Osten zu reisen, zuerst mit der italienischen Schiffahrtslinie Lloyd Triestino durch den Suezkanal und nach Kriegseintritt Italiens mit der Transsibirischen Eisenbahn durch die Sowjetunion.

Und so gelangten in den Monaten kurz vor und kurz nach Kriegsausbruch fast zwanzigtausend Flüchtlinge in den Fernen Osten, einige blieben an Orten wie Harbin in der Mandschurei und Tientsin, doch die große Mehrheit richtete sich in Schanghai ein. Zu sagen, daß sie mit gemischten Gefühlen in den Fernen Osten aufbrachen, wäre eine Untertreibung, nur zu oft war es ein Akt der Verzweiflung. Nicht so für die Jungen, die sich um Geld und mögliche Einkommensquellen keine Sorgen machten. So beschrieb Michael Blumenthal, damals dreizehn, viele Jahre später die tiefe Krise, der sich seine Eltern auf der Reise nach Schanghai ausgesetzt sahen. Es war ihnen unangenehm, Juden zu sein, und als Deutsche waren sie zutiefst verunsichert. Sie blieben der deutschen Kultur verbunden und sehnten sich nach den angenehmen Lebensumständen, die sie hatten aufgeben müssen. Doch für den kleinen Michael war es der Beginn eines großen Abenteuers, neuer Erfahrungen und seltsamer, exotischer Eindrücke.

Wie Inge Nussbaum berichtet, hatte ihre Mutter, nachdem der Vater ins KZ eingeliefert worden war, Haus und Eigentum verkauft und von dem Erlös Fahrkarten für elf Familienmitglieder gekauft, was viele ihrer Freunde für Wahnsinn hielten.

Das Schanghai der Flüchtlinge bestand damals aus drei Sektoren. Frenchtown, das französische Konzessionsgebiet, war am hübschesten, am elegantesten und teuersten und daher nur für diejenigen erschwinglich, die entsprechende Mittel mitbrachten. Als nächstes kam die Internationale Siedlung, doch die meisten Flüchtlinge mußten mit Hongkew, dem Viertel um den »Neuen Kurfürstendamm«, vorliebnehmen. Dies war eine ärmliche Gegend, die außerdem unter den Kämpfen bei der Eroberung durch die Japaner gelitten hatte. Dennoch hatte die Husan Road, einst eine typisch chinesische Straße, nach kurzer Zeit – in den Worten Laura Margolins, einer Vertreterin des Joint – das Aussehen einer kleinen Straße in Wien mit Delikatessenläden und Straßencafés.

Es gab deutschsprachige Zeitungen wie die *Gelbe Post*, die *Shanghai Woche* und die *Shanghai Morgenpost*, Theateraufführungen und sogar eine Miss-Schanghai-Wahl. Unter den Flüchtlingen befanden sich 80 Schauspieler, 33 Sänger und jede Menge Tänzer und andere professionelle Bühnendarsteller. Doch wer konnte die Delikatessen und die Zeitungen, die Eintrittskarten für das Theater und für die Konzerte des Städtischen Symphonieorchesters Schanghai bezahlen? Wer sollte für den Unterhalt der Lehrer, Schauspieler und Rabbiner aufkommen?

Dies ist eines der großen Geheimnisse in den Annalen der Emigration, denn die Flüchtlinge waren fast ausschließlich auf ihresgleichen angewiesen, und die große Mehrheit war mittellos. 75 Prozent benötigten finanzielle Unterstützung, etwa ein Viertel lebte in Heimen, für die die amerikanischen Hilfsorganisationen aufkamen. Dort ging es beengt und kärglich zu, zu essen gab es nur das zum Überleben Notwendige. Nach Pearl Harbor wurden zudem die Vertreter der amerikanischen Hilfsorganisationen verhaftet, so daß auch diese Hilfsquelle versiegte. Und trotzdem: Wenn auch manchmal der Magen knurrte, so mußte doch niemand verhungern.

Die »Schanghailänder«, wie sie genannt wurden, zeigten unglaublichen Einfallsreichtum, wenn es darum ging, ein wenig Geld zu verdienen, denn schließlich gab es eine nach Zehntausenden zählende (nichtjüdische) Ausländerkolonie, und da saß einiges Geld. Andere ließen sich mit chinesischen und japanischen Firmen ein und kamen so über die Runden. Ernest Heppner, der 1939 als junger Mann von achtzehn Jahren angekommen war, arbeitete erst als Verkäufer in einem Spielzeugladen, später verkaufte er Bücher und stellte – vor Pearl Harbor – fest, daß amerikanische Seeleute seine besten Kunden waren, die Lehrbücher und andere ernsthafte Literatur kauften, so daß er seinen Bestand jedesmal auffüllen mußte, wenn eine Gruppe von ihnen seinem Laden einen Besuch abgestattet hatte. Später arbeitete er für eine Firma, die Schreibmaschinen verkaufte und wartete, und diese Beschäftigung sollte ihm wiederum bei seinen ersten Schritten in den Vereinigten Staaten behilflich sein. Illo, seine Freundin und spätere Ehefrau, aus Berlin gebürtig und zwei Jahre jünger als er, konnte Englisch, Französisch und Stenographie und war daher als Sekretärin gefragt.

Die Flüchtlingskinder im schulpflichtigen Alter besuchten die Horace Kadoorie School – eigentlich waren es mehrere Schulen –, die von dem jüdischen, ursprünglich aus Bagdad stammenden Multimillionär dieses Namens gegründet worden war und unterhalten wurde, dessen Familie seit über einem Jahrhundert in Schanghai lebte und viel für die Glaubensbrüder aus Europa tat. Die Schule wurde später aus ihrem Gebäude vertrieben und der Unterricht über ein Jahr lang unterbrochen, doch solange sie existierte, vermittelte sie ein Wissen, von dem die Schüler sehr profitierten – viele von ihnen schlugen in späteren Jahren eine akademische Laufbahn ein.

Die Lage verschlimmerte sich dramatisch im Mai 1943, als die Japaner die Flüchtlinge in einem etwa 2,6 km^2 großen Getto in Hongkew einschlossen, das sie nur mit einer Sondererlaubnis verlassen konnten. Dies verursachte zusätzliche Härten, und um allem die Krone aufzusetzen, warfen US-Bomber, die eigentlich ein nahe gelegenes japanisches Flugfeld anvisiert hatten, ihre Bomben statt dessen über dem Getto ab. Unter den Opfern befand sich auch der Leiter der jüdischen Gemeinde.

Die Befreiung kam mit dem Waffenstillstand im August 1945, doch die meisten Flüchtlinge mußten noch drei Jahre und länger in Schanghai bleiben. Tschiang Kai-schek verkündete, er werde alle deutschen und österreichischen Flüchtlinge abschieben, und die Politik der Kommunisten war auch nicht besser. Die in Schanghai stationierte US-Marine und -Armee wurden zu einem der wichtigsten Arbeitgeber für die Flüchtlinge, doch bedeutete dies nicht, daß sie in den Vereinigten Staaten willkommen waren. Wer enge Verwandte in Amerika hatte, konnte einen Einreiseantrag stellen, und die jungen orthodoxen Juden und ihre Rabbiner, die in Washington die stärkste Lobby hatten, gehörten zu den ersten, die Schanghai verlassen konnten.

Ein beträchtlicher Teil der Flüchtlinge ging nach Australien, einige auch nach Israel, wobei der Anteil russischer Juden, die nach Israel gingen, größer war als der Anteil derjenigen, die aus Mitteleuropa stammten. Die meisten waren bis dahin nicht einmal Zionisten gewesen. Als der israelische Staat proklamiert wurde, löste dies große Freude aus, aber es war auch klar, daß es im Nahen Osten Ärger mit den Nachbarn geben würde; und was sich die »Schanghailänder« vor allem wünschten, das war, endlich in Ruhe und Frieden leben zu können. Viele hundert kehrten auch nach Deutschland und Österreich zurück, aber Wunschziel der meisten blieb Amerika.

Doch Amerika war trotz allem, was während des Zweiten Weltkriegs geschehen war, immer noch nicht bereit, seine restriktive Einwanderungspolitik aufzugeben. Unter Vorsitz von Pat McCarran wurden im Senats-Justizausschuß neue Gesetze mit dem Ziel vorbereitet, Displaced persons, von denen es bei Kriegsende etwa 8,5 Millionen gab, in den Vereinigten Staaten aufzunehmen, doch wurden die Juden dabei benachteiligt. Einige durften nicht einreisen, weil sie in Polen geboren waren und die polnische Quote winzig war, andere, weil ihre gesundheitlichen Probleme die Ausstellung eines Visums verhinderten. 1948 mußte die Hälfte der zurückgebliebenen Flüchtlinge immer noch – oder schon wieder – finanziell unterstützt werden. Einige von denen, die auf der »General Gordon« in die Vereinigten Staaten gelangt waren, wurden auf ein Jahr wieder ausgewiesen und mußten diese Zeit in Flüchtlingslagern in Deutschland verbringen, bevor sie wieder einreisen durften.

1952 hatte sich dann die jüdische Gemeinde in Schanghai endgültig aufgelöst, irgendwie hatte sich auch für die härtesten Fälle irgendwo ein Platz gefunden. Von denen, die in die Vereinigten Staaten gingen, siedelten sich viele, wenn nicht die meisten an der Westküste an. Als China 1980 seine Grenzen für Touristen öffnete und genügend Zeit verstrichen war, um die Leiden, Erniedrigungen und Katastrophen zu vergessen, kamen ehemalige »Schanghailänder« zu sentimentalen Besuchen nach Schanghai. Über die Stadt, die so vielen während des Krieges wenn auch noch so armseligen Schutz geboten hatte, wurden Dokumentarfilme gedreht und Romane geschrieben. Die »Oldtimer« trafen sich zu jährlichen Kongressen, auf denen sie der alten Zeiten gedachten, die zwar niemand als »gute« alte Zeiten bezeichnet hätte, die aber dennoch ein Band zwischen ihnen geschaffen hatten, das selbst bei den Jüngsten ein Leben lang halten sollte.

Orientalische Gastfreundschaft

Es gab noch weitere Länder, die vorübergehend Zuflucht boten. Eines davon war die Türkei, die insofern eine Sonderstellung einnahm, als die türkische Regierung eine erlesene Zahl von Flüchtlingen einlud. Bei diesen handelte es sich fast ausschließlich um Universitätsdozenten, Ärzte, Wissenschaftler und ein paar andere mit besonderen Qualifikationen wie Ernst Reuter, der sich nach dem Krieg als sozialdemokratischer Oberbürgermeister von Berlin der Übernahme der Stadt durch die Sowjets widersetzte. Genauer gesagt, waren diejenigen, die in die Türkei gingen, größtenteils keine Juden, sondern christliche »Nichtarier«, das heißt »Halbjuden« im Sinne der Nürnberger Rassengesetze, konvertierte Juden oder Deutsche, die mit jüdischen Frauen verheiratet waren.

Das akademische Leben in der Türkei hatte sich traditionell an Deutschland orientiert, die Türken hielten größere Stücke auf die deutschen Wissenschaften als auf die jedes anderen Landes und waren froh, die Gelegenheit beim Schopf ergreifen und einige weltbekannte Persönlichkeiten aus Forschung und Lehre einladen zu können, die beim Aufbau der türkischen Universitäten mithelfen und auch auf anderen Gebieten Hilfestellung geben sollten. Und so fanden sich etwa dreihundert zur Flucht verurteilte Akademiker mit ihren Familien ein, um in Istanbul und Ankara zu lehren oder zu arbeiten. Die Arbeits- und Lebensbedingungen waren nicht gerade ideal, doch wenigstens konnten die Betreffenden mit der Arbeit auf ihrem Fachgebiet fortfahren, was den Flüchtlingen in den meisten anderen Ländern häufig nicht möglich war. Während anderswo Hunderttausende Juden verfolgt wurden, konnte Erich Auerbach ungestört sein Hauptwerk »Mimesis« über die Entwicklung des Realismus in der europäischen Literatur schreiben, nur durch das primitive Bibliotheksangebot behindert.

Die türkischen Behörden wollten natürlich, daß die ausländischen Gäste »einheimische Kader« ausbildeten, die nach und nach ihren Platz einnahmen; daher waren die Einladungen auf wenige Jahre beschränkt. Doch sie hätten sich keine Sorgen zu machen brauchen, denn bei aller Dankbarkeit gegenüber der Türkei dachte eigentlich niemand daran, ewig im Lande zu bleiben. Manche emigrierten noch vor Ausbruch des Krieges in die Vereinigten Staaten und andere Teile der Welt, andere verließen die Türkei so bald wie möglich nach Kriegsende. Nicht alle bewahrten sich glückliche Erinnerungen; die meisten derjenigen, die während des Krieges ihre deutsche Staatsangehörigkeit verloren hatten, wurden von den türkischen Behörden ins tiefste Anatolien abgeschoben, wo die Lebensumstände gerade noch erträglich waren.

Für die jüngeren Flüchtlinge war das Leben in der Türkei auch nicht leicht, weil sie von den Türken nur wegen ihrer Eltern aufgenommen worden waren. Passende Ausbildungs- und Arbeitsmöglichkeiten zu finden war schwierig, einige, wie Dankwart Rüstow, Sohn des bekannten Soziologen Alexander Rüstow, wurden Türkei-Experten aufgrund ihrer Sprachkenntnisse; Edzard Reuter, Jahrgang 1928, der Sohn von Ernst Reuter, studierte nach dem Krieg Jura und brachte es bis zum Vorstandsvorsitzenden von Mercedes-Benz; Kurt Laqueur ging in den diplomatischen Dienst der neu gegründeten Bundesrepublik Deutschland. 1960 befanden sich nur noch wenige Flüchtlinge in der Türkei, und in den Jahren darauf verschwanden sie ganz von der Bildfläche.

In Indien wurden jüdische Flüchtlinge, wie berühmt sie auch sein mochten, nicht zu Ehrengästen erhoben. Die Behörden in New Delhi wollten sie nicht, der Indische Nationalkongreß (INC), die Partei Mahatma Gandhis, brachte zwar gelegentlich sein Mitgefühl zum Ausdruck, wollte sie aber ebensowenig, weil man entweder antizionistisch war oder, um genauer zu sein, befürchtete, daß selbst die Aufnahme einer kleinen Anzahl von Flüchtlingen die Moslem-Politiker provozieren könnte. Nehru allerdings überredete den Indian Medical Council zur Anerkennung europäischer Qualifikationen auf medizinischem Gebiet, so daß die Ärzte unter den Flüchtlingen in Indien praktizieren konnten. Ali Jinnah, führender Vertreter der Muslimliga, widersetzte sich der Aufnahme jüdischer Flüchtlinge wegen des Plans der Zionisten, in Palästina einen eigenen Staat zu gründen. In einem berühmt gewordenen Brief an Martin Buber riet Gandhi den deutschen Juden, sich ruhig zu verhalten und im Einklang mit seiner Satyagraha-Doktrin gewaltlos Widerstand zu leisten. Gandhi hatte einige deutsch-jüdische Schüler, die sich ihm in Indien angeschlossen hatten und ihm zu erklären versuchten, daß die Lage in Deutschland nicht mit der in Indien zu vergleichen sei, daß die Juden nicht nach Hunderten von Millionen zählten, doch es nutzte nichts.

Es läßt sich kaum ausloten, warum man die Aufnahme einiger weniger Juden mit Schlagworten wie Zionismus und Palästina verhindern wollte, denn diejenigen, die nach Indien kommen wollten, waren keine Zionisten. Im Gegenteil, wenn man ihnen Zuflucht geboten hätte, wäre der Druck, einen jüdischen Staat zu errichten, vermindert worden. Doch Logik sucht man hier wohl vergebens, Tatsache ist, daß jüdische Flüchtlinge unerwünscht waren.

Andererseits war das Land so groß, daß die Ankunft von tausend Flüchtlingen schließlich kaum zur Kenntnis genommen wurde. Ärzte, Zahnärzte, ein paar Wissenschaftler, Techniker und einige andere fanden vorübergehend Zuflucht in Indien. Sie hatten ihre Familien mitgebracht und verbrachten die Kriegsjahre dort. In Bombay wurde eine Jewish Relief Organization ins Leben gerufen, die die Flüchtlinge ermahnte – wie derartige Institutionen in anderen Teilen der Welt es ebenfalls taten –, »auffallendes Benehmen« zu vermeiden.

Die Flüchtlinge richteten sich zwar danach, wurden aber trotzdem nicht besonders gut behandelt, bald nach Ausbruch des Krieges wurden die meisten von ihnen zusammen mit richtigen Nazis in Ahmadnagar, 200 Kilometer östlich von Bombay, interniert. Der Physiker Max Born, der Lehrer Werner Heisenbergs und zukünftiger Nobelpreisträger, mußte sich von einem ortsansässigen Briten (dessen Name der Nachwelt leider nicht überliefert ist) anhören, daß ein zweitklassiger Wissenschaftler, der aus seinem eigenen Land davongejagt worden sei, es nicht verdiene, am indischen Wissenschaftsinstitut in Bangalore beschäftigt zu werden. Bald darauf wurde er nach Cambridge berufen, wo er nicht als zweitklassiger Wissenschaftler angesehen wurde.

Es gab die üblichen tragikomischen Situationen, bei denen die Behörden über ihre eigenen Beine stolperten. Ein junger Anwalt aus Berlin, der zu Beginn des Krieges Straßenarbeiten in Burma beaufsichtigte, wurde von der britischen Armee übernommen und brachte es zum Oberleutnant. Als die britischen Truppen vor den heranrückenden Japanern zurückwichen, wurde er in Kalkutta als »feindlicher Ausländer« verhaftet, bald aber wieder freigelassen und mit dem Burma Cross Erster Klasse ausgezeichnet. Als er dann in Bombay ankam, wurde er zum zweiten Mal verhaftet, doch als die Behörden sein Burma Cross sahen (davon waren damals erst wenige verliehen worden), auch diesmal wieder freigelassen.

Als der Krieg vorüber war, verließen die Flüchtlingsfamilien das Land. Alex Aronson, der Deutschland als Student verlassen, sein Studium in Cambridge fortgesetzt und den Krieg an Rabindranath Tagores philosophisch-pädagogischer Schule in Bengalen verbracht hatte, stieß in Palästina zu seiner Familie und wurde später Dozent an der Hebräischen Universität. Ein paar Exzentriker blieben nach dem Krieg in Indien; Anita Desai schildert in dem Roman *Baumgartners Bombay* das Schicksal eines dieser Unglücklichen. Er wurde von seinen Nachbarn als harmloser Irrer akzeptiert, dann aber von einem deutschen Hippie ermordet, dem er in seiner Herzensgüte Obdach geboten hatte.

Mauritius – Tropisches Paradies

Bei weitem das seltsamste »Wartezimmer« war die Insel Mauritius. Die Saga der Mauritius-Flüchtlinge begann in den Monaten nach Kriegsbeginn, Hauptakteure waren deutsch-jüdische Organisationen, ein windiger Wiener Geschäftsmann namens Storfer und die von Adolf Eichmann geleitete Gestapo-Abteilung für jüdische Auswanderung. Allesamt hatten, wenn auch aus unterschiedlichen Gründen, ein lebenswichtiges Interesse daran, daß möglichst viele Juden Deutschland und Österreich verließen, obwohl die Emigration inzwischen unendlich schwierig geworden war. Der Transport sollte, wie geplant, aus 3600 Personen bestehen. Viele hatten Visa für lateinamerikanische Länder, manche echt, die meisten Schwindel, doch es gab die stillschweigende Übereinkunft, daß die Reise nach Palästina gehen sollte. Flüchtlinge aus Berlin (etwa fünfhundert), Danzig, Wien, Prag und einige Juden aus Polen sollten gruppenweise an einem Punkt in der Gegend von Preßburg zusammenkommen, die Donau hinunter zum Schwarzen Meer transportiert werden und von dort durch den Bosporus und das Ägäische Meer an die Gestade Palästinas gelangen.

Es kam zu endlosen Verzögerungen, während des Winters konnten die gekauften Schiffe nicht die Donau befahren, später zeigte sich, daß umfangreiche Reparaturen notwendig waren. Am 28. August 1940 schließlich brachten vier relativ kleine Dampfer die Passagiere nach Tulcea, einem rumänischen Hafen an der Donaumündung, wo sie auf etwas größere, hochseetüchtige Schiffe, die »Atlantic«, die »Pacific« und die »Milos«, umstiegen. Alle drei Schiffe waren stark überladen, es gab nicht genug Trinkwasser, die Seeleute waren fast jeden Abend betrunken, das einzige Radiogerät funktionierte nicht, alle paar Tage ging die Heizkohle aus, und es war kein Geld vorhanden, um in türkischen oder griechischen Häfen welche zu kaufen. Dennoch überlebten die Passagiere, und am 1. November erreichte die »Pacific« Haifa, die »Atlantik« traf drei Wochen später ein und zwei Tage danach auch die »Milos«.

Die Briten ließen 1800 Passagiere auf ein größeres Schiff, die »Patria«, umsteigen, ohne den Zweck dieses Manövers zu erklären. Inzwischen hatten die britischen Mandatsbehörden in London um Erlaubnis gebeten, die illegalen Einwanderer nach Australien zu deportieren, was sie hauptsächlich damit begründeten, daß sich an Bord dieser Schiffe Feindagenten befinden könnten. London lehnte Australien ab und schlug statt dessen Mauritius vor. Doch die jüdischen Organisationen hatten von diesen Plänen erfahren, und um das Auslaufen der »Patria« zu vereiteln, wurde beschlossen, im Hafen von Haifa einen Sabotageakt durchzuführen. Eine Mine wurde an Bord des Schiffes geschmuggelt, die allerdings, wie sich bald herausstellte, viel zu stark für den beabsichtigten Zweck war. Die Mine detonierte am 25. November zu einer Zeit, als sich die meisten Passagiere auf dem Oberdeck befanden. Mehr als 220 Menschen fanden den Tod.

Da der Vorfall in Großbritannien für negative Schlagzeilen sorgte, beschloß die Regierung, den Überlebenden der »Patria« den Verbleib in Palästina zu gestatten. Die Deportation der anderen wurde am 9. Dezember gegen den heftigen Widerstand der Betroffenen durchgesetzt – viele Passagiere mußten nackt an Bord der Schiffe getragen werden, die sie nach Port Louis auf Mauritius bringen sollten. Es handelte sich um 1581 Flüchtlinge, darunter 635 Frauen und 71 Kleinkinder. Nach der Ankunft wurden sie in ein stacheldrahtumzäuntes und schwer bewachtes Internierungslager gebracht. Dies war eigentlich eine überflüssige

Maßnahme, denn der nächste bewohnte Ort war, abgesehen von einigen kleineren Inseln, das 800 Kilometer entfernte Madagaskar.

Mauritius ist eine wunderschöne Insel, seine Strände wurden im letzten Drittel des vergangenen Jahrhunderts zu einem Touristenparadies. Als solches sahen es die unfreiwilligen Reisenden von damals jedoch nicht, sie hatten keinen Blick für die Wunder der Natur, den blauen Ozean und die üppige Vegetation. Doch am Ende mußten sie akzeptieren, daß diese Insel für unbestimmte Zeit ihr Zuhause werden würde. Es war eine heterogene Gemeinde: Die Mehrheit waren Mitglieder zionistischer Jugendorganisationen, idealistische junge Menschen, die begierig darauf waren, nach Palästina zu kommen und in einem Kibbuz zu arbeiten. Sie stammten aus gebildeten, gutbürgerlichen Verhältnissen. Andere waren dagegen überhaupt keine Idealisten, sie hatten sich den Transport mit Geld erkauft, weil es die einzige Möglichkeit war, dem Tod in Europa zu entkommen. Es kam zu Spannungen, und die Atmosphäre wurde noch bedrückter, als den Insassen des Lagers mitgeteilt wurde, daß sich ihr Schicksal erst nach Kriegsende entscheiden werde. Niemand konnte 1940/41 auch nur darüber spekulieren, wie lange der Krieg dauern würde.

Während die Jahre vergingen, wuchsen die Spannungen und Irritationen im Lager, es gab klaustrophobische Anfälle und sogar Anzeichen von Massenhysterie. Einer der Insassen schrieb später, die Gefangenschaft habe geistige Deformationen zur Folge gehabt (»Es wurde ein regelrechtes Irrenhaus, kein Gerücht war zu dumm, um nicht geglaubt zu werden.«). Zivilisiertes Benehmen war nicht länger die Regel, die Menschen wurden immer rücksichtsloser und niedergeschlagener, aber es gab nur zwei Fälle von Selbstmord.

Die Lagerinsassen wurden nicht absichtlich schlecht behandelt, doch die Lebensbedingungen waren sehr primitiv – es gab zum Beispiel keinen elektrischen Strom. Die Lagerkommandanten verhielten sich nicht feindselig – der stellvertretende Kommandant war sogar dem Zionismus zugeneigt, und der anglikanische Bischof von Mauritius war ein weiterer Freund –, doch viele Vorschriften waren von äußerster Dummheit geprägt. Lange Zeit war es den Insassen verboten, die Lokalzeitungen zu lesen und die tschechischen und polnischen Programme der BBC zu hören, doch deutschsprachige Rundfunkprogramme waren erlaubt. Als nicht weit von der Insel ein japanisches U-Boot gesichtet wurde, wurde das Lager nach versteckten Waffen durchsucht. Erst im Sommer 1942 durften Familienmitglieder zusammenkommen und zusammenbleiben.

Die Ernährung war schlecht und ebenso die sanitären Bedingungen, Malaria war verbreitet, und mehr als fünfzig Menschen starben 1941 bei einer Typhusepidemie. Der Krankenstand betrug zu jeder Zeit mindestens zehn Prozent. Dagegen war das kulturelle Leben im Lager sehr reichhaltig, gab es doch Fachleute zu praktisch jedem Thema. Für die Kinder wurde Schul- und für die Erwachsenen Sprachunterricht abgehalten. Für die meisten Kinder wurde die Schule zum eigentlichen Zuhause. Es gab eine Lagerbücherei und eine Lagerzeitung sowie Ausstellungen und musikalische Aufführungen. Einer der Insassen schrieb einen Roman, der nach dem Krieg veröffentlicht wurde.

Während der ersten beiden Jahre meldeten sich zahlreiche Freiwillige zur Jüdischen Brigade und auch zu tschechischen und polnischen Einheiten, doch nicht alle wurden akzeptiert. Im Februar 1945 schließlich berief der Inselgouverneur eine Delegation aus dem Lager zu sich ein und klärte sie über den Beschluß der Regierung Seiner Majestät auf, diejenigen, die es wünschten, nach Palästina ausreisen zu lassen, sobald die notwendigen Gegebenheiten geschaffen seien. Dies löste großen Jubel aus, das Lagerreglement wurde von nun an großzügiger gehandhabt, und die lang ersehnte Abreise fand schließlich im August 1945 statt, als 1310 Flüchtlinge an Bord der »SS Franconia« gingen. Es war der erste größere Flüchtlingstransport, der nach dem Krieg Palästina erreichte.

Was wurde in späteren Jahren aus den Gefangenen der Insel Mauritius? Bei einer Umfrage, die während des Krieges im Lager abgehalten wurde, gaben 61 Prozent der Insassen an, nach Palästina gehen zu wollen, zehn Prozent wollten in ihre Heimat (aber nicht nach Deutschland) zurück, und die übrigen zog es in die Vereinigten Staaten, nach Australien und in andere Länder.

Am Ende gingen, soweit sich das rekonstruieren läßt, mehr als achtzig Prozent nach Palästina. Zwar verließen manche das Land nach ein, zwei Jahren wieder, doch dafür kamen andere nach Israel, die zunächst anderswo ihr Glück versucht hatten. So endete eine der seltsamsten und frustrierendsten Episoden der jüdischen Diaspora. In Anbetracht dessen, was mit den in Europa Zurückgebliebenen geschehen war, kann man bei ihnen von einer Art Happy End reden. Schließlich hatten sie nur fünf Jahre ihres Lebens und nicht das ganze Leben verloren.

Australien, Kanada, Südafrika – Eintritt verboten

Mauritius war Teil des Britischen Commonwealth, das – offensichtlich ideal für potentielle Einwanderer – hauptsächlich aus großen, spärlich bevölkerten Ländern wie Kanada, Australien und Südafrika bestand. Aber die Flüchtlinge aus Mitteleuropa waren dort nicht erwünscht: Alle drei Dominions zusammen nahmen weniger auf als allein die Stadt Schanghai. In Südafrika landeten zwischen 1933 und 1935 etwa tausend Flüchtlinge und im folgenden Jahr noch einmal fast tausend, von denen die Hälfte auf einem einzigen Schiff, der »Stuttgart«, ankam. Dies genügte, um einen politischen Gewittersturm mit Demonstrationen und gewalttätigen Protesten heraufzubeschwören. Die relativ liberale südafrikanische Regierung jener Tage führte daraufhin ein neues Ausländergesetz ein, das die Tore des Landes praktisch dicht machte. Selbst die drei jüdischen Abgeordneten des südafrikanischen Parlaments stimmten für das Gesetz. Nach 1936 wurden lediglich noch einige hundert Verwandte von legalen Einwohnern des Landes sowie einige finanziell unabhängige, wohlhabende Personen eingelassen.

Die Zahl derjenigen, die bis zum Ausbruch des Krieges in Kanada einreisen durften und bei denen es sich fast ausschließlich um bemittelte Leute handelte, betrug etwa viertausend. Australien ließ rund siebentausend Flüchtlinge ins Land, darunter zweitausend aus Österreich. Zu diesen Zahlen wären noch die Flüchtlinge hinzuzuzählen, die in Großbritannien interniert und anschließend nach Kanada und Australien verschifft worden waren und die sich am Ende des Krieges, als sich sowohl das politische Klima als auch die wirtschaftliche Lage geändert hatte, zum Bleiben entschieden.

Die Gründe für die Abweisung von Flüchtlingen in den drei Dominions unterschieden sich kaum voneinander. Sie alle hatten unter der Weltwirtschaftskrise gelitten, und es gab Befürchtungen, daß die Flüchtlinge der einheimischen Bevölkerung Arbeitsplätze wegnehmen könnten. Doch trifft diese Erklärung eher auf den Anfang als auf das Ende der dreißiger Jahre zu, als sich die Lage bereits gebessert hatte. Vielleicht fiel am meisten der Wunsch ins Gewicht, den angelsächsischen, christlichen Charakter dieser Länder zu erhalten und keine Menschen ins Land zu lassen, die schwer zu assimilieren sein könnten.

Der Begriff »Rasse« fiel selten in diesem Zusammenhang, doch gewiß spielte das Gefühl eine Rolle, daß Juden nicht die wünschenswertesten Elemente beim Aufbau des Landes waren. Es gab Nazi- und Pro-Naziparteien in allen drei Dominions, am stärksten in Südafrika, am wenigsten einflußreich wohl in Australien, aber auch dort gab es eine antisemitische Tradition, die allerdings eher gesellschaftlicher als politischer Art war. Seitens gewisser akademischer Stände, zum Beispiel der Ärzte, sorgte man sich wegen der unliebsamen Konkurrenz durch ebenso gut oder besser qualifizierte Neuankömmlinge. In allen drei Dominions herrschte tiefster Provinzialismus, was auch – zum Teil – den

Mangel an christlicher Nächstenliebe erklärt, der von den Kirchen zumeist an den Tag gelegt wurde. Sie interessierten sich schlicht nicht für das, was im weit entfernten Europa geschah. Das religiöse Gebot, als seines Bruders Hüter zu handeln, erstreckte sich offenbar nicht über die jeweilige Landesgrenze hinaus.

Die jüdische Gemeinde in Kanada war schwach, sie hätte kaum Druck ausüben können, selbst wenn sie es gewollt hätte.

In Australien wurden die Gemeinden von der »angelsächsischen« Einstellung beherrscht: man war zwar nicht prinzipiell abgeneigt, eine helfende Hand auszustrecken, jedoch zutiefst besorgt, daß die Neuankömmlinge sich nicht benehmen, die Einheimischen gegen sich aufbringen und so eine neue Welle des Antisemitismus auslösen würden. So etwa gab Abraham Boas, eine der maßgeblichen Gestalten des australischen Judentums, einer führenden Zeitung ein Interview, in dem er betonte, daß es nicht zu einer Masseneinwanderung nach Australien kommen dürfe, und dies auf einen Bericht hin, daß zweitausend Juden auf die Einreise warteten, von denen jeder über ein Kapital von 2200 £ verfügte, was damals eine ansehnliche Summe war. Susan Rutland, eine australische Politologin, schrieb viele Jahre später: »Die jüdische Führung in Australien war hauptsächlich daran interessiert, ihren hohen gesellschaftlichen und wirtschaftlichen Status aufrechtzuerhalten, und fürchtete sich vor jeder Änderung des Status quo. Sie war nicht bereit, für das Einreiserecht ihrer weniger vom Glück begünstigten Glaubensbrüder zu kämpfen.«

Die jüdische Gemeinde in Südafrika war größer und noch wohlhabender als die australische, aber auch ihre Führung fürchtete sich vor einer politischen Welle einheimischer Ressentiments gegen die Zuwanderer. Diese Furcht erschreckte und lähmte sie.

Die jungen Flüchtlinge machten unterschiedliche Erfahrungen. Eugen Kamenka, der in späteren Jahren zu einem der führenden politischen Philosophen Australiens werden sollte, erinnerte sich, daß »... man es die jungen Ankömmlinge nicht so sehr spüren ließ, daß sie Fremde waren, oder sie gar ablehnte. Sie wurden in den staatlichen Schulen von Mitschülern und Lehrern gleichermaßen viel bereitwilliger akzeptiert als in jedem anderen Land, in dem ich vorher oder nachher gewesen bin. Der Melbourne Club und der Royal Sydney Yacht Club lagen außerhalb meines Erfahrungsbereichs – der Antisemitismus, dem ich als Kind begegnete, kam spontan nur von unten, nicht von oben.«

Kamenka hatte das Glück, mit seiner Familie nach Australien zu kommen, und führte gewissermaßen ein geschütztes Leben (die Sünden der Eltern wurden, wie er schrieb, im großen und ganzen nicht an den Kindern vergolten – was sich auf die Sitten und den Akzent der älteren Generation bezog). Denjenigen jedoch, die als Kinder allein gekommen und in Heimen wie Larino untergebracht worden waren, hatten weniger zu lachen. Sie wuchsen isoliert auf und hatten später nicht so gute Bildungs- und Karrieremöglichkeiten. Viele Jungen wurden in Berufe gezwungen, die sie sich nicht ausgesucht hatten, doch eine entschlossene Minderheit besuchte Abendkurse und einige absolvierten sogar eine Hochschul- oder Fachhochschulausbildung. Eine mitfühlende ältere Dame beschrieb später, wie sich die Mädchen in einem besonders sensiblen Lebensabschnitt fühlten: »Wir fielen in der Menge auf, aber nicht gerade als schicke Models. Wir fielen auf als Waisenkinder. Wir trugen Second-Hand-Kleider, denen man es auch ansah, und mußten in dieser tristen Aufmachung in die Synagoge gehen.« Bei alledem bewahrten sich die meisten jungen Flüchtlinge von damals aber doch eher angenehme Erinnerungen und fühlten sich dem Land verbunden, das ihnen, wie einer es ausdrückte, eine Erziehung sowie ein Gefühl für Fairneß und Freiheit vermittelt hatte, die damals anderswo nicht zu finden waren.

Manche jungen Männer, darunter auch ein Gruppe von Landwirtschaftslehrlingen aus Groß Breesen, arbeiteten auf Farmen, wo sie gutes Geld verdienten und sogar etwas zurücklegen konnten. Bei Kriegsausbruch mußten sich alle, die älter als sechzehn waren, bei der Polizei als »Feindausländer« registrieren lassen, mit achtzehn wurden sie zum Militärdienst eingezogen, es sei denn, sie arbeiteten in einem kriegswichtigen Betrieb. Viele meldeten sich freiwillig zur kämpfenden Truppe und wurden in Neuguinea und anderswo eingesetzt. Doch die Mehrheit, vor allem die Insassen der Internierungslager, kamen zu den »Arbeitseinheiten«, auch wenn sie inzwischen in »freundliche Ausländer« umgestuft worden waren. Diese Arbeitseinheiten *(»Employment Units«)* entsprachen in etwa dem Pionierkorps in Großbritannien, es galt, Züge und Lastwagen zu be- und entladen, Straßen zu bauen, Latrinen zu graben und ähnliche notwendige, aber wenig anregende Arbeiten durchzuführen. Als der Krieg zu Ende war, gingen einige hundert nach Israel oder vereinigten sich mit ihren überlebenden Familien in Europa oder Amerika.

Die meisten blieben in Australien. Ihre wirtschaftliche Lage besserte sich zusehends, viele gründeten ihr eigenes Geschäft, sie wurden Teil Australiens und Teil der jüdischen Gemeinde des Landes. Es gab recht viele »Mischehen«, aber andererseits auch ein neues Interesse an jüdischen Themen und Unterstützung für Israel selbst in Kreisen, die früher in Deutschland antizionistisch gewesen waren. Viele besuchten Israel, manche auch Deutschland, um die Stätten ihrer Jugend wiederzusehen. Die meisten deutschen Juden traten Reformsynagogen wie dem Tempel Emanuel in Sydney bei, dem lange Jahre Rabbi Brasch vorstand. Dieser stammte ursprünglich aus Berlin und war, wie einige andere auch, über Südafrika nach Australien gelangt.

Hitler kam nicht bis Ferramonti

Die Fluchtwege derer, die während des Krieges versuchten, aus Mitteleuropa zu entkommen, endeten oft tragisch. Wir erwähnten bereits den illegalen Transport aus Wien, der im jugoslawischen Kladovo abgefangen wurde; die unglücklichen Reisenden wurden von den Deutschen erschossen.

Denen, die in Süditalien interniert wurden, erging es besser. Da ist die Geschichte der 2000 Insassen des Lagers Ferramonti in Kalabrien, nicht weit von Cosenza. Die Internierten stammten aus vielen Ländern, darunter Deutschland, Österreich, Jugoslawien, Griechenland, der Tschechoslowakei und sogar Albanien. Bei der größten Einzelgruppe handelte es sich um die fünfhundert Überlebenden eines illegalen Schiffstransports mit Juden aus der Tschechoslowakei: Die »Pentcho« hatte in der Ägäis Schiffbruch erlitten. Des weiteren gehörten zu den Insassen mehrere professionelle Maler, die in Italien gelebt hatten, und ein führender Jungianer.

Das Lager war eingerichtet worden, als Italien im Juni 1940 in den Krieg eintrat. Mussolini wollte seine eigenen Konzentrationslager haben, und die ersten Insassen waren Juden aus Deutschland und Österreich, die es irgendwie fertiggebracht hatten, trotz der Rassengesetze von 1938 im Lande zu bleiben. Das Gelände, auf dem das Lager angelegt war, war sumpfig und malariaverseucht, aber der Lagerkommandant verhielt sich menschlich und sogar mitfühlend. Er hatte für die Leiden der Flüchtlinge mehr Verständnis als so mancher Lagerkommandant bei den Alliierten.

Es gab ein Gentlemen's Agreement zwischen dem Kommandanten, der an Selbstverwaltung glaubte, und den größtenteils jüdischen und zu etwa sechzig Prozent deutschsprachigen Lagerinsassen. Diese erfreuten sich weitgehender Freiheit, und selbst der Vatikan zeigte wohlwollendes Interesse, weil im Lager auch Katholiken waren. So blieb das Lager in dieser trostlosen Gegend vom Krieg unberührt, und als die Alliierten im Spätsommer 1943 in Sizilien und Süditalien landeten, zeigten die deutschen Divisionen bei ihrem Rückzug weder die Neigung, noch hatten sie Zeit, die Lagerinsassen zu verfolgen, denen von den italienischen Behörden erlaubt worden war, sich in die nahe gelegenen Berge abzusetzen. Die Leiden derjenigen, die sich in Rom befanden, als die Nazis es zur »offenen Stadt« erklärten, blieben ihnen erspart.

Unter den alliierten Streitkräften wurde das Lager als Transitstation weiterbenutzt, auch noch nach Kriegsende. Die Flüchtlinge verstreuten sich, manche – besonders die Tschechen, Jugoslawen und Griechen – gingen in ihre Heimat zurück, die Juden nach Palästina oder nach Nord-, Mittel- und Südamerika. Dreißig, vierzig Jahre später konnte man von Zeit zu Zeit ältere Herrschaften in diesem abgelegenen Teil Italiens sehen, die ihren Familien zeigten, wo sich das Lager befunden hatte, in dem sie das Glück hatten zu überleben, als die Welt um sie herum in Flammen stand. Sie hatten einen Schutzengel gehabt zu einer Zeit, als Schutzengel rar waren.

Fünfzig Jahre danach – zwischen Deutschland und Zion

Viele der jungen deutsch-jüdischen Flüchtlinge, die bei den alliierten Streitkräften dienten, sahen ihre Heimat bereits während der letzten Kriegsmonate oder kurz danach wieder. Corporal Walter Hellendal kehrte am 15. März 1945 nach München-Gladbach (heute Mönchengladbach) zurück. Das Stadtzentrum war zerstört, aber einige vertraute Stätten wie das Bismarckdenkmal waren erhalten geblieben. Es trug jetzt ein großes Schild mit der (englischen) Aufschrift: »Willkommen in München-Gladbach, dank der 29. [US–]Division« sowie dem berühmten Ausspruch Hitlers, entnommen einer Rede von 1940: »Deutsche, ich verspreche euch, ihr werdet Deutschland in fünf Jahren nicht mehr wiedererkennen.« Hellendal ging sofort zu seinem Elternhaus in die Regentenstraße 29 und fand es intakt, aber unbewohnt vor. Im ehemaligen Eßzimmer schnitt er ein kleines Stück aus dem Teppich, der noch der alte war, um es nach Hause zu schicken.

Derartige Szenen sind viele Male beschrieben worden, oft waren die Häuser und Wohnungen zerbombt oder Fremde wohnten darin. Manchmal begegneten die Soldaten Bekannten, die sehr erstaunt, ja sogar überglücklich waren, sie wiederzusehen, und die ihnen erzählten, wie sehr sie unter den alliierten Luftangriffen gelitten hätten und wie froh sie wären, daß nun endlich alles ein Ende hätte.

Die Suche nach Familienangehörigen und Freunden endete selten glücklich. Die Geschichte von Freddy Gray, der mit dem Jeep nach Theresienstadt fuhr und dort seine Eltern lebend wiederfand, wurde bereits erwähnt. Arno Hamburger war mit der Jugend-Alija 1939 nach Palästina gegangen und hatte seitdem nichts mehr von seinen Eltern gehört. Anfang 1945 wurde er mit der Jüdischen Brigade in Bologna stationiert und trampte Ende März in seine Heimatstadt Nürnberg. Er kam an einem Sonntag an, erkannte die Stadt, die in Trümmern lag, nicht mehr wieder und fand keinen einzigen Bekannten. Schließlich begab er sich auf den jüdischen Friedhof, wo er Herrn Baruch, dem Friedhofswärter, begegnete, der demselben jüdischen Sportverein wie Arno angehört hatte (»Daraufhin ist er totenbleich geworden«). Ob seine Eltern noch lebten? Ja, sie wohnten in einem Hinterzimmer der Leichenhalle. Er bat Baruch, den Vater herauszurufen. Der Vater erkannte seinen Sohn erst, als dieser das Käppi abnahm. »Er hat furchtbar geschrien, mich umarmt. Und dann kam meine Mutter dazu, sah, wie wir uns umarmten, sie ist sofort ohnmächtig umgefallen.«

Arno Hamburger blieb in Nürnberg und wurde Vorsitzender der dortigen jüdischen Gemeinde, jedoch erst nach heftigen Auseinandersetzungen mit seinem Vater, der ihm erklärte, daß er weder körperlich noch seelisch in der Lage sei, irgendwo anders noch einmal ganz von vorn anzufangen. Arno war der einzige Sohn und hielt es für seine Pflicht, die Eltern zu unterstützen, die am Ende ihrer Kräfte waren.

Von den Juden, die heute in Deutschland leben, wurde weniger als ein Viertel in Deutschland geboren, und weniger als zehn Prozent sind deutsch-jüdischen Ursprungs. Zwar befanden sich bei Kriegsende zeitweise rund 200 000 Juden auf deutschem Boden, doch dies waren in der großen Mehrheit Displaced persons aus Osteuropa. Ende der vierziger Jahre hatten bis auf 15 000 alle Deutschland verlassen, hauptsächlich in Richtung Israel und USA. In den Folgejahren gab es eine gewisse Rückwanderung von deutschen Juden, doch im großen und ganzen alterte die jüdische Gemeinde, und die Geburtenrate war niedrig, so daß die Zahl der Juden in Deutschland zwischen 1950 und 1990 nie höher als

30000 lag, zu denen vielleicht noch 10000 hinzugezählt werden sollten, die nicht als Juden eingetragen waren, sowie weitere 2000, die in den jüdischen Gemeinden der DDR registriert waren. Etwa ein Drittel von ihnen lebte in Berlin, 6000 in Frankfurt am Main und 4000 in München. Öffentliche Meinungsumfragen zeigten, daß die Mehrheit der Deutschen die Zahl der unter ihnen lebenden Juden maßlos überschätzte, nämlich auf eine Million und mehr.

In den neunziger Jahren stieg mit dem großen Exodus aus der ehemaligen Sowjetunion die Zahl der Juden in Deutschland wieder an. Doch ein Drittel der Ankömmlinge, wenn nicht mehr, waren gar keine Juden, sondern nichtjüdische Ehepartner von jüdischen Immigranten oder Nichtjuden, die sich als Juden ausgaben, weil sie wußten, daß sie dann Asyl in der Bundesrepublik erhalten würden. Auf die Frage, warum sie sich ausgerechnet für Deutschland entschieden hätten, nannten manche den russischen Antisemitismus als Hauptfaktor, andere sagten, ihnen gefiele das Klima oder die Kriegsgefahr in Israel nicht, oder daß ihre Kinder in der israelischen Armee würden dienen müssen. Andere sprachen von ihrer großen Liebe zur deutschen Kultur im Gegensatz zu ihrem jüdischen Erbe. Zwei weitere Faktoren, die aber nur selten erwähnt wurden, spielten ebenfalls eine Rolle: erstens machten die israelischen Behörden auf Druck der Ultraorthodoxen den Partnern von »Mischehen« das Leben schwer, und zweitens war die Sozialhilfe für Neueinwanderer in Deutschland sehr viel höher als in Israel, von den Vereinigten Staaten ganz zu schweigen.

Dennoch spielten trotz der Tatsache, daß die jüdische Gemeinde in Deutschland überwiegend polnisch-jüdische Mitglieder hatte, deutsche Juden lange Zeit eine führende Rolle in der Gemeindehierarchie. Die Gründe liegen auf der Hand: als deutsche Staatsbürger von Geburt und mit Deutsch als Muttersprache befanden sie sich gegenüber den deutschen Behörden in einer sehr viel besseren Verhandlungsposition als die Neuankömmlinge.

Unter den ersten, die aus dem britischen Exil zurückkehrten, befanden sich der Journalist Karl Marx und der Anwalt Hendrik George van Dam. Marx gehörte seiner Witwe zufolge einer Generation an, die in Deutschland tief verwurzelt gewesen war, und lebte sich daher schnell ein. Wie sie sagte, hatte er ursprünglich nur den Überlebenden helfen wollen und entschloß sich erst zum Bleiben, als ihm das volle Ausmaß der Katastrophe bewußt wurde. Er war Mitbegründer der *Allgemeinen Wochenzeitung der Juden in Deutschland* (später *Allgemeine Jüdische Wochenzeitung*), die zunächst unabhängig war und nach seinem Tod zum offiziellen Organ des Zentralrats wurde. Marx' Redaktion befand sich nicht zufällig in Düsseldorf, denn in Süddeutschland war die Mehrheit der sich herausbildenden jüdischen Gemeinden überwiegend osteuropäischen Charakters und zog jiddische Zeitungen und Zeitschriften vor. Die *Allgemeine* konnte im Lauf der Jahre ihre Auflage auf über 40000 steigern. In den ersten Jahren standen die jüdischen Organisationen im Ausland diesen Initiativen ablehnend gegenüber, sie stimmten nicht mit Marx und van Dam, dem ersten Generalsekretär des Zentralrats, darin überein, daß nach allem, was geschehen war, in Deutschland wieder jüdische Gemeinden entstehen und jüdisches Leben einkehren sollte. So dauerte es dann auch geraume Zeit, bis der Zentralrat von jüdischen Organisationen im Ausland anerkannt wurde.

An die Stelle von Marx und van Dam traten später zwei jüngere Männer, Werner Nachmann und Heinz Galinski. Nachmanns Karriere begann in den siebziger Jahren, doch nach seinem Tod 1987 stellte sich heraus, daß dieses farblose Individuum über dreißig Millionen Mark Wiedergutmachungsgelder unterschlagen hatte. Sein Nachfolger Galinski war Preuße sowohl von Geburt – er stammte aus Westpreußen – als auch in seinem autoritären Führungsstil. 1912 geboren, überlebte er Auschwitz, wo er seine junge Familie verlor. Streng und eigensinnig, ein Muster an Redlichkeit, leitete er Geschicke der größten Gemeinde, Berlin, von den Anfängen im Jahre 1949 bis zu seinem Tod 1992.

Erst nach Galinski, mit dem Aufstieg von Ignatz Bubis, trat eine jüdische Führungspersönlichkeit neuen Typs ins Rampenlicht. Bubis wurde 1927 in Breslau als Sohn einer polnisch-jüdischen Familie geboren, die 1935 in ihre polnische Heimat zurückkehrte. Die ersten Volksschuljahre verbrachte er an einer deutschen Schule in Breslau, die »ausgerechnet« (so Bubis) Erich-Ludendorff-Schule hieß. Zeitlebens blieb ihm ein leichter Akzent, der jedoch seiner politischen und beruflichen Karriere keineswegs hinderlich war. Er verlor seine ganze Familie, überlebte mehrere Gettos und Lager und tauchte nach dem Ende des Krieges in Ostdeutschland auf. Im Alter von achtzehn Jahren legte er beträchtliches Talent als Schwarzmarkthändler an den Tag – einen anderen Markt gab es damals in Ostdeutschland nicht –, später zog er nach Frankfurt am Main, wo er mit Immobilien ein Vermögen machte. Seine geschäftliche Karriere wurde zum Gegenstand eines antisemitischen Theaterstücks von Rainer Werner Fassbinder – antisemitisch nicht deshalb, weil die Geschichte faktisch falsch wäre, sondern weil er unter den vielen, die genau das gleiche getan hatten, den Juden herausgepickt hatte.

Bubis war eine volkstümliche, dynamische Gestalt, sehr im Gegensatz zu seinen etwas steifen und reservierten deutsch-jüdischen Vorgängern. Er wurde landesweit bekannt und von den Deutschen entweder geliebt oder gehaßt, er ließ niemanden kalt. Er starb 1999; in seinem letzten Interview beklagte er, daß sein Lebenswerk vergebens gewesen sei.

Die jungen Rückkehrer

Die Zahl der jungen Flüchtlinge, die für immer nach Deutschland zurückkehrten, war klein; einige ihrer Motive wurden bereits genannt. Die meisten hatten Familie und Freunde in Deutschland zurücklassen müssen, doch diese waren nicht mehr am Leben, nur die Erinnerung an Verfolgung und Tod lebte fort. Das deutsche Judentum war ausgelöscht. Zwölf Jahre und mehr waren seit der Emigration vergangen, in dieser Zeit hatten sie neue Wurzeln geschlagen, neue Sprachen gelernt. Schule, Ausbildung und die ersten Schritte in ihrer Berufslaufbahn hatten sie in der neuen Heimat absolviert. Auch wenn der Übergangsprozeß große Mühe gekostet hatte, hatten sie die schlimmsten Jahre hinter sich, während Deutschland noch in Trümmern lag.

Ihre Lage unterschied sich somit erheblich von der der älteren Generation. Manche der Älteren brachten es nie zu etwas, sie hatten ihre Heimat verloren und keine neue gefunden, dem Ort ihrer Herkunft hatten sie sich entfremdet, und in der neuen, unvertrauten Umgebung fühlten sie sich nicht wohl. Sie sehnten sich nach den Plätzen ihrer Kindheit und Jugend zurück, obwohl ihnen wiederholt erklärt worden war, daß das Deutschland, das sie gekannt hatten, nicht mehr existierte. Dies galt insbesondere für diejenigen Flüchtlinge, die die Kriegsjahre an exotischen Orten wie Schanghai verbracht hatten.

Doch selbst von derartigen Orten blieb die Rückwanderungsrate nach Deutschland klein. Freilich machten die Besatzungsmächte die Remigration auch nicht leicht, in manchen Fällen sogar unmöglich, und das ostdeutsche Regime ließ zwar frühzeitig wissen, daß »progressive, antifaschistische« Flüchtlinge, bereit, am Wiederaufbau eines neuen Deutschland mitzuwirken, höchst willkommen seien, doch die politischen Konditionen waren von Anfang an offensichtlich. Im Jahr 1948 rügte Walter Ulbricht Journalisten und Schriftsteller in Ostdeutschland wegen ihrer ungesunden Beschäftigung mit der Vergangenheit, unter anderem auch mit Fragen der Emigration. Wozu sollte das gut sein? Es gehörte der Vergangenheit an und war nicht von aktuellem Interesse. Wenn die Schreiber immer noch den persönlichen Drang dazu verspürten, wollte er sie nicht daran hindern, aber: »Warum sollen wir ihnen für diesen Zweck Papier spendieren?« Leider waren die Nazijahre – Papier hin, Papier her – für viele, die zurückkehrten oder zurückkehren wollten, nicht so leicht zu vergessen.

Was Westdeutschland betrifft, so kamen von dort keine direkten Appelle zur Rückkehr; diese erfolgten erst in späteren Jahren von seiten einzelner sozialdemokratischer Politiker. Wie Henrik van Dam in den späten fünfziger Jahren schrieb, hatte niemand eine Rückkehr der Flüchtlinge erwartet, und dies galt sowohl für die unmittelbare Nachkriegszeit wie auch für die späteren Jahre. Die Öffentlichkeit nahm bestenfalls eine indifferente Haltung ein, aber es gab auch beträchtliche Vorbehalte gegenüber Emigranten, nicht nur Juden, wie Willy Brandt und Herbert Wehner erleben sollten. Und nicht nur Politiker waren von dieser Kritik betroffen, sondern auch andere, wie sich 1960 bei Marlene Dietrichs erstem Besuch nach dem Krieg in Berlin zeigte.

Gewisse Personenkreise kehrten eher nach Deutschland zurück als andere; etwa Flüchtlinge, die weiterhin in der deutschen Politik eine Rolle spielten, Wissenschaftler und Künstler, die sich schon vor 1933 einen Namen gemacht, im Ausland aber keine angemessene Stellung gefunden hatten und jetzt persönlich eingeladen wurden, doch bitte zurückzukehren, ferner deutsche Schriftsteller und Schauspieler, die nur im deutschsprachigen Raum ein Publikum hatten. Weiterhin gehörten zu den Rückkehrern Männer und Frauen, die unter den tropischen oder subtropischen Klimabedingungen in ihrem Fluchtland allzusehr litten, sowie auch manche, die ihren Besitz in Deutschland oder Österreich verloren hatten und hofften, wenigstens einen Teil davon zurückzubekommen, wenn sie ihre Ansprüche vor Ort geltend machten. Auch Flüchtlinge, die nur zum Teil jüdischer Abstammung waren und noch Familie in Deutschland hatten, kamen zurück. Dagegen zogen nur sehr wenige junge Leute eine Rückkehr überhaupt in Erwägung.

Was die Zahl der Rückkehrer betrifft, gibt es nur Schätzungen. Etwa zweitausend wanderten zwischen dem Ende des Krieges und 1952 wieder ein, davon etwa ein Drittel nach Berlin. Zwischen 1953 und 1960 trafen weitere sechstausend ein, mehr als sechzig Prozent davon aus Israel, und wiederum ließ sich rund ein

Drittel in Berlin nieder, über 800 gingen nach Frankfurt und etwa 350 nach Düsseldorf. Die Zahl der Rückwanderer mag durchaus höher gewesen sein, denn nicht alle ließen sich in den jüdischen Gemeinden registrieren. Andererseits blieben viele von denen, die sich registrieren ließen, nicht lange. Auf jeden Fall war die Mehrheit der Rückkehrer weit über fünfzig Jahre alt, ihre Kinder blieben häufig nicht in Deutschland, sondern kehrten nach Israel zurück oder gingen in andere Länder. So schrieb Zvi Azaryah, der Kölner Rabbiner: »Die Kinder der Remigranten erlebten in ihren jungen Herzen die tiefste Enttäuschung, und die Eltern mußten sich die bittersten Vorwürfe anhören.« Eines dieser Kinder, das in einem Kibbuz zur Welt gekommen war, protestierte derart heftig gegen seine Verpflanzung, daß es in drei Jahren viermal die Schule wechseln mußte. In späteren Jahren wurde ebendieses Kind, Jehuda Reinharz, Präsident der Brandeis University in Massachusetts.

Trotz aller Zweifel und enormen Probleme kehrten manche junge Menschen aber doch nach Deutschland zurück, und einige blieben auch. Warum kamen sie überhaupt zurück? Die Geschichten ähneln einander. Alfred Moos, ein junger Jude aus Ulm, hatte Arbeit in Palästina gefunden, doch weil er große Schwierigkeiten hatte, Ivrit zu lernen, befürchtete er, sich niemals vollständig integrieren zu können. In seiner Heimatstadt hingegen wurde er nach seiner Rückkehr ein angesehener Bürger. Alfred Goodman und Hellmut Stern waren beide Musiker. Goodman war nach Großbritannien und später in die Vereinigten Staaten emigriert, fand aber keine passende Arbeit in seinem Beruf. Seinen eigenen Angaben zufolge war er 1961 mehr oder weniger zufällig in Deutschland und sagte sich: »Versuchen wir's doch mal.« Danach arbeitete er als Musiker in München und später in Berlin.

Hellmut Stern hatte erst sein Glück als Geiger in Harbin in der Mandschurei versucht, später in Israel und den Vereinigten Staaten. Als er zurück nach Berlin kam, stellte er fest, daß sein Elternhaus noch stand, er blieb und wurde Mitglied der Berliner Philharmoniker. Wie er selbst sagt, war er kein deutscher Patriot geworden, seine Liebe galt seiner Heimatstadt, nicht dem Land. Ähnlich äußerte sich Ruth Bratu, eine gebürtige Darmstädterin: »Genauer gesagt, habe ich keine deutsche, sondern nur eine Darmstädter Identität.« Kurt Hagen, der sich während des Krieges in Belgien versteckt hatte, kam – seinen eigenen Worten zufolge – zufällig nach Deutschland zurück, seine Schwester hatte in Hamburg überlebt. Auch er akzeptierte die deutsche Staatsbürgerschaft nicht. Dem Schauspielerehepaar Ernest und Renate Lenart gelang es nicht, in Hollywood Fuß zu fassen. Sie versuchten ihr Glück als Fotografen, hatten aber auch damit nicht viel Erfolg. Da Renate die Tochter des in der Weimarer Republik bekannten Soziologen und Volkswirtschaftlers Franz Oppenheimer war, erhielten sie dank der Freunde und Studenten ihres 1943 verstorbenen Vaters, zu denen auch der spätere Bundeskanzler Ludwig Erhard gehörte, die Chance, nach Deutschland zurückzukehren.

Bei einer Erhebung gaben die meisten, die nach den Motiven für ihre Rückkehr befragt wurden, »nur praktische Gründe« oder »berufliche Gründe« an. Manche wollten nicht nach Israel gehen, weil sie sich ein ruhiges Leben wünschten und Krieg und Spannungen verabscheuten. H. M. hatte im Ausland eine Deutsche geheiratet, die wieder zu ihrer Familie zurückwollte, und Ruth K. war als Zehnjährige mit dem Kindertransport von Hagen in Westfalen nach Eastbourne in England gebracht worden. Sie war »Halbjüdin«, und nach dem Krieg erfuhr sie, daß ihr Vater nach Hause zurückgekehrt sei. Sie fuhr zu ihren Eltern, obwohl sie ihr Deutsch verlernt hatte: »Was ich zu ihnen sagte, mußte übersetzt werden.« Doch sie blieb.

Der Naturwissenschaftler Henry Gruen sprach auch von der emotionalen Bindung an seine Heimatstadt Köln, obwohl er sie als Kind verlassen hatte und seine Eltern, wie so viele andere, getötet worden waren. Er kam nach England, ging später nach Amerika und besuchte Köln erstmals wieder 1959. Im Jahr 1971 wurde ihm Arbeit am Max-Planck-Institut in seiner Heimatstadt angeboten, und er griff zu, obwohl er seit 25 Jahren nicht mehr Deutsch gesprochen hatte. Gefragt, ob er seinen amerikanischen Paß behalten habe, entgegnete er: »Ja ... ich persönlich halte nichts von einer doppelten Staatsbürgerschaft. Unabhängig davon finde ich, daß man mir die deutsche Staatsangehörigkeit genommen hat. Ich finde, wenn man will, kann man sie mir zurückgeben!«

Peter Max Blanks Vater war Arzt in Köln gewesen, die Familie emigrierte nach Frankreich. Peter wurde Kommunist, er wurde in verschiedenen französischen Lagern interniert und später nach Auschwitz deportiert. Nach der Befreiung ging er zunächst nach Paris und dann zurück nach Westdeutschland. Als Kommunist hatte er Palästina nie ins Auge gefaßt: »Es macht einen großen Unterschied, ob man die Grauen des Naziregimes als (klassen)bewußter Antifaschist oder als Jude erlebt hat.« Hätte er sich als Jude gefühlt, wäre er in Frankreich geblieben oder wie einige seiner Verwandten nach Amerika ausgewandert. Auf die Frage, ob er seine stalinistische Vergangenheit bedaure, gibt er keine klare Antwort, Blank glaubt nicht an nachträgliche Einsichten, ohne die Rote Armee wäre er nicht befreit worden. Richtig ist aber auch, daß er als Funktionär der DKP Kompromisse schließen mußte; Idealismus schön und gut, aber er hatte eine Familie zu ernähren. Ein Parteiaustritt hätte vielleicht Arbeitslosigkeit zur Folge gehabt.

Friedel Schönfeld hatte in Palästina gelebt und nannte ihr Asthma als Grund für die Rückkehr, »aber nachdem ich weiß, daß Asthma oft psychisch bedingt ist, nehme ich an, daß es im Unterbewußtsein Heimweh nach Köln war.« Als sie wieder in Köln war, traten die Symptome nicht mehr auf, doch bei einem späteren Besuch in Israel wurde sie wieder krank und mußte danach noch ein halbes Jahr lang Medikamente einnehmen. Friedel Schönfeld und ihre Freundin Anneliese Stern hatten einen Antrag auf Erneuerung ihrer deutschen Staatsbürgerschaft gestellt (»Irgendeinen Paß muß man ja haben«). Eine weitere Freundin, Fridl Liebermann, wollte ihren britischen Paß behalten, während ihr Mann ein deutsches Reisedokument beantragte. Dieses Unterfangen war jedoch mit so vielen Schwierigkeiten verbunden, daß er es schließlich aufgab. Die Damen Schönfeld, Liebermann und andere, die in den neunziger Jahren zu ihrer Wiedereingliederung in das Deutschland der Nachkriegszeit befragt wurden, waren sich alle darin einig, daß man Erinnerungen unterdrücken mußte, um hier leben zu können, und daß immer ein gewisses Mißtrauen gegenüber den Angehörigen ihrer Generation blieb – was hatten sie während des Krieges getan? Frau Liebermann sagte, sie wäre niemals zurückgekehrt, wenn nicht ihr Ehemann darauf gedrängt hatte, es wenigstens ein oder zwei Jahre lang zu versuchen. Und nachdem sie sich einmal in Deutschland niedergelassen hatten, wäre es schwierig gewesen, ihren Sohn wieder aus der Schule zu nehmen und auf eine britische Schule zu verpflanzen, die Wohnungen in London waren sehr teuer, und so fanden sie sich am Ende damit ab, in Deutschland zu leben.

Auch im Fall Malka Schmucklers war der Ehemann bei der Entscheidung, nach Deutschland zurückzukehren, die treibende Kraft. 1927 in Nürnberg geboren, war sie das jüngste von drei Geschwistern. Im Alter von zehn Jahren wanderte sie mit der Familie in das damalige Palästina aus, wo sie in einem Kibbuz lebte, später ging sie nach Jerusalem, um Musik zu studieren. Sie war praktisch zur Sabre geworden, als der Unabhängigkeitskrieg ausbrach; an der Belagerung von Jerusalem nahm sie als Offizierin teil. Zu dieser Zeit verliebte sie sich in einen anderen Musiker, der auch aus Deutschland stammte und schon länger als sie in Palästina war. Später heirateten sie. Doch er hatte eine starke emotionale Bindung an Europa, hatte nie verstanden, warum seine Familie nach Palästina auswandern wollte, und hatte noch während der Überfahrt lieber Italienisch als Hebräisch gelernt. Er wurde ein vollendeter Solist und leitete ein populäres Programm im israelischen Rundfunk. Dennoch war er in Israel nicht glücklich und ging in den fünfziger Jahren nach Deutschland, um dort sein neues Interessengebiet zu studieren, die elektronische Musik. Während seines Aufenthalts erhielt er ein Angebot vom Fernsehen, das er mit Begeisterung annahm, weil er sich dort gleich zu Hause fühlte. Dabei hatte er – anders als seine Frau – keinerlei Skrupel oder Schuldgefühle, was seine Rückkehr nach Deutschland betraf. Es folgten Jahre der Unschlüssigkeit, erst ging Malka nach Israel zurück, dann folgten ihr Mann und die beiden Söhne, doch er fühlte sich so unglücklich dort, daß er ein erneutes Arbeitsangebot aus Köln annahm. So ging es mehrmals hin und her, und nach langen Perioden der Trennung, während der ältere Sohn in der israelischen Armee diente, kam Malka zu dem Schluß, daß sie mit dem jüngeren Sohn, der ernsthafte psychische Probleme hatte, zu ihrem Mann ziehen müßte, sonst würde die Ehe zerbrechen. Im Alter von vierzig Jahren kehrte sie dann endgültig in das ihr fremd gewordene Land zurück.

Unter denen, die bereits in der Anfangszeit nach Deutschland zurückkehrten, gab es auch einige, die so etwas wie eine deutschjüdische Ideologie entwickelten. Sie meinten, daß jüdisches Leben auch im Nachkriegsdeutschland möglich und sogar wünschenswert sei. Einer von ihnen war Hans Lamm, der aus den Vereinigten Staaten zunächst als Übersetzer zum Nürnberger Kriegsverbrechertribunal kam und später Leiter der jüdischen Gemeinde in München wurde. Doch Lamm war eine Ausnahme, die meisten Juden, die in Westdeutschland lebten, waren entweder ältere Leute, die ihre Ruhe haben wollten, oder jüngere Überlebende des Naziterrors, die sich zwar in der aufblühenden Wirtschaft der jungen Bundesrepublik erfolgreich geschäftlich betätigten und komfortabel eingerichtet hatten, sich aber andererseits vor einem Wiederaufleben von Rechtsextremismus und Antisemitismus fürchteten und daher gewissermaßen auf gepackten Koffern saßen. Sie schickten ihre Söhne und besonders ihre Töchter nach Israel, um einen netten jüdischen Ehepartner zu finden, und nicht selten blieb der Nachwuchs in Israel. Die größte deutsch-jüdische Kulturzeitschrift hieß *Babylon* (»An den Wassern zu Babel saßen wir und weinten, wenn wir Zions gedachten …«, Psalm 137), und es erschienen Bücher mit Titeln wie *Fremd im eigenen Land*, geschrieben von jungen jüdischen Autoren.

Anfangs hatten die jüdischen Gemeinden keine Rabbiner, diese Funktion wurde in der ersten Zeit von amerikanischen Militärkaplänen ausgefüllt. Später kehrten mehrere Flüchtlingsrabbiner zurück: Heinz Grünewald kam aus Jerusalem nach München, Zvi Azaryah ebenfalls aus Israel nach Köln, Peter Nathan Levinson aus den Vereinigten Staaten erst nach Berlin und von dort nach Süddeutschland. Levinson hatte zu den letzten Juden gehört, die Deutschland 1941 legal verließen, er hatte erst unter Leo Baeck und später in den Vereinigten Staaten für das Rabbinat studiert.

In Ostdeutschland gab es keinen ordinierten Rabbiner. Martin Riesenburger, der von der kommunistischen Regierung zum Landesrabbiner erhoben wurde, hatte das Dritte Reich als Totengräber überlebt, weil er mit einer Nichtjüdin verheiratet war und daher nicht deportiert wurde. Er wurde von den neuen Behörden etwas schnöde behandelt: Sie gaben ihm einen Dienstwagen, der alle paar Kilometer stehenblieb und geschoben werden mußte. Als nach dem Mauerfall die SED-Archive geöffnet wurden, fanden sich dort jede Menge Beschwerdebriefe Riesenburgers an die kommunistischen Behörden, in denen er feststellte, daß dies angesichts der Würde seines Amtes doch etwas unpassend sei. Nach Riesenburgers Ableben gab es keinen neuen Landesrabbiner mehr, statt dessen kam zu den hohen Festtagen häufig ein ungarischer Rabbiner oder zumindest ein Kantor (Chasan) nach Ostberlin, um die Gottesdienste abzuhalten.

Über die jüdische Gemeinde in Wien brauchen nicht viele Worte verloren zu werden; sie hatte wenig, wenn überhaupt, mit dem Wiener Judentum vor dem Zweiten Weltkrieg zu tun gehabt. Zwar leben heute wieder einige zehntausend Juden in Wien, die zum Teil auch der jüdischen Gemeinde angehören, doch die große Mehrheit sind Neuzugänge aus Polen und der ehemaligen

Sowjetunion, dazu kommt eine beträchtliche Zahl von Immigranten aus Persien und Georgien, die am liebsten unter sich bleiben und den Umgang mit ihren aschkenasischen Glaubensbrüdern vermeiden.

Die neuen Gemeinden

Das jüdische Leben in Deutschland ging inner- und außerhalb dieser »Liquidierungsgemeinden« weiter – so wurden sie oft genannt, weil ihnen niemand eine große Zukunft prophezeite. Doch dann, in den achtziger Jahren, als die alte Führung, in der die Flüchtlingsgeneration noch eine tragende Rolle gespielt hatte, abzutreten begann und die Gerontokratie von einer jüngeren Führung abgelöst wurde, fand so etwas wie eine Renaissance im jüdischen Leben in Deutschland statt, vor allem in Berlin. Für diese neuen Impulse gab es mehrere Gründe. Die Zahl der Juden stieg sprunghaft an auf 80000 bis 100000 (1999), das Budget der Berliner Gemeinde allein betrug 47 Millionen DM für Bildungs- und Sozialarbeit und andere Zwecke.

Die Wiedervereinigung war ein wichtiger Faktor; in Berlin und anderswo wurden neue Synagogen und Museen eröffnet, es erschienen neue Rabbiner – Reformer, Konservative und eine Rabbinerin –, jüdische Buchläden in Berlin und München waren größer als die, die es vor 1933 gegeben hatte, neue Zeitschriften wie die *Berliner Umschau* und *jüdisches berlin* erschienen auf dem Markt. Auf dem Kulturkalender standen für jeden Tag mehrere Ereignisse von jüdischem Interesse, angefangen von einer Aufführung des Violinisten Isaac Stern bis zum jüngsten Klezmer-Ensemble. Vorlesungen über jedes erdenkliche Thema, Konferenzen jüdischer Ärzte und Psychologen, Kongresse von Jachad (jüdische Schwule und Lesben), Kescher (ehemalige Israelis) und vielen weiteren derartigen Organisationen fanden statt. Wenn es für alle diese Initiativen einen gemeinsamen Nenner gab, dann war es der Glaube, daß man nach vorn und nicht zurückblicken sollte. Der 1997 mit 45 Jahren neu gewählte Vorsitzende der Berliner Jüdischen Gemeinde, Andreas Nachama, ist der Sohn des Oberkantors und Sängers Estrongo Nachama aus Saloniki, der Auschwitz überlebt hatte und nach Berlin gezogen war. Der Historiker Nachama hat in Deutschland promoviert – er war Direktor der Stiftung »Topographie des Terrors«, die auf dem Gelände des ehemaligen Gestapo-Hauptquartiers an der Wilhelmstraße eine Gedenkstätte betreibt –, doch die eintätowierte blaue Häftlingsnummer von Auschwitz trägt er nicht.

»Wir für uns« – Die Kinder der Partei

Was haben diese Aktivitäten mit dem zu tun, was einst das deutsche Judentum war? Auf den ersten Blick kaum etwas. Doch es gibt insofern eine direkte Verbindung, als die führenden Angehörigen dieser neuen Generation, besonders auf kulturellem Gebiet, oft die Söhne und Töchter derjenigen Generation sind, mit der sich unsere Studie beschäftigt hat. Darüber hinaus gehörten sie zu den ersten, die einige der Fragen formulierten, die unmittelbar auf den Kern unseres Berichtes zielen: Fragen nach dem säkularen Leben der Juden in der modernen Welt und nach dem Erbe der deutsch-jüdischen Welt, die untergegangen ist.

Führende Köpfe dieser einst ostdeutschen Gruppe waren etwa Peter und Barbara Honigmann, Irene Runge, Jalda Rebling, Annette Kahana, Helga Kurzchalia. Peter Honigmann hatte für das ZK der SED gearbeitet, machte jedoch eine Art religiöse Wandlung durch, ging 1984 in den Westen und wurde Leiter des Zentralarchivs zur Erforschung der Geschichte der Juden in Deutschland, das seinen Sitz in Heidelberg hat; seine Frau Barbara ist Schriftstellerin in Straßburg. Irene Runge, in New York geboren, Autorin, ist Mitarbeiterin des Jüdischen Kulturvereins in Berlin. Jalda Rebling, die Tochter der holländischen Sängerin und Tänzerin Lin Jaldati und des Musikwissenschaftlers Eberhard Rebling, der viele Jahre Rektor der Musikhochschule in Ostberlin war, ist ebenfalls Sängerin. Sie alle haben gemeinsam, daß ihre Eltern treue, sogar doktrinäre Kommunisten sowie jüdischer oder teiljüdischer Herkunft waren und 1945 oder später aus dem Exil zurückkehrten. Die nachfolgende Generation wurde zu guten Kommunisten erzogen und war in mancherlei Hinsicht privilegiert, weil sie zum DDR-Establishment gehörte. Die Tatsache, daß sie jüdischer Herkunft waren, wurde von den Eltern kaum erwähnt. So sagte Irene Runge: »Ich wußte nicht, was Juden sind ... Nach allem, was geschehen war, wollten die, die aus dem Ausland zurückkehrten, keine Juden mehr sein, oder ihre Kinder damit belasten. In unseren Kreisen hieß es, das sei eine Frage der Religion, und wir waren natürlich Internationalisten ... Doch auf der Straße wurde das anders interpretiert ...«

Im Laufe der siebziger und achtziger Jahre begannen sich diese Parteikinder von der Linie der Partei zu entfernen, während sie gleichzeitig ein Interesse an jüdischen Angelegenheiten und Traditionen entwickelten. Um das zu verstehen, muß der politische Hintergrund kurz beleuchtet werden. Die Politik der SED gegenüber den Juden und dem Judaismus war schon immer widersprüchlich gewesen. Außer während der letzten Jahre des Stalinismus wurden einzelne Juden nie verfolgt, und jüdische Gemeinden waren nie verboten. Juden wurden zwar als Opfer des Faschismus anerkannt, jedoch gewissermaßen als Antifaschisten zweiter Klasse betrachtet: nur Kommunisten konnten wahre Antifaschisten sein, während die Juden lediglich passive Opfer gewesen waren. Die Tatsache, daß auch Juden einen antifaschistischen Kampf geführt hatten, wurde nicht öffentlich bekanntgemacht oder zumindest heruntergespielt. Darüber hinaus wurde alles unternommen, um das Ende jeder organisierten jüdischen Aktivität in der DDR zu beschleunigen. Die Mitgliederzahl der jüdischen Gemeinden in Ostdeutschland, anfangs rund zweitausend, nahm stetig ab. Es war vielleicht symptomatisch, daß sich Anfang der fünfziger Jahre im Zusammenhang mit dem Slánský-Prozeß in Prag, der auch einen antisemitischen Hintergrund hatte, die Vorsteher aller jüdischen Gemeinden der DDR in einer einzigen Nacht nach Westdeutschland absetzten.

Die Zahl der Juden, die nicht den ostdeutschen Gemeinden angehörten, lag beträchtlich höher, vielleicht bei zehn- bis zwölftausend, es ist zweifelhaft, ob selbst die Stasi ihre genaue Zahl kannte. Während der letzten Jahre ihrer Existenz unternahm die DDR jedoch große Anstrengungen, von Washington anerkannt zu werden, und hierfür wurde der gute Wille der amerikanischen Juden als wesentlich erachtet. Dadurch liberalisierte sich die Politik des Regimes gegenüber den Juden etwas, so wurden zum Beispiel Mitgliedern des Jüdischen Weltkongresses Ehrendoktorate verliehen. Dennoch zählten Israel und der Zionismus in der DDR-Propaganda immer noch zu den Hauptfeinden, während die Araber, unabhängig von ihrer jeweiligen Politik, stets dem Lager des Fortschritts und des Friedens zugerechnet wurden. Die jungen Rebellen in der DDR wurden nicht zu Zionisten, sie traten schlicht für mehr Objektivität in den Medien ein. Doch weit bedeutsamer war, daß sie das Judentum wiederentdeckten – eine unvermeidliche Folge der Armut der offiziellen DDR-Ideologie einerseits und des vagen Gefühls, daß sie sich irgendwie von ihren nichtjüdischen kommunistischen Genossen unterschieden. Einige begannen, an den hohen Festtagen Gottesdienste zu besuchen, wenn möglich insgeheim, doch ist es zweifelhaft, ob der religiöse Faktor ausschlaggebend war, denn oft fühlten sie sich von den jüdischen Ritualen gelangweilt und sogar abgestoßen. Ihnen ging es vielmehr darum, gleichgesinnte Altersgenossen zu finden, die mit der Verlogenheit der offiziellen Parteilinie unzufrieden waren und sich, wie sie selbst, für ihre Wurzeln interessierten.

Ein Freundeskreis entwickelte sich, der sich auf kulturellem Gebiet betätigte. Er nannte sich »Wir für uns«, was eine gewisse gemeinsame Identität signalisierte. Die meisten Mitglieder blieben in der Partei, einige traten der jüdischen Gemeinde bei, manche wurden religiös, andere blieben säkular. Vincent von Wroblewsky, im französischen Exil geboren und teilweise jüdischer Herkunft, drückte es in einer Rundfunksendung so aus: »Wir waren zwar Bürger jüdischer Abstammung, aber nicht Bürger jüdischen Glaubens ... worin ja die Gemeinden und die DDR-Regierung übereinstimmten. Der jüdische Glaube war es nicht. Und dennoch waren wir uns eines Unterschieds zu den Bürgern nichtjüdischer Abstammung bewußt. Das war etwas, das in unserem Leben wichtig war. Und in dem Maße auch, wie die Identifikation mit der DDR geringer wurde, gab es eine ganze Reihe dieser jüdischen Intellektuellen der zweiten Generation, die sich die Frage nach der jüdischen Identität zunehmend stellten.« Das bedeutete auch eine Rebellion gegen die Generation der Eltern, die größtenteils alles in ihrer Macht Stehende getan hatten, um sich von ihren jüdischen Ursprüngen zu distanzieren, die sie als peinlich empfanden. Für die jungen jüdischen Rebellen, so Wroblewsky, »reduzierte sich die Haltung zur Elterngeneration nicht auf die Frage, was habt ihr in der Nazizeit gemacht, da konnte man ja noch weitgehend deren positive Haltung würdigen. Für uns war viel wichtiger die Frage, was habt ihr aus diesem Erbe gemacht mit dem Sozialismus und mit dem, was ihr da für einen Anspruch hattet? Wofür habt ihr euer Leben eingesetzt bis 45, wenn ihr euch heute so feige verhaltet, so viel hinnehmt und so viel mit eurem Namen verbindet, was wir nicht gut finden können – im Namen von Idealen, die ihr hattet und die wir geteilt haben.«

Für diese Kritiker bedeutete das Judentum mehr als die Synagogenliturgie, mehr als eine engstirnige Beschäftigung mit der Schoa, mehr als Klezmer-Musik, Folklore und eine sentimentale Glorifizierung des osteuropäischen Stetl, zumindest sollte man das Erbe des Judentums hinsichtlich der gegenwärtigen Welt und der Zukunft erforschen. Darauf verwendeten sie beträchtliche Energie, und wenn das jüdische Leben in Nachkriegsdeutschland durch Diskussionen und Studiengruppen neue Anstöße erhielt, so kamen diese eher aus dem Osten denn aus dem Westen. Aus

»Wir für uns« entstand 1990 der Jüdische Kulturverein Berlin, der sich deutlich von den Jüdischen Gemeinde in West- wie in Ostberlin absetzte, weil die Gründer diese für bürokratisch und steril hielten. Der Kulturverein ist säkular angelegt, zeigt aber auch Interesse an der jüdischen Religion.

So kümmerten sich also die Mitglieder der überwiegend osteuropäisch geprägten jüdischen Gemeinden in Westdeutschland hauptsächlich um Geschäft und Beruf, wobei sie kaum mehr als ein oberflächliches Interesse an kulturellen Angelegenheiten zeigten, während die einstigen jungen Kommunisten aus dem Osten, überwiegend deutsch-jüdischer Herkunft, überwiegend Intellektuelle, viel mehr echtes Interesse an ihrem jüdischen Erbe erkennen ließen. Es ist keineswegs sicher, daß ihre Suche über das vage Gefühl hinaus, daß sie eine gewisse Mentalität gemeinsam haben, irgendwohin führen wird. Gewiß ist es noch zu früh, von einer echten jüdischen Renaissance in Deutschland zu reden. Zahlen besagen wenig, die russischen Zuwanderer haben zwar die Mitgliederzahl der Gemeinden in die Höhe getrieben, aber sie bleiben größtenteils unter sich, haben ihre eigene Kultur – oder zumindest ihre eigene Lebensart – und kaum Interesse an einer Gewissensprüfung nach Art der jungen Exkommunisten. Diese Russen sind weit mehr Russen als Juden, genau wie die deutschen Juden vor 1933 mehr Deutsche als Juden waren. Falls sie sich überhaupt assimilieren wollen, dann an die deutsche Lebensart, ihre jüdischen Wurzeln sind kaum mehr als vage Kindheitserinnerungen an die Großeltern und wunderliche Scholem-Alejchem-Geschichten, die – jedenfalls in ihren Augen – eher einer russischen Subkultur als einer spezifisch jüdischen Tradition zuzurechnen sind.

Es ist aber auch noch zu früh, die spirituelle Suche der ostdeutschen Exkommunisten nach jüdischen Traditionen und Werten abzuschreiben. Wenn diese Suche nach einem dritten – säkularen – Weg scheitert, wird sie überall scheitern, jedenfalls außerhalb Israels. Die Tatsache, daß es sich um eine kleine Gruppe handelt, ist dabei nicht von entscheidender Bedeutung, neue spirituelle Impulse gehen selten von der Masse aus. Die kulturelle Renaissance der Juden nach dem Ersten Weltkrieg war das Werk einer Handvoll Menschen in und um Frankfurt, die das berühmte Freie Jüdische Lehrhaus begründeten. Mit den intellektuellen Interessen der neuen jüdischen Flüchtlinge der neunziger Jahre aus dem Osten mag es nicht weit her sein, aber auch sie haben Kinder; von diesen werden viele eine höhere Schulbildung erlangen, und manche werden, wenn die Zeit gekommen ist, ähnliche Fragen stellen wie die Rebellen von 1990, die zweite und letzte DDR-Generation.

Die Schriftsteller jüdischer Herkunft

Soviel also zu den Flüchtlingen, die nach dem Zweiten Weltkrieg nach Deutschland zurückkehrten, und dem merkwürdigen Schicksal ihrer Sprößlinge. Doch es gab noch eine besondere Kategorie von Flüchtlingen, nämlich die jüdischen Schriftsteller, von denen viele in das Land ihrer Herkunft zurückkehrten. Die Lage der deutschen Autoren im Exil war, wie immer, wenn Autoren von ihren Lesern abgeschnitten werden, alles andere als rosig, mit Ausnahme ganz weniger Schriftsteller von Weltruhm wie Thomas Mann oder Lion Feuchtwanger, deren Bücher auch in Amerika viel gelesen wurden, oder einiger jüngerer, die den Wechsel in die neue Sprache bewältigten, so Arthur Koestler ins Englische sowie Manès Sperber und Ernst Erich Noth ins Französische. So ist eigentlich die Tatsache bemerkenswerter, daß einige Schriftsteller nicht zurückkehrten, als daß ein großer Teil es doch tat.

Die Rückkehr der älteren Generation war mit wenigen Ausnahmen nicht von Erfolg begleitet. Zwar hatte die ostdeutsche Regierung einige der großen Namen eingeladen und behandelte sie königlich, soweit man das von einem sozialistischen Staat sagen kann, doch fällt einem kaum jemand ein, der nach 1945 das

Niveau seiner früheren Arbeiten erreichte, und dessen müssen sich die Autoren bewußt gewesen sein. Mit anderen Worten, wer wie Arnold Zweig nach Ostdeutschland zurückkehrte, diente hauptsächlich als Ornament, war nützlich, um politische Manifeste für den Frieden und gegen den Krieg und zum Lob eines Regimes zu unterzeichnen, das ihn so gut behandelte.

Denjenigen, die sich für Westdeutschland entschieden, erging es schlimmer, materiell und auch moralisch. Die Behörden hatten kein besonderes Interesse an Literatur oder bildender Kunst, und die Menschen waren mit dem Wirtschaftswunder beschäftigt. Der literarische Geschmack hatte sich seit den zwanziger und frühen dreißiger Jahren geändert, und einst populäre Schriftsteller hatten ihr Lesepublikum verloren. Die größtenteils jüdische Leserschaft in Berlin war verschwunden, ebenso ihre Verlage und die Zeitschriften, in denen sie früher veröffentlicht worden waren. Vielleicht hatten sie vergessen, daß das – nicht linke, nicht jüdische – deutsche Publikum schon immer lieber Hans Carossa als Alfred Döblin, lieber Agnes Miegel als Arnold Zweig oder Ernst Toller gelesen hatte. Die Flüchtlinge der älteren Generation waren nach ihrer Exilerfahrung verbittert, und über die Jahre, in denen sie weitgehend ignoriert wurden, wurden sie noch verbitterter. Sie hatten gehofft, daß Westdeutschland radikal mit dem Nationalsozialismus gebrochen haben würde, doch das war eine Illusion, denn ganz offensichtlich war das deutsche Volk, das die Nazijahre durchlebt hatte, größtenteils immer noch das gleiche, und das blieb es auch so lange, bis eine neue Generation herangewachsen war; nur die führenden Köpfe der Naziära waren entfernt worden. Viele der Rückkehrer brachten daher tiefe Enttäuschung zum Ausdruck, dies war nicht ihr Staat, niemand brauchte sie. Einige, wie Alfred Döblin, verließen Deutschland zum zweiten Mal. Manche machten sich Illusionen über Ostdeutschland, wo, wie sie glaubten, eine wahrhaft freie Gesellschaft entstanden war und wo ihre alten Bücher manchmal nachgedruckt wurden. Dennoch stimmten nicht wenige Flüchtlinge, die sich in der DDR niedergelassen hatten, mit den Füßen ab (darunter Ernst Bloch, Hans Mayer und Alfred Kantorowicz), ganz zu schweigen von den intellektuellen Dissidenten der siebziger und achtziger Jahre, doch niemand ging vom Westen in den Osten.

In Westdeutschland bildete sich ein neues, jüngeres literarisches Establishment heraus, die Gruppe 47, die sich mindestens ebenso kritisch zu der politischen und gesellschaftlichen Ordnung äußerte wie die zurückkehrenden Flüchtlinge. Doch dies war eine neue Generation, die anders schrieb und andere Ansprüche an den Schriftsteller stellte. Sie ignorierte nicht nur die im Exil entstandene Literatur, sondern auch die zurückgekehrten Flüchtlingsliteraten.

Und was war mit denjenigen, die zu jung waren, um vor der Emigration bereits publiziert zu haben, die erst nach dem Krieg zu schreiben begannen? Keiner dieser Autoren war älter als zwanzig, als Hitler an die Macht kam, einige waren beträchtlich jünger, und es erhebt sich sofort die Frage, warum ausgerechnet sie deutsche Lyriker, Schriftsteller oder Dramatiker hätten werden sollen. Für einige stand aber von vornherein fest, daß dies ihre Berufung sei. Als Erich Fried mit siebzehn Jahren in London ankam und vom Interviewer des Rettungsausschusses gefragt wurde, welchen Berufsweg er einschlagen wollte, entgegnete er, er wolle deutscher Dichter werden. Darauf erhielt er den Rat, nicht mehr davon zu reden, und wurde Fabrikarbeiter und Glasbläser, bevor er eine Anstellung bei der BBC fand. Offenbar hatten diese angehenden Schriftsteller eine gute sprachliche Grundlage, liebten die deutsche Literatur und glaubten an ihre Fähigkeit, sich nicht nur klar und präzise, sondern auch mit Eleganz und Tiefe ausdrücken zu können. Mit anderen Worten, sie meinten nicht nur, daß sie etwas zu sagen hätten, sondern glaubten auch, das Talent dazu zu besitzen.

Das Alter war von entscheidender Bedeutung. Jenny Aloni war nur fünf Jahre älter als Jehuda Amichai, doch sie blieb in Israel völlig unbekannt, obwohl sie über israelische Themen schrieb, während Amichai so etwas wie ein israelischer Nationaldichter und -schriftsteller wurde. Mascha Kaléko, knapp zehn Jahre älter als Jenny Aloni, war in den letzten Jahren der Weimarer Republik bekannt geworden. Sie meisterte jedoch weder die englische Sprache noch Ivrit, und so endete ihr Leben in Amerika und später in Israel in einer Tragödie.

Von den jungen Schriftstellern schrieben viele zu Beginn ihrer Karriere in einer anderen Sprache: Peter Weiss auf schwedisch, Marcel Reich-Ranicki auf polnisch, Paul Celan auf rumänisch, Wolfgang Hildesheimer auf englisch, Maxim Biller auf tschechisch. Darüber hinaus ist es nicht leicht, in ihrer Arbeit oder der Aufnahme durch das Publikum gemeinsame Züge zu finden. Einige schrieben über ihre Erlebnisse im nationalsozialistischen Deutschland, in der Emigration und über die Schoa, bei anderen spielten diese Themen kaum eine Rolle. Viele zogen es vor, zwar in Deutschland zu publizieren, aber in anderen Ländern zu leben, so Weiss in Schweden, Hildesheimer in der Schweiz, Jean Améry in Belgien, Erich Fried in London, Celan in Paris. Hildesheimer erklärte dies mit dem Asthma, unter dem er litt. Weiss spielte jahrelang mit dem Gedanken, in seine – ostdeutsche – Heimat zurückzukehren, tat es dann aber doch nicht. Erich Fried kam zwar jedes Jahr zu Dichterlesungen vor einem Massenpublikum nach Deutschland – nicht etwa in sein Geburtsland Österreich –, zog es aber vor, weiterhin im Ausland zu leben. Einige von denen, die nicht nach Deutschland zurückkehrten, stimmten sicher mit Ilse Blumenthal-Weiss überein, die einmal gesagt hat, daß die deutsche Sprache ihre Heimat geblieben sei, während sie Deutschland ausgemerzt habe.

Manche dieser Schriftsteller waren gebrochene Menschen. Wie Michael Hamburger, sein Übersetzer, über Paul Celan, den Größten dieser Gruppe, schrieb, überlebte dieser die Schoa physisch, aber nicht psychisch. Celan beging Selbstmord, ebenso wie Jean Améry und Peter Szondi. Andere wiederum waren Menschen von ungeheurer Vitalität, wie Reich-Ranicki, dessen Erlebnisse während des Krieges seine Lebensfreude in den Jahren danach durchaus nicht beeinträchtigten. Einige waren in erster Linie Kommunisten, wie Stephan Hermlin, der der Partei bereits als Schüler beitrat, oder wenigstens begeisterte Revolutionäre, während andere, wie Celan, nicht an politisches Engagement glaubten. Hildesheimer betrachtete sich als Liberalen, glaubte an soziale und politische Reformen, meinte aber auch, daß dieses Ziel nicht auf literarischem Weg zu erreichen sei.

Was die Aufnahme der jüngeren Schriftsteller betrifft, fanden sie sowohl Bewunderung wie Kritik, doch im ganzen war die Reaktion nicht unfreundlich. Die Gedichte von Hilde Domin wurden vieltausendfach gedruckt, wenige deutsche Lyriker erreichten ein so großes Publikum. Erich Fried erreichte eine Zeitlang Kultstatus. Nach einem ungewissen Start wurde Reich-Ranicki der einflußreichste Literaturkritiker Deutschlands, obwohl er aus Polen stammte.

Es gab andere, deren Werk aufgrund ihrer Political correctness überbewertet wurde; dies gilt zum Teil für Peter Weiss und vor allem für Erich Fried. Dessen Gedichte über Vietnam und die RAF, sein unnachgiebiges Verharren im Protest entsprachen sicher dem Zeitgeist der späten sechziger und der siebziger Jahre, doch irgendwann mußte sich dieser überleben. Damit soll das literarische Talent Frieds nicht geschmälert werden, er übersetzte mehr als zwanzig Shakespeare-Stücke, und sein Werk erhielt hohes Lob. Doch seine politische Lyrik, die zur Zeit der großen Demonstrationen in aller Munde war, geriet bald in Vergessenheit.

Der Fall Peter Weiss ist komplizierter. 1916 in Nowawes (heute Babelsberg) bei Berlin geboren, lebte er von 1942 bis zu seinem Tod 1982 in Stockholm. Er begann seine Karriere als Maler und nebenbei, jedoch ohne Erfolg, als Schriftsteller in schwedischer Sprache. Erst seit 1960 gab es Veröffentlichungen in deutscher Sprache, die in der Nach-Brecht-Ära viel Aufmerksamkeit erweckten. Seine halb-autobiographische Trilogie unter dem seltsamen Titel »Die Ästhetik des Widerstands« fand mehr Interesse bei professionellen Germanisten als beim breiten Publikum. Politisch verhielt er sich etwas erratisch. 1967 glaubte er, bei der Neuen Linken eine geistige Heimat gefunden zu haben, verhandelte aber gleichzeitig mit der DDR-Führung über die Möglichkeit eines Zuzugs nach Ostberlin. 1968 schrieb er allerdings ein Stück über »Trotzki im Exil«, das natürlich seine DDR-Pläne zunichte machte; die Kommunisten verlangten, daß er sich davon distanzierte, wozu er jedoch nicht bereit war.

Hat sich irgendeiner dieser Schriftsteller in erster Linie als jüdischer Schriftsteller gefühlt? Gewiß nicht die Kommunisten oder die Sympathisanten der Neuen Linken, auch wenn sich jüdische Themen selbst bei Stephan Hermlin finden, in späteren Jahren auch bei Stefan Heym und natürlich bei Peter Weiss. In Palästina hatte es mitten im Krieg eine faszinierende Polemik zwischen Gustav Krojanker, einem zionistischen Kritiker, und Arnold Zweig darüber gegeben, was den jüdischen Schriftsteller ausmacht. Krojanker führte an, daß Zweig auf deutsch für ein deutsches Publikum geschrieben und sich zweifellos als deutschen Schriftsteller betrachtet habe, wenn er auch gelegentlich zionistische Ansichten zum Ausdruck brachte. Er sei nicht nach Palästina gekommen, weil Zion ihn rief, sondern weil er einen Zufluchtsort brauchte. (Zweig hatte sich zuvor darüber beklagt, daß sein Werk in Palästina nicht gebührend respektiert werde und sogar feindselige Reaktionen hervorgerufen habe.) Krojankers Analyse erwies sich als prophetisch: Zwei Monate nach der Gründung des Staates Israel ging Zweig in die DDR. Sein Freund, der Zionistenführer Nahum Goldmann, hatte ihm geraten, nicht nach Palästina zu gehen, weil er niemals Ivrit lernen werde. Aber war es letztlich eine Frage der Sprache? Konnte man nur ein jüdischer Schriftsteller sein, wenn man hebräisch oder jiddisch schrieb, oder war vielleicht die Sprache selbst gar nicht der entscheidende Faktor, sondern lediglich die Reflexion einer höheren Ebene, einer durch die Jahrhunderte tradierten Geisteswelt, die Arnold Zweig gewiß nicht teilte?

Paul Celan, 1920 in Czernowitz in der Bukowina geboren, entstammte einem weit weniger assimilierten Milieu, sein Deutsch war perfekt und sein Hebräisch exzellent. Er war im Arbeitslager gewesen, die Schoa und die Ermordung seiner Eltern waren die zentralen Ereignisse seines Lebens. Seine »Todesfuge«, ursprünglich »Todestango« genannt, ist eines der großen Gedichte unserer Zeit (der andere Wendepunkt war »Jerusalem«). In einem Interview sagte er, seine Lyrik sei nicht nur jüdisch vom Thema her, sondern auch im Geiste. Doch auch die deutsche Kultur stand ihm nahe: »Ich selbst bin in ... und mit dieser Sprache aufgewachsen. ... Rilke war für mich sehr wichtig und dann Kafka.« Celan war von einem Universalismus beseelt, der über Sprache und Thematik hinausging.

Großen Einfluß auf die deutsche Nachkriegsliteratur übte Marcel Reich-Ranicki aus, der 1920 in Polen zur Welt kam. 1929 zog seine Familie nach Berlin, wo er eine deutsche Schule besuchte und ein bleibendes Interesse an deutscher Literatur, an Theater und Musik entwickelte. Wie alle polnischen Juden wurde seine Familie 1938 aus Deutschland ausgewiesen; Marcel verbrachte die Kriegsjahre erst als kleiner Angestellter beim Judenrat in Warschau und konnte sich später zuammen mit seiner zukünftigen Frau Teofila verstecken. Wie andere polnische Juden seiner Generation trat er nach der Befreiung durch die Sowjetarmee der Kommunistischen Arbeiterpartei bei und diente eine Zeitlang als junger Diplomat in London und bei der polnischen Geheimpolizei. Er fiel jedoch in Ungnade, wurde aus der Partei ausgeschlossen und verdiente sich fortan seinen Unterhalt als Übersetzer aus dem Deutschen und Kommentator neuer deutscher Literatur. Seine literarischen Anfänge lagen mehr oder weniger innerhalb der obligatorischen kommunistischen Parameter, doch nach seiner Übersiedlung in den Westen 1958 entwickelte er seinen eigenen Stil in der Literatur und wurde nicht nur Deutschlands geachtester, gefürchtetster und bissigster Kritiker, sondern auch – und dies ist vielleicht einzigartig in der deutschen Literatur des 20. Jahrhunderts – ein Kritiker, der durch das Fernsehen einem Millionenpublikum bekannt geworden ist. Selbst in hohem Alter legt er ein Temperament an den Tag, das in literarischen Kreisen ungewöhnlich ist, aber im Medium Fernsehen den Erfolg ausmacht.

Reich-Ranicki verleugnete weder seine Herkunft, noch ignorierte er Schriftsteller jüdischer Abstammung. Auf viele von ihnen hielt er große Stücke und nannte sie »Die Ruhestörer« – so der Titel einer seiner Aufsatzsammlungen. Doch sein Interesse an jüdischen Angelegenheiten war minimal. Er hielt sich nicht für entwurzelt, er glaubte an eine »tragbare Heimat«, eine Heimat, die man überallhin mitnehmen kann und die nicht die schlechteste ist, und diese Heimat war für ihn die »Literatur oder, genauer gesagt, die deutsche Literatur«. Ob Literatur (oder Kunst oder Wissenschaft) eine Heimat ersetzen kann, ist eine interessante und wahrscheinlich nicht zu beantwortende Frage. Worauf es ankommt, ist, daß für einige in Deutschland und anderswo die Literatur und die Künste diese Funktion besaßen. Daher ist Reich-Ranicki nicht nur als eindrucksvolle Gestalt, sondern auch als Symptom interessant.

Seine Lebensgeschichte ähnelt in gewisser Weise derjenigen eines anderen wohlbekannten deutschen Nachkriegsautors, Jurek Becker. Auch er wurde in Polen geboren, allerdings erst 1937. Sein Vater hatte zuvor in Bayern gelebt, und die beiden gingen 1945 nach Ostberlin. Jurek hatte seine Kindheit im Getto und in Lagern verbracht, sein Vater Auschwitz überlebt. Der Roman, der ihn bekannt machte, *Jakob der Lügner* (1968), ist die Geschichte eines Juden in einem Getto, der, um seinen Glaubensgenossen Mut zu machen, Geschichten verbreitete, wonach die heranrückenden Russen bereits viel näher waren, als es tatsächlich der Fall war. Seine Glaubwürdigkeit beruhte auf der Fiktion, daß er angeblich an einem geheimen Ort ein Radio versteckt hatte, was natürlich strikt verboten war.

Ob die Geschichte irgendeinen Bezug zur Wirklichkeit des Gettos enthält, ist eine Streitfrage, jedenfalls weigerte sich Jureks Vater nach der Veröffentlichung des Buches ein Jahr lang, mit seinem Sohn zu sprechen. Es war eine originelle, kraftvolle Geschichte, und Becker kehrte auch in seinem späteren Werk gelegentlich zu jüdischen Themen zurück. Gewiß aber betrachtete er sich nicht als jüdischen Schriftsteller; wenn er nach seiner Einstellung zu jüdischen Dingen gefragt wurde, antwortete er stets: »Meine Eltern waren Juden.« Die Haltung, die man ihm in der DDR entgegenbrachte, war uneinheitlich. *Jakob der Lügner* war ursprünglich als Drehbuch angelegt, doch die Zensur ließ die Verfilmung erst Jahre später zu. Andererseits wurde Becker der »Nationalpreis«, die höchste Auszeichnung der DDR, verliehen, was jedoch die Unterdrückung seiner späteren Bücher nicht verhinderte. 1977 verließ er die DDR und wechselte in den Westen, jedoch eher aus persönlicher Loyalität zu einigen anderen Dissidenten, die ausgebürgert worden waren, als aus ideologischer Überzeugung. Mehrmals hat er geäußert, daß er in Ostdeutschland geblieben wäre, wenn man seine Bücher dort veröffentlicht hätte. Er starb 1997.

Reich-Ranicki gehörte einer Generation an, die unter Hitler erwachsen wurde, während Beckers Kindheitserinnerungen in den Lagern beginnen. Wie steht es mit der Generation, die noch später geboren wurde, während des Krieges und danach, und die das deutsch-jüdische Schrifttum von heute vertritt? Sie sind ein bunter Verein, manche wurden in Israel geboren (Rafael Seligmann), andere im Versteck während des Krieges (Robert Schindel), oder in Osteuropa, oder in Amerika (Irene Dische, Peter Jungk), oder in Deutschland und Österreich nach dem Krieg (Hans/Chaim Noll, Esther Dischereit, Barbara Honigmann und Robert Menasse). Einige schreiben nicht deutsch, sondern englisch (Irene Dische), werden aber als deutsche Schriftsteller angesehen, weil sie in Deutschland leben. Sie sind in diesem Kontext nur deshalb relevant, weil ihre Bücher in Deutschland veröffentlicht werden und weil einige von ihnen die Kinder der jüngeren Flüchtlingsgeneration sind. Die meisten ihrer Leser müssen nichtjüdische Deutsche sein, wenn man die ethnische Zusammensetzung der jüdischen Gemeinden in Deutschland und deren mangelndes Literaturinteresse in Betracht zieht. Wenn dem so ist, warum sollten sich deutsche Leser für etwas interessieren, was sich allenfalls als Subkultur oder randständig bezeichnen läßt?

Ein solches Interesse an jüdischen Dingen war in den fünfziger und sechziger Jahren nicht vorhanden, vielmehr gab es damals einen beträchtlichen Widerstand gegen die Beschäftigung mit dem Schicksal des europäischen Judentums in der jüngsten Vergangenheit und mit jüdischen Themen ganz allgemein. Dies war, nebenbei bemerkt, nicht nur in Deutschland so: Primo Levi fand zum Beispiel in Italien jahrelang keinen Verlag für seine Bücher.

Dieses Interesse erwachte erst in den siebziger Jahren, als das Fernsehen im Rahmen von Dokumentarfilmen und Features das Thema der Judenverfolgung aufzugreifen begann. Fast auf jedem intellektuellen Niveau ließ sich mit jüdischen Themen Interesse erwecken, zum Teil, weil man erkannte, daß die Juden einer bisher »unbewältigten« Vergangenheit angehörten, aber mehr noch, weil sie einerseits exotisch und dann doch wieder irgendwie vertraut erschienen. Es wäre nicht verwunderlich, wenn eines Tages auch Sinti und Roma, Türken und Kurden ihre eigenen jungen Schriftsteller hervorbrächten, die in Deutschland geboren und aufgewachsen sind und deutsche Literatur studiert haben. Anfänge dieser Art gibt es bereits.

Verallgemeinerungen hinsichtlich dieser jungen deutsch-österreichisch-jüdischen Literatur bergen die Gefahr der Unausgewogenheit, denn es bedeutet, daß man ernsthafte und talentierte Schriftsteller mit anderen – um es vorsichtig auszudrücken – ephemeren Gestalten in einen Topf wirft. Die literarische Qualität dieser Texte läßt teilweise sehr zu wünschen übrig, und das eigentliche Anliegen der Autoren ist kaum zu erkennen, abgesehen von einem unausgegorenen und allgemeinen Zorn. Sie sind wütend auf ihre Eltern, die sie aus dem Exil nach Deutschland oder Österreich brachten (aber sie wären wahrscheinlich genauso zornig, wenn sie nicht zurückgekehrt wären), sie sind wütend auf die deutsche Gegenwartsgesellschaft und die einzelnen Deutschen.

Sie sind auch wütend auf ihre jüdischen Landsleute, auf Israel und auf die Medien. Diese zornigen jungen Menschen, jetzt zwischen Mitte Vierzig und Mitte Fünfzig, wollen von den Toten und der Schoa nichts mehr hören (»dieser ganzen Holocaust-Scheiße« mit Maxim Billers Worten), aber sie sind besessen von dem, was mit ihren Eltern und Großeltern geschah.

Wenn sie von Deutschen und Juden gleichermaßen die Nase voll haben, warum ziehen sie dann nicht in ein anderes Land, wie es andere bereits getan haben (Honigmann und Jungk nach Frankreich, Noll nach Italien usw.)? Aber für Italien und Frankreich interessieren sie sich nicht, und Israel als abstrakter Ort der Suche nach Religion und Identität zieht nur wenige an. Ihr Repertoire ist ziemlich begrenzt; sie wollen schockieren, indem sie das philisterhafte jüdische Establishment attackieren, das sich nur für Geld interessiert, und die deutsche Gesellschaft, die sich vor allem durch mangelnden Takt, Ausländerfeindlichkeit, Arroganz und einen unaufrichtigen Philosemitismus auszeichnet. Zur Vervollständigung sei gesagt, daß im großen und ganzen die männlichen Schriftsteller in ihren Attacken ausfallender sind als die weiblichen.

Die Gründe für diese eingehende Beschäftigung mit jüdischen Angelegenheiten und deutsch-jüdischen Beziehungen liegt nicht immer klar auf der Hand. Irene Dische und Esther Dischereit entstammen »Mischehen«; erstere wuchs als Katholikin in den Vereinigten Staaten auf. Einige ihrer männlichen Kollegen hat man die Kinder (oder Enkel) von »Portnoys Beschwerden« auf einem niedrigeren intellektuellen Niveau genannt. Doch während es Philip Roth zumindest gelang, eine ganze Reihe von Leuten vor den Kopf zu stoßen, verbreiten seine deutschen Schüler mit ihren Versuchen, sarkastisch zu sein, häufig nur Langeweile. Für jemanden, der dieser Generation nicht angehört, ist es schwer zu beurteilen, ob sie nur für sich selbst sprechen oder die Stimmung einer breiteren Schicht zum Ausdruck bringen.

Im Gegensatz zu den Aktivitäten der zweiten Generation in der ehemaligen DDR, von »Wir für uns« beziehungsweise dem Kulturverein, ist in der neuen deutsch-jüdischen Literatur kein Verständnis für die Flüchtlinge der dreißiger Jahre und deren späteres Schicksal zu erkennen. Die jungen Juden, die sich jetzt auf deutsch artikulieren, sind nur zum Teil deutscher Herkunft, viele stammen aus Osteuropa, und selbst wenn ihre Eltern ursprünglich deutsch-jüdischer Herkunft waren, so wuchsen sie doch nicht in einem deutsch-jüdischen Milieu auf; ihr Wissen um das deutsch-jüdische Erbe und ihr Interesse daran ist begrenzt. Ebensowenig wie die heutigen jüdischen Gemeinden in Deutschland als Nachfolger der einstigen Gemeinden gesehen werden können oder Ignatz Bubis als Erbe Leo Baecks betrachtet werden kann, hat es keinen Zweck, die Wurzeln Rafael Seligmanns oder Irene Disches bei Paul Celan oder Peter Weiss zu suchen, geschweige denn bei Kafka und den deutsch-jüdischen Schriftstellern der zwanziger Jahre.

Es gibt jedoch eine – nicht nur biologische – Verbindung zwischen den jungen Flüchtlingen der dreißiger und vierziger Jahre und der Generation ihrer Kinder in der ehemaligen DDR. Dies ist ein Thema, mit dem wir uns im letzten Teil unserer Geschichte befassen werden, wo die Frage gestellt wird, ob es ein Erbe gegeben hat und worin dieses besteht.

Wiedersehen mit Deutschland – fünfzig Jahre später

Wir haben bereits die erste Begegnung der jungen Flüchtlinge nach ihrer erzwungenen Ausreise aus Deutschland und Österreich mit ihrer Heimat im Jahre 1945 beschrieben, als sie als Soldaten und Offiziere mit ihren Einheiten in deutsche Städte und Dörfer einrückten, teils in amerikanischer und englischer, teils in französischer und sogar palästinensischer Uniform. Viele gehörten Kampfeinheiten an, andere kamen und blieben eine Zeitlang als Übersetzer und Pressesprecher. Während der fünfziger und sechziger Jahre folgte sodann eine gewisse Rückwanderungswelle, zwar zahlenmäßig nicht sehr stark, aber dennoch interessant hinsichtlich der Motive, die Flüchtlinge dazu brachten, in ein Land zurückzukehren, das sie ausgestoßen hatte und in dem so viele Familienangehörige und Freunde umgekommen waren.

Doch es gab noch eine andere Art der Wiederbegegnung, wenn ehemalige Flüchtlinge Jahre später ihre deutsche oder österreichische Heimat besuchten, motiviert von dem Drang, die Orte ihrer Kindheit und die Gräber ihrer Vorfahren wiederzusehen.

Ein Teil derjenigen, die Deutschland entkommen waren, war fest entschlossen, niemals wieder deutschen Boden zu betreten, und einige blieben bei diesem Entschluß bis zum Ende ihrer Tage. Andere, die ebenso dachten, änderten ihre Meinung im Laufe der Zeit, als sie sahen, daß eine neue Generation in Deutschland heranwuchs und die alte, die aktiv oder passiv an der Naziära teilgenommen hatte, allmählich verschwand. Überlegungen wie die, daß jemand, der 1990 sechzig Jahre alt war, kaum in der Wehrmacht gedient haben, geschweige denn NSDAP-Mitglied gewesen sein konnte, brachten den Wandel. 1947 hatte Hermann Broch in einem Brief an einen Freund geschrieben, daß nach der Vertreibung aus Spanien im Jahr 1492 jahrhundertelang kein Jude je wieder einen Fuß auf spanischen Boden gesetzt hätte, wie sollte es da nach den Greueln des Zweiten Weltkriegs anders sein? Manès Sperber schrieb in seiner Autobiographie, er habe während des Krieges im Pariser Exil eines Tages beschlossen, nicht nach Deutschland zurückzukehren. Kurz zuvor hatte er erfahren, was in Auschwitz und Treblinka, in den baltischen Ländern und in Rußland geschehen war. »Ich war kein Emigrant mehr; nach allem, was geschehen war, gab es für mich keine Rückkehr mehr.« Fortan war er in Frankreich zu Hause.

Doch Sperber machte es nichts aus, zu Besuch zu kommen, und Broch hätte es in späteren Jahren auch nichts ausgemacht. Einer der ersten, die nach Deutschland kamen, um eine Auszeichnung entgegenzunehmen, war Martin Buber, dem 1951 der Hansische Goethe-Preis für »überragende völkerverbindende und humanitäre Leistungen im Geiste Goethes« verliehen wurde. In Israel, wo er damals lebte, erntete er dafür heftige Kritik. Zwei Jahre später nahm er auch den Friedenspreis des Deutschen Buchhandels für die »Förderung des Gedankens des Friedens, der Menschlichkeit und der Verständigung der Völker untereinander« in Empfang.

Während der ersten Nachkriegsjahre waren die deutsche Sprache und Literatur in Israel inoffiziell verfemt, israelische Reisepässe wurden mit einem besonderen Stempelaufdruck versehen, der lautete: »Gültig für alle Länder außer Deutschland«, und als das Thema der Wiedergutmachung aktuell wurde, gab es nicht wenige, die sich weigerten, eine Rente von der Bundesrepublik Deutschland zu akzeptieren. Doch im Laufe der Jahre legte sich die Aufregung, und die meisten, die vor Hitler geflüchtet waren, hatten jetzt nichts mehr dagegen, Deutschland wieder einmal zu besuchen. Bis etwa 1960 waren diese Besuche noch die Ausnahme; nur wenige konnten sie sich leisten, außer vielleicht aus beruflichem Anlaß. In der ersten Zeit beruhten fast alle Besuche auf Privatinitiative, doch ab den siebziger Jahren begannen deutsche Städte Gruppen von ehemaligen Bürgern als Gäste der Stadtverwaltung einzuladen. Laut einer Umfrage von 1994 unterhielten mindestens 120 Städte in der Bundesrepublik derartige Programme, und die Gesamtzahl im Laufe der Jahre mag noch bedeutend größer gewesen sein. Tausende ehemaliger deutscher Juden, die meisten davon Angehörige der jüngeren Flüchtlingsgeneration, besuchten im Rahmen dieser Programme den Ort ihrer Geburt. Manche Städte, zum Beispiel Frankfurt, gaben auch in unregelmäßigen Abständen an die ehemaligen Bürger gerichtete Rundbriefe heraus, und in den siebziger und achtziger Jahren erschienen Hunderte von Büchern, die die Geschichte der jüdischen Gemeinden selbst in kleinsten Orten behandelten – darunter sogar Gemeinden, die gar nicht mehr existierten.

Die Reaktionen der Teilnehmer an diesen Gruppenbesuchen,

wie sie sich in Interviews widerspiegeln, sind interessant, weil sie die Gefühle von ganz normalen Menschen, also nicht von Schriftstellern oder Journalisten, zeigen und weil sie auf anderem Wege nicht bekannt geworden wären.

Die Reaktionen der Besucher reichten von Erbitterung, weil die Einladungen so spät gekommen seien, daß die Eingeladenen jetzt zu alt und gebrechlich seien, um die Reise anzutreten, bis zum Ausdruck tiefer Dankbarkeit für die Gelegenheit, in der Stadt, in der die betreffende Person geboren worden war und die ersten Schritte als Musiker getan hatte, nunmehr auftreten zu dürfen (so Horst Prentki, Jahrgang 1922, der nach Uruguay emigriert war). Ein weiterer Berliner, im selben Jahr geboren und heute in London wohnhaft, nahm Anstoß daran, daß Berlin so oft als seine »Heimatstadt« bezeichnet wurde. Wie konnte man einen Ort als Heimat bezeichnen, mit dem sich grausame Verfolgung und unsägliches Leid verbanden? »Geburtsort« wäre angemessen, aber nicht »Heimat«. Auf ihre Einstellung gegenüber Deutschland angesprochen, sprachen viele von einer »Haßliebe« – Liebe zur Sprache, zur Landschaft, zur Kultur, aber eben auch Haß (Susi Hermann). Eine weitere Besucherin, Ursula Neville geborene Levy, Jahrgang 1920 und später in Dundee, Schottland, ansässig, meinte, daß Haß vielleicht ein zu starker Ausdruck sei: »Wenn ich den Mund aufmache, halten mich die Leute für eine Deutsche, aber das bin ich nicht.«

Viele Besucher sahen die Initiative jedoch durchaus in einem positiven Licht. Besonders hoben sie die fruchtbaren Diskussionen mit jungen Menschen, in der Schule und anderswo, hervor. Sie besuchten die Häuser, in denen sie einst gelebt, die Straßen, auf denen sie gespielt, die Schulen, die sie besucht hatten, und das bewegte sie, aber ziemlich oft existierten die Häuser, Straßen und Schulen nicht mehr, Deutschland hatte sein Gesicht verändert. Die Besucher waren froh, daß sie gekommen waren, und gleichermaßen froh, daß sie wieder gehen konnten. Für manche war der Besuch ein inneres Bedürfnis gewesen, um gewisse Geister zur

Ruhe zu betten. So sagte eine Dame, die mit ihrer Tochter ihre Geburtsstadt Wien besuchte: »Ich verspürte zum letztenmal den Drang, noch einmal von der Donaubrücke auf den Wienerwald hinauszublicken. Lange Jahre hatte ich mich nach diesem lieblichen, unverstellten Blick auf die Berge gesehnt.« Das Wiedersehen ermöglichte ihr die endgültige Trennung, so konnte sie den Anblick als Symbol einer glücklichen Kindheit bewahren: »Als ich auf der Brücke stand, ließ die Sehnsucht nach der Erinnerung nach, an ihre Stelle trat der starke Wunsch, nach Hause zu kommen in meine wahre Heimat, Amerika.«

Die Frage »Wo bin ich zu Hause?« beschäftigte besonders die jungen Flüchtlinge nach dem Krieg. Ruth Bondy, in Prag geboren, war sechzehn, als der Krieg ausbrach. Sie war zweisprachig, doch die Gedichte, die sie als Mädchen schrieb, waren meistenteils in deutsch. Sie überlebte Theresienstadt, Auschwitz und Bergen-Belsen, wo sie an Typhus erkrankte. Im Juni 1945 wurde sie in die Tschechoslowakei repatriiert, und sie berichtet in ihrer Autobiographie, wie sie beim Erreichen der tschechischen Grenze für einige Minuten von ihrem Lastwagen abstiegen und die tschechische Nationalhymne »Kde domov muj« (»Wo meine Heimat ist«) sangen. Es war sehr bewegend, doch im gleichen Augenblick spürte sie, daß die Tschechoslowakei nicht mehr ihre Heimat war. Drei Jahre später wanderte sie nach Israel aus und wurde eine erfolgreiche Journalistin, Rundfunkmoderatorin und Biographin. Sie fühlte sich wohl in Israel, als säkulare Jüdin hatte sie dort weniger Probleme als anderswo. Ob sie sich jemals völlig dazugehörig fühlte wie eine gebürtige Israeli? Natürlich nicht. Doch das war zu erwarten gewesen, und wenn es je ein Problem war, dann jedenfalls nicht mehr für ihre Tochter.

Die jungen Deutschen, die die zu Besuch weilenden jungen Flüchtlinge der dreißiger Jahre interviewten, und die professionellen Germanisten, die sich mit Problemen des Exils beschäftigten, neigten dazu, die psychischen Folgen der Entwurzelung zu übertreiben. Oder, genauer gesagt, sie sahen nicht den Unterschied in der Psyche der älteren und der jüngeren Generation. Die Älteren, die viel tiefer verwurzelt gewesen waren, mußten die Trennung stärker empfinden, sie sehnten sich nach einer Welt zurück, mit der sie vertraut gewesen waren, die aber nicht mehr existierte. Als die Jüngeren fünfzig Jahre später gefragt wurden, was es ihnen bedeutete, die Heimat verloren zu haben, zeigten sich diese viel weniger nostalgisch und verstanden oftmals nicht einmal den Sinn der Frage. Eine gebürtige Wienerin sagte, sie habe eine neue Heimat gefunden, die ihr sehr lieb und teuer sei, nämlich Israel, daher lebe sie nicht im Exil, und man möchte sie doch bitte von Nachforschungen zur Mentalität der wurzellosen Flüchtlinge verschonen. Dies galt nicht nur für jene, die in Israel eine neue Heimat fanden, sondern auch für viele andere, die, sosehr sie sich auch für ihre Ursprünge und die vertrauten Stätten der Kindheit interessieren mochten, doch nicht allzu viele Gedanken an Deutschland verschwendeten und, anders als Heine, deswegen nicht »um den Schlaf gebracht« wurden.

Darüber hinaus übertreiben die Historiker und Psychologen, die sich mit der deutsch-jüdischen Emigration befaßten, die Folgen der Entwurzelung zum Teil vielleicht auch deshalb, weil sie sie im Lichte einer vergangenen Epoche zu interpretieren versuchten – getreu dem Nietzsche-Gedicht, in dem es heißt: »Weh dem, der keine Heimat hat«. Es stimmt freilich, daß für manche Flüchtlinge – besonders in Ländern, die nicht wie Israel und Amerika von Einwanderern aufgebaut worden sind – die Akzeptanz durch die einheimische Bevölkerung mit kulturellen und psychischen Schwierigkeiten verbunden war. So stellte die bereits erwähnte Frau Neville traurig fest: »Wenn ich zu Hause [in Dundee] den Mund aufmache, merken die Leute, daß ich Ausländerin bin. Ich bin also überall eine Fremde.« Auf ähnliche Aussagen trifft man auch anderswo, und der eine mag das Fremdsein stärker empfinden als der andere. Aber selbst ein Engländer wird in Dundee als Fremder betrachtet und wahrscheinlich sogar schon ein Tiefland-Schotte. Der Drang nach Heimat, Zugehörigkeit und

Wurzeln soll hier nicht gänzlich abgetan werden, aber er hat doch in unserem Zeitalter beträchtlich an Bedeutung verloren. Millionen Menschen jetten ständig von Land zu Land; sogar in Europa haben in den letzten Jahren ungeheure neue Migrationen stattgefunden, und die Länder sind viel weniger homogen als früher. In Europa hat sich nicht nur ein gemeinsamer Markt herausgebildet, sondern es gibt sogar einen einheitlichen Reisepaß. Ein »echter« Engländer fühlt sich in einem Londoner Bus und ein Franzose in der Pariser Métro nicht unbedingt mehr zu Hause, und für viele gewaltsam oder durch eigenen Entschluß Entwurzelte spielt die Frage, ob man akzeptiert wird oder nicht, nur noch eine untergeordnete Rolle. Im Mittelalter war Ahasver, der ewige Jude, auf dem ein Fluch lastete, der ihn zwang, von Land zu Land zu ziehen und keine Ruhe zu finden, eine prominente Fiktion. In jüngerer Zeit scheinen sich Ahasvers Spuren verloren zu haben, auch wenn sich gelegentlich noch Klagen vernehmen lassen, daß man nirgendwo zu Hause sei. Doch ist es keineswegs sicher, daß sich diejenigen, die akut unter dieser Sehnsucht leiden, in einer Welt, die so fragmentiert und ruhelos geworden ist, irgendwo anders heimisch gefühlt hätten, selbst wenn sie ihren Geburtsort nie verlassen hätten.

Schlussbetrachtung – Porträt einer Generation

Über sechzig Jahre sind vergangen, seit die jungen Flüchtlinge Deutschland und Österreich verließen. Von denen, die das Glück hatten, rechtzeitig herauszukommen, sind die meisten inzwischen verstorben oder nähern sich dem Ende ihrer Lebensspanne. Es ist die Zeit des Erinnerns: Im Juni 1999 trafen sich 1200 jener Gruppe, die 1939 mit den Kindertransporten nach England gekommen waren, in London. Schon früher hatte es derartige Treffen gegeben, 1989 in London und 1994 in Jerusalem. Ein weiteres Treffen von Mitgliedern dieser Gruppe, die anschließend nach Amerika ausgewandert waren, fand in New York statt, und bei dieser Gelegenheit wurde sogar ein Dokumentarfilm gedreht. Im Juli 1999 trafen sich 400 ehemalige Bürger von Nürnberg/Fürth und ihre Nachkommen in Monticello am Fuß der Catskills im Staat New York. Ebenso trafen sich diejenigen, die als Mitglieder der Jugend-Alija in das damalige Palästina gekommen waren, und die jungen »Schanghailänder« kamen fast jedes Jahr zusammen – in New York, Philadelphia, Los Angeles, Las Vegas und in Israel.

Die Chaluzim (Pioniere), die sich während des Krieges in Holland versteckten oder nach Spanien zu gelangen versuchten, halten ihre Jahresversammlungen ebenso ab wie die Abiturienten der Berliner Waldschule Kaliski, der Jahrgang 1940 der Technischen Schule Haifa und die Absolventen anderer Schulen. Die Gruppe der Landwirtschaftslehrlinge aus Groß Breesen hielt mehrere Treffen ab, unter anderem eines in Schave Zion in Israel;

auch die »Australier« treffen sich jährlich. Unter den Ankömmlingen des Jahres 1938 befand sich ein junger Mann namens Kurt Danziger, der sich später Denby nannte; jahrelang teilte er die Befürchtungen der anderen, was ihre Zukunft in Australien betraf, und die Zweifel, ob sie sich jemals wirklich integrieren würden. Er hätte sich nicht zu sorgen brauchen; hätte er nur einige Jahre länger gelebt, so hätte er die Jungfernrede seines Sohnes hören können, der Labour-Abgeordneter im australischen Bundesparlament geworden war.

Es gab viele Dutzend, vielleicht Hunderte derartiger Treffen auf der ganzen Welt. Warum kommen Menschen, die aus einer bestimmten Gegend stammen und die vor Jahrzehnten ein gemeinsames Schicksal verband, nach so langer Zeit immer wieder zusammen? Die Antwort ist nicht leicht zu ergründen, denn viele von ihnen sahen sich damals gar nicht als Teil einer Gruppe. Noch weniger ersichtlich ist, warum sie sich mit soviel Begeisterung an die Vorbereitung dieser Treffen machen. Zwar spielten sie als Kinder auf denselben Straßen und besuchten dieselben Schulen, sie gehörten denselben Jugendorganisationen und Sportvereinen an, aber spielt das tatsächlich eine solche Rolle nach all den Jahren, die vergangen sind, seit sich ihre Wege trennten? Kamen sie vielleicht nur aus Neugier, um zu sehen, was aus ihren einstigen Gefährten nach so langer Zeit geworden war? Oder war es, wie einer meinte, ein Akt der Geisteraustreibung?

Es gab zwar auch Lachen und Heiterkeit bei dem Londoner Treffen 1999, aber es war kein durchweg freudiger Anlaß. Ein Teilnehmer an einem früheren Treffen erinnert sich: »Am zweiten Tag hörten wir Geschichten, die sehr traurig endeten. Ein Redner nach dem anderen trat an das blumengeschmückte Pult und gab seine quälende Geschichte zum Besten (von Mißhandlungen und Sklavenarbeit in lieblosen Haushalten). Während sie ihre Geschichten erzählten, rannen ihnen die Tränen herunter. Ich ging mittendrin weg, weil ich es nicht mehr ertragen konnte.«

Es hat zwar immer die Tradition der Landsmannschaften gegeben, besonders in Deutschland und auch unter den Juden Mittel- und Osteuropas, von Leuten, die aus dem gleichen Dorf, der gleichen Stadt oder Region kamen und sich aus gesellschaftlichen Anlässen, zum Tanz oder in der Synagoge versammelten. Doch das war zu einer Zeit, als es weniger Mobilität auf der Welt gab, und diese Vereinigungen hatten oft den überaus praktischen Zweck, sich im neuen Land zu helfen, Wohnung und Arbeit zu finden. Als diese Funktionen im Laufe der Jahre zunehmend entfielen, traten auch die Landsmannschaften in den Hintergrund. Doch im Fall der Flüchtlinge von 1933 und danach hatten derartige Vereinigungen anfangs viel weniger Bedeutung. Die Flüchtlinge waren über die Vereinigten Staaten, Kanada, Israel und den Rest der Welt verstreut, und es gab viel weniger Zusammenhalt zwischen ihnen. Der Drang, wenigstens gelegentlich zusammenzukommen, scheint heute stärker zu sein als je zuvor. Oft wurden Kontakte nicht aufrechterhalten, so daß es sich als schwierig erwies, die Einzuladenden überhaupt aufzuspüren.

Doch diese Treffen zogen auch Angehörige der jüngeren Generation an. In Monticello war ein beträchtlicher Teil der Anwesenden erst nach dem Zweiten Weltkrieg geboren. Das gleiche gilt für das Londoner Kindertransport-Treffen von 1999. Warum nahmen so viele eine so weite Anreise in Kauf? Die häufigste Antwort lautete, man wisse so wenig über seine Eltern und Großeltern und über deren Leben, man finde es schwierig, mit diesem Mangel an Geschichte zu leben, der Holocaust sei »wie ein Elefant im Wohnzimmer«: jedermann wisse, daß er da sei, doch niemand rede darüber.

Manche derer, die in jungen Jahren Deutschland verlassen und sich in ihrer neuen Heimat voll integriert hatten, entwickelten in späteren Jahren ein Interesse an ihren Ursprüngen, das sie vorher nicht hatten. Michael Blumenthal war 1939 mit seinen Eltern nach Schanghai gegangen und hatte sich innerhalb von weniger als drei Jahrzehnten nach seiner Ankunft in den Vereinigten Staaten an die Spitze der Geschäftswelt emporgearbeitet, war zudem ein hochrangiges Mitglied der Regierung Carter, ein völlig amerikanisierter Mann. Aber in den neunziger Jahren wollte er plötzlich ehrenamtlich die Leitung des Jüdischen Museums in Berlin übernehmen. Josef Porath, ein hochrangiger Mossad-Agent, war an der Gründung des israelischen Geheimdienstes beteiligt gewesen und hatte viele heikle Missionen unternommen, darunter als langjähriger Resident in Marokko. Doch statt seinen Ruhestand zu genießen, wurde er in der Vereinigung von Juden aus Mitteleuropa in Israel aktiv. Da gibt es weiterhin den einstigen Palmach-Offizier, den alle außer seinen engsten Freunden für einen gebürtigen Israeli hielten und der sich im Alter sehr aktiv in einer Gruppe von Zeitgenossen betätigte, die wie er ursprünglich aus Königsberg nach Israel gekommen waren. Es war gewiß keine Nostalgie, von der diese Männer und Frauen motiviert waren, nicht der Wunsch, eine seit langem verschwundene Vergangenheit wiederzubeleben. Aber was dann? Vielleicht der Wunsch, mehr über ihre Ursprünge zu erfahren?

Keine Emigrationswelle hat jemals so viele veröffentlichte oder unveröffentlichte Berichte hervorgebracht. Die Autoren beschreiben ihre Jugend in Deutschland, die Umstände der Abreise, die Ankunft in dem neuen Land, ihre Erlebnisse während der Kriegs- und Nachkriegsjahre. Es gibt mehrere tausend solcher Memoiren, einige zugegebenermaßen kurz, andere in Buchlänge, von mündlichen Berichten und Interviews ganz zu schweigen. Es gibt Rundbriefe und Mitteilungsblätter, von denen einige bereits seit Ende der dreißiger Jahre in unregelmäßigen Abständen erscheinen.

Diejenigen, die ihre Erinnerungen zu Papier brachten, müssen das Gefühl gehabt haben, daß ihnen etwas Außergewöhnliches widerfahren war. Sie hatten den inneren Drang – und glaubten vielleicht die Pflicht zu haben –, ihre Erinnerungen mit der Familie und Freunden und vielleicht auch einem größeren Personenkreis zu teilen. Sie meinten, sie hätten Glück gehabt, daß es ihnen gelungen war, nicht nur so viele ihrer Freunde und Zeitgenossen zu überleben, sondern unter – zumindest anfangs – sehr schwierigen Bedingungen auch eine neue Existenz aufzubauen.

Viele von ihnen merkten, vielleicht mit Verspätung, daß sie ihr Überleben tatsächlich einer großen Portion Glück verdankten. Am besten trafen es die, deren Eltern Geld oder nahe Verwandte im Ausland hatten und weitsichtig genug waren, sich rechtzeitig abzusetzen. Doch die Mehrheit war weniger glücklich dran, sie hatten nur entfernte Verwandte oder Bekannte im Ausland, wenn überhaupt, und ob diese Bürgschaften für sie übernahmen, war fraglich. Ebenso schwierig war es, rechtzeitig alle erforderlichen Stempel und Visa, polizeilichen Genehmigungen und Bestätigungen, Ergebnisse ärztlicher Untersuchungen und Schiffspassagen zu bekommen.

Die Rolle des Zufalls

Bisher ist in unserem Bericht nicht hinreichend hervorgehoben worden, daß oft der schiere Zufall über Leben und Tod entschied. Da ist der Fall des jungen italienischen Partisanen aus Wien, dessen Freund wenige Stunden vor der Befreiung von italienischen Faschisten ermordet worden war. Wie leicht hätte es auch ihn treffen können! Irene Kirkland, in Prag geboren und in ihrem späteren Leben die Frau des amerikanischen Gewerkschaftsführers Lane Kirkland, berichtet, daß sie und ihre Zwillingsschwester bei der Ankunft auf der Rampe in Auschwitz aus lauter Eitelkeit ihre Brillen nicht trugen. Was sie nicht wissen konnten: Dieser Umstand sollte ihnen das Leben retten. Zvi Aharoni hat ein Buch darüber geschrieben, wie er neun- oder zehnmal dem Tod von der Schippe sprang. Dabei ging es nicht einmal um seine Erlebnisse im Krieg und beim israelischen Geheimdienst, in dem er eine führende Rolle spielte, sondern um ganz normale Lebensumstände. Der spätere Quizmaster Hans Rosenthal, der sich als Junge während des Krieges in Berlin versteckt hielt, schrieb, daß nur der Zufall ihn wenigstens sechsmal vor dem sicheren Tod bewahrt hätte.

Viele der in späteren Jahren geschriebenen Memoiren trugen

Titel wie *By a Silken Thread* (Um Haaresbreite) oder *Accidental Journey* (Gefährliche Reise). Wenn ich mir heute ein Klassenfoto von 1935 oder 1936 ansehe, stelle ich fest, daß etwa die Hälfte von meinen Mitschülern den Zweiten Weltkrieg überlebt hat und daß damals niemand hätte vorhersagen können, wer die Glücklichen sein würden. Die Tatsache, daß ich Deutschland noch rechtzeitig (am Vorabend der »Kristallnacht«) verlassen konnte, ist auf eine Reihe paradoxer Zufälle zurückzuführen, wie sie ein Romanautor nicht besser erfinden könnte.

Das Leben steckt voller Risiken und Gefahren, aber diese Generation war direkter bedroht als andere, und einige überlebten nur äußerst knapp. Dies gilt insbesondere für jene, die in den Untergrund gingen oder denen es während des Krieges gelang, über die Grenze ins neutrale Ausland zu entkommen. Nicht selten verdankten sie ihr Überleben nicht einem, sondern einer ganzen Reihe von Zufällen, einer Geste, einem gesprochenen Wort, einer Begegnung mit einem Fremden, der sich als hilfsbereit erwies, sie aber auch hätte verraten können.

Blinder Zufall entschied darüber, ob ein junger Flüchtling in Moskau die großen Säuberungen unversehrt überlebte oder ob er im Gulag unterging. Der Zufall führte den einen in die Vereinigten Staaten, einer brillanten akademischen Karriere entgegen, den anderen von Berlin oder Wien in einen Kibbuz in Israel oder ein Provinznest in Großbritannien, wo er irgendeiner belanglosen Arbeit nachging. Alle drei waren gleichermaßen talentiert, vielleicht auch gleichermaßen ehrgeizig. Doch als sie sich vierzig Jahre später wiederbegegneten, war der Neu-Amerikaner vielleicht ein bedeutender Mann geworden – sei es als Wissenschaftler, sei es in der Welt des Busineß –, sein Name war wohlbekannt und seine Autorität unbestritten, er war weit gereist, in Paris und London ebenso zu Hause wie in New York.

Er war ein Mann von Welt geworden, während seine Kindheitsfreunde, die in einer eigenen kleinen Welt lebten, engstirnig geworden waren, sich nur für die kleinen Probleme ihrer kleinen

Gemeinde interessierten und jetzt vielleicht voller Scheu ihrem einstigen Kameraden und jetzigen Besucher, der es so weit gebracht hatte, gegenüberstanden. Doch letztlich war es lediglich eine Sache des Zufalls gewesen, daß der große Mann in den dreißiger Jahren oder danach eine Bürgschaft von einem amerikanischen Verwandten erhalten und später, nachdem er in der US-Armee gedient hatte, von Onkel Sam mit einer freien College-Ausbildung belohnt worden war. Genausogut hätte er Ladenbesitzer in einer englischen Provinzstadt oder Klempner in einem Kibbuz werden können, während der Kibbuznik der Empfänger von Ehrendoktoraten geworden wäre. Ohne das intellektuelle Niveau der akademischen Welt herabsetzen und das intellektuelle Potential jener übertreiben zu wollen, die nicht die Chancen ihres amerikanischen Freundes erhielten, ist es nicht unwahrscheinlich, daß die in einem Kibbuz versammelte Intelligenz ausgereicht hätte, mehrere Fakultäten einer Universität zu bestücken.

Wir sprechen hier von Prestige, Ansehen und materiellem Erfolg. Ob die Person, die es im Berufsleben weit gebracht hatte, auch ein glücklicheres Leben als ihr Altersgenosse führte, der im Vorgarten seines Häuschens die Hecken schnitt, ob sie mehr Befriedigung im Familien- und Kollegenkreis und in ihrer sonstigen Umgebung fand, das steht auf einem anderen Blatt.

Es gab aber auch die traurigen, ja wahrhaft tragischen Fälle von Angehörigen dieser Generation, die ganz und gar auf ein totes Gleis gerieten, ihr Schicksal haßten und sich doch nicht daraus befreien konnten, die vom Unglück heimgesucht wurden, sei es gesundheitlich, finanziell oder politisch. Auf die Frage, was sie am meisten bedauerten, führten nicht wenige Vertreter dieser Generation die Tatsache an, daß sie Deutschland oder Österreich ohne eine ausreichende Berufsausbildung verlassen hätten, daß sie in Australien – oder Amerika oder Israel – lediglich den einen oder anderen Handels- oder Fachkurs besuchen und daher nie ihr ganzes Potential hätten entfalten können. Ein Fall für viele soll hier angeführt werden.

Gerhard Koszyk-Schiftan stammte aus einer alten schlesischen Familie. Er lebte in jenem Teil Oberschlesiens, der bis zum Ersten Weltkrieg deutsch gewesen war, 1921 durch Entscheidung des Völkerbundsrats Polen zugeschlagen wurde, im Zweiten Weltkrieg – nach dem Polenfeldzug – vom Deutschen Reich annektiert und nach 1945 wieder polnisch wurde. Viele Angehörige seiner Familie wurden deportiert und ermordet, doch andere überlebten, weil väterlicherseits auch nichtjüdisches Blut in ihren Adern floß. Er war zweisprachig, wie fast jeder in Ruda, einer kleinen Kohlengrubenstadt in der Nähe von Kattowitz; irgendwie entging er der Aufmerksamkeit der Behörden und führte bis zum letzten Kriegsjahr einen kleinen Laden. Doch dann wurde er von Nachbarn denunziert, die es unerträglich fanden, daß immer noch ein Jude unter ihnen lebte.

Er erhielt einen Bescheid, dem zufolge er sich zum Abtransport einzufinden hatte, und war bereits auf dem Weg zum Bahnhof, wo sich die Betroffenen versammeln sollten. Doch im letzten Moment überlegte er es sich anders und versteckte sich in einem Zimmer in Kattowitz. Keiner derjenigen, die auf diesen Transport gingen, überlebte.

Dann kamen die Befreiung und der Kommunismus, aber nach einer Weile wurde er wiederum von Nachbarn denunziert, diesmal wegen Kollaboration mit den Deutschen (denn wie sonst hätte er überleben können?) und als »Klassenfeind«, der er als Ladenbesitzer ja sein mußte. Das brachte ihn ins Gefängnis; danach führte er eine Randexistenz. Nach einem Vierteljahrhundert kommunistischer Herrschaft (und mangelnder ärztlicher Versorgung) hatte sich Gerhard Koszyk zu Tode getrunken. Er war ein talentierter Mann, interessierte sich sowohl für Literatur und Philosophie als auch für Fragen der Wirtschaft. Er kannte sich im Finanzwesen aus und war ein guter Organisator. Unter anderen Umständen hätte er eine leitende Stelle in einem Großunternehmen einnehmen oder sogar Handels- oder Industrieminister werden können. Doch nach all diesen Rückschlägen war er ein gebrochener Mann, dem Initiative und Ehrgeiz abhanden gekommen waren. Vielleicht gab es zu viele verwandtschaftliche und freundschaftliche Bande, die ihn in dieser armseligen Kleinstadt festhielten und verhinderten, daß er in den Westen floh. Praktisch isoliert und von der Außenwelt abgeschnitten, wußte er nichts von den Möglichkeiten einer Emigration.

Walter Grünfeld wurde etwa im selben Jahr wie Gerhard Koszyk und nur zehn Autominuten entfernt von ihm geboren. Auch er war zweisprachig, studierte jedoch in Deutschland, wo er im Alter von neunzehn Jahren Vorsitzender des Republikanischen Studentenbundes in Berlin war. Wie Koszyk interessierte auch er sich für Literatur, Philosophie und Wirtschaft. Nachdem Hitler an die Macht gekommen war, kehrte er in seine Heimatstadt Kattowitz zurück. Von dort aus trat er nach Kriegsausbruch eine gefahrvolle Reise an, die insgesamt über achtzehn Monate dauerte und ihn über Italien, die Türkei und Palästina schließlich nach Rhodesien führte. In Mufulira im nordrhodesischen Kupfergürtel fand er eine Arbeit, die der Beginn einer erfolgreichen Karriere als Rohstoffhändler war.

Der Zufall hatte Walter Grünfeld in das gottverlassene Mufulira und seine Schwester Marianne nach Großbritannien geführt, scheinbar eine sichere Zuflucht auch schon vor Ausbruch des Krieges. Wiederum durch Zufall gelangte sie auf die Insel Guernsey, eine der britischen Kanalinseln, die 1940 von den Deutschen besetzt wurden. Die Lokalbehörden kollaborierten mit den Deutschen, und Marianne Grünfeld war eine von vier jüdischen Frauen, die deportiert wurden, genauer gesagt nach Auschwitz, nur wenige Kilometer von ihrem Geburtsort entfernt. Sie kehrte nicht zurück.

Bei den einen war ein Zufall daran schuld, daß sie um die Blüte ihrer Jahre gebracht und ermordet wurden, bei den anderen war es reiner Glücksfall, daß sie überlebten. Ein junger Mann namens Klaus Lebeck, einer meiner Schulkameraden, studierte Hotelmanagement in Nizza, als der Krieg ausbrach. Nachdem er von den

Franzosen interniert worden war, kehrte er in seine deutsche Heimat zurück, weil er fürchtete, daß seine jüdische Mutter als Geisel genommen würde, falls er wie einige seiner Freunde nach England flüchtete. Dies war sein erster Fehler, doch es hätte nicht zur Tragödie kommen müssen, denn als »Mischling«, der als Christ erzogen worden war, war er von der Deportation ausgenommen.

Im Winter 1942/43 jedoch verdichteten sich Gerüchte, daß die jüdischen Partner aus »Mischehen« ebenfalls verhaftet und umgebracht werden sollten, und Klaus machte sich auf, um Möglichkeiten zur Flucht in die Schweiz zu erkunden. Er wurde auf einem Bahnhof aufgegriffen; der Kompaß und die Landkarte der Grenzregion, die er bei sich hatte, machten ihn verdächtig. Er war dazu erzogen worden, die Wahrheit zu sagen, und statt sich eine möglichst plausible Geschichte zurechtzulegen, wie es andere unter vergleichbaren Umständen taten, gab er seine Absicht preis. Die Folge war Auschwitz, wo er nach wenigen Monaten an Erschöpfung starb. Er hätte überleben können, denn er war als politischer Häftling und nicht als Jude in das KZ gekommen, das heißt, seine Überlebenschancen wären größer gewesen, wenn er einer kommunistischen oder sonstigen Organisation angehört hätte, deren Mitglieder sich untereinander Hilfe leisteten. Doch er war zutiefst unpolitisch, einfach ein junger Mann, der seine Mutter zu retten versuchte, und solche Einzelgänger hatten kaum eine Chance.

Gemeinsame Bande

Wir haben uns mit der jungen Generation deutscher Juden beschäftigt, jenen, die rechtzeitig auswanderten, den wenigen, die irgendwie im Untergrund überlebten oder denen die Flucht während des Krieges gelang, und auch mit den ganz wenigen, die nach dem Krieg zurückkehrten. Was hatten sie, was konnten sie gemeinsam haben? War es genaugenommen die Generation? Ortega y Gasset stellte nur das Offensichtliche fest, als er schrieb, daß eine Generation aus Leuten besteht, die zur gleichen Zeit am gleichen Ort leben. Doch die Wege unserer Generation trennten sich, als wir das Land unserer Herkunft verließen und uns über die ganze Welt verstreuten; was konnte es unter diesen Bedingungen für Gemeinsamkeiten geben?

Heute spielt räumliche Entfernung eine geringere Rolle als vor fünfzig oder hundert Jahren. Die zahlreichen Treffen wurden bereits erwähnt, bei denen Menschen zusammenkamen, die ein gemeinsames Schicksal verband. Dazu kommen jede Menge interkontinentaler Individualreisen, um alte Freunde, Verwandte und die Stätten der Kindheit und Jugend zu besuchen und natürlich auch die Gräber der Eltern.

Folgt man den Berichten über diese Treffen, so hatten die Teilnehmer keine Schwierigkeiten, schon nach kurzer Zeit eine gemeinsame Sprache zu finden, obwohl sie sich seit Jahrzehnten nicht gesehen hatten und einander anfangs oft gar nicht wiedererkannten. Zwar beschäftigten und faszinierten sie die gegenseitigen Berichte – teils lustiger, teils trauriger Art – nur für wenige Stunden, doch genossen sie auch danach noch das Zusammengehörigkeitsgefühl, das ihnen die gemeinsamen Erlebnisse vermittelten, an denen Außenstehende nicht teilhatten. Es war ihr ureigener Gedenktag, der daran erinnerte, daß sie an einem großen, traumatischen Ereignis teilgenommen hatten, das sie – bei nur leichter Übertreibung – auf ewig zu Brüdern und Schwestern machte.

Die jungen Flüchtlinge aus Mitteleuropa hatten einen gewissen gemeinsamen Hintergrund. Die meisten entstammten der Mittelklasse, sie hatten eine gemeinsame Sprache und ein ähnliches Bildungsniveau, hatten die gleichen Filme und Fußballspiele gesehen, waren mit den gleichen Gassenhauern aufgewachsen und verstanden die gleichen Anspielungen. Der Einfluß Deutschlands war stärker, wenn sie wenigstens einen Teil ihrer Kindheits- und Jugendjahre dort verbracht hatten. Der Abschied war weniger oder gar nicht traumatisch, sofern sie sich lediglich an den Kindergarten oder die ersten Grundschuljahre erinnern konnten.

Mit der Emigration trennten sich ihre Wege. Es wurde bereits erwähnt, daß es in den Vereinigten Staaten der dreißiger Jahre einen starken Widerstand gegen die Einwanderung gab und Amerika im Verhältnis zu seiner Größe weniger jüdische Flüchtlinge als andere westliche Länder aufnahm. Doch nachdem sie einmal da waren, erfreuten sie sich gleicher Rechte, und es gab kaum eine berufliche Karriere, die ihnen nicht offenstand.

Palästina war in den Anfangsjahren ein schwieriges Land für die Neueinwanderer. Es gab soziale und kulturelle Probleme der Integration, doch wer bereit (und jung genug) war und sich Mühe gab, fand in der neuen Gesellschaft gewöhnlich seinen Platz. Exotische Orte wie Bolivien und Schanghai konnten nur als vorübergehende Zuflucht dienen; dazwischen gab es Länder wie Großbritannien und Argentinien, die ein bestimmtes Flüchtlingskontingent aufnahmen, jedoch seitens der Neuankömmlinge größere Anstrengungen erforderten, sich dem jeweiligen Lebensstil anzupassen.

Dies war nicht allzu schwierig für die ganz jungen Flüchtlinge, die die neue Sprache innerhalb kurzer Zeit akzentfrei beherrschten und dabei recht oft sogar ihre Muttersprache völlig verlernten. Doch für jene, die – im Falle Englands – nicht mit Kindergartenreimen, Cricket und »Fish and Chips« aufwuchsen, war die Integration sehr viel schwieriger. Viele wurden sich im späteren Leben darüber klar, daß sie trotz Besitzes des britischen (oder französischen) Passes immer noch als Ausländer betrachtet wurden. Die einen fanden das sehr störend, während es anderen gleichgültig war und manche sich sogar darüber lustig machten. Auf jeden Fall war die Integration für die Angehörigen der nächsten Generation sehr viel weniger problematisch, denn sie fielen nicht mehr als Angehörige eines Feindstaates unangenehm auf. Nach dem Krieg wurden die Kinder der Flüchtlinge Firmenchefs, Schuldirektoren und sogar Brigadegeneräle der

Royal Air Force. Schließlich erhielt sogar der British Council, der britische Kultur und Lebensart im Ausland vertritt, einen Präsidenten, der als kleiner Junge aus Wien nach England gekommen war.

Die Herkunft verbergen

Wir haben uns mit dem deutschen Einfluß auf die Generation der jungen Flüchtlinge beschäftigt, des weiteren mit ihrer späteren Einstellung gegenüber dem Land ihrer Herkunft. Über ihre Haltung gegenüber dem Judaismus haben wir wenig gesagt. Die meisten waren Juden durch Abstammung, jedenfalls im Sinne der Nürnberger Rassengesetze, das heißt, sie hatten mindestens einen jüdischen Elternteil. Doch die große Mehrheit des deutschen Judentums war hoch assimiliert, und die meisten Familien fühlten sich in erster Linie als Deutsche und nur nebenbei als Juden. Eine beträchtliche Zahl hatte sich große Mühe gegeben, sich von ihren jüdischen Ursprüngen zu distanzieren – entweder durch Konversion zum Christentum oder indem sie einfach vom Glauben abgefallene, nichtjüdische Juden wurden. Einige hatten ihre jüdische Herkunft bewußt verleugnet, indem sie sie geheimhielten, andere hatten versucht, sie einfach zu ignorieren, weil sie sie für belanglos hielten.

Dieses Syndrom fand sich auch unter vielen der jungen Flüchtlinge, die nach dem Krieg aus England und anderen westlichen Ländern nach Ostdeutschland zurückgekehrt waren. Annette, die Tochter eines dieser Heimkehrer-Ehepaare, das mit Victor Klemperer eng befreundet war, schrieb im Rückblick, ihre Eltern und deren Freunde hätten gewisse Gemeinsamkeiten gehabt, doch sei darüber selten gesprochen worden. Dies bezog sich auf ihre jüdische Herkunft und die Judenverfolgung durch die Nazis. Es bezog sich ebenfalls auf ihre Angst und ihr Mißtrauen gegenüber der (ostdeutschen) Bevölkerung und den Behörden. Dennoch hatten sie sich ihren Traum von einer besseren Welt bewahrt, für den sie arbeiteten und für den ein Preis bezahlt werden mußte. Auch hingen sie, wie die Kinder im Laufe der Zeit herausfanden, den Erinnerungen an ihr Exilland nach, wo alles freier und leichter gewesen war.

Das Syndrom fand sich ebensooft auf der rechten wie auf der linken Seite des politischen Spektrums. Wer die Memoiren des amerikanischen Volkswirtschaftlers österreichischer Herkunft Ludwig Edler von Mises liest – um nur ein Beispiel zu nennen –, der wird zwar erfahren, daß er in Ostgalizien geboren wurde, aber keinen einzigen Hinweis darauf finden, daß er von Geburt Jude war. Im 19. Jahrhundert hatte das deutsche Judentum den größten Teil seiner Oberklasse, seines Establishments, durch Konversion verloren, darunter die gesamte Mendelssohn-Familie. Dies erregte heftige Kritik und Protest in der Gemeinde, selbst die liberalsten unter ihnen straften die Konvertiten mit Verachtung. Sie wurden als Renegaten beschimpft, die Ehre und Überzeugung opferten, nur um Anerkennung zu gewinnen; sie wurden Feiglinge genannt, die durch ihr Handeln die antisemitische Behauptung bestätigten, Juden seien skrupellose Opportunisten.

Diese Angriffe waren insofern gerechtfertigt, als die meisten Abtrünnigen nicht aus religiöser Überzeugung konvertierten. Der jüdische Wiener Schriftsteller Fritz Mauthner stellte einmal fest, daß es theoretisch zwar solche Leute (nämlich Konvertiten aus religiöser Überzeugung) geben könne, er einem solchen Fall jedoch noch nie begegnet sei. Normalerweise konvertierte man, um im Leben voranzukommen, um die berufliche Karriere zu fördern, um den Kindern ein Leben in Sicherheit zu gewährleisten. Doch Edith Stein ist gewiß aus Überzeugung konvertiert, und ebenso Pater Paulus, der Benediktinermönch.

Die meisten konvertierten jedoch aus anderen Motiven. Dennoch ist es nicht unbedingt richtig, sie als Verräter und Renegaten zu bezeichnen, denn die jüdische Religion war bedeutungslos für sie geworden. Sie glaubten nicht mehr an die jüdischen Traditionen und erst recht nicht an die Existenz eines jüdischen Volkes. Sie des Verrats zu bezichtigen war einfach nicht angemessen, denn wie konnte man etwas verraten, woran man gar nicht glaubte? Man war vielleicht nur aus kindlicher Ergebenheit den Eltern gegenüber Jude geblieben, oder weil Konversion irgendwie unpassend oder unmoralisch schien. Doch warum weiterhin einer Religion angehören, die als solche bedeutungslos geworden war und die nur Nachteile und Gefahren mit sich brachte? Daß die Konversion keinen Schutz vor Verfolgung bieten würde, konnte man damals noch nicht wissen.

Die Frage der Religionszugehörigkeit sollte eigentlich in der modernen Gesellschaft kein Thema mehr sein, sondern eine reine Privatangelegenheit. Paradoxerweise wurde sie in unserer Zeit nicht für die zum Stolperstein, die Juden geblieben waren, ob sie ihren Glauben nun praktizierten oder nicht, sondern für die anderen, die sich davon distanzierten. In den Biographien von Henry Kissinger wird seine jüdische Herkunft ein paarmal am Rande erwähnt; für seine China-, Vietnam- oder Sowjetpolitik war sie schließlich kaum relevant. Er hat die Tatsache seines Jüdischseins niemals verheimlicht, hat nicht einmal in der Army seinen Namen geändert und hat auch keine Kurse genommen, um seine Aussprache zu verbessern.

In einer Biographie über Madeleine Albright hingegen, einer seiner Nachfolgerinnen, steht die jüdische Herkunft im Mittelpunkt, ihr Familienstammbaum ist bis hin zu entfernten Verwandten detailliert dokumentiert worden, und zwar genau deshalb, weil zuvor der Versuch unternommen worden war, diese Ursprünge zu verheimlichen. Als Madeleine Korbel geboren, konvertierte ihre Familie während des Krieges in London zum Katholizismus, als sie noch ein kleines Mädchen war. Später trat sie zur Episkopalkirche über. Ihr Vater, Professor Josef Korbel, arbeitete damals für die tschechische Exilregierung, er betrachtete die jüdische Herkunft seiner Familie als seiner Karriere hinderlich, auch wollte er seinen Kindern größere Sicherheit bieten. Zeit seines Lebens blieb das jüdische Gespenst im Schrank, und das galt auch für seine Tochter, bis sie ins Rampenlicht der Öffentlichkeit trat. Das Schicksal von Madeleines Großeltern, die in Auschwitz ums Leben gekommen waren, wurde verschwiegen.

Als Frau Albright eine Persönlichkeit des öffentlichen Lebens wurde, stieg das Interesse an ihrem familiären Hintergrund, und die Unterdrückung der Wahrheit wurde an die große Glocke gehängt. Die Tatsache, daß sie bestehende verwandtschaftliche Beziehungen geleugnet hatte, daß sie weder ihre Großeltern betrauern noch mit ihren Vettern und Kusinen in Verbindung bleiben konnte, hinterließ bei Juden wie Nichtjuden einen seltsamen Eindruck. Anstatt ihrer Karriere förderlich zu sein, erweckte es Fragen hinsichtlich ihres Charakters und ihrer Aufrichtigkeit. Eine Sache wäre es gewesen, wenn sie lediglich die Fakten genannt und festgestellt hätte, daß sie für sie nicht von Belang seien (was durchaus richtig gewesen wäre), eine ganz andere jedoch, daß sie eine »Legende« aufrechterhielt, die erwiesenermaßen falsch war. Sie war in eine bestimmte Situation hineingeboren worden, zu der sie selbst nichts beigetragen hatte, doch indem sie die Legende fortbestehen ließ, verwickelte sie sich in ein Netz von Widersprüchen. Die Zeiten hatten sich geändert. Was Professor Korbel während des Zweiten Weltkriegs für einen vernünftigen Schritt gehalten hatte, erschien fünfzig Jahre später als verdächtiges und würdeloses Verhalten.

Derartige Fälle waren nicht selten. Sie wurden nur dann einer schmerzlichen Prüfung unterzogen, wenn die betroffene Person im Licht der Öffentlichkeit stand, und brachten den beteiligten Familien unweigerlich persönliche Probleme. In manchen Fällen wurden die Kinder von ihren Eltern einfach nicht über ihre wahre Herkunft aufgeklärt, in anderen Fällen war diese zwar in groben Zügen bekannt, doch es gab ein stillschweigendes Einverständnis, nicht darüber zu reden. Einer dieser Fälle war der des bereits erwähnten Wirtschaftsprofessors Henry Wallich. Seine Mutter war eine deutsche Protestantin, sein Vater jedoch der letzte Eigentümer eines bekannten jüdischen Berliner Bankhauses gewesen, das über zwei Generationen hinweg versucht hatte, sich von seinen Wurzeln zu distanzieren, was auf die Nazis nicht den geringsten Eindruck machte. Henrys Vater hatte sich nach der Pogromnacht 1938 das Leben genommen, indem er sich im Rhein ertränkte. Darüber wurde in der Familie Wallich nie gesprochen, weil es unweigerlich zu der Frage geführt hätte, warum er das getan hatte, und damit zu den jüdischen Ursprüngen der Familie.

Eine Durchsicht des Biographischen Handbuchs der Emigration aus Mitteleuropa zeigt, daß ein bedeutender Prozentsatz der dort Aufgeführten konvertierte Juden waren, manche von Geburt oder seit frühester Kindheit, andere waren nach der Konversion ihrer Eltern ebenfalls Protestanten oder Katholiken geworden, wie zum Beispiel Joseph Rovan, ein bekannter französischer Deutschlandexperte. Manche wurden gewissenhafte Kirchgänger wie der Nobelpreisträger Max Perutz, doch das waren Ausnahmen. Manche bezeichneten sich als nominelle oder nichtpraktizierende Juden, andere erklärten, sie hätten nach ihrer Konversion zwar einem christlichen Bekenntnis angehört, nach dem Zweiten Weltkrieg aber aufgehört, sich als Christen zu betrachten – vielleicht weil sie sich durch den Mangel an Unterstützung dieser »nichtarischen« Christen durch die Kirchen verletzt fühlten.

Es gab jedoch auch einige extreme Fälle von Flüchtlingen, die zur Zeit des großen Exodus noch sehr jung waren und sich in einem Maße von ihrer Vergangenheit distanzierten, daß sie in Handbücher dieser Art gar nicht erst aufgenommen werden wollten. Es sollte nicht bekannt werden, daß sie in dem Land, in dem sie jetzt lebten, nicht geboren waren. Eine solche Abneigung gegen die Herkunft ging jedenfalls tiefer als der bloße Wunsch, einen unschönen Fleck aus dem Lebenslauf zu entfernen, um die Beförderungschancen zu erhöhen, denn eine jüdische Herkunft war schon lange kein Hindernis mehr, selbst Präsident einer der großen amerikanischen Universitäten oder eines Oxford-College zu werden.

Es war kein spezifisch deutsch-jüdisches Phänomen; Geschichten wie die von Henry Wallich fanden sich auch bei Ungarn, Russen und anderen. Warum diese Mühe, seine Herkunft zu verschleiern? Die Antwort ist klar: Dies war ein kluger Schritt zu einer Zeit, als man noch nicht vorhersehen konnte, daß Konversion keinen Schutz vor einem Antisemitismus bot, der sich nicht gegen die Religion, sondern gegen die »Rasse« richtete. So schrieb Kurt Tucholsky gegen Ende seines Lebens in einem Brief an Arnold Zweig: »Ich bin im Jahre 1911 ›aus dem Judentum ausgetreten‹, und ich weiß, daß man das gar nicht kann. Die Formel vor dem Amtsgericht lautete so.« Diejenigen, die ihre Familien konvertieren ließen, konnten auch nicht voraussehen, daß sich die Zeiten einmal wieder ändern würden und nach dem Fall des Nationalsozialismus die Tatsache, daß man Jude war, nicht nur kein besonderes Stigma bedeutete, sondern in gewisser Weise, zum Beispiel im Nachkriegsdeutschland, sogar einen leichten Vorteil bedeuten konnte.

In manchen Fällen wurde allerdings ein gewisses Maß an Erpressung angewandt, um Leute zur Konversion zu bewegen. Alfred Grosser berichtete, daß er nach der Besetzung Frankreichs im November 1942 mit einem Kloster bei St. Raphaël in Südfrankreich in Verbindung stand. Er brauchte dringend ein Versteck, doch der Abt machte ihm klar: »Entweder Taufe und Hilfe oder keine Taufe und keine Hilfe.« Saul Friedländer wiederum, der von seinen Eltern, die bald darauf umkamen, in einer Klosterschule versteckt worden war und der sich seiner jüdischen Identität nicht einmal bewußt war, bekam von den Mönchen bei Kriegsende zu hören, daß er sich nun für die eine oder andere Religion entscheiden müsse. Grosser entschied sich für den Katholizismus, Friedländer dafür, Jude zu sein. Nur wenige der Flüchtlinge, deren Familien konvertiert waren, fanden formell zur jüdischen Gemeinschaft zurück, aber noch weniger wollten, daß ihre Konversion überhaupt bekannt wurde. Manche von ihnen zeigten in ihrem späteren Leben Interesse an jüdischen Dingen oder stellten sie, wie der Historiker Fritz Stern oder der Politologe Peter Pulzer von der Universität Oxford, sogar in den Mittelpunkt ihrer beruflichen Karriere.

Eine Namensänderung hatte nicht so weitreichende Folgen wie ein Religionsübertritt. Aber es war auch keine Kleinigkeit, wie einige der sehr jungen Soldaten meinten, als es ihnen von den Offizieren zu Beginn ihrer Armeelaufbahn nahegelegt wurde. Niemand wurde gezwungen, seinen Namen zu ändern, und viele taten es nicht. Andererseits änderten viele Zivilisten während des Krieges und danach ihren Namen. So wurde etwa Martin Goldberg, ein sehr assimilierter junger Jude aus Berlin, Nachkomme eines bedeutenden jüdischen Weisen des 16. Jahrhunderts, der schon vor dem Krieg begonnen hatte, in London Medizin zu studieren, von jüdischen Kollegen in Manchester gefragt, wie es ihm gelungen sei, ohne Namensänderung in diesem Beruf Fuß zu fassen. Schließlich lief es auf einen Wechsel der Identität hinaus; man nabelte sich gewissermaßen von all seinen Vorfahren und in manchen Fällen sogar von seiner Verwandtschaft ab. Es gibt keine Zahlen darüber, wie viele ihren Namen während des Krieges änderten, wie viele nach dem Krieg ihren alten Namen wieder annahmen – wie es Helmuth Koenigsberger, Geschichtsprofessor in Großbritannien, nach seinem Dienst in der Royal Navy tat, wo sein Name Kingsley gewesen war – und wie viele einen Kompromiß schlossen, indem sie ihren alten und neuen Namen miteinander kombinierten, zum Beispiel Leighton-Langer.

In Palästina war eine Änderung des Familiennamens unter deutsch-jüdischen Einwanderern vor der Staatsgründung eher selten, während ein Wechsel des Vornamens, der keiner offiziellen Form bedurfte, fast die Regel war. Den offiziellen Statistiken zufolge überstieg die Zahl der Namensänderungen kaum jemals einhundert im Jahr, und nicht alle angenommenen Namen waren hebräisch. Doch Statistiken können aus einer ganzen Reihe von Gründen irreführend sein. So hatte eine beträchtliche Zahl der

Einwanderer bereits Namen, die ursprünglich hebräisch waren, und andere konnten keinen Antrag auf Namensänderung stellen, weil sie illegal ins Land gekommen waren.

Während des Zweiten Weltkriegs gab es noch weniger Namensänderungen; möglicherweise waren die Nachrichten von dem Massenmord in Europa die Ursache. Als jedoch der Staat Israel entstand, mußten die Diplomaten ihre Namen hebräisieren, und das gleiche galt für die höheren Ränge der Armee. Andere folgten. Im allgemeinen zeigten junge Einwanderer eine größere Bereitschaft zur Änderung ihres Familiennamens, da dieser Schritt die volle Integration in die neue Heimat bedeutete.

Rückkehr zu den Ursprüngen?

In der Folge der nationalsozialistischen Machtübernahme besannen sich die deutschen Juden und insbesondere die jüngere Generation auf ihre Ursprünge, was auf mehrfache Weise zum Ausdruck kam, so in einem Anwachsen der zionistischen Organisationen, in einem verstärkten Synagogenbesuch und ganz allgemein in einem zunehmenden Interesse an jüdischen Dingen. Der Hebräischunterricht florierte, eine neue einbändige jüdische Enzyklopädie wurde zum Dauerbestseller, und historische Romane und Biographien, angefangen von den Reisen Benjamins von Tudela, eines spanischen Juden aus dem 12. Jahrhundert, bis hin zu Glückel von Hameln, einer beeindruckenden deutsch-jüdischen Mutter, Haus- und Geschäftsfrau des 17. Jahrhunderts, fanden plötzlich einen großen Leserkreis.

Nachdem man ihnen beigebracht hatte, daß sie keine Deutschen seien und es in Deutschland keinen Platz für sie gebe, suchten die jungen Juden verzweifelt nach einer neuen Identität und begannen in diesem Bemühen ein Erbe wiederzuentdecken, das in vielen Fällen bereits vor langer Zeit abgelegt worden war. Natürlich ließ sich ein Jahrhundert der Assimilation nicht in einer

Woche oder einem Monat rückgängig machen, aber es war ebenso klar, daß es mit der deutsch-jüdischen Symbiose unter den gegebenen Umständen vorbei war. Wenn, wie Rabbi Leo Baeck 1933 traurig feststellte, die Geschichte der Juden in Deutschland zu Ende gegangen war, so ging doch ihr eigenes Leben weiter, und sie mußten sich nach neuer Substanz und neuen Inhalten umsehen. Sie waren Teil einer neuen Geschichte geworden.

Der Trend zur Rejudaisierung wurde verstärkt unter dem Einfluß der Schoa und der Gründung des Staates Israel. Die Wirkung war jedoch nicht immer gleichermaßen intensiv. Manche Flüchtlinge hatten keine nahen Verwandten oder engen Freunde unter den Opfern des Massenmordes, doch dies war eine Minderheit. Die meisten hatten zumindest einige ihrer Liebsten verloren, und nicht wenige hatten ihre Eltern und Geschwister zum letzten Mal gesehen, als sie Deutschland verließen. Dieses Trauma hatte Konsequenzen selbst für diejenigen, die immer fest an das Gute im Menschen, an den unvermeidlichen Fortschritt von Freiheit und Toleranz und an die Freundschaft und Solidarität zwischen den Nationen geglaubt hatten.

Der Schmerz war nicht leicht zu verkraften. Oft dauerte es Jahre oder Jahrzehnte, den vollen Umfang der Katastrophe zu begreifen, die sowohl den einzelnen als auch die Gemeinschaft als Ganzes heimgesucht hatte. So ist es wohl auch zu erklären, daß die bekanntesten Fälle von Selbstmord – Paul Celan, Peter Szondi, Primo Levi – nicht unmittelbar nach Kriegsende stattfanden, sondern erst viele Jahre später. Es ist sicherlich auch kein Zufall, daß die meisten Memoiren erst in den siebziger und achtziger Jahren geschrieben wurden und nicht unmittelbar nach 1945, als andere Sorgen im Vordergrund standen. Gleiches gilt für den größten Teil der Literatur über die Schoa, ihre Vorgeschichte und ihr Nachspiel. Bei vielen gab es jahrelang die – psychologisch durchaus verständliche – Tendenz, die traurigen Erinnerungen zu verdrängen, das Leben weiterzuleben und die unersetzlichen Verluste, die man erlitten hatte, möglichst zu vergessen. Dies traf sowohl auf den einzelnen zu wie auch auf die wissenschaftliche Aufarbeitung dieser tragischen Zeit.

Dem könnte man entgegnen, daß ein gewisser Grad von Verdrängung notwendig war, um denjenigen, die durch das Grauen von Auschwitz gegangen waren, das Weiterleben zu ermöglichen. Doch unser Bericht befaßt sich in der Hauptsache nicht mit den Überlebenden der Konzentrationslager, sondern mit jenen, die größtenteils noch vor Ausbruch des Krieges geflohen waren und keine persönliche Erfahrung mit den tödlichen Formen der Verfolgung gemacht hatten. Sie waren nicht, wie Marcel Reich-Ranicki es ausdrückte, für den Rest ihres Lebens gezeichnet wie jene, die in den Lagern und den Gettos gewesen und Zeugen der Deportationen geworden waren. Für sie muß die Verdrängung andere Motive gehabt haben.

Zwar gewann der traditionelle Zionismus nach 1945 unter der jüngeren Flüchtlingsgeneration keine große Anhängerschaft mehr, aber dafür wuchs die Sympathie für Israel. Es gab ein beträchtliches Interesse an den Entwicklungen dort, und man besuchte das Land, manchmal sogar recht häufig. Viele hatten Verwandte und Freunde in Israel, und wenn nicht, so war man sich doch einig, daß die Juden wie jedes andere Volk ein Recht auf ihr eigenes Land hätten. Man sympathisierte mit Israel, auch wenn man selbst nicht dort leben wollte. Die meisten Angehörigen dieser Generation fühlten sich Israel emotional verbunden, auch wenn sie die jeweils amtierende Regierung oder bestimmte Aspekte ihrer Politik gelegentlich mit herber Kritik bedachten. Vielleicht war es ein atavistisches Band, wie manche Kritiker behaupteten, aber dennoch durchaus real.

Die meisten deutschen Juden hatten liberalen, sogenannten Reformgemeinden angehört, und diese liberale Tradition wurde von den jungen Flüchtlingen fortgesetzt, nachdem sie einmal im Ausland Fuß gefaßt hatten. Sie gründeten Reformgemeinden in Belsize Park, London, und anderen Teilen Großbritanniens, sie hatten ihre Synagogen (und Kaffeehäuser) in New York, San

Francisco, Buenos Aires und anderswo. Eine beträchtliche Zahl junger Juden aus Deutschland studierte für das Rabbinat. Manche hatten schon in Deutschland mit dem Studium begonnen und setzten es später im Ausland fort, andere nahmen es in den Vereinigten Staaten auf.

Sie machten ihre Sache erstaunlich gut. Wie erwähnt, wurde einer von ihnen sogar Oberrabbiner von Großbritannien, genauer gesagt der United Synagogue, des größten jüdischen Gemeindeverbandes im Lande. In den Vereinigten Staaten übte diese Generation von jungen Rabbinern beträchtlichen Einfluß aus. So schrieb einer von ihnen: »Bei der jährlichen Konvention der Central Conference of American Rabbis 1983 in Los Angeles gab der in Deutschland geborene Vorsitzende Hermann Schaalman sein Amt an den neuen Vorsitzenden gleicher Herkunft ab (Günther Plaut); auch die Vorsitzenden der anderen drei Reformbewegungen stammten aus Deutschland: derjenige der Union of American Hebrew Congregations (Alexander Schindler), des Hebrew Union College-Jewish Institute of Religion (Alfred Gottschalk) und der World Union of Progressive Judaism (Gerard Daniel). Seitdem hat sich noch der Vorsitzende des Jewish Theological Seminary (Ismar Schorsch) dieser Konstellation überraschenden deutsch-jüdischen Einflusses zugesellt ...«

Wie läßt sich eine derartige deutsch-jüdische Vorherrschaft erklären? Der zitierte Autor nennt die höhere Schulbildung, die die Betreffenden in ihrer Jugend an deutschen Gymnasien genossen hatten, was durchaus der Fall sein könnte. Andererseits hatten sie aber aufgrund der Entwurzelung beträchtliche Schwierigkeiten zu überwinden, und manche hatten Deutschland bereits nach nur einem oder zwei Jahren Gymnasium oder auch schon davor verlassen. Auch kamen nicht alle auf direktem Wege zum Studium des Rabbinats. So besuchte der in München geborene Alexander Schindler eine Schule, auf der Theologie nur eine untergeordnete Rolle spielte, und diente dann in einer alpinen Einheit der US Army. Später verband er seine Rabbiner-Laufbahn mit anderen öffentlichen Funktionen, war Vorsitzender des »Präsidentenkomitees«, des führenden amerikanisch-jüdischen Ausschusses für politische Koordination, und wurde Leiter der Memorial Foundation, einer von der Claims Conference zwecks Förderung der jüdischen Kultur gegründeten Stiftung. Was immer der Grund für die augenfällige Präsenz der jungen deutschen Juden auf diesem Gebiet gewesen sein mag, sie scheint kein bloßer Zufall gewesen zu sein.

Einige von ihnen fühlten eine besondere Verpflichtung gegenüber den traurigen Resten des Judentums in Deutschland. Peter Nathan Levinson, geboren und aufgewachsen in Berlin, kehrte als Rabbiner dorthin zurück und ging später nach Mannheim. Jacob Petuchovski aus Danzig, der bei seiner Flucht erst dreizehn Jahre alt gewesen war und geschworen hatte, nie wieder deutschen Boden zu betreten, änderte seine Meinung fünfzehn Jahre nach Kriegsende und engagierte sich im christlich-jüdischen Dialog.

Aber nicht nur in der Reformbewegung nahmen die deutschen Juden eine herausragende Stellung ein. Im vorigen Jahrhundert waren sie in allen religiösen Strömungen und Institutionen, sowohl konservativen wie auch westlich-orthodoxen, führend gewesen und hatten versucht, die strenge Befolgung religiöser Gesetze mit der modernen Zivilisation in Einklang zu bringen *(derech arez)*. So war die größte Synagoge und Religionsschule – und zugleich die ausdauerndste – die sehr orthodoxe Institution des Rabbiners Breuer von der berühmten Frankfurter Dynastie in Washington Heights.

Es gab ein Land, in dem die deutsch-jüdische theologische Denkschule überhaupt nicht Fuß fassen konnte, und das war Israel, obwohl dort bedeutende religiöse Denker aus Deutschland, von Martin Buber bis zu den Ultraorthodoxen, vertreten waren. Deutsche Juden hatten in Palästina religiöse Gemeinden gegründet, etwa Emet Ve'emuna in Jerusalem, Bet Israel in Haifa und Moria in Tel Aviv, sie hatten den Anstoß zur Eröffnung der religiösen Chorev-Schule in Jerusalem gegeben. Die religiösen Kibbuzim wie Tirat Zvi, Javne, Rodges und andere waren fast ausschließlich deutsch-jüdische Gründungen. Doch ihr Einfluß war niemals sehr groß und nahm über die Jahre sogar noch ab. Die religiöse Folgegeneration zog sich, wie ein Beobachter der Szene es ausdrückte, in extreme Isolation von der Außenwelt zurück, weil sie glaubte, daß sich die ganze Welt gegen die Juden verschworen habe.

Der Einfluß der Orthodoxie war sehr groß in Israel, und er wurde noch verstärkt durch den weltweiten Trend zum religiösen Fundamentalismus, der sich in Israel sowohl in seiner antizionistischen wie seiner ultrazionistischen Form deutlich bemerkbar machte. Das Ideal der jüngeren Generation, das im friedlichen Aufbau des Landes, in körperlicher Arbeit, Toleranz und sozialer Gerechtigkeit bestanden hatte, wurde verdrängt. An seine Stelle trat ein befremdliches Gemisch aus einer starken Betonung des Rituellen (auf Kosten des spirituellen Elementes), einem extremen Nationalismus und einer Idolatrie von Land und Boden anstelle von Frömmigkeit und Achtung vor der Unverletzlichkeit des menschlichen Lebens. Durch ihr Schulsystem und ihre sozialen Dienste, vor allem aber durch ihre ethnische Basis schlossen Israels Ultraorthodoxe praktisch alle anderen Richtungen im religiösen Leben aus, einschließlich des einstigen deutsch-jüdischen Elements.

Auf diese Weise entstand ein Konflikt zwischen den israelischen Juden und der Mehrheit der Juden, die außerhalb des Landes lebten. Erstere meinten, sie besäßen ein Monopol darauf, zu bestimmen, wer Jude sei und wer nicht, und legten dabei einen sehr strengen Maßstab an, der überhaupt nur eine Million Menschen einschloß. Nach ihrem Verständnis sind die meisten Juden in den Vereinigten Staaten, Großbritannien und Frankreich gar keine Juden, und sogar die Einwohner Israels sind größtenteils Gojim (Nichtjuden), die lediglich Hebräisch sprechen.

Ein großer Teil der deutsch-jüdischen Flüchtlinge blieb religiös indifferent. Die »Rückkehr zu den Ursprüngen«, die in den Jahren nach 1933 stattgefunden hatte, war also nicht von Dauer gewesen. Soweit es sich beurteilen läßt, wäre dies wohl auch so gekommen, wenn die Ultraorthodoxen mit ihrer dominierenden Haltung nicht alle anderen gegen sich aufgebracht hätten. Da die Fundamentalisten ein Monopol für sich in Anspruch nahmen, was die Ausübung ihrer Religion betraf, hatten die Säkularen um so mehr Grund, sich vom Judaismus zu distanzieren. Auch dies war Teil eines weltweiten Trends, jedenfalls schrumpfte die Zahl der Juden überall auf der Welt, außer in Israel, und dies nicht nur als Ergebnis einer sinkenden Geburtenrate und infolge von »Mischehen«.

Die Versuche, einen halachischen, das heißt an religiösen Geboten orientierten Lebensstil vorzuschreiben, führten besonders in Israel zu heftigen Gegenreaktionen, sogar auf politischer Ebene. Jedenfalls war die Zahl der deutschen Juden, die – als *chosrim bitschuva*, als »gläubig in die Herde Zurückgekehrte« – die fundamentalistische Religion bereitwillig annahmen, denkbar klein. Außerhalb Israels waren die jüdischen Gemeinden und Synagogen nicht nur Stätten des Gebets, sie dienten auch als Zentren der Begegnung, vermittelten jüdische und allgemeine Lehrinhalte sowie Hebräischunterricht für Kinder und erfüllten so eine Funktion, die über die Religionsausübung weit hinausging. Die Rolle der Religion als Mittelpunkt, als Quelle tiefer Gläubigkeit und als Zusammenhalt nahm dort weiter ab, und die deutsch-jüdischen Flüchtlinge waren von diesem Trend ebenso wie die meisten anderen betroffen. Wie immer gab es auch hier ein paar Ausnahmen, doch diese bestätigten nur die Regel, wie zum Beispiel in Ostdeutschland, wo die Unterdrückung des Jüdischen, wie schon erwähnt, ein Interesse an jüdischer Tradition und Geschichte gerade deshalb erweckt hatte, weil ein diskreditiertes Regime ein solches Interesse mißbilligte.

Im Laufe der achtziger und neunziger Jahre wurde die Verbindung zwischen Diaspora und Israel etwas schwächer, obwohl der Tourismus weiter florierte. Die Besucher zeigten sich beeindruckt von den großen Fortschritten, die in nur wenigen Jahren gemacht worden waren, sie freuten sich, alte Freunde und Verwandte wiederzusehen. Doch ebensooft gab es das Gefühl, Fremde in einem

Land zu sein, das sich in seiner ethnischen Zusammensetzung weit von dem entfernt hatte, was es in den dreißiger Jahren und bis zur Staatsgründung gewesen war. In den fünfziger Jahren war es in seinem Bestand noch nicht gesichert, und 1967 und 1973 stand sein Überleben auf dem Spiel. In dem Maße jedoch, wie Israel wirtschaftlich und militärisch erstarkte, entfielen auch die Gründe für die leidenschaftliche Anteilnahme früherer Jahre. Das soll nicht heißen, daß das Interesse an Israel radikal nachließ, es verlor lediglich etwas an Intensität. Man konnte schließlich auch stolz auf Israel sein und es privat wie öffentlich in Schutz nehmen, ohne es gleich zum Mittelpunkt seines Lebens zu machen.

Schicksalsgemeinschaft

Wenn Religion nicht mehr das gemeinsame Band war und wenn der Glaube, ein Volk zu sein, verblaßte, was konnte die Juden dann noch zusammenhalten? In der Nachkriegszeit war oft von einer »Schicksalsgemeinschaft« die Rede, doch dies traf hauptsächlich auf die Zeit der Naziverfolgungen, den Krieg und die Zeit unmittelbar danach zu. In den folgenden Jahren war ein äußerer Druck kaum noch zu spüren, nur hier und da kam es in der westlichen Welt noch zu Diskriminierungen. Die Juden lebten nicht länger in einer belagerten Festung, und es wurde einem nicht mehr als Schande ausgelegt, wenn man die Gemeinschaft verließ, weil sie nicht mehr gewalttätigen Verfolgungen unterworfen war.

Alle Umfragen zeigten, daß die Bindung an das Judentum oberflächlicher geworden war, und zwar am deutlichsten in den gebildeteren Kreisen. In Mitteleuropa war die Assimilation gescheitert, doch das mußte nicht immer und überall so sein. Gegen Ende des 20. Jahrhunderts gab es Prognosen, daß das europäische Judentum – und wahrscheinlich auch das amerikanische – durch Akkulturation verschwinden werde und nur Israel und die Ultraorthodoxen übrigbleiben würden.

Während des Krieges und danach hatten die jungen Flüchtlinge ihre Lebenspartner vorwiegend in ihrer Gemeinde gefunden, weil das Schicksal sie zusammengehalten hatte und weil sich ihre gesellschaftlichen Kontakte vor allem auf ihre jüdischen Schicksalsgenossen beschränkten. Aber auch dies änderte sich in späteren Jahren, und es kam zu vermehrten »Mischehen«. Zwar erhoben nur wenige den nichtjüdischen Judaismus zur neuen Ideologie, doch entstand im Laufe der Zeit eine wachsende Indifferenz.

Hier soll nicht das nahende Ende des Judentums in der westlichen Welt proklamiert werden, auch nicht in Israel, wo sich vieles tiefgreifend geändert hat. Manche Traditionen und gemeinsame Bande haben sich trotz allem erhalten. Die vielen Treffen von Überlebenden zeigen, daß es einen tief verwurzelten Drang gibt, die Erinnerung am Leben zu erhalten, das Gefühl, zu einer großen Familie zu gehören, wie es die deutsch-jüdischen Kinder empfanden, die 1939/40 zusammen in einem Heim im englischen Bradford gewohnt hatten. Berichte über das Leben der deutsch-jüdischen Flüchtlinge in den Vereinigten Staaten und Australien, in Großbritannien, Israel und anderswo zeigten, daß man zusammenhielt und sich recht oft traf. Heute stärken gemeinsame Altersheime das Gruppengefühl. Es wurden weiterhin Memoiren publiziert, einige der alten Organisationsstrukturen und Mitteilungsblätter blieben erhalten, auch wenn ihre Zahl Jahr für Jahr schrumpfte. Aber es war ebenso klar, daß die nächste Generation zwar noch ein gemeinsames Interesse am Schicksal ihrer Eltern einen könnte, daß dieses jedoch nicht mehr ihren Lebensmittelpunkt bilden würde.

Nicht alle, die nach Palästina emigrierten, waren Zionisten. Nolens volens hatten sie sich für eine bestimmte neue Identität entschieden, die weit weniger kompliziert war als die Identität derjenigen, die in andere Länder gegangen waren. Sie mochten Superpatrioten oder sehr kritische Israelis sein – jedenfalls waren sie Angehörige eines Volkes. Was war dagegen mit der Identität derer, die sich in den Vereinigten Staaten und Großbritannien, in

Argentinien und Australien niedergelassen hatten? Die deutschen Juden waren in erster Linie Deutsche und erst an zweiter Stelle Juden gewesen, und es war nur natürlich, daß die gleiche Haltung in der neuen Heimat vorherrschte. Doch in Deutschland hatte sich dieses Gefühl über mehrere Generationen entwickelt, und es lag auf der Hand, daß anderswo ein solches Gefühl der Identifikation und Loyalität nicht von heute auf morgen entstehen konnte.

Die Probleme der Akkulturation sind bereits mehrfach angesprochen worden, ebenso die Tatsache, daß sie den älteren Flüchtlingen schwerer fiel als den jüngeren. Freilich hatten auch die Jüngeren Sehnsucht nach der deutschen Sprache und Literatur. Shimon Sachs berichtete, er habe niemals soviel Thomas Mann, Kafka und Rilke gelesen wie in der Zeit bei der Jugend-Alija-Gruppe in En Charod, als er eigentlich Hebräisch lernen und Bialik lesen sollte. Später, während des Krieges, habe er jeden Pfennig gespart und sogar Wertgegenstände von zu Hause verkauft, um in den deutschen Buchantiquariaten der Allenby- und Ben-Jehuda-Straße in Tel Aviv Bücher zu kaufen.

Sachs war kein Polit- oder Kulturextremist, noch war er Antizionist, er verließ Israel nicht nach dem Krieg, sondern wurde Pädagogikprofessor an der Universität von Tel Aviv. Die Geschichte zeigt nur, daß es eine ganze Reihe junger Leute gab, die nicht ohne Grund meinten, daß es auf deutsch mehr zu lesen gab als auf Iwrit. Kurt Blumenfeld, der Führer der deutschen Zionisten, hatte einmal erklärt, er sei Zionist »von Goethes Gnaden«. Ja, hieß es dann, aber Goethe war keiner der Ihren, während Bialik den spezifisch jüdischen Genius und die jüdische Tradition zum Ausdruck brachte. Dies war für sie schwer zu akzeptieren, denn Bialik war Teil der osteuropäischen Tradition, nicht ihres eigenen kulturellen Erbes, und die Lebensweise der Ost- und Westjuden hatte sich schon lange auseinanderentwickelt.

Sprache und Zugehörigkeit

Für einen großen Teil der Flüchtlinge war die Beherrschung der Sprache von entscheidender Bedeutung. Bei Musikern, Ingenieuren und anderen kam es nicht so sehr darauf an, sie konnten sich fast überall verständigen. Doch in vielen Berufen war es unerläßlich, die Landessprache gut zu beherrschen, um auf seinem Gebiet arbeiten zu können. Zudem war es einfach eine Frage des Wohlbefindens in der neuen Heimat. Und nicht nur die ältere Generation hatte mit diesem Problem zu kämpfen. Editha Koch, 1917 geboren, schrieb: »Meine Wurzeln hängen in der Luft.« Aber auch in Europa – sie war im deutschsprachigen Teil der Tschechoslowakei aufgewachsen – war sie nicht verwurzelt gewesen; dort hatte sie Angst gehabt, offen zu zeigen, daß sie Jüdin war: »Ich bin Kosmopolitin und Weltbürgerin, und als solche ist man überall und nirgendwo zu Hause.« Diese Haltung war in der ersten Hälfte des Jahrhunderts ebenso schwierig zu behaupten wie in der zweiten. Ilse Blumenthal-Weiss, eine Schriftstellerin mit Wohnsitz in England, schrieb, die deutsche Sprache sei ihre Heimat geblieben, und die Lyrikerin Hilde Domin stellte fest, daß ihr die Muttersprache trotz aller anderen Verluste als unveräußerliches Gut geblieben sei. Sie sei die letzte Zuflucht, der letzte Hort zur Bewahrung ihrer Identität. Den Namen Domin hatte sie angenommen, nachdem sie in die Dominikanische Republik emigriert war. Für sie war das Festhalten an der deutschen Sprache eine Existenzfrage: »Ich bin wegen der Sprache [nach Deutschland] zurückgekommen.«

Doch die große Mehrheit der Flüchtlinge teilte diese Haltung nicht. Für sie war das Deutsche weder Heimat noch emotionale Stütze. Sie waren keineswegs antideutsche Fanatiker, betrachteten aber Deutschland als abgeschlossenes Kapitel. Der Biochemiker Konrad Bloch sagte in einem Interview, nachdem er 1935 von der Münchener Universität ausgestoßen worden sei, habe er einfach keine Lust mehr gehabt, deutsch zu sprechen. Englisch und Spanisch waren relativ leicht zu erlernen, auch wenn die richtige Aussprache Schwierigkeiten bereitete. Hebräisch war unendlich komplizierter; Hannah Arendt, der Übertreibung nicht abgeneigt, bezeichnete die Sprache als »unlernbar«. Andererseits gab es einen Dr. Reuven Meir, Arzt in Jerusalem, der unmittelbar nach Abschluß des Medizinstudiums in Deutschland nach Palästina gekommen war. Obwohl sein Hebräisch alles andere als perfekt war, antwortete er, wenn auf deutsch angesprochen, stets auf hebräisch. Weder wollte er unhöflich sein, noch war er ein Fanatiker des Hebräischen. Er wollte von der deutschen Sprache einfach nichts mehr wissen.

Hilde Domin, 1912 geboren, war damals erst Anfang Dreißig, aber entweder war sie nicht mehr jung genug, oder ihr fehlte einfach die Fähigkeit zum Neubeginn in einer anderen Sprache. Der zwanzig Jahre jüngere Aharon Appelfeld, in der Bukowina geboren, hatte erst ein Jahr die Grundschule besucht, als der Krieg ausbrach. Seine Muttersprache war Deutsch – seine Eltern hatten sich bemüht, die Sprache rein zu erhalten –, doch mit seiner Großmutter mußte er jiddisch sprechen und mit dem Hausmädchen ukrainisch. Er verbrachte Jahre in rumänischen Arbeitslagern, nach dem Tod seiner Eltern schlug er sich durch die Wälder und ernährte sich von faulen Äpfeln. Als der Krieg zu Ende war, tauchte er wieder auf und begann auf deutsch ein Tagebuch zu führen. Dieses Tagebuch bestand nur aus einzelnen Wörtern, er war nicht in der Lage, ganze Sätze zu formulieren. Dennoch blieb er dabei, aber schon auf dem Schiff von Italien nach Palästina 1947 schlichen sich die ersten hebräischen Wörter ein. In Israel hätte er gern auf deutsch weitergeschrieben, doch die Sprache verflüchtigte sich rasch, und mit der Zeit wurde er ein bedeutender israelischer Schriftsteller.

Vielen Flüchtlingen war ihr Akzent peinlich, besonders in Ländern wie Großbritannien und Frankreich. Noch nach dreißig Jahren mußte sich Henry Kissinger von Nixon sagen lassen, er solle nicht zu viele Pressekonferenzen geben, weil sein Akzent beim

Durchschnittsamerikaner vielleicht nicht ankäme. Doch es dauerte nicht lange, und Kissinger gab mehr Konferenzen als andere, ohne daß dies seinem Ruf auf Dauer geschadet hätte. Manche fanden seinen Akzent lustig, andere exotisch, aber letztendlich kam es doch darauf an, was er zu sagen hatte und nicht, wie er es sagte. Ein führender britischer Naturwissenschaftler brachte es auf den Punkt: Bis Hitler war Deutsch die Sprache der Naturwissenschaften, nach 1933 war es Englisch mit deutschem Akzent.

Viel ist über die emotionalen Folgen der Schoa geschrieben worden. Doch die Mehrheit der jungen Leute war bereits im Ausland, bevor der eigentliche Massenmord begann. Wer Glück hatte, gelangte mit der Jugend-Alija-Gruppe in das Land der Jugend und der Sonne, dort war man, zumindest für einige Jahre, in Sicherheit und ohne Sorgen. Wer mit den Kindertransporten nach England kam, mußte leiden, und bei einigen heilten die Wunden nie. In den Berichten der Kinder – und nicht nur der Kinder –, die Deutschland über Nacht verlassen mußten, liest man immer wieder, daß sie sich abends in den Schlaf weinten, und das jahrelang. Die Trennung von den Eltern, von Freunden und der vertrauten Umgebung war ein Trauma, dessen Intensität von Fall zu Fall variierte. Um so stärker war der Zusammenhalt der Gruppen.

Dieses Phänomen ließ sich auch bei denen beobachten, die bei der Flucht noch sehr jung waren: Die Gemeinschaft hatte zu einem gewissen Grad die verlorene Familie ersetzt. Es gab ein Bedürfnis nach Zugehörigkeit, nach Zuneigung und Liebe, die nicht an eine bestimmte Person gebunden sein mußten, und die Gruppe der Schicksalsgefährten erfüllte diese Rolle.

Hier zeigt sich ein Paradoxon, das nicht genügend erforscht ist und für das es letztlich wohl auch keine Erklärung gibt: auf der einen Seite die Flexibilität der Jugend, ihre Fähigkeit, sich neuen Gegebenheiten anzupassen, die Muttersprache innerhalb kurzer Zeit zu vergessen, und auf der anderen Seite, oft erst im Alter, die Wiederkehr von Erinnerungen, die man seit langem vergessen und begraben glaubte.

Erinnerungen und böse Träume

Wir wissen nicht, wie viele der jungen Flüchtlinge während des Kriegs und danach unter schweren psychischen Störungen litten, wie viele von ihnen ärztlicher Hilfe bedurften. Es gab wenig Fälle von Selbstmord (anscheinend hauptsächlich unter Künstlern und Schriftstellern), was jedoch nicht überraschend ist, denn in Kriegszeiten und unter dem Eindruck unmittelbar drohender Gefahren wird seelischer Schmerz oft verdrängt. Auf jeden Fall waren die meisten jungen Flüchtlinge in der Nachkriegszeit zu arm, um sich einer längeren analytischen Behandlung zu unterziehen.

Es gab böse Träume (den letzten Zug versäumt zu haben, in eine Falle getappt zu sein) und plötzliche Panikattacken, Klaustrophobien und Agoraphobien, die jahrelang anhielten, doch darunter leiden nach einem Krieg häufig nicht nur Flüchtlinge, sondern auch Soldaten und Zivilisten, die schweren Bombenangriffen ausgesetzt worden sind. Klaus Scheurenberg, ein 1925 geborener Berliner Jude, gibt eine lebhafte Beschreibung der Ängste, die ihn ebenso wie andere »U-Boote« und Mitüberlebende der KZs noch jahrelang verfolgten. Während sie sich in Todesgefahr befanden, gehörten sie zu den Tapfersten der Tapferen, wie »Horst«, der mit einem SS-Wachhund namens Rex aus Birkenau (Auschwitz) flüchtete. Mit Hilfe des Hundes gelang es ihm, als vorgeblicher Kriegsblinder in Berlin den Rest des Kriegs zu überleben. Doch die psychischen Folgen ließen nach dem Krieg nicht lange auf sich warten.

Jeder reagiert auf andere Weise. Lothar Martin, dessen Geschichte in einem früheren Kapitel erzählt wurde, floh im Alter von fünfzehn Jahren allein von Deutschland nach Frankreich, befreite sich unzählige Male aus Gefangenenlagern, schlug sich nach Spanien durch und machte sich in der Armee des Freien Frankreich einen Namen. Als der Krieg vorbei war, hatte er als Offizier zwar viele Orden, war aber – wie er es ausdrückte – »ganz zerstört«. Jahrelang konnte er »in keinem Bett mehr schlafen«; wenn jemand ihn aus Versehen auf der Straße oder in der Métro berührte, schlug er sofort hart zu und wurde deshalb immer wieder von der Pariser Polizei festgenommen. Auch zehn Jahre nach Kriegsende war er noch immer hyperaggressiv. Er eröffnete einen Laden und ging pleite, heiratete und wurde bald wieder geschieden. Er wurde erst ruhiger, nachdem er nach Israel ausgewandert war und Zamira, seine Lehrerin im *ulpan*, der Sprachschule für Einwanderer in Natanja, geheiratet hatte. Erst nach zweiundzwanzigjähriger Ehe mit Zamira begann er über seine Erlebnisse nach der Flucht aus Deutschland zu reden.

Nachdem sie mehrere Lager überlebt hatte, kam Ruth Elias, geboren in Mährisch-Ostrau, nach Israel und führte trotz sehr primitiver Verhältnisse ein recht glückliches Leben in einem Kibbuz. Als sie jedoch in einem Krankenhaus in Chedera ihr erstes Kind zur Welt brachte, reagierte sie wie eine Psychopathin und schrie: »Nehmt mir mein Kind nicht weg! ... Laßt mein Kind leben!« Der Arzt gab ihr schließlich zwei Ohrfeigen, was unter den gegebenen Umständen wohl die einzige Möglichkeit war, sie wieder zur Vernunft zu bringen. Niemand hatte sich zuvor für ihre Geschichte interessiert, noch hatte sie je darüber reden wollen. Nun, nach dem Trauma der Entbindung, erzählte sie sie dem Doktor zum ersten Mal und fand danach ihre Ruhe.

Ruth Klüger war bei Kriegsende vierzehn, hatte Auschwitz, Groß-Rosen und die Todesmärsche überlebt. Sie war in Bayern gelandet; dort schrieb sie Gedichte, las Hunderte von Büchern, machte innerhalb eines Jahres das Abitur und schrieb sich an der Universität ein. Nach zwei Jahren ging sie nach New York, und die nächsten Stationen in ihrem Leben waren das dortige Hunter College und danach eine Professur in Kalifornien. Sie war launisch, arrogant, verstand sich nicht mit ihrer Mutter, neigte zu Depressionen. Sie suchte einen Wiener Psychiater in New York auf und haßte ihn – ein interessanter Fall von negativer Übertragung. Viele Jahre später schrieb sie ein Buch über die Jahre nach der Lagerzeit, das sich sowohl durch seine mitleidlose Offenheit als auch durch sein literarisches Niveau auszeichnete. Sie hatte keine besonders glückliche und harmonische Jugend verbracht, aber wie hätte es auch anders sein können?

Da war die Frage der Schuld, die von den Überlebenden der Lager viel stärker empfunden wurde als von den jungen Flüchtlingen. Warum hatten sie überlebt und so viele andere waren umgekommen? Sie trauerten um ihre Angehörigen, die umgekommen waren, aber was hätten sie damals tun können, um sie zu retten? Ein Psychologe, der das Schicksal der Teilnehmer an den Kindertransporten weiterverfolgte, konnte kaum Anzeichen von Schuldgefühlen finden, jedenfalls stellten sie keinen wesentlichen Faktor dar, der sie daran gehindert hätte, ein mehr oder weniger normales Leben zu führen; auch hatten sie nicht die Wirkung, ihnen bis zum Ende ihres Lebens Angst einzujagen. Im Gegenteil stärkten sie, wenn überhaupt, ihre Entschlossenheit, sich zu widersetzen und zurückzuschlagen. Diese Reaktion fand sich nicht nur bei denen, die nach Israel gegangen waren, wo sich das Zurückschlagen zum Teil des Nationalethos entwickelt hatte (»Nie wieder!«), sondern auch bei Emigranten in anderen Ländern.

Wir sprachen bereits von dem Preis, den diejenigen zu zahlen hatten, die die Wahrheit über ihre Herkunft verschwiegen. Victor Klemperer, Autor der berühmten Tagebücher, die über jeden Tag seines Lebens unter dem Naziregime Auskunft geben, berichtete von einer Begegnung mit einem Neffen, der nach Amerika emigriert war und nun zu einem Besuch nach Berlin zurückkam. Der Neffe, den Klemperer für einen prächtigen jungen Mann hielt, erzählte ihm stolz, daß er alles Menschenmögliche unternommen hätte, um ein für allemal das Stigma seiner jüdischen Herkunft zu beseitigen: Auf keinen Fall hätte er ein jüdisches Mädchen geheiratet.

Andere mögen sich mit der neuen Identität, die sie sich zusammengebastelt hatten, weniger wohl gefühlt haben, denn es war eine eindimensionale Identität ohne Vergangenheit. Das Problem lag jedoch nicht in der Konversion, sondern in der Verdrängung ihrer Herkunft. Der Großvater des jungen Mannes war ein Rabbiner gewesen, schon in Victor Klemperers Generation war er zum »Kleinstadtgeistlichen« umfunktioniert worden. Noch eine Generation später war der Rabbiner-Geistliche ganz aus der Familienchronik verschwunden. Doch es bestand immer die Gefahr, daß eine noch jüngere Generation, die sich mit der Suche nach den Wurzeln beschäftigte, das Geheimnis entdeckte und womöglich stolz darauf war.

Gemeinsamkeiten

Jede Beschäftigung mit dem Schicksal einer Generation führt früher oder später zu der Frage, welche gemeinsamen Eigenschaften, falls überhaupt vorhanden, die Angehörigen dieser Generation verbanden. Die Frage ist legitim, aber ebenso unmöglich zu beantworten wie die nach einem »Volkscharakter«. Den Volkscharakter betreffende Verallgemeinerungen sind immer gefährlich und oft irreführend, und dies gilt um so mehr für eine Gruppe von Menschen, die ursprünglich aus einem bestimmten Land kamen, sich dann aber in alle Welt verstreuten, verschiedene Sprachen lernten, in verschiedene Kulturkreise eintauchten und, im Falle Israels, eigentlich gar nicht in die Kategorie »Flüchtlinge« fallen.

Herbert Strauss, der die deutsch-jüdische Emigration vom soziologischen Standpunkt aus untersucht hat, bemerkte zu Recht, das deutsche Judentum sei in keinem Aspekt seiner rechtlichen Lage, seiner Kultur, seiner religiösen Ausrichtung, seiner demographischen Zusammensetzung oder auf irgendeinem anderen Gebiet monolithisch gewesen. Vielmehr repräsentierte es eine bunte Welt der Vielfältigkeiten. Etwa ein Fünftel waren keine deutschen Bürger, sondern Zuwanderer aus Osteuropa. Ein beträchtlicher Teil gehörte keiner religiösen jüdischen Gemeinschaft an, sondern war konvertiert oder einfach ausgetreten. Jüdische Akademiker, Freiberufler und Geschäftsleute in Berlin, Frankfurt und Breslau gehörten ebenso dazu wie bäuerliche Juden in Hessen und Bayern oder jene, die sich erst seit einer Generation von den Dörfern dieser oder anderer Gegenden abgenabelt hatten. Es gab ebenso leidenschaftliche Zionisten wie leidenschaftliche Assimilationisten. All dies galt ebenso für die junge Generation.

Und dennoch belegt das Zeugnis vieler Überlebender, daß es, ungeachtet der geographischen Distanz und der verschiedenen Kulturen, denen sie jetzt angehören, gemeinsame Züge gibt. Sie fühlen ein gemeinsames Band, ein instinktives Einvernehmen, das schwer erklärbar, aber dennoch ganz real ist, wie immer es entstanden sein mag. Dies gilt jedoch nicht für jeden. Manche haben bewußt einen Schnitt gemacht und sich von den Gefährten von einst getrennt; für andere, die damals noch sehr jung waren, mag ein solches Abtrennen der Wurzeln ein ganz natürlicher Vorgang gewesen sein. Sie fühlen sich in ihrer neuen Heimat ganz zu Hause und wollen nicht an weit entfernte und lange zurückliegende Ereignisse erinnert werden, weil sie entweder kein echtes Interesse daran haben oder weil ihnen derartige Erinnerungen nur Schmerzen bereiten würden.

Die Generation, um die es hier geht, war nicht die Generation Einsteins, der Theoretiker der Kernspaltung, der großen Schriftsteller der zwanziger Jahre, die ins Exil gingen, der Akademiker, die neue Disziplinen mit in die neue Heimat brachten, von dem Fach Kunstgeschichte bis hin zu bestimmten Richtungen der Psychologie und Soziologie. Aber auch wenn sie Schule oder Universität noch nicht abgeschlossen hatten, teilten sie doch mit ihren Eltern den traditionellen Glauben der deutschen Juden an die Macht der Bildung und gaben sich auch im Exil jede Mühe, die verlorene Zeit nachzuholen und Wissenslücken zu füllen. Dieser Drang nach Höherem war nicht völlig selbstlos, denn eine abgeschlossene Ausbildung öffnete die Türen zu einer lebenswerteren Zukunft und einem höheren Lebensstandard, aber richtig ist auch, daß im Gegensatz zu anderen – auch jüdischen – Gesellschaften Reichtum zwar nicht verachtet wurde, Bildung aber immer noch das Ideal darstellte. Es gab zwar auch deutsche Juden, die mit ihrem Reichtum protzten, doch war ein solches Verhalten nicht gut angesehen, und zwar nicht nur aus Gründen einer inneren Befangenheit (Was sagen die anderen dazu? Wird es nicht böses Blut und Antisemitismus erzeugen?). Mit ähnlichen Augen wie ein orthodoxer Jude, der seine Tochter lieber dem vielversprechenden Studenten einer Religionsschule als einem reichen Händler zur Frau gab, sahen auch säkulare Eltern eine »gute Partie«.

Der Wissensdurst, von dem die jungen Leute beseelt waren, der Eifer, ihre Studien auch unter den schwierigsten Umständen fortzusetzen, war gewiß einer der herausragendsten Züge dieser Generation. Wie sich später herausstellte, gab es auch ausgezeichnete Geschäftsleute und Unternehmer unter ihnen, doch sie waren geringer an Zahl und weniger prominent als die Akademiker und Angehörigen der freien Berufe. Anderseits war die Zahl der Workaholics und Erfolgsversessenen bei den einen so groß wie bei den anderen. Die jungen Flüchtlinge wußten, daß sie allein in der Welt standen, daß niemand für ihren Lebensunterhalt aufkommen würde, daß sie schwimmen oder untergehen mußten.

Nicht wenige gelangten höher hinaus, als dies in ihrer Heimat möglich gewesen wäre. So wurden viele Akademiker, die sich unter anderen Umständen nicht für eine solche Karriere entschieden hätten. Dies gilt vor allem für jene, die in die Vereinigten Staaten gingen; anderswo herrschten ungünstigere Bedingungen, gab es weniger Möglichkeiten, eine akademische Laufbahn einzuschlagen. Eine relativ große Zahl, vor allem in der akademischen Welt, ging mehreren Lehr- und Forschungstätigkeiten nach, manchmal sogar auf verschiedenen Kontinenten gleichzeitig. Geschah dies nur aufgrund der mangelnden Absicherung im Alter? Nur wenige setzten sich bei Erreichen der Altersgrenze zur Ruhe und widmeten sich ihrem Garten. Doch es war nicht nur Ehrgeiz, der sie trieb, viele arbeiteten ehrenamtlich oder in beratender Funktion weiter. Sie wollten einfach nicht aufhören zu arbeiten, konnten es nicht, und das war in früheren Generationen nicht so gewesen.

Viele hatten Jugendbewegungen angehört, und der gemeinsame Grundzug dieser Gruppen war ihr Idealismus gewesen. Dies bedeutete unter anderem eine bescheidene Lebensführung, den Einsatz für eine bessere Welt und Aktivität in der Gemeinschaft. Es beinhaltete Selbstlosigkeit und Ehrlichkeit gegen sich selbst. Dazu gehörte auch, daß man anderen half und einen neuen Gemeinsinn schuf, ein kulturelles und spirituelles Leben. Was wurde aus diesen Idealen unter den harten Bedingungen des Exils? Sie erhielten sich zu einem gewissen Grad in den Kibbuzim, wo das Pionierethos viele Jahre bestimmend blieb. Das Leben im Kibbuz war in gewisser Weise die Fortsetzung des Lebens in der Jugendbewegung.

Jugendideale und Abenteuerlust

Die Ideale der Jugendbewegung wurden in den schwierigen Jahren des Existenzkampfes nicht nur in Schanghai und Bolivien, sondern auch in den Vereinigten Staaten und Großbritannien auf eine harte Probe gestellt. Ohnehin hatte nur eine Minderheit den Jugendgruppen angehört, und so war es nicht verwunderlich, daß in späteren Jahren die Zahl der »Kulturbanausen« größer war als die der Anhänger klassischer Musik und ernster Literatur. Doch einiges von den kulturellen Werten der Jugendbewegung, ein generelles Interesse an Kultur, überlebte, und manchmal konnte man es auch in der zweiten Generation entdecken, in der dritten dann kaum noch.

Ein wesentlicher Grundzug der Jugendbewegung war ihr romantischer Charakter und ihre körperliche und geistige Lust auf Abenteuer. Manche hielten ein solches Abenteurertum für unjüdisch. Völlig zu Unrecht, denn die Geschichte hat gezeigt, daß einige der bekanntesten Forschungsreisenden des 19. Jahrhunderts Juden gewesen waren: Emin Pascha – eigentlich Eduard Schnitzer – in Afrika, William Gifford Palgrave – besser bekannt für seine Anthologien englischer Lyrik – in Arabien und der Ungar Ármin Vámbéry in Mittelasien; von ihm hieß es, er habe im Lauf seines Lebens einem halben Dutzend Religionen angehört, in vieren davon sei er Priester gewesen. Als die Generation junger deutscher und österreichischer Flüchtlinge ihre Heimat verließ, war nicht mehr so viel in fernen Ländern zu entdecken, aber einige gaben sich redliche Mühe. David Shaltiel ging für fünf Jahre zur Fremdenlegion und wurde danach Waffenschmuggler. Andere gingen nach Nepal – damals noch keine bekannte Touristenattraktion –, in die Dschungel und Gebirge Südamerikas und ins tiefste Afrika.

Das Leben im Kibbuz war ebenfalls ein Abenteuer, das allerdings nicht jedem zusagte. Der erfolgreiche Modeschöpfer John Weitz suchte das Abenteuer beim Rennfahren, andere wurden waghalsige Piloten. Wir erwähnten Ulli Beyer, der in Nigeria Yoruba-Häuptling wurde und die Kunst von Oshogbo in der ganzen Welt bekannt machte. Offenbar übte das Exotische eine unwiderstehliche Anziehungskraft aus, wie im Fall von Ruth Prawer-Jhabwala. In Köln als Kind polnisch-jüdischer Eltern geboren, ging sie in London zur Schule und studierte Literatur. Sie lernte einen indischen Architekten kennen, heiratete ihn und zog mit ihm nach Bombay, wo sie eine Anzahl erfolgreicher Romane schrieb und sich besonders als Drehbuchautorin einen Namen machte (*Hitze und Staub, Wiedersehen in Howard's End* und viele andere). Sie zeigte kaum Interesse an ihrer deutsch-jüdischen Vergangenheit, schwor sich, niemals in ihr Geburtsland zurückzukehren, und die einzige Kurzgeschichte in ihrem umfangreichen Werk, die sich mit den Flüchtlingen befaßt, unter denen sie lebte, beschreibt eine Geburtstagsfeier in Hendon, dem größtenteils jüdischen Londoner Stadtteil, in dem sie gewohnt hatte. In dieser

Kurzgeschichte wimmelt es nur so von Klischees, einschließlich des unvermeidlichen Apfelstrudels.

Ging sie nach Indien, um dem Apfelstrudel und allem, wofür er stand, zu entrinnen? Nach zwei Jahrzehnten in Indien jedenfalls verspürte sie große Sehnsucht nach Europa und ließ sich daher in New York nieder, wo sie auf der Westside die Wohnungen mit den hohen Wänden und schweren Möbeln sowie die Delikatessenläden fand, die sie in ihrer Jugend gekannt und geliebt hatte. Und so siegte am Ende der Apfelstrudel. Währenddessen wurde ihr Bruder Professor für deutsche Literatur in Großbritannien, woran man sieht, wie schwierig es ist, die Vorlieben des einen und die Aversionen des anderen selbst innerhalb ein und derselben Familie, geschweige denn im Rahmen einer größeren Gruppe, in ein Schema einzuordnen.

Wenn die einen Abenteuer und Exotik nachgerade suchten, so gerieten andere eher zufällig hinein. Eva Siao, geborene Sandberg, die Schwester des bekannten Dirigenten Herbert Sandberg, hatte in Moskau einen chinesischen Lyriker geheiratet, und so erschien es nur natürlich, daß sie sich in der Heimat ihres Mannes niederließen. Eva war Kommunistin und später Maoistin gewesen; während der Kulturrevolution verbrachte sie sieben Jahre im Gefängnis. Schließlich fand sie ihre geistige Heimat im Taoismus, und als man sie einmal fragte, wo ihre Heimat sei, antwortete sie: in der Natur – in Wäldern, an Flüssen und auf Wiesen.

Andere suchten nach einem dauerhaften Wohnsitz. Nachdem sie entwurzelt worden waren und manchmal jede Menge Aufregendes erlebt hatten, sei es auf gefahrvoller Flucht oder im Untergrund, wünschten sie sich nichts mehr, als den Rest ihres Lebens an einem Ort, und zwar einem möglichst friedlichen Ort, zu verbringen.

Eine Klage, die des öfteren über deutsch-jüdische Flüchtlinge geführt wurde, galt ihrer Arroganz bzw. ihrem tatsächlichen oder vermeintlichen Glauben, sie seien irgendwie besser, stünden kulturell oder moralisch auf einem höheren Niveau als die Einheimischen ihrer Exilländer. Daß diese Einstellung existierte, allerdings eher unter den älteren als unter den jüngeren Flüchtlingen, läßt sich kaum bestreiten, doch gab es parallel dazu eine übertriebene Hochachtung vor der Oberklasse des neuen Landes, ihrem gepflegten Englisch, Kastilisch – in Südamerika – oder Französisch, ihrer Selbstsicherheit, ihren exquisiten (oder rüde-eleganten) Umgangsformen. Einige der Flüchtlinge waren von dem vermessenen Wunsch beseelt, ihnen nachzueifern oder wenigstens einige von ihnen zu ihrem Bekanntenkreis zu zählen.

Kulturelle Überlegenheit?

Das Gefühl kultureller Überlegenheit ging oft Hand in Hand mit einem Gefühl gesellschaftlicher Minderwertigkeit. Die Jeckes, die nach Palästina kamen, wurden zum Gespött der Sabres und früheren Einwanderer. Doch diese zeigten sich ihrerseits schockiert über die Primitivität des Landes und seiner Einwohner, ihr niedriges kulturelles Niveau, ihren Mangel an Ehrlichkeit, Zuverlässigkeit und Effizienz, wie man fast allen Berichten von Neueinwanderern zur Zeit ihrer Ankunft oder danach entnehmen kann. In ihren Augen war Tel Aviv allenfalls ein in die Levantine versetztes Lodz, hatte sich die Mentalität der Leute erst um eine Generation von der des Schtetls – oder Gettos – entfernt.

Fachleute waren entsetzt darüber, was sich auf ihrem jeweiligen Gebiet tat. Professor Hermann Zondek, ein bekannter Berliner Arzt, war kein junger Mann mehr, als er nach Palästina kam und darum bat, ein Krankenhaus in Jerusalem besuchen zu dürfen. Ihm wurde ein Gebäude gezeigt, in dem, wie er berichtet, fünfzehn Fromme den Talmud studierten. Als er bemerkte, daß es sich hier wohl um eine Jeschiva, eine Religionsschule, handelte, wurde ihm gesagt, er irre sich. Einen derartigen Mangel an Sauberkeit und Ordnung hatte er noch nie in einem Krankenhaus erlebt. Da erinnerte er sich an den Rat, den ihm ein Freund, Carl

Prausnitz, in Manchester gegeben hatte: »Geh nicht nach Palästina, es ist zu primitiv für dich.« Zondek befolgte den Rat nicht, noch zu seinen Lebzeiten entstanden moderne medizinische Einrichtungen in Jerusalem, und er spielte dabei eine nicht unwesentliche Rolle.

Selbst jüngeren Leuten, die weniger intellektuell oder auch weniger verwöhnt waren, fielen die Mängel auf, aber sie wußten, daß dieses Land erst aufgebaut werden mußte – und zwar von ihnen selbst. Aber sie waren nicht gerade begeistert davon, daß sie, weil sie weniger fließend Hebräisch sprachen und sich, was ihre Lebensweise und Bildung betraf, um einige Generationen weiter vom Getto abgesetzt hatten, als Bürger zweiter Klasse betrachtet werden sollten.

Daher die Abneigung selbst der Jugend-Alija, zu akzeptieren, daß, wie sie es sahen, Abraham Mapu und Perez Smolenskin den Platz von Goethe, Shakespeare und der europäischen Kultur einnehmen sollten. Daß Flüchtlinge aus Deutschland erschraken, wenn sie in eines der primitiveren Länder Südamerikas kamen, versteht sich von selbst, das kam selbst in Westeuropa vor, zumal in Großbritannien. Die Reaktion des jungen Eric Hobsbawm wurde bereits zitiert, dem London in den dreißiger Jahren viel langweiliger als Berlin vorkam, aber schon den Kleineren fiel der Unterschied auf. Hier der Dialog zweier Kindertransport-Kinder: »›England ist p-p-primitiv‹, sagte Paula mit klappernden Zähnen. ›Steinzeit‹, stimmte ich ihr zu.« Die beiden Mädchen hatten das Pech, mitten in einem strengen Winter anzukommen.

So etwas öffentlich zu äußern war natürlich unverzeihlich, so als ob man bei einem Essen, zu dem man eingeladen ist, die Qualität des Essens oder von Geschirr und Besteck kritisiert. Nicht alle Flüchtlinge waren taktvoll, und ihr Benehmen war Anlaß für Ressentiments, die zuweilen recht heftig werden konnten: Wer hat euch überhaupt eingeladen? Doch es läßt sich nicht abstreiten, daß tief im Innern ein Gefühl der Überlegenheit nistete, wie es zum Beispiel in einem Interview mit Fred Lessing zum Ausdruck kam, der in die Vereinigten Staaten gekommen war und sich bis in die siebziger Jahre zu einem wohlhabenden Industriellen emporgearbeitet hatte. Auf die Frage, ob er glaube, daß ein deutscher Jude höhere moralische Anforderungen an sich selbst stelle, entgegnete er frei heraus, er könne es zwar nicht beweisen, aber er sei zutiefst überzeugt, daß er als deutscher – und zumal in Bamberg geborener – Jude etwas Besseres sei. Soweit es seine Generation betraf, glaubte er, daß deutsche Juden ein höheres kulturelles (und moralisches) Niveau hätten als andere Juden in Amerika: »Sehen Sie sich das Publikum in Konzerten und in der Oper an, zwanzig Prozent sind unsere Leute.«

Verallgemeinerungen dieser Art sind natürlich unhaltbar, auch ist nicht klar, was Konzert- oder Theaterbesuche mit dem Charakter zu tun haben sollen; schließlich waren Konzerte auch im Dritten Reich gut besucht. Es läßt sich jedoch nicht abstreiten, daß es solche Überzeugungen gab, daß sie nicht immer ungerechtfertigt waren und daß sich deutsche Juden durch den Mangel an Mitleid und Hilfe seitens ihrer Glaubensbrüder osteuropäischer Herkunft während des Krieges und danach oftmals gekränkt fühlten. Freunde fand diese Generation deutscher Juden meistens unter ihresgleichen. Solidarität zwischen mittel- und osteuropäischem Judentum kam eigentlich erst in den Lagern auf, wie Norbert Wollheim, einst ein Berliner Jugendleiter und Überlebender von Auschwitz, mehrfach berichtet hat.

Politisches Engagement

Gibt es Gemeinsamkeiten, was die politischen Aktivitäten dieser Flüchtlingsgeneration betrifft? Das kam ganz auf ihr weiteres Schicksal an, auf die Umgebung, in die sie verpflanzt wurden. Psychologen, die sich mit Hunderten von Teilnehmern an den Kindertransporten beschäftigt haben, kamen zu dem Schluß, daß sich bei vielen ein etwas verdüstertes Bild der menschlichen Natur eingestellt hatte und daß Begriffe wie »desillusioniert«, »zynisch« oder zumindest »vorsichtig« häufig in den Antworten auftauchten. Doch ihre von Skepsis geprägte Sicht der Menschheit (und ihre Befürchtungen hinsichtlich der politischen Zukunft) schlossen eine Sehnsucht nach persönlicher Zuneigung nicht aus. Sie mochten der Menschheit im allgemeinen nicht trauen, doch tat dies ihrem Verhältnis zu einzelnen Menschen keinen Abbruch.

Ihre Erlebnisse haben – gelinde gesagt – ein Mißtrauen gegenüber politischen Extremen und Demagogen hervorgebracht, und im großen und ganzen haben sie eine freie Gesellschaft schätzen gelernt, die sie in ihren Herkunftsländern zu Nazizeiten nicht kannten. Dies gilt jedoch in hohem Maße für alle Opfer jener Zeit, unabhängig von Generation und ethnischer Herkunft. Nach all den Leiden neigen viele zu dem Glauben, daß eine Katastrophe, die einmal passiert ist, sich wiederholen könnte oder, um es ungeschminkter auszudrücken, daß ein neuer Hitler sowohl in den Vereinigten Staaten als auch in Israel an die Macht kommen könnte.

Während der McCarthy-Ära in Amerika und zur Zeit des Aufstiegs der extremen Rechten in Israel hatten einige Mitglieder der Flüchtlingsgemeinde apokalyptische Vorahnungen und zeigten Symptome politischer Hysterie. Eine psychoanalytische Schule hat den Begriff der parataxischen Verzerrung geprägt: Eine Katze, die sich einmal auf einem heißen Ofen die Pfoten verbrannt hat, glaubt, daß alle Öfen immer heiß sind und daher gemieden werden müssen. Doch nachdem Jahrzehnte vergangen sind und weder der Faschismus zurückgekehrt ist, noch ein erneuter Holocaust stattgefunden hat – jedenfalls nicht in einem der zivilisierten Länder und nicht an Juden –, haben diese Befürchtungen größtenteils nachgelassen. Andererseits hat sich eine beträchtliche Zahl ehemaliger Flüchtlinge, soweit sie sich überhaupt politisch betätigt haben, in diversen Gruppen engagiert, die sich für die Menschenrechte einsetzen.

Die politische Militanz beschränkte sich auf bestimmte Kreise wie etwa die jungen Kommunisten, die nach dem Zweiten Weltkrieg nach Ostdeutschland gingen. Doch ihr revolutionärer Geist verlor sich allmählich, wir sprachen bereits von der Desillusion der zweiten Generation. Ein Engagement in der israelischen Politik scheiterte zum Teil an den Sprachschwierigkeiten, sieht man einmal von denen ab, die in sehr zartem Alter nach Israel kamen. Zwar sind in Israel Einwanderer aus Mitteleuropa im gesamten politischen Spektrum zu finden, doch lag ihr Hauptbeitrag auf anderen Gebieten. In den Vereinigten Staaten gab es Senatoren deutsch-jüdischer Herkunft, die jedoch entweder als Kinder nach Amerika kamen (Rudy Boschwitz) oder bereits zur Generation der Söhne und Töchter gehörten (Ron Wyden). Auch einige hohe Regierungsposten waren mit ehemaligen Flüchtlingen besetzt, doch waren Henry Kissinger und Michael Blumenthal nicht gewählt, sondern ernannt worden.

In anderen westlichen Ländern kamen Juden aus Mitteleuropa in der Politik eher selten zum Zuge. Selbst in einem liberalen Land wie Schweden gab es Widerstand gegen nicht im Lande geborene Politiker. Der oberste Wirtschaftsberater der schwedischen Gewerkschaften wurde von seinen politischen Gegnern als Vagabund beschimpft, obwohl er als Student ins Land gekommen und sein Leben lang als Schwede betrachtet worden war. Dänemark war in dieser Hinsicht toleranter, doch in der französischen Politik hält man vergeblich nach Flüchtlingen Ausschau, sieht man einmal von Angehörigen der nächsten Generation wie Daniel Cohn-Bendit ab. In Frankreich geboren, stellte er seine Herkunft in einen guten Dienst (»Wir sind jetzt alle deutsche Juden«) und wurde später so etwas wie ein moderater Elder statesman der Grünen.

Was ist mit den schwarzen Schafen, das heißt jenen, die ihrer Gemeinschaft wenig oder gar nicht zur Ehre gereichten? Man neigt zu dem Glauben, daß die Flüchtlinge in der großen Mehrheit aus führenden Wissenschaftlern, Schriftstellern, Künstlern und erfolgreichen Geschäftsleuten bestand, wie man sie im *Who's who* findet. Das entspricht jedoch nicht den Tatsachen. Es gab zwar einen ungewöhnlich hohen Prozentsatz solcher Leute unter der älteren Flüchtlingsgeneration, dennoch stellten sie immer noch eine kleine Minderheit dar, von der jüngeren Generation ganz zu schweigen, die noch nicht mit dem Studium begonnen, noch keine Bücher veröffentlicht oder Unternehmen gegründet hatte.

In der jüngeren Flüchtlingsgeneration war wie in jeder Generation das ganze Spektrum menschlicher Charaktere vertreten, es gab Gut und Böse, Indifferenz, Klugheit und Dummheit. Gewaltverbrecher waren wohl kaum vertreten; man könnte einen Banker in Israel und mehrere in Großbritannien erwähnen, die ihre Geldgier mit dem Gesetz in Konflikt brachte, sowie einen amerikanischen Akademiker, dem ähnliches widerfuhr und der sogar ein Buch darüber schrieb. Weiterhin gehören zu dieser Kategorie eine Handvoll Verräter, die während des Krieges für die Gestapo jüdische Glaubensbrüder im Berliner und Wiener Untergrund jagten.

Doch im großen und ganzen war das mitteleuropäische Judentum gesetzestreu, und diese Tradition lebte fort. Manche Reputationen auf wissenschaftlichem oder künstlerischem Gebiet waren übertrieben, doch das kommt überall vor. Das Flüchtlingstrauma hatte gewiß keine Heiligen geschaffen; Arroganz, Wichtigtuerei und Gehässigkeit waren in diesen Kreisen ebenso anzutreffen wie in jeder anderen menschlichen Gemeinschaft.

Andererseits kann man nicht sagen, daß die Flüchtlingserfahrung die Menschen in einem Maße verhärtet hatte, daß sie gegenüber den Leiden anderer unempfindlich wurden. Im Gegenteil, die Bereitschaft, nicht nur den eigenen Leuten zu helfen, sondern allen, die ähnliches durchmachten, wie sie selbst einst durchgemacht hatten, war häufig anzutreffen.

Gelegentlich war – eher bei der älteren als bei der jüngeren Generation – eine Neigung zu erkennen, die Schuld für ihr Scheitern im Leben anderen in die Schuhe zu schieben. Ein Beispiel soll hier genügen. Schweden ist traditionell eines der demokratischsten Länder, auch wenn seine Einstellung gegenüber Flüchtlingen unterschiedlich war. Es gibt etwa ein Dutzend Berichte von Angehörigen der älteren und der jüngeren Flüchtlingsgeneration, die in dieses Land gingen. Einige davon sind voll des Lobes für das Land, das ihnen Schutz gewährte, andere strotzen vor Erbitterung über die schwedische Gesellschaft, ihre Mittelmäßigkeit, Langeweile, Intrigen, Kleinlichkeit, und vor Klagen, wie sehr sie unter diesen Bedingungen litten.

Zweifellos wurden beide Wahrnehmungen in aller Aufrichtigkeit wiedergegeben. Doch wer kann sagen, daß die, die sich über ihr Unglück beschweren, anderswo glücklicher und erfolgreicher gewesen wären? Wären sie in Deutschland zufrieden und erfolgreich gewesen, wenn der Nationalsozialismus niemals an die Macht gelangt wäre? Verfolgung kann für eine unterbrochene Ausbildung und materielle Verluste verantwortlich gemacht werden, jedoch nicht für einen Mangel an Begabung und für die mangelnde Fähigkeit, ein erfülltes und glückliches Leben zu führen.

Die nächste Generation

Die letzte und schwierigste Frage betrifft die nachfolgende Generation. Wenn es ein deutsch-jüdisches Erbe gab, was keineswegs als selbstverständlich gelten kann, wieviel davon übertrug sich auf die Söhne und Töchter der jungen Emigranten von 1933? Wir wissen nur wenig darüber, wie sich die nächste Generation entwickelte. Es wurde bereits erwähnt, daß die erste und zweite Generation israelischer Diplomaten vorwiegend deutsch-jüdischen Ursprungs war. Einige ihrer Kinder traten in die Fußstapfen der Eltern und sind heute im Außenministerium beschäftigt, einer war eine Zeitlang Generaldirektor, ein anderer Sprecher des Ministeriums. Andere wurden als Soldaten in den israelischen Kriegen getötet. Es gibt mindestens ein halbes Dutzend Professoren, von denen nicht alle in Israel lehren. Etwa zwanzig Prozent ließen sich außerhalb Israels nieder. Einer wurde ultraorthodox, ein anderer praktiziert buddhistische Meditation. Es gibt Anwälte und Filmkritiker unter ihnen, leitende Angestellte in Versicherungsgesellschaften, eine verantwortliche Person für die Stewardessen der El Al, Innenarchitekten, Mikrobiologen, Studenten der Ozeanographie und Hotelmanager in Afrika. Mehrere verschwanden aus dem Blickfeld. Nur einer ist Farmer geworden, obwohl viele Eltern ursprünglich im Kibbuz lebten.

Diese Zusammenstellung sieht aus wie ein Querschnitt durch die Berufsstruktur von Kindern der Mittelklasse in einer ganz gewöhnlichen modernen Gesellschaft. Wahrscheinlich ist diese Gruppe jedoch nicht ganz typisch, denn da sie wenigstens einen Teil ihrer Erziehung im Ausland genossen hatte, beherrschen ihre Mitglieder Fremdsprachen und hatten daher bessere Möglichkeiten, außerhalb Israels Beschäftigung zu finden. Würde eine ähnliche Untersuchung über die zweite Generation in den Vereinigten Staaten oder Großbritannien ein anderes Bild ergeben? Es versteht sich wohl von selbst, daß die zweite Generation sich in erster Linie als israelisch oder amerikanisch oder amerikanisch-jüdisch oder anglo-jüdisch empfindet und daß das deutsch-jüdische Erbe in ihrem Leben allenfalls einen Faktor unter vielen bildet.

Ist dieses Erbe in der elterlichen Erziehung zum Ausdruck gekommen? Einige Angehörige der zweiten Generation bezeugen, daß es sich in gewissen Tabus ausdrückte: Bei uns lehnt man gewisse Dinge ab. Dazu gehörten – in Amerika – vor allem Comics, Kaugummis, Zeichentrickfilme im Fernsehen (überhaupt große Teile des Fernsehprogramms) sowie spitze Schuhe. In Israel gab es weniger Tabus.

Die Kinder der Flüchtlinge waren anfangs nicht besonders stolz auf das Erbe, das ihre Eltern entweder bewußt oder einfach durch ihr Vorbild zu vermitteln suchten. Sie standen außerhalb der Hauptströmung der amerikanischen (oder britischen oder israelischen) Gesellschaft, ihre Sprache war oft mit einem Akzent behaftet, sie fielen in peinlicher Weise auf. Dies war zu einer Zeit, als die Flüchtlinge in Amerika noch nicht willkommen waren, in Großbritannien noch weniger, und als »Jecke« in Israel weder ein Kosename noch Grund zum Stolz war.

Doch dies änderte sich mit der Zeit. Heute ist man allgemein der Auffassung, daß die Flüchtlinge einen wesentlichen Beitrag zur amerikanischen Gesellschaft geleistet haben, und es ist ganz aufschlußreich, in welchem Maß sich das Bild der deutsch-jüdischen Eltern in der israelischen Literatur von heute gegenüber dem der vorherigen Schriftstellergeneration verändert hat. In Yoram Kaniuks Romanen ist nicht der Sabre, sondern der deutsch-jüdische Vater die Idealgestalt, in Nathan Shachams *Rosendorf Quartett* personifizieren die deutsch-jüdischen Einwanderer mit all ihren Problemen die Kultur. Gleiches gilt für die allerjüngste Generation israelischer Schriftsteller wie Yoel Hoffman und David Schütz. Das traditionelle Bild der deutschen Juden als problematische Charaktere, wurzellose Kosmopoliten, denen es hinsichtlich jüdischer Traditionen an Interesse und Engagement ermangelt, die steif und völlig humorlos sind, ist von einer Art Nostalgiewelle hinweggeschwemmt worden – hätte es doch nur mehr von ihrer Sorte gegeben ... Doch es gab nicht mehr, und deshalb ist ihr Einfluß über ihre Lebensspanne hinaus auch begrenzt geblieben.

Über die noch vorhandenen Deutschkenntnisse der Kinder der Flüchtlinge läßt sich keine allgemeine Aussage treffen. Die große Mehrheit kann nur ein paar Brocken, andere sprechen fließend deutsch, weil es bei ihnen zu Hause gesprochen wurde. Tausende Flüchtlinge haben später einen bundesdeutschen Reisepaß beantragt, meistens in Lateinamerika, aber auch in Israel (als Zweitpaß), und viele ihre Kinder taten es ihnen nach. Israelis sind ganz groß im Reisen, und in diesem Zusammenhang bietet der deutsche Paß eindeutige Vorteile gegenüber dem israelischen, ganz abgesehen davon, daß der deutsche – jetzt europäische – Paß es dem Halter erlaubt, ohne besondere Genehmigung in ganz Europa zu wohnen und zu arbeiten. Doch dies ist lediglich eine Sache der Bequemlichkeit und hat nichts mit einem Zugehörigkeitsgefühl zu tun.

In der Politik war die Einstellung der Folgegeneration der Flüchtlinge vorhersehbar: Man rebellierte (wenn auch gewöhnlich nicht extrem und ohne persönlichen Groll) gegen seine Eltern. In den Vereinigten Staaten nahm man an den Studentenrevolten der späten sechziger Jahre teil, protestierte in vorderster Linie gegen den Vietnamkrieg und beteiligte sich an ähnlichen Aktionen. Die Akademiker der zweiten Generation gehörten häufig dem feministischen und postmodernistischen Lager an, außerhalb des akademischen Lebens faßten intellektuelle Moden kaum Fuß, man paßte sich dem Rest der amerikanischen Gesellschaft an. In Ostdeutschland rebellierte man gegen den kommunistischen Staat, an dessen Gründung und Aufrechterhaltung die Elterngeneration mitgewirkt hatte.

In den Vereinigten Staaten und noch mehr in Europa und Israel ist bei der jungen Generation das Interesse nicht nur an der Schoa, sondern an jüdischen Traditionen ganz allgemein wiedererwacht. Gelegentlich warf man der Generation der Eltern vor, darüber geschwiegen zu haben. Der Wissenschaftspublizist und Zukunftsforscher Robert Jungk, 1913 in Berlin geboren, Autor von *Heller als tausend Sonnen,* worin er nicht nur die Entwicklung der Atombombe von Hiroshima beschreibt, sondern auch auf die Verstrickung der Atomwissenschaftler in Krieg und Schuld eingeht, außerdem einer der führenden Ideologen der Grünen, hat sich selbst nicht nur als »Weltbürger«, sondern als »Planetarier« beschrieben: »Die ganze Erde ist für mich Heimat und kein bestimmtes Land. Ich war bisher zweimal in Israel und habe dort Freunde besucht ... Die haben in Hazoreah einen wunderschönen Kibbuz gegründet. Mir hat es bei ihnen zwar gut gefallen, ... aber ich würde da nicht leben wollen.« Jungks Sohn Peter jedoch war weniger glücklich über die Entscheidung seines Vaters, sich in Österreich niederzulassen. Er besuchte Jerusalem und entdeckte sein Judentum wieder, gleichermaßen beeindruckt von dessen Orthodoxie und Messianismus. Es gibt eine Straße zum Judentum hin und eine von ihm weg, und es läßt sich noch nicht sagen, in welcher Richtung der Verkehr letztlich stärker sein wird.

Vielleicht kommt die Frage noch zu früh, ob von dem deutschjüdischen Erbe der Flüchtlingsgeneration etwas in den Kindern und Enkeln fortlebt. Nur selten übt eine Generation einen nachhaltigen Einfluß auf die Folgegenerationen aus, und zwischen den Generationen ergeben sich häufiger Konflikte als Übereinstimmung. Doch selbst wenn die Gemeinsamkeiten der jungen Flüchtlinge von 1933 spurlos verschwinden sollten, wird das Schicksal dieser entwurzelten und verpflanzten Generation von bleibendem Interesse sein, weil es unter allen vorangegangenen und späteren Generationen so einzigartig war.

Bibliographischer Essay

Eine Jugend zwischen Weimar und Hitler

Eine umfassende Geschichte des deutschen Judentums im ersten Drittel des 20. Jahrhunderts muß noch geschrieben werden. Die vollständigsten Darstellungen geben Donald Niewyk, *The Jews in Weimar Germany*, Baton Rouge 1980, und Band 4 der *Deutsch-jüdischen Geschichte in der Neuzeit*, herausgegeben von Michael A. Meyer und Michael Brenner, München 1996/97. Kulturelles Leben und Bildungswesen der Juden werden beschrieben in Michael Brenner, *Jüdische Kultur in der Weimarer Republik*, München 2000, ihre gesellschaftliche und wirtschaftliche Lage nach 1933 in Avraham Barkai, *Vom Boykott zur »Entjudung«*, Frankfurt/M. 1988. Saul Friedländer, *Das Dritte Reich und die Juden*, München 1998, handelt von der Judenverfolgung unter dem Naziregime.

Jugend- und Familienerinnerungen aus der Weimarer Zeit sind reichlich vorhanden, aber nur zum Teil veröffentlicht worden. Folgende Berichte beschreiben das Leben von hoch assimilierten Familien oder solchen, die ihr Jüdischsein verheimlichten: Katie, Haffner, *The house at the bridge*, New York 1995, und Angelika Schrobsdorff, *Du bist nicht so wie andere Mütter*, München 1994. George Mosse, *Confronting history*, Madison, Wisc., 2000, berichtet über seine Jugend als Sproß einer reichen, liberalen jüdischen Familie. George Weidenfeld, *Von Menschen und Zeiten*, Wien–München 1995, gibt die Wiener Perspektive wieder.

In anderen Schichten der Gesellschaft herrschten natürlich andere Sitten. Marcel Reich-Ranicki und Ignatz Bubis entstammten polnisch-jüdischen Familien, die sich erst kürzlich in Deutschland niedergelassen hatten: Marcel Reich-Ranicki, *Mein Leben*, Stuttgart 1999, und Ignatz Bubis, *Damit bin ich noch längst nicht fertig*, Frankfurt 1994. Wie es in traditionellen jüdischen oder in zionistischen Familien zuging, zeigen die Berichte von Jehuda Amichai und Pnina Naveh in: *Lebensgeschichten aus Israel*, Herausgeber nicht angegeben, Frankfurt 1997.

Über den Schulbetrieb vor und nach 1933 liegt vielfältiges Quellenmaterial vor. Rita Meyhöfer, *Gäste in Berlin?*, Berlin 1996, konzentriert sich auf jüdische Schüler in der Reichshauptstadt, in der auch bei weitem die größte jüdische Gemeinde ansässig war. Unter anderen habe ich folgende Einzeldarstellungen benutzt: Zvi Aharoni, *Operation Eichmann*, Stuttgart 1996 (über Frankfurt an der Oder); Georg Iggers, *Eine jüdische Kindheit in Deutschland* (unveröffentlicht, über Hamburg); Nathan Peter Levinson, *Ein Ort ist, mit wem du bist*, Berlin 1996 (über Berlin). Hilde Hoffmann (in *Lebensgeschichten aus Israel*) und Naomi Koch Laqueur (*A memoir*, Privatveröffentlichung, Washington 1996) wuchsen beide in Frankfurt am Main auf, ebenso Alfred Grosser, *Mein Deutschland*, Hamburg 1993. Esther Herlitz (*Esther, lean isha yehola lehagia*, Tel Aviv 1994), Erwin Leiser (*Gott hat kein Kleingeld*, Köln 1933) und Yohanan Meroz (Verein Aktives Museum, *1945: Jetzt wohin? Exil und Rückkehr nach Berlin?*, Berlin 1995) stammten aus Berlin. Michael Wieck, *Zeugnis vom Untergang Königsbergs*, Heidelberg 1988, beschreibt die Lebensumstände in der Hauptstadt Ostpreußens, während Walter Laqueur, *Wanderer wider Willen*, Berlin 1995, in Breslau aufwuchs und die Schule besuchte. Zum Schicksal der letzten jungen Juden, die in Deutschland 1940 das Abitur machten: Interviews mit Ernest Fontheim in Ann Arbor, Mai–August 1999.

Auf die große pädagogische Bedeutung der »Bünde«, der autonomen Jugendorganisationen, wurde im Verlauf des Textes mehrfach verwiesen. Zu den zionistischen Jugendbewegungen siehe zwei Studien aus jüngerer Zeit: Elijahu Kuti Salinger, *Nächstes Jahr im Kibbuz*, Paderborn 1998, und Hannah Weiner, *Noar toses be'eda sha'anana*, Bd. 1, Jerusalem 1996. Interviews mit ehemaligen Mitgliedern dieser Gruppen in der Zeit vor 1933 sind gesammelt in Jutta Hetkamp, *Ausgewählte Interviews von Ehemaligen der Jüdischen Jugendbewegung in Deutschland von 1913–1933*, Münster 1994. Henry Kellermann war Leiter einer nichtzionistischen Jugendorganisation und wurde im späteren Leben US-Diplomat; Henry Kellermann, »From Imperial to National Socialist Germany«, in: *Leo Baeck Yearbook*, Bd. 39, 1994. Guenter Holzmann, *On dit que j'ai survecu part au dela des mers*, Paris 1995, ist der Bericht des Leiters einer äußerst assimilationistischen Jugendgruppe, während Fritz Teppich, *Der Rote Pfadfinder*, Berlin 1997, kurz das Leben in einer Jugendorganisation umreißt, die sich zum Kommunismus bekehrte.

Über die Probleme der etwas Älteren, die damals bereits an der Universität studierten, berichtet Avraham Bar Menachem, *Bitterer Vergangenheit zum Trotz*, Frankfurt 1992, ihre Versuche, das Studium im Ausland fortzusetzen, beschreibt Klaus Voigt, *Zuflucht auf Widerruf. Exil in Italien*, Stuttgart 1995.

Viele tausend gingen nach 1933 in landwirtschaftliche Ausbildungszentren. Ihre Erfahrungen sind wiedergegeben in Rudolf Melitz, *Das ist unser Weg. Junge Juden schildern Umschichtung und Hachschara*, Berlin 1937, sowie in den *Groß Breesen Rundbriefen*, die seit den dreißiger Jahren von den und für die Absolventen dieses nichtzionistischen Ausbildungszentrums in Schlesien veröffentlicht werden.

Die Schwierigkeiten der Flucht aus Deutschland sind dargestellt in Herbert A. Strauss, »Jewish Emigration from Germany«, in: *Leo Baeck Institute Year Book*, 25 (1980) und 26 (1981) sowie bei Norbert Kampe (Hrsg.), *Jewish emigration from Germany*, München o.J. David Wyman, *Paper walls*, New York 1968, und Henry Feingold, *The politics of rescue*, New Brunswick 1970 sind die Standardwerke zu den Einwanderungsbeschränkungen der USA. Yehuda Bauer, *Flight and rescue*, Tel Aviv 1970, behandelt die Geschichte der illegalen Auswanderung aus Europa. Ferner wird im Text Bezug genommen auf die persönlichen Schicksale von John F. Baer, *Witness for a Generation*, Santa Barbara, Cal., 1997; Eva Neisser (persönliche Mitteilung, März 1999); und Werner Guttentag Tichauer (La Paz, persönliche Mitteilung, Sommer 1999).

Flucht

Auch eine Geschichte der Emigration aus Deutschland steht noch aus. Zu Rettungsversuchen in letzter Minute siehe *Proceedings of the Second Yad Vashem International Historical Conference*, Jerusalem 1977, ferner ein Interview mit Max Zimmels, Emissär Palästinas in Berlin bis zum Kriegsausbruch, Jerusalem, April 1999. Zu den zitierten Zeugen, die Deutschland erst nach Kriegsbeginn verließen, gehören Max Frankel, *The times of my life*, New York 1999, und Wolfgang Hadda, *Knapp davongekommen*, Konstanz 1997.

Zu jüdischen Kommunisten in den Konzentrationslagern siehe Emil Carlebach, *Buchenwald*, Frankfurt 1984, und *Tote auf Urlaub*, Bonn 1995, vom selben Autor sowie den halbdokumentarischen Roman von Bruno Apitz, *Nackt unter Wölfen*, Berlin (Ost) 1960, der auch verfilmt wurde. In den kommunistischen Berichten über die Lager erscheinen Juden – im Gegensatz zu den Mitgliedern der Partei – stets nur als Randfiguren, nie als die wahren Helden des antifaschistischen Kampfes.

Das zionistische Netzwerk im besetzten Europa wurde von Nathan Szwalb in der Schweiz koordiniert. Der volle Umfang seiner Tätigkeit wurde erst bekannt, als seine Unterlagen zugänglich gemacht wurden. Siehe Shabtai Teveth, *Ha'aretz*, 24. September, 3. und 6. Oktober 1995, sowie Interview mit Szwalb in Karsten Borgmann (Hrsg.), *Juden im Widerstand*, Berlin 1993. Heini

Bornstein, während des Krieges zionistischer Jugendleiter in der Schweiz, äußert sich kritisch zu einigen Aspekten der Arbeit Szwalbs, sein Arbeitsstil sei der eines einsamen Wolfs gewesen. Siehe H. Bornstein, *Ha'I Schweiz*, Tel Aviv 1999.

Einen allgemeinen Bericht über die Arbeit der Mitglieder der zionistischen Jugendbewegungen in Schweden und im besetzten Europa gibt Perez Leshem, *Straße zur Rettung*, Tel Aviv 1973. Die Geschichte jener, die nach Schweden entkamen, erzählt Malin Thor, *Hechaluz I Sverige*, Lund (erscheint demnächst), und Emil Glueck, *På raeg till Israel*, Stockholm 1985. Zu deutsch-jüdischen Jugendlichen in Dänemark unter deutscher Besatzung siehe Jørgen Høstrup, *Dengang in Denmark*, Odense 1983, und Melanie Oppenhejm, *Theresienstadt*, München 1998.

Über den Untergrund in den Niederlanden gibt es eine reichhaltige Literatur, vor allem J. Benjamin, *Ne'emanim leazmam veledarkam*, Tel Aviv 1998, und vom selben Autor *They were our friends*, Jerusalem 1990, das ihren nichtjüdischen Helfern gewidmet ist.

Es gibt keine umfassende Darstellung des Schicksals der jungen Juden, die den Untergrund im Dritten Reich überlebten, aber viele Berichte über kleine Gruppen und Einzelpersonen. Zu den interessantesten zählt der Bericht über den »Chug Chaluzi« (Pionierkreis) in Berlin, geleitet von Joachim/Jizchak Schwersenz und später von Gad Beck. Die Geschichte wurde erstmals wiedergegeben in Jizchak Schwersenz, *Jüdische Jugend im Untergrund*, Tel Aviv 1969, und später, vom selben Autor, *Die versteckte Gruppe*, Berlin 1988, sowie bei Gad Beck, *Und Gad ging zu David*, Berlin 1993.

Einzelschicksale sind dargestellt in Edith Hahn Beer, *Ich will leben*, Münster 1996; Inge Deutschkron, *Ich trug den gelben Stern*, Köln 1983; Armin und Renate Schmid, *Im Labyrinth der Paragraphen*, Frankfurt/M. 1993; Herbert A. Strauss, *Über dem Abgrund*, Berlin 1998; Marianne Loring, *Flucht aus Frankreich*, Frankfurt /M. 1996; sowie – bisher unveröffentlicht – die Erinnerungen von

Edith Kurzweil, in denen sie ihre Flucht von Frankreich nach Amerika nach der Besetzung beschreibt.

Eine der ersten Veröffentlichungen über das Überleben im Untergrund stammt von »David«, Joel König, *Den Netzen entronnen*, Göttingen 1968, sehr populär war Shlomo Perel, *Europa Europa*, New York 1997, das auch verfilmt wurde (Produzent A. Holland). Zwei aus Czernowitz in der Bukowina stammende Autoren, die über Flucht (und Internierung) berichten, sind Zvi Javetz im israelischen Fernsehen, *Ele hem chayecha* (Das ist dein Leben, 1994), und Margot Bartfeld-Feller, *Dennoch Mensch geblieben*, Konstanz 1996. Die im Text wiedergegebene Geschichte von Ernest Fontheim basiert auf Interviews und persönlichen Mitteilungen im Verlauf des Jahres 1999. Fontheim überlebte unter anderem dank der Hilfe eines Nachbarn, der seine Erlebnisse ebenfalls niedergeschrieben hat: Heinz Drossel, *Die Zeit der Füchse*, Privatveröffentlichung, Bensheim 1988. Die Geschichte des TV-Entertainers Hans Rosenthal wurde erzählt in Leonard Gross, *Versteckt*, Reinbek 1983. Es gab noch zwei weitere Hans Rosenthals, die überlebten. Einer von ihnen wurde Professor für Biologie in der DDR und gehörte zu denjenigen, die noch vor dem Fall der Mauer in die jüdische Gemeinde zurückkehrten. Seine Geschichte findet sich in Robin Ostow, *Juden in der DDR und die deutsche Wiedervereinigung. Elf Gespräche*, Berlin 1996. Der dritte Hans Rosenthal gehörte einer etwas älteren Generation an. Der Katalog der Ausstellung »Juden in Berlin von 1938–1945«, gefördert von der Stiftung Neue Synagoge, herausgegeben von Hermann Simon, Berlin 2000, enthält viel interessantes Material zu den Überlebenden in der damaligen Reichshauptstadt.

Besonders abenteuerliche Geschichten sind die von Larry Orbach, *Der Taucher*, Berlin 1998, und Valentin Senger, *Kaiserhofstraße 12*, Darmstadt 1978. Senger lebte nicht im Versteck, sondern verbrachte die gesamte Nazizeit unter falscher Identität in Frankfurt. Aus jüngster Zeit stammt der faszinierende Bericht eines damals noch sehr jungen Chemnitzers (Jahrgang 1932), der im Nachkriegsdeutschland ein bekannter Schauspieler wurde: Michael Degen, *Nicht alle waren Mörder*, Düsseldorf 1999. Die wundersame Geschichte von Konrad Latte wurde von Peter Schneider in der *New York Times* vom 13. Februar 2000 erzählt sowie 1999 in einem Dokumentarbericht im deutschen Fernsehen ausgestrahlt. Die gleichermaßen unglaubliche Geschichte von Guenther Gerson ist in Eugen Herman Friede, *Für Freudensprünge keine Zeit*, Berlin 1991, enthalten.

In Österreich war das Überleben schwieriger als in Berlin. Einige Schicksale sind in Gertrude Schneider, *Exile and Destruction*, Westport, Conn., 1995; Jonny Moser, *Die Judenverfolgung in Österreich*, Wien 1966; sowie in Herbert Rosenkranz' maßgeblichem Werk *Verfolgung und Selbstbehauptung*, München 1978, wiedergegeben. Siehe auch Walter Foster, *All for the Best*, Privatdruck, Bournemouth 1995.

Zu den wenigen Überlebenden von Auschwitz oder anderen Todeslagern gehören Anita Lasker-Wallfisch, *Ihr sollt die Wahrheit erben*, Bonn 1997, sowie mehrere ehemalige Landwirtschaftslehrlinge von Groß Breesen, darunter Walheimer und Weinberg, deren Geschichte im *Groß Breesen Rundbrief* 50, 1986/8, wiedergegeben ist.

Widerstand

Der bisher umfassendste Allgemeinbericht zum Widerstand jüdischer Gruppen und Einzelpersonen gegen das Naziregime ist Konrad Kwiet und Helmuth Eschwege, *Selbstbehauptung und Widerstand*, Hamburg 1984, der jedoch in gewisser Weise von dem unten aufgeführten Buch von Löhken und Vathke überholt worden ist. Es gibt spezialisierte Studien zu den kleineren Gruppen der Linken, wie Neu Beginnen, KPO, SAP und ISK (Nelson-Bund), in denen Juden stark vertreten waren, doch sind sie im vorliegenden Kontext kaum relevant.

Die Fallstudie über die KPO (Kommunistische Partei – Opposition) in Breslau beruht auf Interviews mit verschiedenen Überlebenden, auf der Ablage Putzrath im Archiv der sozialen Demokratie, Bonn, sowie Ernesto Kroch, *Exil in der Heimat*, Frankfurt 1990. Die tragische Geschichte Helga Beyers basiert auf Interviews und Antje Dertinger, *Weiße Möwe, gelber Stern*, Berlin 1987.

Die zwiespältige Einstellung der KP gegenüber ihren jüdischen Mitgliedern während der Nazizeit wird kurz abgehandelt in Jeffrey Herf, *Zweierlei Erinnerung*, Berlin 1998. Die Aktivitäten der Baum-Gruppe in Berlin sind enthalten in den Erinnerungen der Überlebenden Margot Pikarski, *Jugend im Widerstand*, Berlin (Ost) 1978, und Lucien Steinberg, *Jews against Hitler*, Glasgow 1978. In jüngerer Zeit erschienen zum gleichen Thema Wolfgang Wippermann, *Die Berliner Gruppe Baum und der jüdische Widerstand*, Berlin 1982, und sehr detailliert und maßgebend Michael Kreutzer in: Wilfried Löhken und Werner Vathke, *Juden im Widerstand*, Berlin 1993.

Die Aktivitäten der nichtkommunistischen Gruppen und Einzelpersonen sind vergleichsweise vernachlässigt worden. Es gibt bisher keine Biographie von Hilda Monte, erwähnt wird sie im Buch ihres Schwagers Max Fürst, *Talisman Scheherezade*, München 1976. Über Helmuth Hirsch lief eine Dokumentation im deutschen Fernsehen, eine detaillierte Studie ist bisher nicht erschienen, lediglich ein Artikel von J. Etzold, »The American Jew in Germany«, *Jewish Social Studies*, 35, 1973. Sehr wenig Aufmerksamkeit ist der Gesellschaft für Frieden und Wiederaufbau gewidmet worden, siehe aber Eugen Herman Friede, a.a.O., und Barbara Samizadeh in ihrem Aufsatz in Löhken und Vathke, a.a.O.

Die Lebensgeschichten von Herbert Herz, Leo Weil und Lothar Martin, drei von vielen jungen deutschen Juden, die im französischen Widerstand kämpften, sind wiedergegeben in Gernot Roemer, *Wir haben uns gewehrt*, Augsburg 1995.

Eine frühe Arbeit zur deutsch-jüdischen Teilnahme an den britischen Kriegsanstrengungen war Norman Bentwich, *I Under-*

stand the Risks, London 1950, das reich an interessantem Material, aber etwas unkritisch ist. John P. Fox, »German and Austrian Jewish Volunteers in Britain's Armed Forces 1938–45«, in: Leo Baeck Year Book 1985, enthält eine ausführliche Bibliographie zum Thema. Die umfassendste Darstellung bisher ist neueren Datums: Peter Leighton Langer, *X steht für unbekannt*, Berlin 1999; Wolfgang Muchitsch, *Mit Spaten, Waffen und Worten*, Wien–Zürich 1992, befaßt sich ausschließlich mit den Heldentaten junger Österreicher jüdischer Abstammung.

Es gibt eine Unzahl von veröffentlichten wie unveröffentlichten persönlichen Kriegsberichten. Neben Interviews – unter anderem mit Albert Lisbona im Dezember 1998 in London – habe ich mich auf folgende Berichte gestützt: Peter Masters, *Kommando der Verfolgten*, München 1999; Stephen Dale, *Spanglet*, Privatveröffentlichung, Hitchin, GB, 1993; ein unveröffentlichtes Manuskript von Ernest Goodman; Fred Pelikan, *From Dachau to Dunkirk*, London 1993; Mark Lynton, *Accidental journey*, New York 1995. Viele junge Flüchtlinge gingen zu Elite-Kommandoeinheiten. Außer bei Dale und Masters, a.a.O., sind ihre Erlebnisse verarbeitet in Ian Dear, *10 Commando*, New York 1989, und Fred Warner, *Don't you know there is a war on*, Hamburg 1985. Michael Thomas, *Deutschland, England über alles*, Berlin o.J., war Offizier während des Krieges und danach im besetzten Deutschland.

Im Vergleich dazu gibt es verhältnismäßig wenig Berichte über den Militärdienst junger Flüchtlinge in den US-Streitkräften, vielleicht weil sie dort weniger konzentriert anzutreffen waren. Es gibt keine umfassende Darstellung, nur einige Kapitel in allgemeineren Werken wie Maurice Davie, *Refugees in America*, New York 1947. Viele kamen in Aufklärungseinheiten, siehe dazu Guy Stern, »In the Service of American Intelligence«, in: *Leo Baeck Year Book*, 1992. Persönliche Berichte stammen von Ernst Beyer (unveröffentlichtes Manuskript, in denen er seine Erlebnisse als Kriegsgefangener der Deutschen schildert), John Weitz (Interview) und Bernd Engelmann, *Die unfreiwilligen Reisen des Putti*

Eichelbaum, München 1986. Von Interesse hinsichtlich der Verwaltung des besetzten Deutschland sind Heinz Kellermann (Mitglied des US-Teams, das die Nürnberger Prozesse vorbereitete) im *Groß Breesen Rundbrief,* September 1945, und Guenther Stent, *Nazis, women and molecular biology,* Kensington, Cal., 1998; der Autor gehörte einem Wissenschaftlerteam an, das in Westdeutschland stationiert war.

Zu den jüdischen Kriegsanstrengungen im Mandatsgebiet Palästina siehe vor allem Yoav Gelber, *Toldot Hahitnadvut,* Bd. 3, Jerusalem 1983, und *Moledet Hadasha,* Tel Aviv 1994, vom selben Autor, das sich speziell mit der Rolle der deutschen und österreichischen Freiwilligen befaßt. Persönliche Erlebnisse finden sich zum Beispiel bei Martin Hauser, *Wege jüdischer Selbstbehauptung,* Bonn 1992 (ein Tagebuch). Ein früher Bericht über die Jüdische Brigade stammt von deren Feldrabbiner Bernard Kasper, *With the Jewish Brigade,* London 1947. Esther Herlitz, a.a.O. ist von besonderem Interesse hinsichtlich der Frauen, die in der britischen Armee in Ägypten dienten.

Amerika – Goldenes Land hinter Papierwänden

Die oben erwähnte Studie von Maurice R. Davie über die Flüchtlinge der dreißiger Jahre entstand unmittelbar nach dem Krieg und geht nur oberflächlich auf die Schwierigkeiten ein, mit denen es die Neuankömmlinge zu tun bekamen. Persönliche Berichte über die ersten Eindrücke stammen von Edith Liebenthal (unveröffentlichtes Manuskript); Robert Goldmann, *Flucht in die Welt,* Frankfurt 1996; Georg Stefan Troller, *Selbstbeschreibung,* München 1991; und die persönlichen Mitteilungen von Eva Neisser und Ruth Zellner. Sybille Quack, *Zuflucht Amerika,* Berlin 1995, befaßt sich ausschließlich mit den Erlebnissen weiblicher Flüchtlinge. Zu denen, die als Kinder, zum Teil unbegleitet, nach Amerika kamen, siehe Judith Tydor Baumel, *Unfulfilled promise,* Juneau, Alas., 1990; die unveröffentlichten Memoiren von Richard Schifter; und Max Frankels bereits erwähnte Autobiographie.

Das Leben in Washington Heights beschreiben Steven M. Lowenstein, *Frankfurt on the Hudson*, Detroit 1989; sowie in einem frühen Bericht von journalistischer Lebendigkeit Ernst Stock, »Washington Heights ›Fourth Reich‹«, *Commentary*, Juni 1951. Über das Leben der jungen Generation in Washington Heights berichtet Gloria Kirchheimer, *We were so beloved*, Pittsburgh 1997. Zum Sportbetrieb in Washington Heights siehe Helmuth Kuh in *Aufbau*, 7. Januar 1994. Zum Exodus aus Washington Heights siehe Steven M. Lowenstein, »The German Jewish community of Washington Heights«, *Leo Baeck Year Book*, 30, 1985. Erinnerungen junger Leute, die in Washington Heights aufwuchsen – Max Frankel, Ilse Marcus, Louis Kampf, Sary Lieber – in: Gloria Kirchheimer, a.a.O.

Zu dem Mangel an Dankbarkeit und Taktgefühl bei einigen der Flüchtlinge siehe *Aufbau*, 2., 9. und 16. August 1940. Zu Konzentrationen von Flüchtlingen in anderen Teilen der USA siehe Wolfgang Benz (Hrsg.), *Das Exil der kleinen Leute*, München 1991 (über Hyde Park, Chicago); Abraham Peck und Uri D. Herscher, *Queen City Refuge*, Cincinnati 1989 (über Cincinnati). Über eine Darmstädter Landsmannschaft: Moritz Neumann, *Das zweite Leben*, Darmstadt 1993. Über Flüchtlinge aus Mannheim: Robert B. Kahn, *Reflections by Jewish survivors from Mannheim*, New York 1990. Ich danke Dr. Herbert A. Strauss für zusätzliche Informationen.

Zu den österreichischen Emigranten, Café Éclair und Hollywood siehe Friedrich Torberg, *Eine tolle, tolle, Zeit*, München 1989. Eine ausführliche Bibliographie findet sich in Claus Dieter Krohn et al. (Hrsg.), *Handbuch der deutschsprachigen Emigration*, Darmstadt 1998. Interview mit Walter Roberts.

Leo Lania beschrieb in einem Artikel im *Aufbau*, 11. Juni 1943, wie er seinen Sohn zur Musterungsbehörde in New York begleitete. Eine prägnante Darstellung der G.I. Bill of Rights ist Theodore R. Mosch, *The G.I. Bill*, Hicksville, N.Y., 1975.

Einzelberichte über die ersten (und weitere) Schritte in Amerika sind neben anderen: Max Frankel, a.a.O.; Ruth Westheimer, *Dr. Ruth. All in a lifetime*, New York 1985; Reinhard Bendix, *Von Berlin nach Berkeley*, Frankfurt/M. 1989; Hajo Funke, *Die andere Erinnerung*, Frankfurt/M. 1989 (u. a. über Kurt Wolff und Lewis Coser); Lewis Coser, *Refugee scholars in America*, New Haven 1984 (u. a. über Albert Hirschman); Ebenfalls über Hirschman: Michael Schornstheimer, »Widersacher der Resignation«, *Exil*, 2, 1994; Peter Gay, *Meine deutsche Frage*, München 1999.

Die Beschäftigung mit der Emigration von Akademikern aus Deutschland und Österreich beschränkte sich in der Vergangenheit auf solche, die bereits in ihrem Herkunftsland den Olymp erreicht hatten. Die Rolle der zweiten Generation wird erst jetzt erforscht. Einführende Aufsätze finden sich bei Claus Dieter Krohn et al. (Hrsg.), a.a.O. Dank für diesbezügliche Informationen gebührt auch Guenther Stent, Arno Motulski und anderen.

Von den jungen Flüchtlingen, die in den Auslandsdiensten der USA, insbesondere im Informationsdienst USIA, tätig waren, können hier nur einige wenige hervorgehoben werden, nämlich Richard Schifter, Walter Roberts, Robert Neuman, Edmund Schecter, Hans Tuch, Henry Kellermann, Gerard Gert, Walter Stettner, nicht zu vergessen Botschafter und Diplomaten wie Dennis Ross und Richard Holbrook, die von deutschen Eltern abstammen.

Israel – Achtung: Jeckes im Anzug

Standardwerk ist Yoav Gelber, *Moledet Hadasha*, a.a.O. Siehe auch Lilo Stone, »German Zionists in Palestine before 1933«, *Journal of Contemporary History*, 2, 1997, eine Zusammenfassung ihrer Dissertation an der Universität Haifa.

Zur ersten Begegnung mit Palästina, dem Kulturschock, der Begeisterung und Enttäuschung siehe die unveröffentlichte Dissertation von Guy Meron, »Mesham lekan«, Hebräische Universität Jerusalem, September 1998, und Miryam Getter, »Ha'aliya hagermanit beshanim 1933–39«, *Katedra*, 12. Juli 1979. Zum Enthusiasmus der ersten Stunde auf seiten vom Mitgliedern der Jugend-Alija siehe Raanan Melitz (Hrsg.), *Jeruschalajim, den ... Briefe junger Menschen schildern Erez Israel*, Berlin 1936. Einzelberichte u.a. Interviews in Anne Betten und Amiryam Du-nour, *Wir sind die Letzten*, Gerlingen 1996. Persönliche Darstellungen Jenny Aloni und Hartmut Steinecke, *Man müßte einer späteren Generation Bericht erstatten*, Paderborn 1997; Naomi Koch-Laqueur, a.a.O.; Meta Frank, *Schalom meine Heimat*, Hofgeismar 1994; Avraham Ben Menachem, a.a.O.; Gad Granach, *Heimat-los*, Berlin 1997. Über die Frühzeit des Kibbuz Hasorea und seine Geschichte siehe die massive *Ma'agale Yehid veyahad*, ca. 1997, und auch Asher Benari, *Chalutz me'aretz Ashkenas*, Hasorea ca. 1996. Dabei handelt es sich um die Lebensgeschichte eines frühen Mitglieds dieses Kibbuz.

Die Schwierigkeiten, die die Neuankömmlinge mit dem Establishment von Arbeitspartei und Gewerkschaften hatten, werden detailliert in den Büchern von Shlomo Erel beschrieben: *Die Jekkes*, Jerusalem 1985, und *Neue Wurzeln*, Tel Aviv 1983. Speziell mit der Jugend-Alija befassen sich Recha Freier, *Let the children come*, London 1963; Braha Chabas, *Sefer aliyat noar*, o.O., o.J. Bei Ernst Loewy, *Jugend in Palästina*, Berlin 1997, und, vom selben Autor, *Zwischen den Stühlen*, Hamburg 1995, handelt es sich um Augenzeugenberichte, ebenso bei Tuvia Rübners Geschichte in Ingrid Weltmann (Hrsg.), *Lebensgeschichten aus Israel*, Möhlin–Villingen 1998, und Naomi Koch Laqueur, a.a.O. Siehe im Unterschied dazu Oz Almog, *Hazaber, diokan*, Tel Aviv 1997, was die Mentalität der eingeborenen Israelis betrifft.

Zu den der Mittelklasse entstammenden Einwanderern siehe Gelber, a.a.O., sowie Joachim Schlör, *Vom Traum zur Stadt*, Gerlingen 1996 und Frankfurt/M. 1999 (über das Leben in Tel Aviv) und aus einer sehr viel früheren Zeit Erich Gottgetreu, *Das Land der Söhne,* Wien 1934, sowie Gerda Luft, *Heimkehr ins Unbekannte,* Wuppertal 1977. Zum Leben der deutsch-jüdischen Gemeinschaft in Jerusalem siehe Amnon Ramon, *Rechavia, doktor mul doktor gar,* Jerusalem 1998. Das Gerda-Paul-Zitat ist Schlör, a.a.O., entnommen, das von Naomi Frenkel der *Jerusalem Post,* 18. Dezember 1998; die Zitate von Frank, Amihai, Brodsky, Tauber und Grossmann stammen aus Amiryam Du-nour, a.a.O., das von Walter Grab aus *Europäische Ideen,* 47, 1980.

Zum Schicksal der jungen Immigranten in militärischen Eliteeinheiten siehe *Sefer Hapalmach,* o.O., o.J., die privat veröffentlichten Memoiren von Shimon Koch (Avidan) und Jehuda Brieger (Ben Horin), den Befehlshabern des »Deutschen Kommandos« des Palmach; siehe auch Uri Ben Ari, *Nua, nua, sof,* Tel Aviv 1999.

Die Weltrevolution – der gescheiterte Traum

Es gibt keine zusammenfassende Darstellung der Gruppen der extremen Linken in der jungen Generation der deutschen Juden, aber mehrere interessante Monographien wie Stefanie Schüler-Springorum, »Jugendbewegung und Politik«, in: *Tel Aviver Jahrbuch für deutsche Geschichte* (über den Schwarzen Haufen), und Günter Eckstein, »Die freie deutsch-jüdische Jugend 1932/3« in: *Leo Baeck Year Book,* 1981. Auch einige der Beteiligten schreiben darüber in ihren Erinnerungen, so Max Fuerst, *Talisman Scheherezade,* a.a.O., Fritz Teppich, *Der Rote Pfadfinder,* a.a.O., Karl Kormes in: Verein Aktives Museum, *1945: Jetzt wohin?,* a.a.O.; Erna Nelki in G. Dischner (Hrsg.), *Eine stumme Generation berichtet,* Frankfurt/M. 1982; Helmut Eschwege, *Fremd unter Meinesgleichen,* Berlin 1991.

Weiterhin gehörten zu dieser Generation junger Linker Eric Hobsbawm, der in England eine akademische und politische Laufbahn verfolgte: »Gespräche mit Eric Hobsbawm«, *Neue Rundschau,* 4, 1996, und Stefan Heym, der nach dem Krieg nach

Ostdeutschland zurückkehrte: *Nachruf*, Berlin 1988. Kurt Goldstein überlebte die Lager in Deutschland und hatte ebenfalls eine politische Karriere in der DDR: Interview in Wolfgang Herzberg, *Überleben heißt erinnern*, Berlin 1990. Mehrere hundert junge Kommunisten und Sozialisten kämpften im spanischen Bürgerkrieg: Arno Lustiger, *Schalom Libertad*, Frankfurt/M. 1987, und Irma Schaber, *Gerta Taro, Fotoreporterin im spanischen Bürgerkrieg*, Marburg 1994. Zum Schicksal der politischen Emigranten in der Sowjetunion im allgemeinen siehe Carola Tischler, *Die UdSSR und die Politemigration*, Münster 1996. Speziell mit dem Schicksal der jungen Generation und der Rolle der Karl-Liebknecht-Schule in Moskau befassen sich *Schkola naschich mechtei*, Katalog einer Ausstellung, Moskau 1995; Henry Karl Lewenstein, *Die Karl-Liebknecht-Schule in Moskau 1932–37*, Lüneburg 1991; und ein Artikel von Christa Uhlig in *Pädagogik und Schulalltag*, 1996. Einige der jüngeren Emigranten, darunter auch Juden, wurden nach dem Hitler-Stalin-Pakt an das Naziregime ausgeliefert, siehe dazu Hans Schafraneck, *Zwischen NKWD und Gestapo*, Frankfurt/M. 1990, und Klaus Sator, »Das kommunistische Exil und der deutsch-sowjetische Nichtangriffspakt«, *Exilforschung*, 1996.

Persönliche Erinnerungen an die Stalinschen Säuberungen und den Krieg beinhalten zwei sehr populäre Bücher: Wolfgang Leonhard, *Die Revolution entläßt ihre Kinder*, Köln 1983, und Markus Wolf, *Die Troika*, Düsseldorf 1989. Ein Interview mit Moritz Mebel erschien in *Neues Deutschland*, 26. Oktober 1996.

Die seltsame Geschichte von der angeblichen Existenz eines Ablegers der Hitlerjugend in Moskau erscheint in mehreren Studien jüngeren Datums wie Holger Dehl und Natalia Musijenko, »Hitlerjugend«, *Beiträge zur Geschichte der deutschen Arbeiterbewegung*, März 1996; Oleg Del, *Ot illjusii k tragedii*, Moskau 1997. Zu den Verhaftungen im allgemeinen siehe Damerius in *Exil*, 2, 1997.

Die Geschichte der Rückkehr deutscher und österreichischer

Flüchtlinge in ihre Heimatländer ist dargestellt in Hans Schafranek, *Kinderheim No. 6,* Wien 1998, und »Die Remigration aus der UdSSR 1945–62«, in: Verein Aktives Museum, *1945: Jetzt wohin?,* a.a.O.

Die Geschichte der Rückkehr junger jüdischer Kommunisten ist im wesentlichen die der Rückkehrer aus Großbritannien. Siehe hierzu Alfred Fleischhacker, *Das war unser Leben. Erinnerungen und Dokumente zur Geschichte der FDJ in Großbritannien 1933–46,* Berlin 1996; Alice und Gerhard Zadek, *Mit dem letzten Zug nach England,* Berlin 1992, und die Autobiographie von Horst Brie, *Davids Odyssee,* Berlin 1997. Was ihr späteres Schicksal betrifft, siehe die Beiträge von Schalscha, Zamory, Ursula Herzberg und anderen in Fleischhacker, a.a.O., sowie Eva Brück, *Im Schatten des Hakenkreuzes,* Freiburg 1993. Die Rückkehr der Kommunisten aus Schanghai behandeln Georg Armbruster, *Exil in Schanghai,* und Verein Aktives Museum, *1945: Jetzt wohin?,* a.a.O., weiterhin Amnon Barzel (Hrsg.), *Leben im Wartesaal. Exil in Schanghai 1938–1947* (Begleitbuch zur gleichnamigen Ausstellung des jüdischen Museums und des Vereins Aktives Museum), Berlin 1997, sowie Günter und Genia Nobel, »Als politische Emigranten in Schanghai«, *Beiträge zur Geschichte der deutschen Arbeiterbewegung,* 21, 1979. Die Rückkehr diverser Kommunisten aus Palästina/Israel wird beschrieben von Günter Stillmann, *Berlin–Palästina und zurück,* Berlin 1989. Eine kurze Bibliographie zum Schicksal derer, die in die Sowjetunion gingen und dort hingerichtet wurden oder in den Lagern umkamen, findet sich bei Schüler-Springorum, a.a.O.

Die Ansichten der zweiten Generation von Rückkehrern werden ersichtlich aus den in Robin Ostow, a.a.O., abgedruckten Gesprächen sowie aus Vincent van Wroblewsky, *Zwischen Torah und Trabant,* Berlin 1993. Des weiteren Salomea Genin, *Scheindl und Salomea,* Berlin 1992, und Wolfgang Benz, *Das Exil der kleinen Leute,* a.a.O. Ganz anders die Grundstimmung bei Ingeborg Rapoport, *Meine ersten drei Leben,* Berlin 1997, doch ist sie eher der ersten als der zweiten Generation zuzurechnen. Es ist bemerkenswert, aber keineswegs überraschend, daß praktisch alle diese Bücher erst nach dem Fall der Berliner Mauer erschienen sind.

England – oder auf ewig Flüchtlinge?

Zur britischen Einwanderungspolitik in den dreißiger Jahren siehe A.J. Sherman, *Island Refuge*, London 1973, zur Aufnahme der Flüchtlinge aus Deutschland durch die anglo-jüdische Führung siehe Amy Zahl Gottlieb, *Men of vision*, London 1998. Die Geschichte der Kindertransporte wurde in mehreren Filmen, Fernsehdokumentationen, Büchern und Broschüren beschrieben, von denen nur die wichtigsten Erwähnung finden können: Bertha Leverton, *I came alone*, Sussex, England, 1990; Karen Gershon, *Wir kamen als Kinder*, Frankfurt/M. 1966; Barry Turner, *Kindertransport*, Gerlingen 1994; Rebekka Göpfert, *Der jüdische Kindertransport*, Frankfurt 1999. Des weiteren *Kindertransport 60th anniversary*, London 1999, und das eher analytische Werk von Dorit Bader Whiteman, *Die Entwurzelten*, Wien 1995.

Zu den Erinnerungen derjenigen, die nicht im Rahmen der Kindertransporte, sondern allein oder in Begleitung ihrer Eltern nach England kamen, gehören: Sylvia Rodgers, *Red saint, pink daughter*, London 1996; die beiden autobiographischen Berichte von Charles Hannan, der das Glück hatte, eine der kleineren Eliteschulen (Public Schools) in England besuchen zu können: *A boy in your situation*, London 1977, und *Almost an Englishman*, London 1979; sowie Vera Gissing, *Pearls of childhood*, New York 1981. Lore Segal, *Other people's houses*, New York 1964, wurde ein Bestseller, als es in den fünfziger Jahren erstmals erschien. Ruth Furst, *Home is somewhere else*, erschien noch früher (Albany, N.Y., 1945). George Weidenfeld, *Von Menschen und Zeiten*, Wien–München 1995, war einige Jahre älter, was damals viel ausmachte.

Über die Erfahrungen derjenigen, die sich als Hausangestellte nach England verdingten, liegt bisher lediglich eine kurze Studie vor: Tony Kushner in Werner Mosse (Hrsg.), *Second Chance*, Tübingen 1991, außerdem ein paar persönliche Berichte wie Bronka Schneider, *Exile*, Columbus, Ohio, 1998. Zu den jungen zionistischen Pionieren, die nach Großbritannien kamen, siehe Perez Leshem, a.a.O., sowie die britischen Hechaluz-Rundbriefe und unveröffentlichten Manuskripte von Fred Dunston und anderen Jugendleitern, die in der Wiener Library in London aufbewahrt werden.

Andererseits ist über die Internierung der Flüchtlinge auf der Isle of Man und anderswo sehr viel geschrieben worden. Auch in diesem Fall können nur die wichtigsten Berichte aufgeführt werden, wie Ronald Stent, *A bespattered page*, London 1980; Connery Chappell, *Island of Barbed Wire*, London 1984; Peter und Leni Gillman, *Collar the lot*, London 1980, und Eric Koch, *Deemed suspect*, Toronto 1980, das sich auch mit den Lagern in Kanada befaßt. Unveröffentlichte Einzelberichte stammen von Josef Eisinger, der nach Kanada, und Bern Brent, der nach Australien deportiert wurde (*Interview with Dunera*, 1989). Anschließend nach Palästina ging Yakov Friedler, *Die leisen Abschiede*, Hagen 1994, während Walter Foster, *All for the best* (Privatveröffentlichung), Bournemouth 1993, in England blieb.

Zum späteren Schicksal der Internierten siehe Werner Mosse, *Second Chance*, a.a.O., sowie die im Abschnitt über die britischen Kriegsanstrengungen angegeben Quellen. Die Nachkriegsprobleme der Flüchtlingsexistenz in Großbritannien beschreibt Marion Berghahn, *Continental Britons*, London 1988. Das monatlich erscheinende Mitteilungsblatt des Vereins der Flüchtlinge aus Deutschland und Österreich in London, *AJR Information*, ist in diesem Kontext eine unverzichtbare Quelle. Peter Alter, *Out of the Third Reich*, London 1998, ist eine Aufsatzsammlung junger Flüchtlinge, die sich später für eine Universitätskarriere entschieden, vorwiegend als Historiker.

Die große Verstreuung

Eines der letzten jüdischen Bücher, die im Dritten Reich veröffentlicht werden konnten, war – als 3. Band des *Philo-Lexikons* – der *Philo-Atlas*, Berlin 1938, der lebenswichtige Informationen für angehende Emigranten enthielt. Ein allgemeiner Überblick über die jüdische Emigration in den letzten Vorkriegsjahren gibt Ruth Saris, *Brecha beterem shoah*, Ghetto Fighters House, Israel, 1990, dem das Zitat von Anneliese Borinski entnommen ist. Persönliche Berichte über die Verstreuung der Gemeinden im *Groß Breesen Rundbrief*, Juni 1946.

Lateinamerika wurde zu einem der beiden Hauptfluchtpunkte: Patrik von zur Mühlen, *Fluchtziel Lateinamerika*, Bonn 1988; Achim Schrader, *Europäische Juden in Lateinamerika*, St. Ingbert 1989, und Leonardo Senkmann, *Argentina, la segunda guerra mundial y los refugiados indeseables*, Buenos Aires 1991. Ebenfalls zu Argentinien: Olga Elaine Rojer, *Exile in Argentina*, New York 1989; Alfredo José Schwarcz, *Y a pesar de todo*, Buenos Aires 1991, das sich speziell mit deutschen Juden und der jüngeren Generation unter ihnen befaßt, desgleichen Elena Levin, *Historias de una emigración*, Buenos Aires 1991. Das Leben der Flüchtlinge in Buenos Aires in der Anfangszeit des Kriegs bildet den Hintergrund zu Livia Neumanns Roman in deutscher Sprache, *Puerto Nuevo*, Buenos Aires 1943.

Die berühmte Reise der »St. Louis« nach Amerika ist dokumentiert in Büchern wie Gordon Thomas und Max Morgan Witts, *Das Schiff der Verdammten*, Tübingen 1976, sowie in Fernsehfilmen und Ausstellungen. Es gibt mehrere unveröffentlichte Berichte über Irrfahrten anderer Schiffe, zum Beispiel Kurt und Adele Orgler, *Die Cuba-Reise der Flandres* (Wiener Library, London).

Zu Brasilien: Christine Hohnschopp, *Exil in Brasilien. Die deutschsprachige Emigration 1933–1945*, Frankfurt/M.–Leipzig 1994. Zu Chile: Marjorie Agosin, *A cross and a star*, Reading, Penn.,

1997. Zu Ekuador: Benno Weiser Varon, *Professions of a lucky Jew*, New York 1992. Zu Peru: Hans Joachim Sell, *Briefe einer Jüdin aus Cuzco*, Wien 1978. Zu Bolivien: Leo Spitzer, *Hotel Bolivia*, New York 1998, und Egon Schwarz, *Keine Zeit für Eichendorff*, Königstein/Ts. 1979. Die Schriften von Ernesto Kroch wurden bereits früher erwähnt. Die detaillierteste Bibliographie ist enthalten im *Handbuch der deutschsprachigen Emigration*, a.a.O., zusätzlich habe ich veröffentlichte Autobiographien wie Günther Holzmann, *On dit que j'ai survecu part au dela des mers*, a.a.O., unveröffentlichte Memoiren sowie Zeitschriften der deutsch-jüdischen Gemeinden in den wichtigsten Zentren der Emigration herangezogen. Eine der größten Flüchtlingsgemeinden befand sich in São Paulo, die örtliche dortige jüdische Pfadfinderorganisation bestand größtenteils aus jungen Flüchtlingen. Siehe Avan Handava, *60 anos de escotismo e Judaismo, 1938–98*, São Paulo 1999.

Um das spätere Schicksal der jüdischen Gemeinden geht es in Patrik von zur Mühlen, »Jüdische und deutsche Identität von Lateinamerika-Emigranten«, *Exilforschung*, 5, 1987, und Alice Irene Hirschberg, *Desafio e Resposta*, São Paulo o.J.

Das andere Hauptziel der Flüchtlinge der letzten Stunde war Schanghai. Eine Beschreibung Schanghais als Zufluchtsort geben David Kranzler, *Japanese, Nazis and Jews*, New York 1976; Ernest G. Heppner, *Fluchtort Shanghai*, Bonn 1998; Michael Blumenthal, *Die unsichtbare Mauer*, München 1999; Wilfried Seywald, *Journalisten im Schanghaier Exil*, und James R. Ross, *Escape to Shanghai*, New York 1994. Überlebende der jüngeren Generation haben eine Website eingerichtet: www.rickshaw.org, die sehr interessante Informationen enthält. Sonja Mühlberger, Ernest Heppner, Hilde Schulz und andere Überlebende erteilten mir nützliche Ratschläge.

Einen kurzen Überblick über die Emigration in das damalige Britisch-Indien gibt Johannes H. Voigt, »Die Emigration von Juden aus Mitteleuropa nach Indien«, in: *Jahrbuch Wechselwirkung*, Stuttgart 1991. Siehe auch Max Born, *Mein Leben*, München

1975, und den Roman von Anita Desai, *Baumgarten's Bombay*, London 1988.

Die vollständigste Beschreibung des Lebens der unfreiwilligen Bewohner der Lager auf Mauritius gibt Ronald Friedman, *Exil auf Mauritius*, Berlin 1998. Weitere Informationen sind enthalten in Aaron Zwergbaum, »Exile in Mauritius«, in: *Yad va Shem Studies*, Jerusalem 1960, und vom selben Autor »From internment in Bratislava ...«, in: *The Jews of Czechoslovakia. Historical studies and surveys*, New York 1971.

Die damaligen britischen Dominions waren nicht bereit, jüdische Flüchtlinge aufzunehmen. Dazu Paul Bartrop (Hrsg.), *False havens. The British Empire and the holocaust*, Lanham, Md., 1995, und – mit besonderem Bezug auf Australien – Michael Blakeney, *Australia and the Jewish Refugees*, Sydney 1985. Weitere Berichte von Australien-Flüchtlingen sind Eugen Kamenka, »On being a German Jewish refugee in Australia«, in der Sonderausgabe über Flüchtlinge des *Australian Journal of Politics and History*, 1985; Karl Bittmann (Hrsg.), *Strauss to Matilda*, Victoria 1988; John Foster (Hrsg.), *Community of fate. Memoirs of German Jews in Melbourne*, Sydney 1986; Volker E. Pilgrim et al., *Fremde Freiheit*, Hamburg 1992; sowie W.S. Matzdorf, *No time to grow. The story of the Gross Breeseners in Australia*, Sydney, 1994.

Mehrere hundert Akademiker mit jüdischem oder teilweise jüdischem Hintergrund fanden Zuflucht in der Türkei. Ihre Erlebnisse werden beschrieben in Fritz Neumark, *Zuflucht am Bosporus*, Frankfurt/M. 1981; und im Katalog einer Berliner Ausstellung, *Haymatloz*, 2000.

Schließlich das seltsame Schicksal des Lagers in Süditalien, an dem die Geschichte vorüberging: Carlo Spartaco Capogreco, *Ferramonti*, Firenze 1987, eine Kurzversion davon auf englisch in Ivo Herzer (Hrsg.), *The Italian Refuge*, Washington, DC, 1989.

Fünfzig Jahre danach – zwischen Deutschland und Zion

Zu den Juden in Nachkriegsdeutschland siehe Michael Brenner, *Nach dem Holocaust*, München 1995; Erika Burgauer, *Zwischen Erinnerung und Verdrängung*, Hamburg 1993; Micha Brumlik, *Jüdisches Leben in Deutschland*, Frankfurt 1978; sowie aus jüngster Zeit Richard Schneider, *Wir sind da*, eine mehrteilige Fernsehdokumentation, die auch als Buch erschienen ist (Berlin 2000). Von mir zitierte Augenzeugenberichte junger Flüchtlinge, die 1945 als Soldaten nach Deutschland zurückkehrten, entstammen Walter Hellendal, »Als amerikanischer Soldat in der deutschen Vaterstadt«, *Aufbau*, 6. April 1945, und Arno Hamburger, »Heimkehr in der Uniform der Jüdischen Brigade«, in: Michael Brenner, a.a.O.

Manche deutsche Juden kehrten nach 1946 nach Deutschland zurück. Ihre Motive und Erfahrungen sind dargestellt in Karola Fings, »Rückkehr als Politikum«, in: Wolfgang Blaschke u.a., *Unter Vorbehalt. Rückkehr aus der Emigration nach 1945*, Köln 1997. Aus dieser Quelle stammen die zitierten Eindrücke von Henry Gruen, Peter Max Blank sowie den Damen Schönfeld, Stern und Liebermann.

Die Zitate von Ulbricht und Goodman sind Verein Aktives Museum, *1945: Jetzt wohin?*, a.a.O., entnommen. Van Dams Artikel erschien in *Jediot Chadashot*, Tel Aviv, 29. Mai 1959. Zu den Rückkehrern gehörten auch Alfred Moos, *Ein Ulmer Jude*, Ulm 1995, und Malka Schmückler, *Gast im eigenen Land*, Ratingen 1997. Eine weitere interessante Sammlung von Berichten zurückgekehrter junger Juden ist Franz Jürgens, *Wir waren ja eigentlich Deutsche*, Berlin 1997. Die Geschichte des Musikers Helmut Stern ist Wolfgang Benz (Hrsg.), *Die Erfahrung des Exils*, Berlin 1997, und Sterns Autobiographie, *Saitensprünge*, Berlin o.J., entnommen.

Jüdische Kultur im vereinigten Deutschland ist das Thema von

Sander Gilman und Karen Remler, *Reemerging Jewish culture in Berlin*, New York 1994. Laufende Informationen zu diesem Thema sind auf der Website *www.hagalil.com* zu finden. Die spezifischen Probleme der »Zweiten Generation« in der ehemaligen DDR sind Gegenstand einer reichhaltigen, interessanten Literatur. Siehe insbesondere Wroblewsky, *Zwischen Thora und Trabant*, a.a.O., zu Barbara Honigmann, Irene Runge, Jalda Rebling, Annette Kahana und anderen. Siehe auch das Rundfunk-Feature von Thomas Kleinspehn, »Jeder muß sein Päckchen tragen«, *www.radiobremen.de/rbtxt/rb2/s98/1209/htm*.

Im Text wird nur auf die Rückkehrer unter den jüngeren Flüchtlingen Bezug genommen, wie Hilde Domin, *Fast ein Lebenslauf*, München 1996, und Marcel Reich-Ranicki, *Mein Leben*, Stuttgart 1997. Aber auch andere, die außerhalb Deutschlands lebten, veröffentlichten in deutscher Sprache, darunter Paul Celan (John Felstiner, *Paul Celan. Eine Biographie*, München 1997), Peter Weiss (Roger Ellis, *Peter Weiss in exile*, Ann Arbor 1987, und Rainer Gerlach, *Peter Weiss*, Frankfurt 1984), Erich Fried (Steven W. Lawrie, *Erich Fried. A Writer without a country*, New York 1996), Wolfgang Hildesheimer (Heinz Puknus, *Wolfgang Hildesheimer*, München 1978), Jean Améry (Irene Heidelberger Leonard, *Über Jean Améry*, Heidelberg 1990). Zu Jurek Becker siehe *Materialien*, Frankfurt 1990, und Sander Gilman, *Jurek Becker*, Washington, DC, 1999.

Unter den Büchern der nach dem Krieg geborenen Schriftsteller-Generation lassen sich die folgenden als einigermaßen repräsentativ bezeichnen: Irene Dische, *The Jewess*, London 1992; Esther Dischereit, *Joemis Tisch*, Frankfurt 1988, Maxim Biller, *Die Tochter*, Köln 2000; Rafael Seligmann, *Rubinsteins Versteigerung*, Frankfurt 1989; und vom selben Autor *Eine jüdische Mamme*, Frankfurt 1990. Das Broch-Zitat ist Johann Holzner (Hrsg.), *Eine schwierige Heimkehr*, Innsbruck 1991, entnommen.

Organisierte Reisen in die jeweiligen Heimatstädte – in diesem fall Bochum – sind beschrieben in Irmtrud Wojak und Herbert

Schneider, *Vom Umgang mit der Geschichte*, Essen 1996. In Verein Aktives Museum, *1945: Jetzt Wohin?*, a.a.O., sind mehrere persönliche Berichte abgedruckt, unter anderem von Hermann Neville, Prentki und Martin Teich. Zum Wiedersehen mit Wien: Freda Ulman Teitelbaum, *Vienna revisited*, Santa Barbara 1995. Über ihre Rückkehr nach Prag unmittelbar nach dem Krieg und die Erkenntnis, daß die Tschechoslowakei nicht mehr ihre Heimat war: Ruth Bondi, *Shevarim shlemim*, Tel Aviv 1997, in deutscher Übersetzung: *Mehr Glück als Verstand*, Gerlingen 1999.

Schlußbetrachtung – Porträt einer Generation

Zu den Treffen fünfzig oder sechzig Jahre nach der Flucht aus Deutschland siehe zum Beispiel *Kindertransport 60th anniversary*, London 1999. Zu einem ähnlichen Treffen im Staat New York: »Elephant in the living room«, *Aufbau*, 9. Juli 1999. Wie definiert sich eine Generation? Eine der klassischen Aussagen hierzu stammt von José Ortega y Gasset, *El tema de nuestro tiempo*, Madrid 1923. Ein auffälliges Beispiel für das widerauflebende Interesse an den deutsch-jüdischen Ursprüngen sind Orna Poraths Erinnerungen an ihren verstorbenen Mann Josef, »The spy who loved me«, *Ha'aretz*, 6. August 1999. Siehe auch Annette Leo, »Sehnsucht nach dem Exil der Eltern«, *Exilforschung*, Bd. 17, 1999.

In den Erinnerungen von Überlebenden gibt es zahllose Geschichten über die Rolle des Zufalls. Siehe zum Beispiel Irene Kirkland in Michael Dobbs, *Madeleine Albright, a twentieth century odyssey*, New York 1999, oder die Geschichte eines jungen jüdischen Partisanen in Italien: Henry Burger, *Biancastella. A Jewish partisan in World War Two*, Bivot, Col., 1997; und Zvi Aharoni, *In life and death. The tale of a lucky man*, London 1998. Die tragische Geschichte meines Schulkameraden Klaus Lebeck wurde mir von seiner Schwester Rosemarie Steinberg im Juni 1999 erzählt. Mein Bericht über die beiden auffallend unterschiedlichen Schicksale zweier Nachbarn in Oberschlesien basiert auf Walter Grünfeld, *Rückblicke* (Privatveröffentlichung), Zürich um 1985, und Johanna Helander, *Breven van Polen*, Schweden 1986, sowie auf persönlichen Mitteilungen von Johanna Helander und Bo Parsson. Auch was die Nachkriegskarriere betraf, spielte der Zufall oftmals eine wichtige Rolle, besonders wenn es um den Zugang zu den Universitäten ging: Louise Hoffmann, *Without regret*, Perth, AUS, 1994.

Das Thema des Glaubensabfalls in der historischen Perspektive behandeln Todd Edelman, *Jewish apostasy*, New York 1989, sowie – um zwei deutsch-jüdische Beispiele zu nennen – Katie Haffner, *The house on the bridge*, New York 1995, und Victor Klemperer, *Und so sitze ich zwischen allen Stühlen*, Berlin 1998. Zu dem Druck, in Kriegszeiten zu konvertieren, siehe einerseits Alfred Grosser, *Mein Deutschland*, Hamburg 1993, und andererseits Saul Friedländer, *Wenn die Erinnerung kommt*, Stuttgart 1979.

Zu den Problemen bei der Namensänderung siehe Peter Leighton Langer, *X steht für unbekannt*, Berlin 1999, hinsichtlich des Drucks, der in dieser Beziehung auf deutsch-jüdische Flüchtlinge in der britischen Armee ausgeübt wurde, siehe Masters, *Kommando der Verfolgten*, a. a. O. Zu Palästina und Israel siehe Gideon und Jakob Toury, »Namensänderungen deutschsprachiger Juden in Palästina bis 1942«, in: *Menorah, Jahrbuch für deutsch-jüdische Geschichte*, 1991.

Junge deutsche Juden übten erheblichen Einfluß auf das religiöse Leben in den Vereinigten Staaten aus: Herbert A. Strauss, *Über dem Abgrund*, Berlin 1998; sowie Günter Plaut und Alfred Gottschalk in Abraham J. Peck, *The German-Jewish legacy in America 1938–1988*, Detroit 1988. Des weiteren haben sich mit diesem Thema beschäftigt: Peter Levinson, *Ein Ort ist, mit wem du bist*, a.a.O., und Jacob J. Petuchowski, *Mein Judesein*, Freiburg 1991. In Israel war ihr Einfluß dagegen minimal. Zu den Gründen dieses Scheiterns siehe Michael Sasar, *Kehalom ya'uf*, Jerusalem 1997.

Zum Einfluß des kulturellen Erbes auf viele der jüngeren

Flüchtlinge siehe – unter vielen anderen – Editha Koch in *Exil*, 1991; über das bleibende Interesse an deutscher Literatur schon bei der Jugend: Shimon Sachs, *Hamaniot*, Tel Aviv 1984, und vom selben Autor *Der grüne Traum*, München 1966, sowie Hilde Domin, *Fast ein Lebenslauf*, a.a.O. Aber es gab auch zahlreiche Fälle einer fast völligen Ablehnung des deutschen Kulturerbes, siehe zum Beispiel Reuven Meirs Memoiren, *Me Januar 1933 vead hayom* (Privatveröffentlichung): Interview mit Nurit Meyer, Jerusalem, April 1999. Siehe auch Konrad Bloch in Herlinde Koelbl, *Jüdische Portraits*, Frankfurt 1989. Zu Angst- und Schuldgefühlen und anderen psychischen Phänomenen bei jungen Überlebenden siehe Whiteman, *Die Entwurzelten*, a.a.O.; Aharon Appelfeld, *Sipur Haim*, Tel Aviv 1999; Klaus Scheurenberg, *Überleben*, Berlin 1990; vom selben Autor *Ich will leben*, Berlin 1994; Ruth Elias, *Die Hoffnung erhielt mich am Leben*, München–Zürich 1988; sowie Ruth Klüger, *Weiter leben. Eine Jugend*, Göttingen o.J.

Zum deutsch-jüdischen Bildungsideal siehe George L. Mosse, *German Jews beyond Judaism*, Bloomington, Ind., 1985.

Zu Jugendbewegungen und Abenteuerlust: Es gibt eine Biographie neuesten Datums von Ulli Beyer: Wole Ogundela, *Omuluabi, Ulli Beyer, Yoruba society and culture*, Trenton, N.J., 1999. Die ungewöhnlichen Schicksale zweier Frauen deutsch-jüdischer Herkunft werden geschildert in Eva Siao, *China, mein Traum, mein Leben*, München 1994, Düsseldorf 1997, und Ronald Shepherd, *Ruth Prawer Jhabwala in India. The Jewish connection*, Delhi 1994, sowie Ralph Crane, *Ruth Prawer Jhabwala*, New York 1992. Siehe auch Guenter Holzmanns Andenabenteuer, *On dit que j'ai survecu part au dela des mers*, a.a.O., und viele andere Berichte.

Fühlten sich die deutsch-jüdischen Flüchtlinge kulturell ihren Gastgebern überlegen? Siehe hierzu die oben zitierte Dissertation von Guy Miron (Jerusalem 1988) sowie Hermann Zondek, *Auf festem Fuße*, Stuttgart 1973, und das Interview mit Fred Lessing in Herlinde Koelbl, *Jüdische Portraits*, a.a.O.

Über die politische Betätigung der Generation junger Flüchtlinge liegt noch keine Untersuchung vor, vielleicht gibt es noch mehr Gemeinsamkeiten als das Mißtrauen gegenüber politischen Extremen. Siehe Dorit Whiteman, *Die Entwurzelten*, a.a.O. Zum wechselnden Image der »Jeckes« in Israel siehe die Kommentare in der allgemeinen Untersuchung von Gershon Shaked, *hasiporet ha'ivrit 1880–1980*, Bd. 5, Tel Aviv 1998 und besonders Nathan Schaham, *The Rosendorf Quartet*, London 1991, und Yoram Kaniuk, *Der letzte Jude*, Frankfurt/M. 1990.

Sehr wenig ist über die zweite Generation geschrieben worden, aber Carol Ascher kommentiert gewisse deutsch-jüdische Vorurteile in den Vereinigten Staaten (zum Beispiel hinsichtlich Comic-Heften und Kaugummi): Carol Ascher in: Abraham Peck, *The German-Jewish legacy in America 1938–1988*, a.a.O. Zur Wiederentdeckung ihres jüdischen Erbes durch Mitglieder der zweiten Generation im Gegensatz zur Generation der Eltern siehe Peter Stephan Jungk, *Shabbat. A rite of passage in Jerusalem*, New York 1985, und das Interview mit seinem Vater, Robert Jungk, in Herlinde Koelbl, *Jüdische Portraits*, a.a.O.

Danksagung und Quellen

Ich schulde vielen Angehörigen dieser Generation Dank, die mir ihre unveröffentlichten Erinnerungen überlassen, mir in Briefen und Telefongesprächen von ihren Erlebnissen berichtet oder sich für Interviews zur Verfügung gestellt haben. Es ist unmöglich, sie alle aufzuführen; wenn ich auch nicht alle ihre Zeugnisse in diesem Buch verwerten konnte, so hat mir doch jede Erinnerung, jede Unterhaltung geholfen, mein Verständnis der zur Diskussion stehenden Zeitperiode und der örtlichen Gegebenheiten in den verschiedenen Ländern zu erweitern.

Ich muß jedoch diejenigen hervorheben, deren Hilfe noch weiter gegangen ist, indem sie mir entweder für meine Nachforschungen wichtige Hinweise gegeben oder Teile des Manuskripts gelesen und kommentiert und mich auf Irrtümer und unzulässige Verallgemeinerungen hingewiesen haben.

Hierzu zählen insbesondere Andreas Mink, leitender Redakteur beim *Aufbau* in New York, Eva Neisser, Richard Schifter, Ernest Fontheim, Frank Mecklenburg und das Leo Baeck Institute in New York, John Weitz, Walter Roberts, Rabbi Joshua Habermann, Abraham Ascher, Herbert Strauss, Isaac Green, Rosemarie Steinfeld und Zvi Javetz, alle in den Vereinigten Staaten. Vera Tomkins war mir hinsichtlich der Sowjetunion, Sonja Mühlberger und Ernest Heppner in bezug auf Schanghai und Irene Runge in Fragen der DDR behilflich, außerdem Rosemarie Nief und Ben Barkow in London sowie Lilo Stone und Eli Tzur in Israel. Mein alter Freund

Bo Parsson, der weder Jude ist noch der in diesem Buch behandelten Generation angehört, informierte mich über die Zustände während des Krieges in Schweden und vermittelte mir nicht nur Kontakte zu Überlebenden jener Zeit, sondern auch zu Historikern, die sich besonders mit der Flüchtlingssituation in Schweden befasst haben. Shoshanna Hermann lebte während der Besatzungszeit in Holland und Frankreich im Untergrund und hat sowohl Literaturhinweise als auch wertvolle Kontakte beigetragen. Edith Kurzweil, deren Kriegsodyssee als junges Mädchen durch Westeuropa in diesem Buch kurz beschrieben wird, gab mir Einblick in ihre bisher unveröffentlichten Memoiren. Dasselbe gilt für einen anderen alten Freund, Professor Ernest Beyer, der während der Ardennenschlacht in deutsche Kriegsgefangenschaft geriet. Herbert Cohen in Australien, Ernst Cramer, Ruth Piek, Tom Freudenheim und Marc Svetov in Berlin sowie Shlomit Laqueur in Jerusalem verhalfen mir ebenso zu wertvollem Quellenmaterial wie Dr. Alfredo Sadler in São Paulo, der mir großzügig mit schwer zu beschaffender Literatur aushalf und mir unzählige Fragen beantwortete. Gleiches gilt für Werner Guttentag Tichauer in La Paz. In Israel war Esther Herlitz, neben vielen anderen, eine Goldgrube an Informationen. Steve Kary und sein Vater Hans, ein ehemaliger Schulkamerad von mir, waren bezüglich Australiens von großer Hilfe. Anita und Renate Lasker sowie Klaus Harpprecht, ebenfalls alte Freunde, lasen Teile des Manuskripts und überprüften Tatsachen, die ihr eigenes Schicksal und das anderer betrafen.

Meine Quellen sind im voranstehenden Bibliographischen Essay kapitelweise aufgeführt. Sowohl von der jüngeren als auch von der älteren Flüchtlingsgeneration sind zahlreiche persönliche Berichte veröffentlicht worden. Manche davon sind weithin bekannt geworden, wie etwa Marcel Reich-Ranickis *Mein Leben* und Markus Wolffs *Troika*. Das *Tagebuch der Anne Frank* ist der bekannteste Beitrag zu dieser Art Literatur; es erscheint aber nicht in diesem Buch, weil die 1929 geborene Autorin zwar genaugenommen auch ein Flüchtling ist, Deutschland jedoch bereits im zarten Alter von vier Jahren verlassen hat. Viele Manuskripte sind nicht veröffentlicht worden, weil sich entweder kein Verleger fand oder weil sie von vornherein nur für den engeren Familien- und Bekanntenkreis geschrieben wurden. Wahrscheinlich hat keine andere Flüchtlingswelle jemals eine so umfangreiche Erinnerungsliteratur nach sich gezogen. Außerdem gibt es viele Bücher und Artikel, ganz zu schweigen von Fernsehdokumentationen, zum Exodus von 1933 und danach. Größtenteils beschäftigen sie sich aber mit der älteren Generation, besonders mit berühmten Persönlichkeiten. Diese sind im vorliegenden Kontext nur von marginaler Bedeutung, denn die hier geschilderte jüngere Generation hatte ganz andere Probleme und Perspektiven. Das Leo Baeck Institute in New York verfügt über die größte Sammlung, nämlich mehr als eintausend unveröffentlichte Memoiren der deutsch- und österreichisch-jüdischen Emigration, doch die meisten dieser Berichte wurden von Angehörigen der älteren Generation geschrieben. Das gleiche gilt für die Augenzeugenberichte der Wiener Library in London. Diese verfügt über die umfangreichste Sammlung veröffentlichten Materials, die mir bei meiner Arbeit sehr hilfreich gewesen ist.

Die Flüchtlinge aus Deutschland und Österreich haben in ihrer jeweiligen neuen Heimat zusammengefunden, und ihre Publikationen, von denen einige bis zum heutigen Tag erscheinen, sind mir eine große Hilfe gewesen. Dies gilt vor allem für den *Aufbau* in New York, das *Mitteilungsblatt* der Vereins der Olim (Einwanderer) aus Deutschland und Österreich in Tel Aviv und das Monatsbulletin der AJR (Association of Jewish Refugees) in London. Zusätzlich gab es auch noch zahlreiche lokale Publikationen, zum Beispiel von deutsch-jüdischen Gemeinden in Lateinamerika, darunter Buenos Aires, São Paulo, aber auch Montevideo und einst auch La Paz. Die Teilnehmer des Kindertransports brachten in den neunziger Jahren einen Rundbrief heraus, ebenso die Gruppe der Groß Breesener über sechs Jahrzehnte hinweg. Diese beiden letztgenannten Publikationen sind von besonderem Interesse, weil sie die Altersgruppe ansprechen, die der Gegenstand dieses Buches ist. Der *Groß*

Breesen Rundbrief ist zusätzlich deshalb interessant, weil die ersten Ausgaben bereits in den dreißiger Jahren erschienen, als die Landwirtschaftsschule in Schlesien gerade in Betrieb gegangen war, und die nachfolgenden Ausgaben die Emigration aus Deutschland, die Ankunft in der neuen Heimat und das Schicksal während der Kriegs- und Nachkriegsjahre bis hin zu den Treffen der Überlebenden in den neunziger Jahren in den Vereinigten Staaten, Großbritannien, Israel und anderswo genau nachzeichnen.

Auch von deutschen und österreichischen Juden gegründete Kibbuzim haben historische Berichte veröffentlicht, die sich von den frühen Tagen bis zur Gegenwart erstrecken, wobei sie sich auf Dokumente und Erinnerungen ihrer Mitglieder stützen.

Von den akademischen Quellen ist das bekannteste das *International Biographical Dictionary of Central European Emigrees 1933–1945*, unter Fachleuten als BHB bekannt. Von Herbert A. Strauss und Werner Roeder in New York und München herausgegeben und zwischen 1980 und 1983 erschienen, handelt es sich hierbei um eine monumentale Sammlung von 8700 Einzelbiographien. Doch wie bei allen derartigen Nachschlagewerken mußte auch hier selektiv vorgegangen werden, so daß nur ein kleiner Teil der mitteleuropäischen Emigration erfaßt ist. Darüber hinaus sind die Vereinigten Staaten und Großbritannien naturgemäß stärker vertreten als Israel und andere Länder; viele, die nach Israel, aber auch einige, die in andere Länder gingen, besonders die jüngeren unter ihnen, betrachteten sich gar nicht als Flüchtlinge im Exil und wünschten nicht in ein Nachschlagewerk dieser Art aufgenommen zu werden. Entsprechendes gilt für wissenschaftliche Journale wie *Exil* und das *Internationale Jahrbuch Exilforschung*, das auf deutsch und englisch erscheint. Beide befassen sich in erster Linie mit der älteren Flüchtlingsgeneration, und das Schicksal der Israel-Einwanderer liegt größtenteils außerhalb ihres Forschungsgebietes.

Walter Laqueur, Juni 2000

Personenregister

Abraham, Henry 158
Abrahamson, Zvi 75f.
Achitov, Avraham 141
Adenauer, Konrad 126, 255
Aharoni, Zvi (Aronsheim, Hermann) 18, 383
Albright, Madeleine, geb. Korbel 393f.
Aloni, Jenny 195, 363f.
Alsberg, Paul 218, 233
Altmann, Alexander 301
Amberg, Carl 157
Améry, Jean 364
Amichai, Jehuda 31, 217, 223, 363f.
Angress, Werner 125, 130, 132, 157
Antonescu, Ion 88
Appelfeld, Aharon 409
Arendt, Hannah 184
Arieli, Joshua 36
Arndt, Rudi 109
Aronson, Alex 330
Auerbach, Erich 328
Augstein, Rudolf 229
Avidan (Koch), Shimon 224, Abb. 28
Avineri, Shlomo 228

Avneri, Uri 229
Avni 141
Avriel (Veberall), Ehud 197f., Abb. 30
Axen, Hermann 57
Azaryah, Zvi 349, 354

Bachmann, Kurt 57
Badrian, Gerhard 82
Baeck, Leo 18, 85, 354, 372, 399
Baer, Gabriel 36
Baer, Israel 141
Baer, John F. 48f., 52
Ball, Rudi 25
Bar Lev, Chaim 225
Barnitzki, Clara 195
Baron, Chanan 191, 228
Baruch (Friedhofswärter in Nürnberg) 343
Bassermann, Albert 25
Bauer, Heinz 34
Baum, Bruno 265
Baum, Herbert 108, 109f., Abb. 10
Bearsted, Walter Horace Samuel (Viscount) 274
Becher, Johannes R. 256
Beck, Gad 72, 74ff., 95, Abb. 26
Becker, Jurek 368f.

Ben Ari, Uri 225
Ben Chorin (Brieger), Jehuda 224
Ben Gershom, Ezra 90
Ben Israel, Arthur 228
Ben Menachem, Abraham 34
Ben Natan, Asher 141
Bendix, Reinhard 35, 181
Bergmann, Ernst 157
Bergmann, Gretl 25
Bergner, Elisabeth 25
Berlin, Isaiah 280, 287
Bernadotte, Graf Folke 63
Bernanos, Georges 318
Beyer, Ernst 130 f.
Beyer, Helga 107
Beyer, Ulli 131, 418
Beyer, Ursel 107
Beyth, Hans 142, 209
Beyth, Sir Alfred 282
Bialik, Chaim Nachman 407
Bieber, Marion 126
Biermann, Wolf 263
Biller, Maxim 364, 371
Biran, Ursula 233
Blank, Peter Max 351
Blass, Gebrüder 106
Bloch, Ernst 363
Bloch, Konrad 179, 408
Blumenfeld, Kurt 407
Blumenthal, Michael 323, 381, 424, *Abb. 34*
Blumenthal-Weiss, Ilse 408
Boas, Abraham 337
Bondy, Curt 307 f.
Bondy, Ruth 376
Borinski, Anneliese 309
Born, Max 330
Boschwitz, Rudy 424
Brandt, Willy 126, 242, 318, 348

Brasch, Horst 260 f.
Brasch, Rudolf (Rabbi) 339
Bratu, Ruth 350
Brecht, Bertolt 76
Brenner, Michael 16
Brent, Bern 295
Breschnew, Leonid I. 256
Breuer, Rabbi 169, 177, 402
Brie, André 261
Brie, Horst 260 f., 267
Bringolf, Walther 74
Broch, Hermann 373
Brodsky, Ada 233
Brück, Eva 269
Brunnell, R. 276
Buber, Martin 21, 32, 329, 374, 402
Bubis, Ignatz 27, 346, 372, *Abb. 43*
Burg, Josef 228
Burkill, Greta 283
Burns, Arthur 186

Carlebach, Emil 57
Carossa, Hans 362
Carson (eigtl. Carlebach), Andrew 120
Casper, Bernard 139
Castro, Fidel 269
Celan, Paul 364 ff., 372, 399
Chain, Boris 287
Chruschtschow, Nikita S. 256
Churchill, Winston S. 138, 298
Clark, Mark 129
Claudius, Matthias 90
Clive, John 178
Cohen, Max 216
Cohen, S. 153 f.
Cohn, Manfred Georg 177
Cohn, Paul Moritz 158
Cohn-Bendit, Daniel 424

463

Coser, Lewis 181f.

Dahlem, Franz 252
Dale, Stephen 119
Damerius, Helmut 250
Daniel, Gerard 401
Danziger, Kurt 380
Danziger, Ruth 71
Degen, Michael 96
Denby, Kurt 380
Desai, Anita 331
Deutschkron, Inge 83, *Abb. 32*
Dickens, Charles 161
Dies, Martin 45, 145
Dietrich, Marlene 348
Dische, Irene 369, 371f.
Dischereit, Esther 369, 371
Dobberke (Polizeibeamter) 75, 95
Döblin, Alfred 362
Domin, Hilde 365, 408f.
Dörnberg, Stefan 253, 257
Doron, Aharon 165
Dostojewski, Fjodor M. 221
Drew (eigtl. Nomburg), Harry 120
Dror, Nathan s. Szwalb, Nathan

Eberlein, Hugo 247
Eberlein, Werner 244
Ehrlich, Ernst Ludwig 85f., 97
Ehrlich, Wolfgang 239
Eichelbaum, Putty 156
Eichelbaum, Walter 130
Eichmann, Adolf 18, 43, 69, 76, 331
Einem, Gottfried von 94
Eisenberg, Shaul 227
Eisenmann, Kurt 157
Eisinger, Josef 295, 297
Eitan (Ettinghausen), Walter 228
Elias, Norbert 287

Elias, Ruth 412
Eliband, Viscount 290
Elton (Ehrenberg), Lord Geoffrey 288
Emin Pascha, Mehmed (eigtl. Eduard Schnitzer) 418
Engel, Erich 76
Engels, Friedrich 23
Eppenstein, Walter 157
Eppstein, Klaus 182
Eppstein, Paul 69
Erhard, Ludwig 350
Eschwege, Helmut 237, 267
Essex, Richard Henry 157
Esslin, Martin 123
Ettinghausen, Walter s. Eitan, Walter

Fabisch, Ernst 107
Farkas (ungar. Jude) 91
Fassbinder, Rainer Maria 346
Federmann, Jekutiel 227
Feuchtwanger, Lion 361
Fischer, Werner 259
Florin, Peter 244, 252, 256
Foighel, Isi 53
Foley, Victor 46
Fontheim, Ernest 81f., 96, *Abb. 25*
Frank, Anne 86
Frank, Avraham 217
Frank, Meta 196f., 207
Franke, Joachim 108f.
Frankel, Max 54, 147, 161, 168
Frankel, Peter 282
Freier, Recha 208f.
Frenkel, Naomi 230
Freud (brit. Captain) 124
Freudenberger, Hermann 157
Frey, Marianne 33

Frick, Wilhelm 134
Fried, Erich 363 ff., *Abb. 42*
Friedländer, Saul 396
Friedler, Yakov 296
Frühauf, Helga 84 f.
Fry, Varian 58, 181
Fuld, Barbara 204 f.
Furst, Lilian 278
Furtwängler, Wilhelm 24

Galinski, Heinz 98, 345 f.
Gandhi, Mahatma 329
Gans, Manfred 120
Gay, Peter 25, 177, 182
Genin, Salomea 268 f.
Gentile, Giovanni 36
Georg(e), Manfred (eigtl. Georg Manfred Cohn) 177
Gerson, Günther 83
Geva, Josef 225
Gibbon, Edward 158
Giesel, Sammy 249
Ginsburg, Pino 49 f.
Glatzer, Nahum 301
Glück, Emil 59
Glückel von Hameln 398
Goebbels, Joseph 82
Goethe, Johann Wolfgang von 233, 407, 421
Gogol, Nikolai 221
Golan, Nachum 225
Goldberg, Martin 397
Goldenberg, Boris 318
Goldmann, Nahum 366
Goldmann, Robert 154
Goldstein, Kurt 57, 240
Goldstein, Siegfried 71
Gombrich, Sir Ernst 287
Goodman, Alfred 349

Goodman, Ernest 122
Gordan, Günther (Pater Paulus) 53, 318, 392
Gordon (eigtl. Geiser), Henry 120
Göring, Hermann 272
Gottschalk, Alfred 401
Grab, Walter 221
Graham, Susan 278
Granach, Alexander 206
Granach, Gad 206
Gratz, Werner 173
Gray, Freddy (eigtl. Manfred Gans) 120, 125, 342
Grosser, Alfred 25, 41, 396, *Abb. 39*
Grossmann, Dalia 218, 233
Gruen, Henry 350
Grünewald, Heinz 354
Grünfeld, Marianne 387
Grünfeld, Walter 387
Grunwald, Henry 186
Gsovsky, Tatjana 94
Gutsmuth, Abraham 34
Guttentag Tichauer, Werner 53, 315, *Abb. 33*

Ha'etzni, Elyakim 230
Habe, Hans 133
Hadda, Wolfgang 55
Hagen, Kurt 350
Hahn Beer, Edith 78
Haller, Chaim 217
Hamann, Wilhelm 58
Hamburger, Arno 343
Hamburger, Michael 364
Hanemann, Kurt 65
Hannan, Charles 279
Harsher, Richard 138
Harston, Marion 276
Hartland, Karl 279

Hartman, Geoffrey 182
Hauser, Martin 137f., 198
Hausmann, Fritz 138
Heisenberg, Werner 330
Hellendal, Walter 342
Henschel (O'Neill), Oskar 120
Heppner, Ernest 324
Heppner, Illo 324
Herlitz, Esther 42, 217, *Abb. 29*
Hermann, Jürgen 86f.
Hermann, Susi 375
Hermlin, Josef 141
Hermlin, Stephan 365f., *Abb. 41*
Herrmann, Eva 33
Herz, Herbert 113ff., 133
Herz, Josef 273
Herzberg, Ursula 261, 266
Herzl, Theodor 220, 232
Heß, Rudolf 55
Heschel, Abraham 301
Heyd, Uriel 35
Heydrich, Reinhard 113
Heym, Stefan 35, 239, 366, *Abb. 41*
Hildesheimer, Wolfgang 364f.
Himmler, Heinrich 43, 55f., 63
Hirsch, Helmuth 111f., *Abb. 24*
Hirschmann, Albert 181
Hitler, Adolf 10, 14, 19, 30, 32f., 36, 72, 82, 112f., 243, 248f., 251, 294, 296, 298, 342, 410, 423
Ho Chi Minh 269
Hobsbawm, Eric 239, 421
Hoffman, Yoel 428
Hoffmann, Hilde 32
Hofmann, Richard 25
Hofmannsthal, Hugo von 184
Hollaender, Friedrich 125
Hollaender, Michael 125
Holzmann, Gunter 315

Honecker, Erich 262, 269
Honigmann, Barbara 356, 369
Honigmann, Peter 356, 371
Hughes, Stuart 129
Hunter, Peter 177

Iggers, Georg 18, 182
Isaakson, Rolf 71

Jabotinsky, Wladimir 140, 229
Jacobus, Hans 267
Jakobowitz, Immanuel 305
Jaldati, Lin 357
Jannings, Emil 25
Jauch, Frau 84
Jinnah, Ali 329
Joelsohn, Walter 82
Johnson, Samuel 86
Jordan, Fritz 138, 142
Jungk, Peter Stephan 369, 371, 429
Jungk, Robert 429, *Abb. 37*

Kadoorie, Horace 325
Kafka, Franz 367, 372, 407
Kahana, Annette 356
Kaléko, Mascha 364
Kamenka, Eugen 337f.
Kampf, Louis 168
Kaniuk, Yoram 428
Kantorowicz, Alfred 363
Katz, Walter 240
Katznelson, Berl 202, 211
Kedar, Benjamin 233
Kellermann, Henry (Heinz) 19, 134
Kempner, Robert 36
Kennedy, J. 118
Kerr, Alfred 279
Kerr, Judith 279

Kirchheimer, Otto 129
Kirkland, Irene 383
Kirkland, Lane 383
Kirschrith, Isi 132
Kissinger, Henry 25, 130, 166f., 186, 393, 409f., 424, *Abb. 5, 38*
Klemperer, Victor 391, 413f.
Klug, Aaron 287
Klüger, Ruth 412
Koch, Editha 408
Koch, Friedrich 142
Koch-Weser, Caio 312
Koch-Weser, Erich 312
Koenigsberger, Helmuth 305, 397
Koestler, Arthur 361
Kollek, Teddy 205, *Abb. 40*
König, Joel (»David«) 90ff., 97, 131
König, Leon 91f.
Königsthal, Meta 196
Korbel, Josef 393f.
Kormes, Karl 237f., 261
Kornes, Henry 132
Koszyk-Schiftan, Gerhard 386f.
Kraft, Werner 214
Krawtschenko, Viktor Andrejewitsch 254
Krebs, Hans 287
Kroch, Ernesto 106, 318
Krojanker, Gustav 366
Kronfeld, Robert 116
Kübler, Stella 71
Kunin, Madeleine 186
Kunze, Frieda 82
Kurella, Alfred 256
Kurella, Gregor 244
Kurzchalia, Helga 356
Kurzweil, Edith (Dita) 89f., 97, *Abb. 31*
Kurzweil, Hans 89f.

Lahat, Shlomo 225
Lamm, Hans 353
Landau, Kurt 241
Lang, Fritz 229
Lania, Leo 174
Lanner, Dan 225
Laqueur (Koch), Naomi 32, 196, 213, 215
Laqueur, Kurt 328
Laqueur, Walter *Abb. 14*
Lasker, Anita 98ff., 101, *Abb. 3*
Lasker, Renate 98ff.
Latimer (eigtl. Levy), Maurice 120
Latte, Konrad 94, 97f.
Lau, Israel 58
Lebeck, Klaus 387f.
Ledermann, Gerd 284
Lehmann, Siegfried 213
Leiser, Erwin 33
Leitner, Franz 58
Lenart, Ernest 350
Lenart, Renate 350
Lenin, Wladimir I. 23, 297
Leonardo da Vinci 152
Leonhard, Susanne 253f.
Leonhard, Wolfgang 245f., 253, *Abb. 6*
Leschem (Lichtenstein), Perez 67
Lessing, Fred 421
Leverton, Bertha 278
Levi, Primo 370, 399
Levi, Richard 138
Levinson, Peter Nathan 18, 79, 354, 402
Ley, Robert 134
Liebenthal, Edith 155
Lieber, Sary 166
Liebermann, Fridl 352
Lipczenko, Liesl 317

467

Lisbona, Albert 121
Litten, Hans 109
Loeser, Frank 124
Loeser, Peter 125
Loewy, Ernst 212 f., 215
London, Arthur 241
Long, Breckinridge 45, 145
Loring (Stampfer), Marianne 90, 146
Löser, Franz 261
Ludz, Wolfgang 141

Maddalena, Max 244, 248
Mahler, Gustav 99
Mann, Thomas 361, 407
Mannheim, Karl 181, 287
Mao Tse-tung 158
Mapu, Abraham 421
Marcus, Ilse 166
Marcuse, Herbert 129
Marcuse, Max 41
Margolin, Laura 323
Margolinski, Abraham 60
Markuse, Fritz 142
Marom, Hanna 229
Martin, Lothar 114, 411
Martin, Zamira 412
Marx, Karl (Journalist) 345
Marx, Karl (Philosoph) 23
Masters, Peter 120, 122
Mat, Dani 225
Mauthner, Fritz 392
May, Karl 144
Mayer, Hans 363
Mayer, Helene 25
McCarran, Pat 326
Mebel, Moritz 142, 251
Meir, Reuven 409
Menasse, Robert 369

Mendele Mojcher Sforim 203
Mendelssohn, Hugo 195
Meroz, Yohanan (Hans Marcuse) 41
Messer, Oded 225
Midener, Walter 130
Miegel, Agnes 362
Mielke, Erich 256
Mises, Ludwig Edler von 392
Molotow, Wjatscheslaw M. 298
Monar, Gershom 207
Monte, Hilda 111 f.
Moos, Alfred 349
Morris, James 216
Moses, Anna Mary (»Grandma Moses«) 152
Mosse, George 28, 35, 182, 287 f.
Mosse, Heinz 62
Mosse, Rudolf 28
Mosse, Werner 305
Mountbatten, Louis, 1. Earl M. of Burma 120
Mussolini, Benito 35, 340

Nachama, Andreas 356
Nachama, Estrongo 356
Nachmann, Werner 345
Namier, Sir Lewis 287
Naveh, Pnina, geb. Fass 32
Nebel, Ruth 63
Neisser, Eva 155
Neisser, Ulli 318
Neisser, Wolfgang 52
Nelki, Erna 238, 269
Neumann, Franz 129
Neumann, Heinz 247
Neville, Ursula 375, 377
Newman, Robert 186
Nixon, Richard M. 409

Nobel, Genia 264
Nobel, Günther 264f.
Noll, Hans (Chaim) 369, 371
Noth, Ernst Erich 361
Nussbaum, Inge 323

Okun, Sonja 76
Oppenheimer, Franz 350
Oppenhejm, Melanie 60
Orbach, Larry (Lothar) 94f., 97
Ortega y Gasset, José 388

Paech, Charlotte 98
Palgrave, William Gifford 418
Paul, Gerda 219
Peiser, Werner 36
Pelikan, Fred 117, 124
Perel, Sally (»Hitlerjunge Salomon«) 51, 84, 97
Peres, Shimon 215
Perez, Jizchak Lejb 203
Perutz, Max 287, 300, 395
Petuchovski, Jacob 402
Pevsner, Nicholas 287
Pieck, Wilhelm 246f., 250, 256, 269
Pinkhof, Menachem 65
Piscator, Erwin 24
Plaut, Günther 401
Pollard, Sidney 305
Porath, Josef 382
Porath, Orna 229
Porges, Freddy 173
Prausnitz, Carl 421
Prawer-Jhabwala, Ruth 52, 418
Prentki, Horst 375
Pulzer, Peter 397
Puschkin, Alexander 221
Putzrath, Heinz 106

Rabin, Lea 226
Rabin, Yitzhak 226, 232
Rafael (Ruffer), Gideon 34, 228
Rapoport, Ingeborg 268f.
Rawidowicz, Simon 301
Reading, Marquis von 117
Rebling, Eberhard 357
Rebling, Jalda 356
Rehwald, Ilse 79
Reich-Ranicki, Marcel 18, 25, 364f., 367ff., 400, *Abb. 4*
Reich-Ranicki, Teofila 367
Reilinger, Kurt 67, 275
Reinhardt, Max 24, 152
Reinharz, Jehuda 349
Remmele, Hermann 247
Reuter, Edzard 328
Reuter, Ernst 126, 327f.
Ries, Henry 149
Riesenburger, Martin 354
Rilke, Rainer Maria 21, 407
Rinot (Reinhard), Chanoch 209
Rodgers, Sylvia 279
Rohatyn, Felix 186
Rommel, Erwin 224
Roosevelt, Franklin D. 68, 145, 172, 310
Rosen, Marion 166
Rosen, Pinchas 228
Rosenfeld, Rubin 249
Rosenthal, Hans 84, 383
Rosenthal, Walter 107
Rotenberg, Josef 70
Roth, Leo 249
Roth, Philip 371
Rothschild, Baron James de 191, 274, 290
Rovan, Joseph 395
Rübner, Tuvia 214f.

Runge, Irene 356f.
Russell, Bertrand 262
Rüstow, Alexander 328
Rüstow, Dankwart 328

Sachs, Shimon 211, 407
Salomon, Otto 177
Samuel, Herbert Louis, 1. Viscount 275
Sandberg, Herbert 419
Sandberg, Thomas 57
Sander, Titi 307
Scarlatti, Alessandro 191
Schaalman, Hermann 401
Schalscha, Horst 266
Scharff, Werner 111f.
Schatler (Gestapo) 131
Scheurenberg, Klaus 411
Schifter, Richard 162, 186
Schindel, Robert 369
Schindler, Alexander 401
Schinkel, Helmuth 245
Schmid, Carlo 126
Schmidt, Sonja 268
Schmuckler, Malka 352f.
Schneider (Wiener Ehepaar) 289
Schnitzer, Eduard 418
Schocken, Salman 227
Scholem Alejchem 203, 360
Schönfeld, Friedel 351f.
Schorsch, Ismar 401
Schrobsdorff, Angelika 27f.
Schuldenfrei, Israel 162
Schütz, David 428
Schwarz, Egon 317
Schwersenz, Joachim (Jizchak) 70, 72ff., 97, *Abb. 26*
Segal, Judith 276, 281
Segall, Lore 289

Seliger, Alfred 69f.
Seliger, Hans 171
Seligman, Chaim 204
Seligmann, Rafael 369, 372
Senger, Alex 93f.
Senger, Valentin 92ff., 97
Seydewitz, Max 248, 253
Shacham, Nathan 428
Shakespeare, William 421
Shalom, Avraham 141
Shaltiel, David 141, 418
Shamgar, Meir 140
Shimoni, Ya'akov 228
Siao, Eva, geb. Sandberg 419
Sichel, Peter 133
Siegel, Carola 168
Siggaard, Biels 60
Simon, Adina 65
Simon, Joachim (»Schuschu«) 65f.
Sinclair, Upton 144
Slánský, Rudolf 241, 358
Smolenskin, Perez 421
Sobeck, Hans 25
Sobottka, Gustav 249, 250
Sommerville, Reverend 295
Sperber, Manès 361, 373
Spiegel, Nachum 225
Spitz (Breslauer Anwalt) 107
Spitzer, Leo 317
Stalin, Josef W. 23, 243, 247, 249, 251, 255f., 297f.
Stampfer, Friedrich 90
Stein, Edith 53, 392
Steinbach, Jehuda 195
Steinberger, Nathan 249
Steinbock, Marianne 33
Steinitz, Hans 181f.
Stent, Günther 135, 158, *Abb. 36*
Stern, Anneliese 351

Stern, Fritz 182, 397
Stern, Hellmut 281, 349
Stern, Isaac 355
Sternberg, Meir 140
Stillmann, Günter 265
Stodolsky, Catherine 170
Storfer, Berthold 331
Strasser, Otto 112
Strauss, Emanuel 218
Strauss, Herbert 85 f., 96, 414
Strauss, Leo 301
Strauss, Lewis 274
Strauss, Lotte 86
Strauss, Ludwig 214
Strauss Hupe, Robert 186
Szold, Henrietta 208 f.
Szondi, Peter 364, 399
Szwalb (Dror), Nathan 67 f., 70, 74 f.

Tagore, Rabindranath 330
Taro, Gerta 241
Tauber, Ruth 233
Templar, Gerald 126
Teppich, Fritz 238
Tesch, Bruno 124
Thomas, Adrienne 148
Thomas, Michael 125 f.
Toller, Ernst 151, 362
Tolstoi, Leo 221
Torberg, Friedrich 184
Trebitsch, Willy 88
Trevelyan, George Macauley 287
Troller, Georg Stefan 152
Tschiang Kai-schek 325
Tschkalow, Waleri 244
Tucholsky, Kurt 396
Tudela, Benjamin von 398
Tworoger, Alisa 307

Ueberall (Avriel), Ehud 140, *Abb. 30*
Ulbricht, Walter 247, 253 f., 256, 262, 269, 347

Vámbéry, Ármin 418
van Dam, Hendrik George 345, 348
Vogeler, Heinrich 253
Vogeler, Jan 244, 253
Voltaire 8

Wagenbach, Karla 70, 100
Wagner, Richard 310
Wagner, Robert 46
Walheimer, Bernie 100
Wallach, Gebrüder 75
Wallenberg, Hans 133
Waller, Fritzl 173
Wallich, Henry 27 f., 394 ff.
Wauchope, Sir Arthur 191
Wehner, Herbert 348
Weichmann, Elsbeth 147 f.
Weichmann, Herbert 147 f.
Weidenfeld, George Arthur, Lord
    W. of Chelsea 29, 34, 123, 272
Weil, Leo 113 ff.
Weilheimer, Erwin 165
Weill, Kurt 191
Weinberg, Albrecht 100
Weinberg, Friedel 100
Weinberg, Gerhard 182
Weinert, Erich 244, 252
Weinert, Marianne 244
Weiss, Peter 364 ff., 372
Weissberg-Cybulski, Alexander 257
Weitz, John 130, 418
Wertheim, Naftali 273

Wertheimer, Steff 227
Westerweel, Joop 65f.
Westheimer, Ruth 53, 169, 177
Winkler, Hans 111
Wittgenstein, Ludwig 287
Wolf, Else *Abb. 7*
Wolf, Erwin 241
Wolf, Konrad 142, 245, 251, 256, *Abb. 7*
Wolf, Markus 36, 142, 245, 251, 256, *Abb. 7*
Wolff, Eva (»Ewo«) 70, 72
Wolff, Kurt 181
Wollheim, Norbert 98, 134, 275, 422
Wollweber, Ernst 256
Wolman, Ruth 170
Wroblewsky, Vincent von 359

Wyden, Ron 424

Yavetz, Zvi (eigtl. Harry Zucker) 25, 87, 97
Yeats, W. B. 232

Zadek, Alice 261
Zadek, Gerhard 261
Zaisser, Wilhelm 256
Zamory, Eberhard 266
Zangen, Ferdinand 138
Zimmels, Max 49f.
Zondek, Hermann 420f.
Zucker, Harry 87f., 97
Zweig, Arnold 220, 266, 362, 366, 396
Zweig, Stefan 151

Bildnachweis

Archiv des Pressebüros der Regierung Israels (Beit Agron), Jerusalem 30; Archiv der Brandeis University, Waltham, Mass. 24; Central Zionist Archives, Jerusalem 2, 12, 13; Givat Chavivah, Israel 27, 28; Goethe-Institut, Moskau 9; Imperial War Museum, London 20; Jüdisches Museum Berlin, Herbert-Sonnenfeld-Archiv 1; Nordostdeutsches Kulturwerk, Lüneburg 8; privat 3, 4, 11, 14, 16, 19, 21, 25, 26, 29, 31, 33, 35, 36, 44, 45; Ullstein Bilderdienst 5, 6, 7, 10, 15, 22, 23, 32, 34, 37, 38, 39, 40, 41, 42, 43; Wiener Library, London 17, 18.